Cameron West

Erste Person Plural

Cameron West

Erste Person Plural

Die Geschichte meiner vielen Persönlichkeiten

Aus dem Amerikanischen
von Hermann Kusterer

List

Die Originalausgabe erschien 1999 unter dem Titel
First Person Plural
bei Hyperion, New York

Der List Verlag ist ein Unternehmen
der Econ & List Verlagsgruppe

ISBN: 3-471-79165-5

Lektorat: Claudia Schlottmann
Satz: Franzis print & media GmbH, München
Druck und Bindung: Wiener Verlag, Himberg

Erste Person Plural ist kein Roman, sondern ein autobiographischer Bericht des Autors, der unter dissoziativer Identitätsstörung leidet. Zum Schutz der Privatsphäre wurden – mit Ausnahme der Nennung von Professor Colin Ross – alle Namen und kennzeichnenden Merkmale verändert. Jede Ähnlichkeit mit lebenden Personen wäre rein zufällig. Cameron West ist ein Pseudonym.

Meinem wundervollen Sohn –
auf daß du weißt

*Meine Kumpane**

Soul ist ein zweites Ich, ohne spezifisches Alter, das schon früh in Erscheinung trat und mir Hoffnung einflößte, so daß ich weiterleben konnte. Seine Gegenwart ist weiterhin spürbar, aber er kommt sogar in der Therapie kaum noch zum Vorschein.

Sharky ist ein primitives Alter ego, das anfänglich kein Wort herausbrachte. Er grunzte nur, wackelte mit dem Kopf und biß in Dinge wie Tische, Kleider und Pflanzen. Ein anderes Alter ego zeichnete ihn einmal als gliederloses Wesen mit einem riesigen Maul voller Zähne. Inzwischen hat Sharky mit mir zu sprechen und mit den Fingern oder einer Gabel zu essen gelernt. Wenn er zum Vorschein kommt, was nur selten geschieht, stößt er den anderen gegenüber meist Drohungen aus.

Davy ist ein vier Jahre alter, lieber und trauriger Junge. Er trat als erster in Erscheinung, taucht neuerdings aber kaum noch auf.

---

* Ich nenne sie so, obwohl auch Frauen darunter sind.

Anna und **Trudi** sind vierjährige Zwillinge. Anna hat Rehaugen, ist glücklich und hat ein so breites Lächeln, daß mir die Gesichtsmuskeln schmerzen. Sie erinnert sich an ihren Mißbrauch, empfindet aber weder Zorn noch Traurigkeit. Sie mag Süßigkeiten. Trudi ist düster und brütet vor sich hin, steht immer außen vor. Auch sie erinnert sich, allerdings nur an die Schmerzen, die Traurigkeit und den Schrecken. Anna gibt ihr von ihren Süßigkeiten ab. Anna gehört zu den Kernpersonen, die am häufigsten zum Vorschein kommen.

Mozart ist sechs Jahre alt. Er ist sehr still und verwundbar und hat Atembeschwerden. Mozart tritt nicht oft auf.

Clay ist acht Jahre alt und taucht häufig auf. Lange Zeit stotterte er fürchterlich, war hoffnungslos verkrampft und konnte niemandem in die Augen sehen. Inzwischen ist er viel entspannter. Das Stottern ist fast weg, und allmählich hält er auch einem Blick stand. Clay besitzt einen Schal, den wir täglich tragen. Clay gehört ebenfalls zur Kerngruppe.

Switch ist acht Jahre alt. Früher war er unglaublich wütend über seinen Mißbrauch; da er sich aber einer der mißbrauchenden Personen zu eng verbunden fühlte, wandte er diese Wut gegen mich und einige der anderen. Switch hat mich oft körperlich angegriffen und verletzt. Inzwischen hat sich seine Wut etwas gelegt, so daß ihn die restliche Gruppe akzeptiert hat. Jetzt besitzt er einen eigenen Sheriff-Stern, den er stolz zur Schau trägt. Er gehört zu den Kernpersonen.

Wyatt ist ein aufgeweckter Zehnjähriger, der häufig auftritt. Er ist fast unablässig in Bewegung; meist wiegt er sich vor und zurück, läuft auf und ab, zählt oder rechnet vor sich hin oder studiert eingehend Formen und Gestalten. Wyatt macht gerne Wortspiele und beschreibt die Dinge auf ungewöhnliche Weise. Auch Wyatt gehört zur Kerngruppe.

Tracy, **Kit**, **Nicky**, **Lake**, **Toy** und **Casy** sind die »Buben«. Sie traten in den ersten Monaten in Erscheinung und kamen allesamt aus einer Zeit, als Kennedy noch Präsident war und nur Baseball-Spiele und Bonanza in Farbe gesendet wurden. Im Laufe der Zeit verwischten sich ihre Konturen, bis sie zu einer Gestalt verschmolzen und sich schließlich verflüchtigten. Jetzt ist der Zugang zu ihnen versperrt.

Dusty ist ein zwölfjähriges Mädchen. Sie ist sanft und lieb und tritt häufig auf, um Lebensmittel einzukaufen, die sie dann zubereitet. Dusty kümmert sich um die Kleinen und liest ihnen manchmal aus Kinderbüchern vor. Sie ist enttäuscht, daß sie sich im Körper eines Mannes mittleren Alters aufhalten muß. Dusty gehört zur Kerngruppe.

Gail, das neueste Mitglied der Gruppe, trat vollständig erst in Erscheinung, als dieses Buch schon fast fertig war. Anfänglich war sie äußerst reserviert, ist aber jetzt eng mit Dusty befreundet; die beiden unternehmen fast alles gemeinsam. Dusty hat Gail beigebracht, wie man Brot bäckt. Irgendwann werden sie wohl zu einer Gestalt verschmelzen. Auch Gail gehört zu den Kernpersonen.

Keith ist fünfzehn, still, sehr zurückhaltend. Er zeigt sich kaum je.

Bart ist achtundzwanzig, unbeschwert und urkomisch. Anfänglich schüchterte er die gesamte Gruppe ein, damit alle ihre Geheimnisse für sich behielten. Mittlerweile hat sich seine Rolle verändert: Er beschützt die Jüngeren und hilft uns, die Dinge leichter zu nehmen. Zusammen mit Per übernimmt er jedesmal das Kommando, wenn eine Krise eintritt oder meine Welt sich zu sehr verdüstert. Barts legere Art hat uns oft über das Schlimmste hinweggeholfen. Er wäre gern weniger ungehobelt und belegt mich halb scherzend, halb ernsthaft mit Spitznamen wie »Doc« oder »Langweiler«.

Kyle kam kurz nach Bart zum Vorschein. Er war genauso alt wie Bart und dessen Kumpel. Im Laufe der Zeit überlappten sich die beiden immer mehr, bis sie schließlich zu einer Person verschmolzen.

Leif ist in den Dreißigern und besitzt eine unglaubliche Präsenz und Kraft. Er strotzt vor Aktivität und Produktivität, Gefühle sind ihm völlig fremd, an Vergnügungen verschwendet er keinen Gedanken. In der Regel hielt sich Leif direkt hinter mir, übernahm zwar nicht vollständig das Kommando, trieb mich aber erbarmungslos an. Inzwischen sorgt er gemeinsam mit Bart und Per dafür, daß ich das Nötige tue, aber in einem menschlichen Tempo und mit einem gewissen Maß an Munterkeit und Gelassenheit. Leif gehört zur Kerngruppe.

Sky hat ebenfalls die Dreißig überschritten. Er trat schon früh in Erscheinung und half beim Ordnen der Gefühls- und Erinnerungsströme, um eine Überlastung meiner Alter egos und meiner selbst zu verhindern. Als die Mitglieder der Gruppe im Laufe der Zeit miteinander umzugehen und zu arbeiten lernten, brauchten wir Sky immer weniger. Inzwischen kommt er nicht mehr zum Vorschein.

Stroll ist um die Dreißig. Er war ein schmiegsames Sexinstrument, existierte einzig als Lustobjekt der Frauen und tauchte jedesmal auf, wenn mir eine Frau, gleich welchen Alters, irgendwie freundlich begegnete. Stroll spricht zwar auch jetzt noch auf weibliche Aufmerksamkeit an, hat aber sein Rollenverhalten inzwischen dahingehend geändert, daß er den jüngeren Alter egos zur Seite steht. Neuerdings kommt er nur noch in der Therapie zum Vorschein, und auch da eher selten.

Per ist eine Seele von Mensch. Er ist Dichter und Künstler und stellt eine Verbindung zu den Kräften des Ausgleichs und der Natur dar. Er verkörpert Frieden und Trost. Er hält uns sanft in den Armen und vermittelt uns Geborgenheit. Per ist eine der Kernpersonen und Vaterfigur für alle in der Gruppe.

Prolog

Beim Blick aus dem Fenster meines Schlafzimmers im ersten Stock sehe ich durch einen Nebelschleier unter einer Straßenlaterne ein vages Etwas. Ich kneife die Augen zusammen, das Etwas wird langsam deutlicher und nimmt menschliche Formen an. Ich gehe näher an das Fenster heran, lehne mich, die Hände aufs Fensterbrett gestützt, vor und drücke die Stirn gegen die kühle Scheibe. *Wer kann das sein?*

Ein schlanker, dunkelhaariger Mann in T-Shirt und Bluejeans macht sich da unten zu schaffen, aber ich kann nicht genau erkennen, was er tut. Ich reibe mir die Augen, lege die Stirn wieder an die Scheibe und blicke angestrengt hinunter. Der Dunkelhaarige beugt sich über ein weißes, freistehendes Waschbecken mit einem Spiegel dahinter. Er scheint etwas in der linken Hand zu halten, einen scharfen Gegenstand. *Was tut er bloß?*

Dann sehe ich, daß sein rechter Arm blutüberströmt ist. Von den Fingerspitzen tropft Blut ins Becken. Er schaut in den Spiegel hoch und dann wieder auf seinen Arm. Ich folge seinem Blick und sehe, daß das Blut aus einem fast fünfzehn Zentimeter langen Einschnitt im

Unterarm rinnt. Von der Spitze einer kurzen Messerklinge fallen große Blutstropfen. Er sticht ein zweites Mal zu, frisches Blut quillt aus der Wunde, rinnt den Arm hinunter und spritzt ins Becken.

Plötzlich packt mich eine wohlbekannte Kraft; ein stummes Vakuum zieht mein böses Ich durch das Fenster und über die Straße. Jetzt bin ich unmittelbar hinter dem Mann mit dem blutenden Arm und sehe zu, wie er sich übers Becken beugt. Er erblickt mich im Spiegel, und wie Sirup, der in eine Ballonflasche gegossen wird, fülle ich langsam seinen Körper aus. Jetzt bin ich ganz in ihm drin. Ich schaue auf die linke Hand mit dem blutigen Messer, dann auf die offene, blutende Wunde. Die Augen wandern zum Spiegel, und aus einer entfernten Ecke meines Verstands kommt die Erkenntnis, daß der Spiegel mein eigenes Gesicht zurückwirft, daß es meine Hand ist, die das Messer hält, mein Arm, aus dem Blut ins Becken tropft. *O Gott!* Das Licht wird intensiver, blendet mich, mein Gesicht fühlt sich heiß an und wird feuerrot. Die Spinne der Realität kriecht mir über den Nacken ins rechte Ohr und flüstert mir langgezogen zu:

»Wiiilllkoommmen!«

O nein, bitte nicht! Nicht schon wieder! Wer hat mich geschnitten? Wer? Wer tut so etwas?

Eine Stimme sagt: »Es war Switch.«

Ich starre in die Augen im Spiegel, die mir nicht gehören. *Switch hat mich geschnitten. Er war es.*

Ich sehe zu, wie meine linke Hand das Messer auf den Beckenrand legt, von ganz weit hinten in meinem Kopf wandert ein Tröpfchen Traurigkeit in meine Augen, wird zu einer winzigen Träne, die anschwillt, sich schließlich löst und mir über die linke Wange läuft. *Switch ist so jung und leidet so erbärmlich.*

Schlagartig wird mir bewußt, daß ich saubermachen muß. Ich drehe den Kaltwasserhahn auf und spüle das Blut weg. Mit Toilettenpapier tupfe ich das halb geronnene Blut von der Wunde und untersuche den Schaden. Der Einschnitt ist tief, bringt Fettgewebe und Muskelfasern zum Vorschein, aber ich spüre keinen Schmerz, nur ein leichtes Stechen. Ich tupfe die Wunde so lange ab, bis sie kaum noch blutet, und drücke dann die Haut zusammen, um festzustellen, ob ich sie mit Klemmverband zukriege oder in der Notaufnahme nähen lassen muß. Ich lasse los, die Wunde klafft erneut auseinander. *Verdammt! Sie muß genäht werden.*

Ich will nicht zur Notaufnahme. Die kennen mich schon. Ärgerlich schüttle ich den Kopf. *Das wird verflixt unangenehm.* Muß mir eine Ausrede einfallen lassen, sagen, daß ich mich an etwas Scharfem geschnitten habe. *Vielleicht ... ist mir das Linoleummesser abgerutscht, als ich einen neuen Küchenboden verlegte?* Alles Quatsch. Ich kann es noch so überzeugend vorbringen – sie werden merken, daß ich lüge. Und sie werden wissen, daß ich weiß, daß sie wissen, daß ich lüge.

»Verdammt!« Ich erschrecke vom Klang meiner eigenen Stimme. Kein Mensch verletzt sich so oft an derselben Stelle. Keiner. Herrgott noch mal, auf meinem rechten Arm könnte man schon fast Schiffe versenken spielen. Sie werden sich mit gehobenen Brauen anschauen und beratschlagen, ob sie mich in die Psychiatrie einliefern sollen, aber sie werden's nicht tun. Sie werden mich nicht zur Beobachtung einweisen, weil ich mich so verdammt gut normal stellen kann. Sind doch bloß Unfallärzte und -schwestern, keine Psychiater. Wissen nichts von Multiplen, und für einen Selbstmörder wirke ich viel zu gelassen. Ich passe nicht ins Bild. Wenn ein vornehm aussehender Mann mittleren Alters mit aufgeschlitztem Arm in die Notaufnahme eines Vorstadt-Krankenhauses kommt, kann es sich nur um einen Unfall handeln. Sie werden mich ungeschoren davonkommen lassen.

Aber ich frage mich, wie ich die Wunde vor Kyle verstecken soll. Mir ist klar, daß ich Rikki an ihrem Arbeitsplatz anrufen und ihr sagen muß, ich sei wieder mal geschnitten worden. Beim letzten Mal kam sie zufällig herein, als es passierte, noch bevor das ganze Blut beseitigt war. Wir wollten gerade zu den Nachbarn zum Dinner. Sie heulte vor Enttäuschung und fauchte mich wütend an: »Fahr in die Notaufnahme!« Diesmal werde ich sie telefonisch darauf vorbereiten, bevor sie heimkommt. Das bin ich ihr schuldig.

Nachtblaue Traurigkeit sammelt sich in meiner Brust, während ich eine Binde um meinen Arm wickle und das Blut wegwische. In meinem Kopf vernehme ich Stimmengewirr, die andern fragen sich, was los ist. Auf der Fahrt zum Krankenhaus geht mir unentwegt durch den Kopf, wie ich mich in der Notaufnahme verhalten soll, wie ich der Entdeckung entgehen kann. Nachher, wenn ich wieder zu Hause bin, werde ich die seltsame, aber vertraute Ruhe genießen, die sich immer in mir ausbreitet, wenn ich geschnitten worden bin. Auch die gewohnte Müdigkeit wird kommen. Nie die meinige, sondern die von Switch.

»Wenn wir vom Krankenhaus heimkommen, legen wir uns alle hin«, sage ich so laut und herrisch, wie ich kann. Die Worte klingen seltsam im leeren Auto. Wenn man mich genäht und verbunden hat, wenn ich wieder zu Hause bin, wird eine sanfte Welle des Friedens über mich hinwegspülen. Aber selbst dann noch werde ich – werden wir – wissen, daß heute kein guter Tag war.

SIEBEN JAHRE ZUVOR

Erster Teil

Die traurige Herberge

1

Ich lag im Wohnzimmer auf dem weißen Berberteppich und bewunderte die Selbstporträts in einem luxuriös ausgestatteten Rembrandt-Bildband. Es war eines der wunderschönen Kunstbücher, die Rikki und ich meinem Vater geschenkt hatten. Als er mit neunundfünfzig Jahren starb, fielen die Bücher wieder an uns, worüber ich mich freute, obwohl ich mich noch mehr gefreut hätte, wenn sie nicht schon so bald auf uns übergegangen wären.

Jedesmal, wenn ich mir Rembrandts Selbstporträts ansehe, steigt in mir ein stilles, sehr persönliches und irgendwie trauriges Gefühl hoch, wie das einsame Dahinfließen eines Flusses bei Nacht, und dann weiß ich, daß ich dem Mann geradewegs in die Seele blicke. Beim Betrachten dieser Gemälde fühle ich mich irgendwie auch meinem Vater näher, obwohl Rembrandt ihn wahrscheinlich besser kennt, als ich es je tun werde.

Es war an einem frühen Abend Mitte Oktober. Die Tage wurden kürzer, draußen konnte man den eigenen Atem sehen. Die Blätter an den Bäumen um unser kleines Natursteinhaus auf dem eineinhalb Hektar großen Hügelgrundstück verfärbten sich: Wenn sie fielen, verschwand die Geborgenheit, die uns anfangs so sehr zu diesem Ort hingezogen hatte. Binnen kurzem würden wir durch die knochigen Äste der Bäume das Nachbarhaus sehen, das etwa zweihundert Meter weiter unten auf der anderen Straßenseite lag. Herbst in Neuengland.

Rikki stand an der weißen Arbeitsplatte in unserer kleinen, hellen Küche, die sich zum Wohnzimmer hin öffnete. Die Arbeitsplatte sah verführerisch aus, überall lagen die Zutaten herum, die man für eine Pizza braucht, neben selbstgemachten Ravioli mit Pesto eines meiner Lieblingsgerichte. Der Teig war schon aufgegangen und lag ausgerollt auf einem Pizzablech, auf dem Herd köchelte eine schmackhafte Soße vor sich hin, und neben der Käsereibe lag ein dickes Stück Mozzarella. Schwarze Oliven, Pilze und eine rotleuchtende Pfefferschote waren bereits in Stücke geschnitten. Auf einem ziemlich abgenutzten, runden Teakbrett, das wir vor zwölf Jahren zur Hochzeit geschenkt bekommen hatten, schnitt Rikki jetzt mit einem langen Küchenmesser eine Gemüsezwiebel in Scheiben.

Neben mir auf dem Fußboden standen die neuen Wildledermokassins, die mir Rikki eben zu meinem 37. Geburtstag geschenkt hatte – genaugenommen war es *unser* Geburtstag, denn wir sind am gleichen Tag geboren –, und der fünfjährige Kyle lag im blauroten Spiderman-Schlafanzug daneben auf dem Bauch. Aus meinen Mokassins hatte er eine Festung für seine G. I. Joe-Spielzeugsoldaten gebaut. Kyle begleitete die in vollem Gange befindliche Schlacht mit ausgezeichneten Kommentaren und Klangeffekten, die er etwas zu deutlich nachahmte, so daß er mir irgendwann ins Ohr spuckte.

»Kyle, pfui!« sagte ich, schnitt eine Grimasse und wischte mir mit der Schulter den Speichel vom Ohr.

»Entschuldigung, Dad«, piepste er. Wir sahen uns

einen Moment lang an, brachen dann in Gelächter aus. Ich legte den Rembrandt beiseite, rollte nach links hinüber und stützte mich auf den Ellbogen.

»Ach, macht doch nichts«, sagte ich. »Weißt du noch, wie ich – du warst noch ein ganz kleiner Knirps, vielleicht drei Monate – auf dem Rücken lag, dich hoch hielt und mit dir ›Superman‹ spielte?«

Ohne vom Schneidebrett aufzusehen, deutete Rikki mit dem Messer auf mich und sagte lächelnd: »Ja, ich erinner' mich noch.«

»Egal«, fuhr ich fort, »ich liege auf dem Rücken, schwenke dich durch die Luft, singe ›Su-per-man‹, schaukle dich vor und zurück, als du plötzlich – na was? Du spuckst mir, richtig, mitten ins Ohr!« Kyle schüttelte sich vor Lachen, aus seiner Nase kam dicker Rotz, der an der Lippe hängenblieb.

»Schnell«, rief ich, »geh zu Mami!« Er sprang auf, lief in die Küche und versuchte, immer noch lachend, den Schleim in die kleine Nase hochzuziehen. Rikki legte das Messer weg, riß ein Blatt von der Küchenrolle und hielt es Kyle ins Gesicht, damit er sich schneuzte.

»Mitten ins Ohr«, sagte ich glucksend. »Das Baby spuckt mir sein Erbrochenes mitten ins Ohr.«

Rikki warf das Papiertuch in den Abfalleimer unter dem Waschbecken, wusch sich die Hände, nahm das Messer und schnitt eine weitere Zwiebel. »Du findest das lustig, Kyle?« sagte sie und lehnte sich gegen die Arbeitsplatte. »Erzähl's ihm, Dad.«

Ich nickte, denn ich wußte sofort, was sie meinte. Die gemeinsame Elternschaft und zwölf Jahre Ehe hatten uns ein angenehmes, unausgesprochenes Einverständnis und tausendfache gemeinsame Erlebnisse beschert. Ich schüttelte lachend den Kopf. »Das wird dir gefallen, kleiner Mann.«

»Was, Daddy?« fragte Kyle, der sich neben mich plumpsen ließ und den Mokassin-Krieg wieder aufnahm. »Was wird mir gefallen?«

»O.K.«, sagte ich. »Da warst du noch kleiner als damals, wo du mir ins Ohr gekotzt hast –«

»Gekotzt«, kicherte er. »Daddy, du bist komisch.«

»Hei«, sagte ich mit spielerisch gerunzelter Stirn und erhobenem Zeigefinger. »Keiner nennt mich ungestraft komisch.«

Jetzt war Rikki an der Reihe zu kichern. Ich legte eine kleine Pause ein und betrachtete sie, wie sie beim Gemüseschneiden vor sich hin kicherte. Ich liebte es, wenn sie lachte. Es klang so beschwingt. Was für ein lieber Mensch sie doch ist, dachte ich, eine richtig gute Freundin. Und höllisch sexy dazu. Ich konnte mich nicht satt an ihr sehen. Siebenunddreißig Jahre, einsfünfundsechzig groß, schlank. Lange, hübsche Beine bis hinauf ins Himmelreich. Glattes, honigfarbenes Haar, das sie etwas mehr als schulterlang trug, und große blaue Augen. Augen, in die sich jeder verliebte.

Kyle stupste mich mit dem Finger und bettelte: »Komm schon, Dad.«

Ich riß mich aus meinen Träumen. »Also, wo war ich? Ach ja. Du warst winzig, vier Wochen vielleicht ...« Ich blickte fragend zu Rikki.

»Mhm«, sagte sie. »Auf den Tag genau vier Wochen.«

»Richtig«, sagte ich. »Wir machten gerade ein paar Aufnahmen mit der alten, ramponierten Videokamera ...« Wieder sah ich zu Rikki. »Erinnerst du dich noch an die Kamera?« Sie nickte.

»War ein uraltes Ding«, sagte ich. »Alles hatte immer einen Grünstich. Egal, Mama hielt die Kamera, wir saßen im Wohnzimmer in unserem Haus in Nashville. Ich habe dich auf dem Schoß, du bist splitternackt – na ja, vielleicht hattest du ein Hemdchen an. Weiß nicht mehr.«

»Ein T-Shirt«, half mir Rikki auf die Sprünge.

»Und warum keine Windel?«

»Weiß nicht«, zuckte sie die Schultern. »Vielleicht zum Lüften.«

»Kurzum«, fuhr ich fort. »Du sitzt auf meinem Schoß, und Mama hält die Videokamera auf uns. Und plötzlich – pffft – machst du ein Häufchen mir direkt aufs Bein!«

Jetzt konnte Rikki nicht mehr an sich halten. Auch Kyle brüllte vor Lachen und hielt sich den Bauch.

»Das haben wir auf Video«, sagte ich und schüttelte den Kopf. »Für alle Zeiten aufgezeichnet. Das erste Mal, daß mich mein Junge anscheißt.«

»Wird wohl nicht das letzte Mal gewesen sein«, sagte Rikki immer noch lachend. Ihre Augen tränten, und sie schniefte – nicht wegen der Geschichte, sondern von den Zwiebeln. »Das war richtig Klasse«, sagte sie und wischte sich mit dem Ärmel ihres Baumwollkleides die Augen.

Kyle setzte mir einen seiner Spielzeugsoldaten auf den Kopf, streckte die Zunge raus, machte mehrfach »pffft« und lachte sich halbtot. Dann sagte er: »Papa, spielst du ›Häschen im Weltraum‹ mit mir?«

Dazu legte ich mich immer auf den Rücken, winkelte die Beine an und stellte die Füße flach auf den Boden. Kyle setzte sich rittlings auf meinen Bauch. Ich schob meine Hände unter sein Gesäß und hielt ihn an den Oberschenkeln fest. Dann verkündete er mit seiner Piepsstimme – das war für mich das Schönste an dem Spiel –: »Damen und Herren, Jungen und Mädchen, hier ist wieder mal für euch ... HÄSCHEN ... IM ... WELTRAUM!!« Kaum gesagt, schüttelte ich ihn kräftig durch, hob ihn hoch und begleitete das Ganze mit dem Getöse einer startenden Rakete. Wenn dann meine Arme ganz ausgestreckt waren, rief ich ihm zu: »Und nun den Knopf für die Hyperbeschleunigung!« Er betätigte mit dem Finger einen imaginären Knopf an seinem linken Knie, worauf ich das Startgetöse weiter anschwellen ließ, ihn noch mehr durchrüttelte und noch höher hob. Nach ein paar Sekunden schwenkte ich ihn dann kopfüber nach unten und fing an zu husten und zu prusten wie ein Oldtimer. »O nein, wir sinken ja!« brüllte ich und schwenkte ihn wie wild. »Vorsicht da unten!!« Dann lachte er immer wie toll, hielt sich, völlig aus dem Häuschen, an meinen Handgelenken fest, und ich ließ ihn sanft seitwärts fallen. Dann lagen wir erschöpft da. Einen Augenblick später sprang er jedesmal auf und sagte: »Noch mal, Daddy«, und das Ganze ging von vorne los.

Kyle und ich hatten schon lange nicht mehr ›Häschen im Weltraum‹ gespielt – mir jedenfalls schien es so. Seine fast vierzig Pfund konnte ich nicht mehr stemmen, und das brach mir fast das Herz.

Also sagte ich Kyle, es täte mir leid, aber ich schaffte es nicht. Er nahm's nicht weiter tragisch und kehrte zu seinem Spiel zurück, ich zu Rembrandt. Bald darauf sagte Rikki, das Essen sei fertig.

Gleich nach dem Abendessen mußte ich mich hinlegen. Wie üblich ging es mir schlecht. Ich hatte eine starke Nebenhöhlenentzündung, die nach dem Essen jedesmal schlimmer wurde. Ich räumte nicht einmal den Tisch ab, sondern ließ mich im Wohnzimmer auf die Couch fallen.

Rikki brachte Kyle die Treppe hoch ins Bad; ich lag da und starrte erschöpft und geistesabwesend zur Decke, in der Ecke eines eingebauten Bücherregals bemerkte ich ein Spinnennetz, in dem eine vertrocknete, schon völlig ausgesaugte Fliege hing. *Ich sterbe.* Ich schüttelte den Gedanken ab. *Verdammt, das Bad lass' ich mir nicht entgehen!*

»Wartet«, rief ich, »ich komme mit.« Stöhnend versuchte ich, mich aufzurappeln.

Rikki schaute von oben zu mir herunter. »Bist du sicher?«

»Ja doch«, brummte ich und stand auf. Ich versuchte, die Mokassins aufzuheben, ohne mich allzu tief zu bücken, was mißlang. Ich holte tief Luft, griff wieder danach und erwischte sie diesmal. Ich schüttelte die Spielzeugsoldaten heraus, ließ die Schuhe auf den Boden fallen und schlüpfte hinein. Dann schlurfte ich zur Treppe, packte den schmiedeeisernen Handlauf und zog mich die Eichenstufen hoch.

Rikki und Kyle waren im Badezimmer, das Wasser lief in die Wanne. Rikki zwickte mich sanft in den Arm und sah mich besorgt an. Ich küßte sie auf die Wange, dann blickte ich zu Kyle hinüber. »Weißt du was, kleiner Mann?« sagte ich aufgeregt.

»Was?« fragte er.

»Wie wär's mit etwas Rasierschaum?« Ich griff nach der Dose und schüttelte sie ein paarmal.

Er ballte die Fäustchen und warf die Arme hoch. »Au ja! Du meinst, ich darf damit schießen?«

»Aber sicher!« antwortete ich mit einem Seitenblick auf Rikki.

Sie hob die Brauen und sagte zu Kyle: »Versuch wenigstens, in die Wanne zu zielen, Liebling, ja?«

»Mach' ich«, sagte er freudig.

Rikki prüfte die Wassertemperatur und drehte den Hahn zu. »Runter mit den Sachen und rein mit dir, Spiderman«, sagte sie. »Ich hol' dir deine Spielkameraden.«

Ich ließ den Toilettendeckel herunter und setzte mich drauf, um Kyle zuzuschauen. Mit beiden Händen umfaßte er die Dose und sprühte Rasierschaum in die eingebaute Seifenschale. »Cool«, sagte er. Ich lächelte und hielt es ebenfalls für cool, daß ein kleiner Bursche nach Lust und Laune mit Rasierschaum herumspritzen durfte. Ich lehnte mich gegen den Wasserkasten und sah ihm zu.

Kurz darauf kam Rikki mit einer Plastikschale voller Spielfiguren, und Kyle suchte sich sorgfältig ein paar mit der linken Hand aus. In der rechten hielt er die Rasierschaumdose, seine neue Waffe, von der er sich nicht trennen wollte. Er hielt Shredder hoch, der mit den scharfkantigen Messern auf dem Helm wie ein Gladiator aussah und den er nun mit so viel Schaum bedachte, daß es für zwanzig Rasuren gereicht hätte. Er kicherte wie ein Kobold.

Rikki stand neben mir und massierte mir mit der Rechten sanft den Rücken. Der ganze Raum roch nach dem synthetischen Rasiercreme-Limonenduft, der auf Frauen angeblich männlich wirkt.

Es war mittlerweile dunkel, und die Holzwürmer machten sich in unserem Gebälk heimlich an die Arbeit. Ich wandte den Blick von Kyle zum großen Spiegel an der gegenüberliegenden Wand und sah Rikkis Profil neben meinem. Sie sah weich und strahlend aus.

Dann fiel mein Blick auf mein eigenes Spiegelbild. Mit mir ging das harte gelbe Licht ganz und gar nicht freundlich um. *In zwei Tagen wird er wieder zustechen. Nichts zu machen. Ich bin ein toter Mann.*

Eine Stunde später lag Spiderman im Bett und schlief fest. Der Rasierschaum war von den Badezimmerwänden und vom Boden weggewischt. Rikki hatte den Tisch abgeräumt, abgewaschen, die Haustür verriegelt, den Thermostat heruntergedreht und war neben mir ins Bett geschlüpft.

Sie hatte nichts an außer einem übergroßen weißen T-Shirt mit dem Aufdruck der Plattenhülle vom Beatles-Album *Let It Be*. Pauls Abbild bedeckte ihre rechte Brust,

Johns die linke. George und Ringo waren darunter. John und Paul hatten den besseren Teil erwischt. Rikki und ich lagen einander zugekehrt und hielten uns an der Hand. Ihre Haut fühlte sich warm und weiblich an, und sie duftete wie die Seifentäfelchen mit Früchtearoma, die ich ihr zu unserem Geburtstag geschenkt hatte.

Ich sog den Duft tief ein. »Mmm«, seufzte ich. »Erdbeer?«

»Granatapfel.«

Ein paar Minuten lagen wir schweigend da und sahen uns an. Rikki sprach als erste. »Ich weiß, du hast Angst vor der Operation«, sagte sie und drückte meine Hand. »Es wird alles gutgehen, Cam. Wir bringen's hinter uns, und danach geht's dir wieder besser.«

Sie meinte die beidseitige Öffnung der Kieferhöhlen- und Siebbeinzellen, die mir in zwei Tagen bevorstand – meine vierte Nebenhöhlenoperation, innerhalb von vier Jahren schon die dritte. Ich sah ihr tief in die Augen, sagte aber nichts.

»Du bist schon so lange krank. Du hast es wirklich verdient, daß es dir endlich besser geht.« Sie fuhr mir mit der Hand durchs Haar und küßte mich. »Du wirst es schaffen. Ich lasse nicht zu, daß es dir schlecht geht, weißt du. Ich lass' es einfach nicht zu.«

»Diese Operationen scheinen nie lange vorzuhalten, Rik«, sagte ich leise. »Ich weiß auch nicht, warum. Irgendwie habe ich das Gefühl, daß es mir in den Knochen steckt. Als wäre ich durch und durch krank und könnte nichts tun. Mercer kann mir nicht helfen. Er ist nur ein Mann mit einem Messer.« Ich schüttelte den Kopf. »Es sitzt tiefer. Irgendwas ist da nicht in Ordnung … nie in Ordnung gewesen.«

Wieder sahen wir einander an. »Du bist eine gute Freundin und eine großartige Mama«, sagte ich. Rikki drückte meine Hand fester, eine Träne kullerte ihr über die Wange und fiel auf das hellblaue Kissen. »Mir ist zumute, als hättest du eine Niete geheiratet«, sagte ich, verlor dann vollends die Fassung und fing ebenfalls an zu weinen. »Es tut mir so leid, Rik.«

Rikki zog mich zu sich herüber und legte meinen Kopf auf ihre Schulter. Sie strich mir übers Haar, und wir weinten zusammen. »Wir schaffen es«, flüsterte sie. »Du wirst sehen. Alles wird gut werden.«

Aber in meinem tiefsten Innern glaubte ich nicht daran.

2

Ich parkte meinen metallicblauen Mercedes 450 SLC vor meinem Büro und quälte mich aus dem Fahrersitz. Gemeinsam mit meinem Bruder Tom betrieb ich eine Firma, die Reklameartikel nach Kundenwünschen herstellte. In riesigen Mengen und gegen härteste Konkurrenz.

Ich war gerade mit einem Angebot für Anson Laboratories befaßt, die ein neues pharmazeutisches Produkt lancieren wollten. Dazu hatte ich ein Werbegeschenk entworfen – einen futuristisch aussehenden Meßlöffel aus Plastik, den die Vertreter als Geschenk übergeben konnten, wenn sie bei Ärzten, Schwestern oder Apothekern vorsprachen. Anson hatte rund dreitausend Vertreter und beabsichtigte den Kauf von über einer Million Löffel. Da mein Entwurf gesetzlich geschützt war, durften wir, wenn der Vertrag zustande kam, mit zweihunderttausend Dollar Gewinn rechnen.

Bevor ich am nächsten Tag ins Krankenhaus ging, mußte ich noch ein paar Dinge wegen der Löffel regeln, das heißt, wenn ich mich wenigstens eine Stunde lang konzentrieren konnte. Das würde nicht einfach sein. Für mich war damals rein gar nichts einfach.

Ich ließ den belebenden Morgensonnenschein hinter mir und vernahm, kaum durch die Glastür unseres Bürogebäudes getreten, das Stimmengewirr geschäftiger Mitarbeiter und das Summen der Neon-Leuchtröhren. Die Empfangsdame und die Kundendienstvertreterin saßen am Computer, meine Assistentin Diana stand, den Hörer zwischen rechtes Ohr und Schulter geklemmt, übers Faxgerät gebeugt und ließ ein ankommendes Fax durch die Finger gleiten.

Diana war Ende Zwanzig, hatte Sommersprossen auf der Nase und trug ihr kastanienblondes Haar im Pagenschnitt. Sie joggte regelmäßig, und sicher sorgten ihr hübsches Gesicht und ihre Stundenglasfigur dafür, daß ihr die Männer reihenweise bewundernd nachpfiffen. Nun wandte sie sich mir zu, zog die Augenbrauen leicht in die Höhe, lächelte strahlend und zeigte auf das Fax. Ich bedachte sie mit einem schwachen Lächeln, murmelte ringsum guten Tag und verschwand sofort in meinem Büro.

Ich machte die Tür zu, zog unbeholfen die Jacke aus und warf sie auf die braune Ledercouch, wobei ich die Kristallblumenvase auf dem Teetisch nur knapp verfehlte. Keuchend plumpste ich in meinen ledernen Schreibtischsessel. Im Nebenzimmer hörte ich Dianas helle Stimme am Telefon: »Kommt gerade rein, Harry. Cam ist eben eingetroffen. Ich bring's ihm gleich. Bleiben Sie dran, oder sollen wir zurückrufen? … O.K. Tschüß.«

Die Sprechleitung piepste, dann kam Dianas Stimme. »Das Fax von Harry ist da«, sagte sie. »Er mußte einen Anruf entgegennehmen. Ich hab' ihm gesagt, Sie würden zurückrufen. Ich komme jetzt rein.« Vier Sekunden später betrat sie lebhaft mein Büro, machte die Tür hinter sich zu, händigte mir das Fax aus und setzte sich auf einen der beiden Kundenstühle vor meinem Schreibtisch, Notizblock und Stift auf den Knien.

Das Fax war eine Kopie der Schemazeichnung des Meßlöffels, die unser Graphiker gemacht hatte. Einmal von oben, einmal von der Seite gesehen. Am Ende der Seite stand ein Kostenvoranschlag für die Doppelgußform und die dreifarbige Inschrift; es folgten weitere Seiten mit Voranschlägen und Produktionszeiten bei unterschiedlichen Mengen.

Ich drückte auf Toms Knopf am Sprechapparat. »Guten Morgen.«

»Du schon wieder.«

»Sage ich auch immer, wenn ich in den Spiegel schaue. Das Fax von Hairball ist da. Diana ist bei mir.«

»Bin schon da.«

Tom und ich sind völlig verschieden, nicht nur, was das Alter betrifft – er ist der Ältere –, sondern auch in fast allem anderen. Er ist groß und beleibt, wie mein Vater, ich bin mittelgroß und drahtig. Er besitzt ein unglaubliches Gedächtnis, ich muß mir alles aufschreiben. Er kann bis zur letzten Minute warten, vertraut darauf, daß alles, was er tut, irgendwie ins Gleis kommt, während ich für alle denkbaren Möglichkeiten Vorsorge treffe und mich auf niemanden verlasse. Außer auf Rikki.

Augenblicke später kam Tom und setzte sich auf den zweiten Stuhl. Ich gab ihm das Fax.

»Du gehörst ins Bett«, sagte er, ohne aufzuschauen.

»Ich gehe, sobald wir das auf der Reihe haben«, sagte ich, holte den Taschenrechner aus der Schreibtischschublade und drückte auf ein paar Zahlen. »Oh, das sieht gut aus.«

Tom grinste über das ganze Gesicht und sagte mit Blick auf das Fax: »Tolle Kiste.«

Ich legte den Rechner weg und setzte mich auf, so gerade ich konnte. Diana griff nach dem Stift. Ich holte tief Luft und begann.

»Wir brauchen ein Muster, das wir Anson nicht in Rechnung stellen. Harry soll die Hälfte von den Sechstausendzweihundert für die Gußform übernehmen – macht er sicher, für ihn ist das Kleingeld. Das Muster soll er – samt Dreifarbentext – innerhalb einer Woche liefern. Mindestens zwei Dutzend Exemplare.«

Tom sagte: »Zu meinen Händen, Diana. Und machen Sie's dringend. Perfekt müssen sie sein.«

»Handwerker wird sie zum Kauf anbieten wollen«, sagte ich, »und aller Welt gegenüber behaupten, sie seien seine Idee. Harry sagt, wenn wir eine Million davon herstellen, hält er den Überschuß bei drei Prozent. Also müssen wir Handwerker klarmachen, daß plus/minus fünf Prozent einen kompletten Auftrag darstellt, dann lassen wir Harry je nach Menge vier oder viereinhalb Prozent Überschuß machen. Ich rechne die Zahlen noch mal durch und rufe Handwerker an, danach können wir ihm den endgültigen Voranschlag durchfaxen. Das ist unser Geschäft, da werden wir richtig absahnen. Wenn das läuft, wird Dschingis Khan unserm Fanclub beitreten wollen.«

Diana war mit den Notizen fertig und sah vom Block auf.

»Das wär's dann«, sagte ich und sank in den Sessel zurück. »Danke.«

»Ich hab' alles«, sagte Diana und trommelte mit dem Stift auf ihren Block. Sie stand auf, verließ schnellen Schrittes mein Büro und schloß die Tür hinter sich.

Tom erhob sich. »Ganz hübsch in Fahrt, Bursche«, gluckste er und schüttelte den Kopf. »Dschingis Khan …« An der Tür blieb er stehen und drehte sich zu mir um. »Geh nach Hause.«

»Zehn Minuten noch«, sagte ich und wischte mir mit dem Hemdsärmel ein paar Schweißtropfen von der Stirn.

Ich stellte den endgültigen Voranschlag auf und rief Handwerker an. Er schien ziemlich zufrieden mit dem Preis, ich wußte aber jetzt schon, daß er noch versuchen würde, ihn zu drücken. Ich erinnerte ihn daran, daß der Entwurf mein geistiges Eigentum sei, und er versicherte mir, er werde sich daran halten. Wir legten auf, und ich ließ Diana den Voranschlag an ihn faxen. Damit war ich durch. Ich konnte heimfahren und mich fallen lassen.

Vorher ging ich kurz zur Toilette, um mich etwas zu erfrischen. Ich beugte mich übers Waschbecken, stützte mich mit der Linken auf und spritzte mir mit der Rechten Wasser ins Gesicht. Mit geschlossenen Augen griff ich nach den Papierhandtüchern, trocknete mir das Gesicht ab und beförderte die Handtücher in den Abfalleimer. Ich tastete nach meiner Nickelbrille, die ich am Rand des Waschbeckens abgelegt hatte, und setzte sie auf. Ich öffnete die Augen und warf einen letzten, prüfenden Blick in den Spiegel. Dabei geschah etwas Bizarres.

Ein plötzlicher Ruck ging durch mich wie von einem Stromstoß, und einen Moment lang schlotterte ich am ganzen Körper. Dann lallte ich irgendwelches Kauderwelsch, so, als wollte ich etwas sagen, hätte aber die Kontrolle über meine Sprechwerkzeuge verloren.

Zu Tode erschrocken, blickte ich erneut in den Spiegel und sah einen Mann: mich – völlig zerfahren, blöd vor sich hinstarrend, lallend. Ich versuchte die Worte zu entziffern, aber sie waren unverständlich. *Was geht mit mir vor??* Dann erneut ein Ruck und ein Schlottern, und ich war wieder da, das Lallen hörte auf. Ich sank zu Boden, rang nach Luft, mein Herz schlug wie wild. Die Fliesen unter meinen Händen fühlten sich kalt an.

Nach ein paar Minuten zwang ich mich aufzustehen; ich war erleichtert, daß niemand hereingekommen war. *Du bist sehr krank. Geh heim.*

Ich schlurfte in mein Büro, zog irgendwie die Jacke über und ging, ohne mich zu verabschieden. Ich schaffte es bis nach Hause, ohne irgendwo anzuecken, schleppte mich mühsam die Treppe hoch, und dann schwanden mir die Sinne. Erst gegen Abend erwachte ich wieder. Rikki sagte ich nichts von dem Vorfall.

Am nächsten Morgen um neun kam ich unters Messer. Rikki blieb den ganzen Tag und die Nacht über bei mir, hielt meine Hand und fütterte mich mit Eisstückchen, um meine glühende Kehle zu kühlen, während ich mit dick verbundener Nase und einer Naht im Gaumen in einem scheußlichen Krankenhausbett lag und das Gefühl hatte, als wäre mir eine Dampfwalze übers Gesicht gerollt.

Dr. Mercer sagte, die Operation sei erfolgreich verlaufen, aber wenige Tage nach meiner Entlassung entwickelte sich in der rechten Kieferhöhle eine schlimme Entzündung. Der dadurch entstehende Druck ließ die Nähte über meinen rechten oberen Backenzähnen aufplatzen, wo der Gaumen für den Zugang zur Nebenhöhle durchtrennt worden war, so daß dort jetzt ein Loch klaffte.

Die jahrelange Behandlung mit Antibiotika, die Krankheit an sich und die Operation hatten mein Immunsystem so geschwächt, daß der Kampf gegen die Entzündung dem Versuch gleichkam, eine Springflut mit dem Regenschirm abzuwehren. Zwar wandelte ich nun schon sehr lange auf dem steinigen Pfad chronischer Erkrankung, doch nie hatte ich ein Steinchen in den todlichen Abgrund getreten. Jetzt aber war mir, als rutschte ich über seinen Rand, klammerte mich verzweifelt an lose Kiesel, suchte strampelnd Halt für die Füße, während dicker schwarzer Qualm und glühende Kohlen aus dem scheußlichen Maul des Sensenmannes quollen, der mich mit Spindelfingern zu sich winkte.

Etwa eine Woche nach meiner Heimkehr lag ich in der gewohnten Position flach auf dem Rücken unter den Decken; kalter, feuchter Dunst aus dem summenden Luftbefeuchter strich mir übers Gesicht, um mir das Schlucken zu erleichtern. Durch die Nase konnte ich nicht atmen, und meine Kehle fühlte sich an, als wäre sie mit einer Stahlbürste bearbeitet worden. Im Hintergrund lief unentwegt ein Videoband mit M.A.S.H.-Aufzeichnungen, ich starrte an die weiße Stuckdecke, und mein Kopf fühlte sich an wie eine Handgranate ohne Zündschnur.

Das Telefon klingelte. Kyle war in der Schule, Rikki beim Einkaufen; keiner war da außer mir, meinem Elend und der Bande aus der 4077. Straße. Ich drückte mit der rechten Hand auf die Stummtaste der Fernbedienung und tastete mit der linken nach dem Hörer.

»Hallo«, krächzte ich.

Es war Tom. »Hallo, Sportsfreund, wie geht's denn so?« fragte er in der forschen Art, derer sich Leute befleißigen, wenn es einem schlecht geht und sie nicht recht wissen, was sie sagen sollen.

»Nicht besser«, krächzte ich wieder. Mein Gesicht fühlte sich an, als läge es unter einer nadelgespickten, zentnerschweren Maske.

»Die Muster sind da«, sagte Tom, »und Handwerker ist ganz vernarrt in sie. Der Handel wird heute perfekt, aber ich dachte, eigentlich solltest du ihn abschließen. Mit Handwerker hattest du mal wieder recht. Bei dem weiß man nie, woran man ist.« Pause. Dann wieder Tom: »Tut mir leid, dich damit zu belästigen, Cam, aber schließlich ist es dein Geschäft.«

Ich seufzte tief, immer noch zur Decke starrend. *Ach Bruderherz.*

»Hast du gehört, was ich gesagt habe?«
»Mhm«, murmelte ich.
»Kriegst du's hin?«
»Ja«, log ich. »Bleib dran.« Ich legte den Hörer weg und versuchte, den Luftbefeuchter abzuschalten. Jetzt kam der wirklich harte Teil. Wie ein alter, rostiger Kran setzte ich mich langsam auf und stellte meine Füße mit den Socken auf den Teppich. Ich fieberte, mir war schwindlig. Meine Augen konzentrierten sich auf Rikkis offenen Schrank, und einen Moment lang fragte ich mich, welches Kleid sie wohl anhatte. Langsam wandte ich meinen schmerzenden Kopf in Richtung Telefon und nahm den Hörer wieder auf. Er war bleischwer. Ich gab mir größte Mühe, deutlich zu sprechen, und sagte: »O.K. Wo stehen wir?«

Der Geschäftsabschluß des Jahres war nur noch einen Anruf entfernt, aber genau da kann alles in die Binsen gehen.

»Gut«, grunzte ich. »Diana soll Handwerker anrufen und zu mir durchstellen. Ich glaube nicht, daß ich mir die Nummer merken kann, wenn du sie mir durchsagst, und nirgends liegt was zum Schreiben.« Tom sagte, er werde es veranlassen, und hängte ein. Ich legte den Hörer auf und bemerkte einen gelben, linierten Schreibblock samt Bleistift gleich neben dem Telefon. *Konzentrier dich.*

Nach einer knappen Minute klingelte das Telefon wieder. Diana war am Apparat, sagte, sie verbinde mich jetzt weiter. Darauf ich: »Mmff«, und plötzlich ging in mir eine äußerst seltsame Veränderung vor. Mein Körper zitterte kurz wie bei Schüttelfrost, und augenblicklich war ich klar im Kopf. Es war, als läge ich immer noch unter dem Schuttberg meiner Krankheit im Bett, während sich ein anderer aufrichtete, hellwach und konzentriert – als wäre ich nicht allein. Hin, und doch nicht hin. Einen Augenblick später hörte ich Handwerkers forsche Stimme am Telefon.

»Louis Handwerker.«

»Hi Louis, Cameron West. Tut mir leid, wenn ich etwas komisch rede. Mein Mund ist noch nicht verheilt.« Er witzelte irgendwas, ich solle endlich aufhören, mich jedesmal operieren zu lassen, wenn ich Urlaub machen wolle. Ich tat so, als lachte ich, und kam dann zum Geschäft.

Nach etwa drei Minuten waren die Details geregelt. Ich bedrängte ihn, mehr Meßlöffel abzunehmen, als er jetzt oder überhaupt irgendwann brauchte. Er sperrte sich, und ich versprach, ihn zu Tamales in Rosie's Kitchen einzuladen und anschließend noch mit einem Baby Ruth zu traktieren, womit ich in Wirklichkeit sagen wollte, ich würde ihm das Fitneßgerät spendieren, von dem er gesprochen hatte, und es ihm sogar nach Hause liefern lassen. Zu guter Letzt einigten wir uns auf 1,2 Millionen Löffel, er gab mir eine Kaufauftragsnummer und bat mich, ihm den Vertrag zuzufaxen. Im übrigen solle ich gut auf mich aufpassen, dann verabschiedete er sich. Die Sache war gelaufen.

Ich rief im Büro an und gab Tom die Einzelheiten durch. Er war hingerissen und sagte, um den Rest werde er sich kümmern. Er nannte Handwerker eine ausgebuffte Ratte und sagte mir, ich solle mich schonen. Dann hängten wir beide ein.

Darauf verschwand die Kraft, die in mich gefahren war, genauso schnell, wie sie gekommen war. Ich schwitzte und schlotterte. Ich schaltete den Luftbefeuchter wieder ein und hielt mein Gesicht in den kalten Sprühnebel. Ächzend ließ ich mich ganz langsam aufs Kissen zurückfallen und zog die Decke bis zum Kinn. In meinem Gesicht pulsierte das Blut, und mein Kopf glühte wie eine elektrische Birne. Ich drückte wieder auf den Stummknopf der Fernbedienung und kehrte zu M.A.S.H. zurück. Colonel Henry Blake schmiß eine Riesenparty, weil er soeben erfahren hatte, daß er Korea verlassen würde – Richtung Heimat. Ich hatte die Episode schon mal gesehen und wußte, daß das Flugzeug, das ihn in die Staaten zurückbringen sollte, abgeschossen wurde. In einer Woche war er tot. Ich fragte mich, ob es auch mir so ergehen würde.

3

In den folgenden sechs Wochen fuhr mich Rikki nicht weniger als siebenmal zu Dr. Mercer. Die ersten paar Male spülte er die Kieferhöhlen mit einer Kochsalzlösung aus. Dieses Spülen war aber ganz anders als beim Zahnarzt, wo man einen Schluck rosaroter, nach Kaugummi schmeckender Flüssigkeit im Mund schwenkt und dann ausspuckt. Nichts da. Hier wurde – während ich mein glühendes Gesicht über eine große rostfreie Stahlschüssel hielt – ein mit einer Spritze verbundener Schlauch vom Durchmesser einer Truthahngurgel durch das Gaumenloch tief in die Nebenhöhle eingeführt und die salzige Lösung gegen die Höhleninnenwände gespritzt.

Mercer veränderte fortlaufend den Antibiotika-Cocktail, um die Infektion in den Griff zu bekommen, bis das Ungeheuer, das mir die Kehle zudrückte, endlich losließ und verschwand. Danach nähte Mercer das klaffende Loch im Gaumen zu. Inzwischen war nur noch so wenig Zahnfleisch übrig, daß er dreimal nähen mußte, bis die Fäden endlich hielten.

Ich machte mir ernsthaft Sorgen. Die traditionelle

Medizin hatte mir einen Zustand beschert, den man nicht mehr Leben nennen konnte. Es war, als befände ich mich auf einem gottverlassenen Vorposten in der Wüste, wo Geier kreisten und nur darauf warteten, sich auf das zu stürzen, was von mir übriggeblieben war. Die hingebungsvolle Fürsorge meiner lieben Rikki und Kyles fröhliches Lachen erreichten und trösteten mich zwar, konnten mich aber nicht retten. Retten mußte ich mich schon selbst.

An einem Donnerstagmorgen um 10.20 Uhr entschloß ich mich zu leben. Die dickliche Dezembersonne schien durchs Schlafzimmerfenster und tauchte alles in milchiges Licht. Kyle war in der Schule, Rikki in der Sporthalle, im Haus war außer dem Summen der Heizung nichts zu hören. Ich schob die Decken beiseite, rutschte auf Rikkis Bettseite und erhob mich langsam. Ich sah zum Fenster hinaus; das Weiß des schneebedeckten Rasens blendete mich so, daß ich zusammenzuckte. Ich schüttelte die Arme aus und versuchte, ein paar Schritte auf der Stelle zu treten. Mehr brachte ich nicht zustande.

Schnell zog ich alte Bluejeans, einen dicken schwarzen Pulli und meine grünbraunen Avia-Turnschuhe an. Ich ging ins Badezimmer, machte mir aber nicht die Mühe, mich zu rasieren oder zu kämmen. Das war zu anstrengend. Langsam schlich ich nach unten, ging zum Schrank und holte den grauen Wollmantel und die schwarzen Handschuhe heraus, die mir Rikki bei Louis of Boston gekauft hatte. Mühsam zog ich beides über und machte die Haustür auf.

Mit einem tiefen Atemzug trat ich hinaus. Die Kälte schlug mir ins Gesicht wie ein Lineal, das man auf die Schulbank schlägt, und plötzlich fiel mir ein, daß ich die Autoschlüssel vergessen hatte. Ich ging wieder in die Küche und schnappte mir vom Schlüsselbrett den Bund für unseren silberfarbenen Volvo-Kombi. Wäre mir erst unten am Wagen eingefallen, daß ich die Schlüssel vergessen hatte, dann hätte ich wahrscheinlich überhaupt nicht wegfahren können. Allein das Überziehen des Mantels hatte meine halbe Kraft aufgezehrt.

Ich ging wieder hinaus in die Kälte, die Steinstufen und den Zugangsweg hinunter, den Rikki von den paar Zentimeter Schnee der vergangenen Nacht freigekehrt hatte, schließlich die zehn Stufen aus Eisenbahnschwellen bis zum Wagen. Ich hatte einen Plan.

Seit mehr als zwei Monaten hatte ich nicht mehr am Steuer gesessen und fürchtete schon, ich hätte gar nicht mehr die Kraft dazu. Ich ließ den Wagen an, fuhr die sechzig Meter bis zum Ende der Einfahrt und stoppte. *Stoppen ist gut.* Ich bog nach rechts in unsere Straße ein und fuhr die sechs Kilometer bis zur Stadtmitte. Dort angekommen lenkte ich den Volvo auf den Parkplatz einer Ladenzeile, in der ein Feinkostgeschäft, ein Friseur, ein Grundstücksmakler, ein Spielzeugladen, eine Weinhandlung und ein Naturkostladen ihre Geschäftsräume hatten. Vor letzterem parkte ich ein, ohne irgendwo anzustoßen. Ich grunzte zufrieden, kletterte aus dem Wagen, nahm vorsichtig die Stufe aufs Trottoir und ging in den Laden.

Der Geschäftsraum war winzig, nur etwa 3,5 auf 10 Meter groß und bis in Schulterhöhe mit so viel Gesundheitskost vollgestopft, daß es für einen ganzen Supermarkt gereicht hätte. Für Kunden war praktisch kein Platz. Hinter einem Ladentisch zur Rechten saß ein etwa achtzehnjähriges, spindeldürres Mädchen mit langen braunen Haarsträhnen, die aussah, als hätte sie sich seit George Bushs Vereidigung nicht mehr gewaschen. Als ich eintrat, biß sie gerade in ein italienisches Sandwich, das sie sich vermutlich im Feinkostladen geholt hatte. Für einen Moment hörte sie auf zu kauen und legte das Sandwich aufs Einwickelpapier. Sie sah mich an und zuckte die Schultern, als wollte sie sagen: »Wer kommt denn da hereingeschneit?«

»Ist das ein Bio-Sandwich?« fragte ich und brachte mit der funktionierenden Gesichtshälfte ein notdürftiges Lächeln zustande.

Sie antwortete mit einem Lächeln, das mich an Kunststoffobst erinnerte, und starrte mich, den Bissen in der Backe, mit leeren Augen an. »Mein Freund arbeitet im Sandwichkiosk«, murmelte sie vor sich hin und fing wieder an zu kauen. Ich sah auf ihr Sandwich. Daneben erblickte ich eine Tüte Chips und eine Dose Limonade. Echte Biokost.

Ich fühlte mich schwach und wollte mich irgendwo anlehnen, hatte aber Angst, einen Domino-Effekt auszulösen, der die Regale in dem ganzen Laden zum Einsturz brächte.

»Können Sie mir helfen?« fragte ich. »Wissen Sie zufällig, ob der Besitzer eine Liste der Naturheilkundler in der Gegend hat?« Mein Gesicht schmerzte, die Fäden in meiner Gaumennaht stachen mir in die Backe.

Sie schüttelte den Kopf, schluckte und sagte: »Haben wir nicht, aber in der Geneva Farm an der B 226 gibt's eine Dame, die heißt Hanna und kennt alle Welt. Wahrscheinlich kann die Ihnen helfen.«

Es sei nur ungefähr acht Kilometer von hier, sagte sie und erklärte mir den Weg. Ich dankte ihr, zog die Schultern ein, drehte mich um und ging vorsichtig hinaus, um ja nirgends anzuecken.

Die Angaben der Kleinen stimmten, nach weniger als zehn Minuten fand ich den gesuchten Ort. Geneva Farm war ein kleines, eingeschossiges Landhaus, etwa zehn Meter von einem ebenfalls eingeschossigen, aber etwas größeren Gebäude entfernt, und lag am Ende eines Kiesweges.

An der Holztür hing ein weiß-rotes Plastikschild mit der Aufschrift GEÖFFNET. Inzwischen war es elf Uhr dreißig, und ich hätte längst wieder im Bett sein sollen. Aber da ich auf Erkundungstour war, humpelte ich zur Tür und ging hinein. Als ich die Tür öffnete und wieder hinter mir schloß, bimmelten ein paar Glöckchen. Kaum war ich drin, umfing mich der anheimelnde Duft von Orangen und Gewürzen, der einer Teekanne entströmte, die auf einer Wärmeplatte auf der Theke stand.

Hinter der Theke häufte eine große, kräftig aussehende Frau mittleren Alters in weißem Sweatshirt und Overall mit einem Metallschäufelchen Gewürze auf eine Waage. Ihr Gesicht war ungeschminkt, das lange braune Haar mit den grauen Strähnen hatte sie zu einem Pferdeschwanz zusammengebunden. Sie musterte mich mit klaren, lebhaften blauen Augen und lächelte mir freundlich zu. Ihr Lächeln verriet Selbstsicherheit und Mitgefühl. Das mußte Hanna sein.

»Hi«, sagte sie.

»Hi«, gab ich zurück.

Mit dem Schäufelchen in der Hand musterte mich Hanna. Dann legte sie den Kopf etwas zur Seite, und das Lächeln verschwand. Sie legte das Schäufelchen auf die Theke.

»Sie sind sehr krank«, sagte sie mit starkem Schweizer Akzent. Ihre Worte trafen mich, Tränen schossen mir in die Augen, aber ich bezwang sie. Ich holte tief Luft, atmete langsam aus und nickte.

Ich sagte: »Im Naturkostladen hat man mir gesagt, Sie wüßten vielleicht einen Naturheilkundler in der Gegend. Sie sind doch Hanna, oder?«

Sie nickte. »Ja.«

»Ich hatte mehrere Nebenhöhlenoperationen, die nicht besonders erfolgreich waren. Vielleicht wissen Sie jemanden, der mir helfen könnte.«

»Mhm«, nickte sie wieder. »Drüben im Haus habe ich eine Liste. Ich hole sie mal.«

Hanna ging mit schnellen Schritten hinaus, kam aber zurück, als habe sie etwas vergessen. Sie steckte den Kopf durch die Tür, deutete auf die Teekanne und sagte: »Ach, wenn Sie Tee möchten, bedienen Sie sich.« Sie verschwand wieder.

»Danke«, sagte ich laut, aber Hanna war schon unterwegs zu ihrem Haus. Der Tee roch verführerisch, doch ich fühlte mich schwach und hatte das Gefühl, wenn ich nicht in ein paar Minuten hier rauskäme, müßte ich Hanna fragen, ob sie im Hinterzimmer vielleicht ein Sofa hätte. Nix Teetrinken oder Plaudern.

Ich sah mich in dem kleinen Laden um. Rund fünfzehn Eichenfässer mit verschiedenen Teesorten und Körnern standen da. In einer Wand war ein Eichenregal mit Kästchen für etwa hundert verschiedene Gewürze eingebaut, an einer Seite befand sich ein Zeitschriftenständer mit einem halben Dutzend Zeitschriften über Naturheilkunde. Gern hätte ich mir eine herausgeholt, aber ich hätte hingehen müssen.

In weniger als einer Minute war Hanna mit der Liste wieder da. Sie kam um die Theke herum und stellte sich neben mich, schlug die erste Seite um und fuhr mit dem Zeigefinger nach unten, bis sie das Gesuchte gefunden hatte: Lloyd Kessler, Dr. med.

Hanna tippte zweimal mit dem Finger auf das Papier und sah mich an. »Der Mann ist sehr gut«, sagte sie. »Er hat eine große Praxis in Cambridge. Er ist Psychiater und wandte sich der Naturheilkunde zu, als seine Tochter schwer erkrankte. Ich schreib' Ihnen die Adresse auf.«

»Herzlichen Dank«, sagte ich und suchte Halt an der Theke.

Hanna schrieb Name, Adresse und Telefonnummer auf einen gelben Notizblock, riß das Blatt ab und gab es mir. Wieder sah sie mich mit ihren freundlichen blauen Augen an und sagte: »Gehen Sie jetzt nach Hause und legen Sie sich hin. Und rufen Sie den Mann an.«

»Das tu' ich.« Ich nickte und versuchte ein Lächeln. »Ich danke Ihnen sehr, Hanna.«

Ich trat hinaus in die Kälte, wieder bimmelten die Glöckchen. Die Winterluft fuhr mir harsch in die Lungen und auf die Haut, und als ich ächzend hinters Steuer rutschte, war mir leicht schwindlig.

Ich fuhr vorsichtig nach Hause, stolperte die Treppe hinauf, kroch mitsamt den Kleidern ins Bett und sank in den Schlaf wie ein Toter.

Während des ganzen Winters schob ich den Anruf bei Dr. Kessler immer wieder auf. Wahrscheinlich hielt ich mich so verkrampft am Leben fest, daß ich Angst hatte, auch nur einen Augenblick loszulassen, damit er sich meiner annehmen konnte. Rikki umsorgte mich unermüdlich, so daß ich schließlich wieder an die Arbeit zurückkehren konnte, allerdings mit Einschränkungen. Im März war ich jedoch wieder völlig am Boden. Als ich mich einmal im Flughafen bückte, um etwas aus meiner Reisetasche zu holen, und danach nicht wieder hochkam, beschloß ich, es sei höchste Zeit für den Anruf.

Zwei Wochen später saß ich bei Dr. Kessler im Wartezimmer. Hanna hatte recht gehabt – der Mann hatte eine florierende Praxis. Sie nahm die Hälfte eines Stockwerks in einem großen, modernen Bürogebäude ein. Er beschäftigte über zwanzig Mitarbeiter, darunter eine Ernährungsspezialistin, einen Assistenzarzt, einen Akupunkteur, Schwestern, Ärzte, Labortechniker sowie das Verkaufspersonal des Naturkostladens im Hause.

Bei meinem ersten Besuch stand Dr. Kessler in seinem geräumigen, holzgetäfelten Sprechzimmer hinter einem großen Schreibtisch aus Walnußholz gegenüber einer Fensterfront und führte ein Glas mit einer Flüssigkeit zum Mund, die wie Moorwasser aussah. Nachdem er das Glas geleert hatte, stellte er es ab und betupfte sich mit einem weißen Taschentuch die Lippen. Er gab mir die Hand, lächelte ohne Wärme und bot mir auf einem von drei Klientenstühlen vor seinem Schreibtisch Platz an.

Dr. Kessler mochte um die Fünfzig sein, war groß und schlank, hatte ein teigiges Gesicht und volles weißes Haar, das ihn älter machte, als er in Wirklichkeit war. Er las die ausführliche Krankengeschichte durch, die mir sein Assistenzarzt vorher eine Stunde lang entlockt hatte, und stellte noch einige Fragen zu meinen Symptomen und meiner Ernährungsweise. Dann sagte er zu meiner Überraschung, ohne mich überhaupt untersucht zu haben, er glaube, er könne mir helfen. Einfach so. Voller Hoffnung ergriff ich diesen Strohhalm und sagte, ich wolle alles tun, was er mir rate.

Dr. Kessler setzte mich für ein paar Wochen auf strenge Entschlackungsdiät und verordnete mir diverse Vitaminzusätze, Enzyme, Mittel zur Stärkung der Abwehrkräfte und Antitoxine. Ich absolvierte einen Nahrungsmittel-Allergietest, aus dem hervorging, daß ich auf über hundert Substanzen allergisch war, darunter Weizen und sämtliche Milchprodukte. So unglaublich es klingt, anscheinend waren meine Nebenhöhleninfektionen von Nahrungsmitteln verursacht worden, auf die ich allergisch reagierte.

Von den Dutzenden Antibiotika, die mir Mercer eingeflößt habe, sei mein Immunsystem so geschwächt, daß ich nicht mal mehr in der Lage sei, einem Reispudding die Haut abzuziehen, geschweige denn, eine stinknormale Erkältung zu verjagen. Da es Mercer zudem unterlassen habe, mir zu sagen, ich solle neben den Antibiotika auch ein Magenmittel nehmen, hätte ich eine schwere Kandidose entwickelt, die mich, wenn sie unbehandelt bleibe, möglicherweise umbringen könne.

Zu meinem Entsetzen fühlte ich mich eine Zeitlang noch schlechter als vor meinem Besuch bei Kessler – als flösse mir reines Gift durch die Adern. Er hatte mir gesagt, daß das eintreten könne, aber hinzugefügt, wenn ich es durchstünde und nicht von einer Brücke spränge, würde ich mich bald besser fühlen. Also blieb ich bei der Stange, obwohl ich den Kerl jeden Tag am liebsten drei- oder viermal erwürgt hätte – und tatsächlich: Nach zwei Monaten hatten sich die Geier endgültig aus dem Staub gemacht.

Ich hielt den ganzen Frühling und Sommer lang strikt meine neue Diät und hätte nicht für zehn Dollar ein Käse-und-Steak-Sandwich angerührt. Im Herbst war es dann soweit, daß mir wieder nach Leben zumute war und ich auch so aussah. Ich konnte ganztags arbeiten und verirrte mich nicht länger in meiner Heimatstadt. Ich schaffte sogar wieder ›Häschen im Weltraum‹ mit Kyle, was mich jauchzen ließ. Als das passierte, war Rikki gerade nicht da, sonst hätte auch sie vor Freude geheult. Als ich ihr davon erzählte, war sie völlig hingerissen und drückte mich ganz fest, offenbar ohne Angst zu haben, ich könnte auseinanderbrechen.

Rikki sah jetzt noch lebhafter aus als sonst. Ihr Gang war leichtfüßig, sie atmete frei heraus, als wäre letzter Schultag.

Sie hatte ihren Mann wieder – dachte sie jedenfalls.

4

Anfang Oktober lagen Rikki und ich an einem Spätnachmittag nebeneinander in grünen Liegestühlen auf unserer großen Veranda. Das Herbstlaub duftete nach gemahlenem Korn. Kyle war bei einem Freund, so daß wir die seltene Gelegenheit hatten, die friedliche Stimmung und unser Beisammensein zu genießen. Der Tag war wärmer gewesen als in dieser Jahreszeit üblich, aber wegen der Kühle der hereinbrechenden Dämmerung ging Rikki ins Haus und holte Pullis und eine Decke. Als sie wiederkam, zog sie die Glasschiebetür hinter sich zu, kuschelte sich in ihren Liegestuhl und breitete die Decke über uns beide. Der richtige Zeitpunkt, sie ins Bild zu setzen.

Ich griff nach ihrer Hand. Als sie mein Gesicht sah, zerstob augenblicklich ihre friedliche Ruhe. Sie blickte mir fragend in die Augen.

»Stimmt was nicht?« fragte sie. Ich hatte die Befürchtung, eigentlich meinte sie: »Was ist denn jetzt schon wieder los?«, und das ließ mich zusammenzucken.

Ich schüttelte den Kopf. »Ich weiß nicht recht«, sagte ich, »aber irgendwas ... in meinem Kopf hört sich irgendwas sehr laut an. Irgendwas in meinem Kopf, meinem

Denken, verändert sich unablässig. Ich kann mir keinen Reim darauf machen. Das bekümmert mich.«

Rikki wandte sich ganz mir zu, hielt immer noch meine Hand. Sie ließ ihre Augen auf mir ruhen und hörte mit jeder Faser ihres Körpers zu, während ich ihr von dem bizarren Verlust der Selbstkontrolle im Waschraum meiner Firma letztes Jahr erzählte und davon, wie es mir so vorgekommen war, als wäre jemand »an meine Stelle« getreten, als ich vom Krankenbett aus mit Handwerker telefonierte. Ihr Blick wurde noch eindringlicher, als ich ihr schilderte, wie mir seit meiner Gesundung die eigenartigsten Gedanken durch den Kopf gingen, als verschöben sich die Dinge unablässig, ordneten sich in stetig wechselnden Schichten und konzentrischen Kreisen immer wieder neu.

Rikki hat Psychologie studiert und bis zu Kyles Geburt zehn Jahre lang mit emotional gestörten Kindern gearbeitet. Einmal konnte sie gerade noch verhindern, daß sich ein Siebenjähriger erhängte. Ein anderes Mal redete sie so lange auf ein zehnjähriges Mädchen ein, bis es vom Fenstersims eines dreistöckigen Gebäudes wieder ins Zimmer kletterte. Rikki konnte eine Augenblickslaune sehr wohl von Ernsthaftem unterscheiden. Sie wußte, daß bei mir etwas nicht in Ordnung war, das sich nicht mit ein paar Vitamintabletten beheben ließ.

Sie drückte meine Hand. »Du mußt zu einem Therapeuten«, sagte sie zutiefst besorgt. Ein Windstoß trieb ihr eine Haarsträhne ins Gesicht; ich schob sie mit dem Handrücken sanft beiseite.

Ich nickte traurig lächelnd und sagte: »Vielleicht sollte ich das wirklich tun.«

Die bleiche Mondsichel schimmerte durch einen sich allmählich purpur färbenden Schleier. Bald tauchten die ersten Sterne auf. *Ich hätte jetzt einen Wunsch bitter nötig.*

5

Am nächsten Tag suchte ich im Branchenbuch unter dem Eintrag »Psychologen« nach einem Therapeuten. Es gab viele, und da ich keine Ahnung hatte, welchen ich nehmen sollte, pickte ich aufs Geratewohl Dr. phil. Arly Morelli heraus, weil ihre Großanzeige auf Erfahrung und Professionalität schließen ließ. Ich rief sie an und hinterließ auf dem Anrufbeantworter eine Nachricht.

Sie rief noch am selben Tag zurück. Als erstes fiel mir ihr starker New Yorker Akzent auf. Sie klang forsch, aber ihre sorgfältig gewählten Worte verrieten Wärme und Mitgefühl. Wir unterhielten uns länger, als ich erwartet hatte. Sie stellte mir eindringliche Fragen, und ich hatte den Eindruck, daß sie mich ebenso ausforschte wie ich sie. Sie war nicht nur aufs Honorar aus, sondern suchte eine Beziehung aufzubauen. Sie war mir sympathisch. Wir vereinbarten einen Termin für den nächsten Vormittag.

Ihre Praxis lag im ersten Stock eines ansehnlichen Ziegelbaus an der Hauptstraße einer Stadt in unserer Nähe. Wie die meisten Bauten im Stadtkern stammte er vom Anfang des Jahrhunderts. Über eine knarrende Holztreppe gelangte ich in den ersten Stock und setzte mich, oben angekommen, auf eine schmiedeeiserne Bank mit Eichenholzlehnen.

An der gegenüberliegenden Wand stand ein blaugestrichenes Holzregal mit Büchern über Psychologie, Beziehungsfragen, Familiendynamik, Scheidung und Ernährung. In der Ecke bemerkte ich sechs kleine, gebundene Kinderbücher. Über dem Bücherregal hing ein auf hellrotem Holz befestigtes, gebrochenes Schwert. Außer mir saßen keine Patienten in der Diele. *Gut.*

Nervös wartete ich die zehn Minuten bis zum vereinbarten Termin und blickte abwesend durch ein Doppelfenster, das aus Urzeiten zu stammen schien, auf ein klassisch aussehendes rotes Feuerwehrgebäude auf der anderen Straßenseite und sah den winzigen Vögeln bei ihrem Treiben in einem Ahornbaum zu. Obwohl es ein warmer und sonniger Herbsttag war, hatte ich kalte Hände; ich rieb meine Rechte unablässig am Hosenbein, damit Frau Dr. Morelli bei der Begrüßung keine Frostbeulen bekam.

Kurz darauf hörte ich Stimmen aus der Praxis, dann ging die Tür auf und eine attraktive Frau mittleren Alters in einem eleganten dunkelblauen Kostüm trat in die Diele, eine riesige dunkelbraune Lederhandtasche unterm Arm. Einen Augenblick lang hielt ich sie für Dr. Morelli und kriegte schon einen Schreck, aber sie blickte zu Boden, vermied sorgfältig jeden Blickkontakt und eilte an mir vorbei die Treppe hinunter aus dem Haus. Trotzdem beruhigte sich mein Herzschlag nicht, denn ich wußte, daß ich als nächster dran war. Wieder rieb ich die Handfläche an der Hose.

Eine halbe Minute später trat Arly Morelli in die Diele. Ihr Gesicht sah genauso aus, wie ihre Stimme am Telefon geklungen hatte – absolut handfest. Aber der Ausdruck in ihren Augen war schärfer als die Bügelfalten eines Spielers im Kasino von Monte Carlo. Sie hatte dichtes, dunkles Haar und eine Hakennase, war mittelgroß, adrett, Anfang Vierzig und trug eine lange schwarze Leinenjacke über einer weißen Hemdbluse mit Kordelkrawatte sowie verwaschene Bluejeans. Schuhe hatte sie keine an, nur Strümpfe. Am Mittelfinger ihrer rechten Hand bemerkte ich einen Ring mit einem großen, kobaltblauen Stein.

Sie lächelte mich an und sagte: »Hi. Ich bin Arly Morelli. Sind Sie Cameron West?«

»Cam genügt«, sagte ich, ein Lächeln andeutend.

Sie gab mir die Hand. Sie fühlte sich warm und kräftig an; meine sicherlich nur kalt.

Arlys Sprechzimmer war klein und schmal und hatte eine hohe Decke sowie weiße, stuckverzierte Wände. Das große Fenster sah genauso aus wie das in der Diele. Der Holzboden war im Laufe der Jahre dunkel geworden und wurde zum größten Teil von einem dunkelrot und gold gemusterten Orientteppich bedeckt. An der rechten Wand standen zwei hellbraune Stühle vor einem Glastisch, auf dem ich eine Keramikkatze und eine große Kleenex-Schachtel erblickte. In der Ecke befand sich ein Hutständer voller Hüte aus der Zeit, als Zigarettenspitzen in Mode waren und die Autos noch Trittbretter hatten.

Aryls Sessel war mit kastanienbraunem Leder bezogen, und schräg daneben stand ein niedriges Ledersofa, das so aussah, als wäre es für zwei gedacht. Auf dem Sessel lag eine braune Ledermappe, in der ein schwarzer Montblanc-Füller steckte.

Arly deutete auf den Sessel, der ihrem gegenüber stand, und nahm die Ledermappe in die Hand. Wir setzten uns. Sie legte die Füße auf das Sofa. Ich ließ meine auf dem Boden und rutschte unruhig auf meinem Sessel hin und her. Doch soviel ich auch rutschte – bequem machen konnte ich es mir nicht. Schon wünschte ich, ich hätte sie nicht angerufen.

Arly schlug die Mappe auf, zog den Füller heraus, lächelte und sagte: »Es ist Ihnen hoffentlich recht, wenn ich ein paar Notizen mache.«

Ich nickte. »Machen Sie nur.« Meine Gefühle waren in Aufruhr. *Das ist ein Fehler. Ich muß hier raus.*

»Also, Cam«, sagte sie, »sagen Sie mir, warum Sie zur Therapie kommen.« *Zu spät.* Sie hatte mit dem ersten Stich getroffen, und urplötzlich stiegen mir Tränen in die Augen. Ich sah zu Boden und versuchte, sie blinzelnd zurückzudrängen.

Ich schluckte schwer und sagte: »Irgendwas stimmt nicht mit mir. Ich ... ich glaube, ich habe meine Seele verloren.« Dann fingen meine Schultern an zu beben, und ich begann leise vor mich hin zu weinen. *Verdammt! Ich bin noch keine halbe Minute hier, und schon heule ich! Meine Seele... Menschenskind.* Arly griff nach einem Kleenex und reichte es mir. Ich nahm es, ohne sie anzusehen.

Sie lehnte sich zurück und fixierte mich. »Sie haben also Ihre Seele verloren«, wiederholte sie und notierte etwas auf ihrem gelben Notizblock. Ich nickte, bedeckte meine Augen mit der rechten Hand und wischte die Tränen weg. Ich zog die Nase hoch, griff nach einem weiteren Kleenex und schneuzte mich.

In den folgenden fünfzig Minuten stellte mir Arly allgemeine Fragen zum Hintergrund – meinem Verhältnis zu Rikki, meiner Arbeit, meiner Krankheit. Gegen Ende der Sitzung fragte sie noch, ob ich schon mal bei einem Therapeuten gewesen sei.

»Mhm ... ein paarmal, als ich fünfzehn war«, sagte ich.

»Wie das?«

Ich räusperte mich und zupfte nervös an meiner Hose. Dann trafen sich unsere Blicke.

»Ich hatte versucht, mich umzubringen, mit einem Fläschchen Aspirintabletten.«

Arly zog die Brauen hoch und kritzelte wieder etwas. »Ihre Eltern brachten Sie also nach einem Selbstmordversuch zum Therapeuten?«

Ich streckte mich, gähnte, rieb mir den Nacken und sah zum Fenster hinaus. »Ach wissen Sie«, sagte ich, »ich wollte mal Psychologe werden. Mit neun oder zehn. Wollte wissen, was im Kopf vor sich geht …«

»Cam?«

»Was?« Ich sah zu ihr hin. »Oh«, sagte ich. »Nein. Nein, sie brachten mich zu niemandem. Ich ging selber in eine Klinik und redete ein paarmal mit jemandem. Sie sprachen nie darüber. Hatte gar nicht stattgefunden. Teufel nochmal, ich hatte es praktisch selber vergessen, bis Sie jetzt anfingen, darin herumzurühren.«

»Ein Geheimnis«, sagte Arly.

Es war nicht als Frage gemeint, also sagte ich auch nichts.

Sie legte den Füller weg und faltete die Hände. »Cam«, sagte sie, »an wieviel aus Ihrer Kindheit erinnern Sie sich?«

Ich verlagerte mein Gewicht und sah wieder zum Fenster hinaus. Arly wartete.

»Zum zehnten Geburtstag habe ich einen Gürtel mit einer großen Schnalle geschenkt bekommen.«

»Davor nichts?«

Ich wurde wütend. »Wonach suchen Sie? Da gibt's nichts zu erforschen.«

Arly sagte nichts. Sah mich nur an.

»Tut mir leid«, sagte ich verlegen, weil ich eine völlig Fremde angeblafft hatte.

Sie winkte ab. »Was wissen Sie noch von dem Haus, in dem Sie wohnten?«

»Wenig. Ich erinnere mich an die Küchen. Fernsehzimmer …«

»Sonst noch etwas? Die Schlafzimmer?«

»Nein, an die erinnere ich mich nicht. Die Flure führen nirgendwo hin.«

»Nirgendwohin«, wiederholte sie, nahm den Füller und drehte ihn zwischen den Fingern.

»Weiß nicht mehr. Wollen Sie nun was schreiben, oder massieren Sie den Füller bloß? Verzeihung, aber das ist alles andere als leicht.«

»Wie standen Ihre Eltern zueinander?«

»Sie hatten nie Krach. Ich glaube, sie sagte ihm, was er tun sollte, und er tat es. Sie waren sehr verschieden. Ihr Vater war Bankier, seiner hatte einen Geflügelhandel.«

Sie schrieb wieder etwas auf, blickte abwechselnd auf ihre Notizen und auf mich. »Wie war er, Ihr Vater?«

»Weiß nicht. Ich hab' ihn nicht richtig gekannt.«

»Und Ihre Mutter?«

»Guter Gott, meine Mutter. Fragen Sie mich was anderes.«

»In Ordnung. Ihr Bruder. Wie kamen Sie mit ihm zurecht?«

»Weiß nicht. Gut vermutlich. Ich erinnere mich nicht. Er glich meinem Vater, ich meiner Mutter.«

Sie hörte auf zu schreiben. »Was meinen Sie damit?«

»Weiß nicht.«

»Sie sahen ihr ähnlich …«

»Ich war ihr Liebling. Ich war ein braver Junge.«

Ich sah auf die Uhr. Zehn vor zwölf. Unsere Zeit war um. Arly fragte, ob ich regelmäßig zur Behandlung kommen wolle. Ich zögerte wohl eine halbe Minute, ehe ich ja sagte.

Ich schrieb einen Scheck, verabschiedete mich und ging in die Diele. Jemand saß auf der Bank, und instinktiv senkte ich den Blick, wie vorher die Frau im Kostüm. Schnell ging ich die Treppe hinunter und aus dem Haus. Die Luft fühlte sich noch kälter an als vorher und ließ mich frösteln.

Arly und ich fingen mit einer Sitzung pro Woche an, verdoppelten aber schon bald auf zwei. Nicht etwa, weil es Spaß gemacht hätte. Je häufiger ich hinging, desto schlechter fühlte ich mich. Jedesmal stellte sie mir eine Frage, saß in ihrem Sessel, die Füße auf dem Ledersofa, notierte etwas, schaute auf, stellte eine weitere Frage und schrieb wieder. Nie äußerte sie zu irgend etwas eine Meinung. Sie ließ mich einfach in mir herumstochern, und das ärgerte mich. Trotzdem kam ich regelmäßig wieder. Der Aufruhr in meinem Kopf verstärkte sich, verwirrende Flüsterstimmen leckten an mir wie im Kamin hochzüngelnde Flammen. Auch das Schlafen fiel schwerer, denn im Dunkeln verstärkte sich das rollende Geräusch des Kometen, der vom Rand meines Universums auf mich zuraste.

Dann, mitten in einer kalten, mondlosen Dezembernacht, fuhr ich plötzlich aus tiefem Schlaf hoch und riß im rabenschwarzen Schlafzimmer die Augen weit auf. Drei Worte hatten die Stille der eiskalten Nacht gebrochen und gingen mir unablässig durch den Kopf. *Sicher nicht sicher … sicher nicht sicher … sicher nicht sicher.*

Was zum Teufel?!

Die gespenstische Wortfolge hielt an. *Sicher nicht sicher … sicher nicht sicher.* Mein Herz klopfte wie wild, und ich fror, als wäre ich beim Schlittschuhlaufen eingebrochen. Meine Fäuste waren krampfhaft geballt. Ich öffnete sie mühsam, berührte das Laken und spürte, daß es von kaltem Schweiß durchnäßt war.

Sicher nicht sicher … sicher nicht sicher … sicher nicht sicher, dröhnte es unablässig in meinem Kopf. *STOP!* Ich sah zu Rikki hinüber, die mit dem Rücken zu mir lag und fest schlief. *Sicher nicht sicher … sicher nicht sicher.* Ich hielt mir die Ohren zu, suchte der Phrase verzweifelt Einhalt zu gebieten. Ich hörte, wie im Keller die Heizung ansprang.

Von einer seltsamen Kraft gelenkt, griff ich nach links und nahm Stift und Block vom Nachttisch, während die drei Worte in meinem Kopf unerbittlich weitermarschierten. Ich begann im Dunkeln zu schreiben: »Sicher nicht sicher sicher nicht sicher …«, wieder und wieder.

Inzwischen war die Seite voll. Ich konnte nicht aufhören. »Sicher nicht sicher sicher nicht sicher«. Ich blätterte um. Rikki rührte sich. Ich fürchtete, sie könnte aufwachen.

Ich stand vorsichtig auf, in der einen Hand den Block, in der andern den Stift. An der Luft kühlte der Schweiß auf meiner Haut ab, und ich fing an zu zittern. *Was geschieht mit mir?!*

Ohne mich anzuziehen, ging ich nach unten. Kein Licht außer der Digitalanzeige der Uhr am Küchenherd, kein Laut außer dem Summen der Heizung. Mit einem Gefühl seltsamer Jenseitigkeit glitt ich durchs Wohnzimmer, über den Flur ins blaue Zimmer an der Vorderseite des Hauses, wo der Stutzflügel stand. Barfüßig schlich ich über den weichen Teppich, in meinem Kopf dröhnten immer noch die Worte: *sicher nicht sicher … sicher nicht sicher.*

Ich kroch unter den Flügel und setzte im Finstern meine Schreibarbeit fort. Die Zeit schien innezuhalten. Krampfhaft hielt meine Hand den Stift umklammert; ich

Eine der in der »sicher-nicht-sicher«-Nacht beschriebenen Seiten

konnte den Griff nicht lockern, mußte unentwegt weiterschreiben: »sicher nicht sicher sicher nicht sicher sicher nicht sicher«. Zwei Seiten, drei, vier, fünf. Dann geschah ein Wechsel. Aus »sicher nicht sicher« wurde jetzt »nicht sicher nicht sicher nicht sicher«. Bar jeder Empfindung schrieb ich im Dunkeln unter dem Flügel kauernd weiter. Ich war irgendwo anders, aber wo?

Irgendwann hörten die Worte in meinem Kopf plötzlich auf, und meine Hand schrieb nicht mehr. Ich legte den Stift weg. Einen Moment lang durchströmte mich ein seltsames Gefühl des Friedens. Mein Körper war völlig taub. Dann kehrte ganz allmählich die Empfindung zurück, ein leichtes Klingen wie ein in Geist und Körper widerhallendes Glockenspiel. Doch dann war es kein Klingen mehr. Als ich die Finger zu bewegen versuchte, zuckte ich vor Schmerz zusammen. Angst und Verwirrung breiteten sich in mir aus wie ein schleichendes Gift. *Was zum Teufel war eben passiert?* Nackt und frierend saß ich in der Stille und versuchte, meine schmerzenden Finger zu lösen, wollte begreifen und hatte gleichzeitig Angst davor.

Nach ein paar Minuten gab ich auf, kroch unter dem Flügel hervor und schlurfte langsam zurück nach oben. Unterwegs holte ich aus dem Badezimmer zwei trockene Handtücher, die ich auf das schweißnasse Laken legte. Ich kroch ins Bett, schloß die Augen und sank in einen tiefen, traumlosen Schlaf.

Am nächsten Morgen wachte ich früh auf und griff sofort nach dem Notizblock auf dem Nachttisch. *Vielleicht war gar nichts gewesen.* Aber nein. Da standen die Worte, eine endlose Reihe, »sicher nicht sicher sicher nicht sicher«. Erst sechs Seiten weiter wurde aus »sicher nicht sicher« die Wortfolge »nicht sicher nicht sicher«, die sich über weitere vier Blätter hinzog. *Nicht gut. Ganz und gar nicht gut.* Ich weckte Rikki, zeigte ihr den Block und erzählte, was passiert war.

»Mein Gott, was ist mit dir los?« fragte sie erschrocken.

»Ich weiß nicht«, sagte ich und schüttelte den Kopf. Ich zog sie zu mir herüber, wir hielten uns ganz fest und wünschten beide, daß dieses Etwas, was immer es war, endlich wegging.

Es war Sonntag. Der Tag verlief ruhig. Rikki und ich spielten mit Kyle und lasen ihm vor. Wir sahen Bugs-Bunny-Zeichentrickfilme, die mich ablenkten und trösteten und Kyle zum Lachen brachten. Rikki und ich verloren kein Wort über das Geschehene, ließen es einfach ruhen. Aus sehr dunklen Ecken meines Bewußtseins krochen seltsame Gefühle an die Oberfläche.

In der Nacht, als Kyle schon schlief und wir im Bett lagen, drehte ich mich zu Rikki um. »Ich glaube, mir ist etwas Schlimmes zugestoßen ... aber ich weiß nicht, was.«

Rikki zog mich an sich und nahm mich in den Arm. Mir kam der Gedanke, daß sie mich nicht bloß umarmte, sondern sich an mir festhielt und ich mich an ihr. Ich sah aus dem Schlafzimmerfenster in die tiefe Nacht hinaus. Ohne Brille nahm sich der Dreiviertelmond für mich wie ein riesiger Wattebausch aus. Einen Moment lang wünschte ich, er würde vom Himmel herunterschweben und mich waschen wie einen Säugling in einer kleinen Badewanne. Ich wußte nicht, daß ein Wattebausch tausendmal größer als der Mond nötig war, um mich sauber zu bekommen.

6

In der Nacht hatte es geschneit, und am frühen Morgen weckte mich das winterliche Geräusch eines vierradgetriebenen Schneepflugs, der unsere lange, steile Einfahrt räumte, das Klacken, wenn die Schaufel heruntergelassen wurde, ihr Scharren übers Pflaster, das Jaulen des Getriebes, wenn der Jeep den Anlauf für die nächste Bahn nahm. Klack – scharr – jaul. Klack – scharr – jaul.

In meinem Kopf ging es weit weniger geordnet und vorhersehbar zu. Die Nervenstränge fühlten sich an, als wären sie unter Schneewehen begraben, führerlose Minipflüge zogen aufs Geratewohl Furchen durch mein Gehirn.

Hosen. Ich brauche Hosen. Duschen. Rasieren. Anziehen. Vergiß das Frühstück. Küß Kyle. Küß Rikki. Geh. Nicht zur Arbeit – kauf ein Paar Hosen. Ich startete den Mercedes und schlitterte die Einfahrt hinunter, knapp am Schneepflug vorbei, der unten gerade seine Arbeit beendete. *Wohin abbiegen? Nach links, zur Arbeit? Nein, nach rechts. Wohin fahre ich? Hosen.*

Lincoln Common war ein am Stadtrand an der Nationalstraße 128 gelegenes hübsches kleines Einkaufszentrum, etwa zehn Minuten von unserem Haus entfernt. Es war angelegt wie ein typisches Dorf in Neuengland, mit blauen und cremefarbenen imitierten Schindelholzwänden, Gehwegen aus Kopfsteinpflaster, elektrisch betriebenen Gaslaternen und holzgeschnitzten, vergoldeten Ladenschildern. Der große Parkplatz war schon geräumt. Ich stellte den Wagen ab. *Was tue ich hier? Ach ja – Hosen.*

Als ich aus dem Wagen in die feuchte Kälte kam, beschlug einen Augenblick lang meine Brille, und ich blinzelte in die weiße Sonnenscheibe, die zwischen grauen Wolken hindurchlugte. Dann ging der Brillenbeschlag zurück, und ich sah, daß außer meinem nur noch zwei Autos auf dem Parkplatz standen. *Hosen.*

Ich betrat den Gehweg und suchte die Schaufenster ab, bis ich in einem von ihnen Hosen sah. Die Beleuchtung war ausgeschaltet. Ich rüttelte an der Tür. Geschlossen. Ich ging weiter und versuchte es beim nächsten Geschäft. Dann wieder eins. Alle zu. *Scheiße! Alle verkaufen Hosen. Warum kriege ich keine Hosen*? Es fing wieder an zu schneien, ein paar Schneeflocken fielen mir in den offenen Kragen. Ich schauderte und hüllte mich fester in den Mantel. *Was ist los? Warum kriege ich keine Hosen?* Dann wurde mir klar: *Das Einkaufszentrum ist noch nicht geöffnet.* Ich schob den Mantelärmel zurück und sah auf die Uhr. *Halb neun.* Ich setzte mich auf die kalten, verschneiten Pflastersteine und stellte fest, daß ich nur eine Socke anhatte. Dann war ich plötzlich weg... irgendwo.

Als ich wieder zu mir kam, fiel mir als erstes mein kalter Hintern auf. Dann merkte ich, daß ich auf dem Boden saß. *Wo?* Ich sah mich um. *Ein Einkaufszentrum? Ja. Lincoln Common. Ich sitze im Lincoln Common im Schnee auf dem Boden. Brrr. Was suche ich hier? Ach ja, Hosen. Hosen? Ich muß weg hier.*

Ich stand auf, klopfte mir den Schnee vom Mantel und rannte auf den Parkplatz zurück. Inzwischen standen etwa fünfzehn Autos da. *Mit welchem Wagen bin ich gekommen? Mit dem silbernen oder mit dem blauen?*

Neben der Einfahrt entdeckte ich den Mercedes. Er stand quer zu den Markierungslinien. Die Fahrertür stand offen. Während ich auf den Wagen zuging, faßte ich in die rechte Manteltasche und spürte durch meine schwarzen Lederhandschuhe die Schlüssel. Ich stieg ein und drehte den Zündschlüssel um. Der Motor heulte auf. *Gott sei Dank.*

Ziellos fuhr ich auf die 128, in Richtung Norden. Ich schaute auf ein grün-weißes Hinweisschild. »Lex-ing-ton ei-ne Mei-le«, sagte eine seltsame Stimme laut, langsam, jede Silbe betonend. *Was zum Teufel?* Ich sah auf den Beifahrersitz, um festzustellen, ob jemand neben mir saß. »Höchstgeschwindigkeit hundertzehn«, sagte die Stimme, als ich das Schild passierte.

Die Stimme kam aus meinem Mund, hörte sich aber nicht nach mir an; sie klang eher zögernd und kindlich. *He! Ich lese doch die Straßenschilder nicht laut!* Aber die Stimme tat es. Mein Herz raste, mein Nacken war steif, und mein Mund fühlte sich an, als hätte ich eine Betäubungsspritze erhalten. Mein Blick fiel auf den Tacho. *Fünfunddreißig Kilometer in der Stunde.* Die junge Stimme las laut, langsam und bedächtig das nächste Ausfahrtschild vor: »Änt-ai-ok Roud.« *Wie? Ach so, Antioch Road. Weniger befahren. Fahr hier raus.* Im Zeitlupentempo verließ ich die vierspurige Schnellstraße, zog mit der Linken das Steuer vorsichtig nach rechts. *Zweispurig. Kein Verkehr. Besser.*

Mein Atem ging in kurzen Stößen, ich geriet in Panik. Die Stimme las ein Schild vor, das in einiger Entfernung an einem großen Ziegelbau befestigt war. »Har-bin-ger

Psy-ch…« *Was? Heiliger Strohsack! Harbinger Psychiatrie-Hospital. Vielleicht können die mir helfen. Muß hier halten.* Aber ich schaffte es nicht. Ich fuhr zwar auf den Parkplatz, den ich für den richtigen hielt, doch von da aus ging's gar nicht zum Hospital; er gehörte wohl zum Gebäude daneben. Ich sah das Hospital nur wenige hundert Meter entfernt auf einer Anhöhe. *Da ist es! Da kann ich Hilfe bekommen!*

Ich scherte aus, bog nach links, fuhr aber wieder am Hospital vorbei und erneut auf den falschen Parkplatz. *SCHEISSE!* Ich brachte den Wagen zum Stehen und blickte über den Parkplatz hinweg auf das Psychiatrie-Hospital, nur diesmal von der anderen Seite. Da wurde mir klar, daß ich das Gebäude von hinten gesehen haben mußte, der Eingang wohl auf der anderen Seite lag. Total verstört ließ ich den Kopf aufs Lenkrad fallen.

Dann blickte ich auf den Beifahrersitz und sah das Handy. *Arly.* Da ich die Nummer nicht mehr wußte, zog ich die Handschuhe aus und fummelte in der Brieftasche herum, bis ich ihre Karte fand. *Was, hatte sie gesagt, sollte ich im Notfall tun? Die Nummer wählen, einmal klingeln lassen, auflegen und sofort wieder anrufen.* Ich nahm das Handy vom Beifahrersitz und schaltete es ein. Meine Hände zitterten. *Sei da! Bitte sei da!* Ich wählte die Nummer, hörte es klingeln und schaltete aus. Beim zweiten Anruf war Arly schon nach dem ersten Klingeln am Apparat.

»Hier ist Dr. Morelli«, sagte sie.

Schweiß rann mir von der Oberlippe in den Mund und schmeckte salzig, mein Herzschlag klang wie der eines Elefanten, der verprügelt wird. Die Worte sprudelten heraus. »Arly, hier ist Cam. Ich weiß nicht, was los ist. Ich sitze in meinem Auto. Eine Stimme redet laut. Meine Stimme, und doch nicht meine. Irgendwas stimmt nicht. Ich saß im Schnee auf der Erde. Versuchte, eine Hose zu kaufen. Die Wagentür stand offen. Ich wollte in eine Klinik. In das Krankenhaus da!« rief ich und zeigte mit dem Finger in Richtung des Gebäudes.

»Cam, beruhigen Sie sich«, sagte Arly. »Bleiben Sie am Apparat.«

»O.K.«, sagte ich schwer atmend. »O.K.«

Ich wartete, übers Steuer gebeugt, das Handy ans rechte Ohr gepreßt, und sah zu, wie flauschige Schneeflocken fielen und auf der warmen Windschutzscheibe sofort schmolzen. Nach einer Pause, die mir wie zehn Minuten vorkam, war Arly wieder am Apparat.

»Ich bin gerade in einer Sitzung«, sagte sie, »und habe den Klienten gebeten, kurz ins Wartezimmer zu gehen.«

»O Gott, wie mir das leid tut, Arly! Es tut mir sehr leid.«

»Ist schon O.K., Cam. Ist O.K. Von wo rufen Sie an?«

»Aus meinem Wagen.«

»Wissen Sie, wo Sie sind?«

»Irgendwo auf der Antioch Road … beim Harbinger-Hospital. Ich seh's durchs Fenster.«

»O.K.«, sagte sie ruhig. »Lassen Sie die Klinik sausen. Schaffen Sie's selber nach Hause? Ich muß das wissen. Schaffen … Sie … es … selber … nach … Hause?«

»Ich glaub' schon«, sagte ich schwach. »Ich glaub' schon, daß ich's nach Hause schaffe.« Dann fragte ich ängstlich: »W-w-was geschieht mit mir, Arly?«

»Machen Sie sich keine Sorgen, Cam. Sie kommen wieder ganz in Ordnung«, sagte sie zuversichtlich. »Als erstes möchte ich, daß Sie sehr vorsichtig heimfahren. Ich rufe Sie in einer halben Stunde dort an.«

»Ich habe Angst«, flüsterte ich, wiederholte dann lauter: »Ich habe Ang …«

»Cam«, sagte Arly schneidend. »Sie müssen sich jetzt ganz aufs Heimfahren konzentrieren.« Dann sanfter: »In einer halben Stunde reden wir.«

»O.K., Arly. Tut mir leid«, sagte ich und zog wieder die Nase hoch. »Sie rufen bestimmt an?«

»Ja.«

»Wieviel Uhr ist es?«

»Etwa Viertel vor zehn. Also dann, in 'ner halben Stunde. Fahren Sie vorsichtig, Cam. Bis gleich.«

Ich legte den Kopf aufs Steuer und sah den großen, schmelzenden Schneeflocken zu.

»Ich schmelze«, sagte ich zu niemandem.

Rikki hievte gerade zwei große Einkaufstüten aus dem Laderaum des Volvo, als ich mit durchdrehenden Reifen die glatte Einfahrt hochfuhr, den Wagen mitten im Weg abstellte und herauskletterte. Sie musterte mich besorgt.

»Wo bist du gewesen?« fragte sie; ihr Atem bildete kleine Dampfwölkchen. »Fährst einfach weg, ohne daß ich weiß, wohin. Ich hab' im Büro angerufen, aber Diana sagte, du seist nicht aufgekreuzt. Am Autotelefon habe ich dich auch nicht erreicht. Was ist los?«

Ich ging um den Wagen herum und lehnte mich gegen die warme Motorhaube. Rikki blickte mich mit leicht geneigtem Kopf durch das Schneetreiben genauer an. Sie kam zu mir herüber, fühlte meine Stirn und meine Wangen.

»Hast du Fieber? Was ist los? Was?«

Ich ergriff ihr Handgelenk.

»Drinnen«, sagte ich. »Laß uns reingehen.«

Wir nahmen die Tüten und gingen die zehn Meter zum Haus, unter unseren Füßen knirschte der Schnee. Rikki stellte Teewasser auf, während ich die Einkäufe einräumte und ihr alles im Detail schilderte. Sie lehnte sich gegen die Arbeitsplatte, sah mich an und hörte mir zu, und in jedem ihrer ungesagten Worte lagen Angst und Sorge.

Arly rief mich wie versprochen um Viertel nach zehn

an; ich nahm den Anruf im Klavierzimmer entgegen. Rikki blieb in der Küche, während ich Arly alles genauestens schilderte. Dann war Arly an der Reihe. Ich brauchte eine Antwort. Sie hatte sie.

Nachdem wir aufgelegt hatten, ging ich mit dem schnurlosen Telefon ins Wohnzimmer. Rikki stand an der Durchreiche und nippte an einer Tasse Limonentee. Sie sah mich erwartungsvoll an.

»Sie sagt, es sei ein Dissoziationsanfall gewesen.«

»Hm. Ich hab' davon schon in Psychologie-Seminaren gehört.«

»Ein Teil meines Denkens habe sich von den anderen Teilen gelöst.«

»Die Stimme, die die Straßenschilder las ...«

»Richtig, und meine Hand, die ›sicher nicht sicher‹ schrieb. Sie meinte, ich solle es einfach geschehen lassen und mich nicht weiter drum kümmern, aber ... guter Gott, Rik. Mich nicht weiter drum kümmern? Was zum Teufel geht mit mir vor? Ich fühle mich wie besessen. Rede Kauderwelsch vorm Spiegel. Sitze mitten in der Nacht unterm Klavier. Aus meinem Mund kommt die Stimme von jemand anderem und liest laut Straßenschilder vor ... spricht die Namen auch noch falsch aus! Was zum Teufel geht hier vor?! Dissoziiert? Was soll das sein, irgendeine Fehlschaltung bei der Telefongesellschaft?!« Ich schmiß das Telefon gegen den Kamin, so daß es in tausend Teile zerbrach.

Ich bedeckte das Gesicht mit beiden Händen. Rikki kam zu mir gerannt und nahm mich in die Arme. In mir brodelten Verwirrung und Scham. Tränen flossen, heiß und ätzend.

»Was geht mit mir vor?« flüsterte ich.

Rikki drückte mich fester an sich. »Ich weiß nicht, Lieber«, sagte sie sanft. »Ich weiß es nicht.«

7

Ein Blitzlicht. Plop! Geblendet verfolge ich blinzelnd den Bogen, den die verbrauchte Birne im Zeitlupentempo durch die Luft beschreibt, und höre das hohle Klacken, wie sie mehrfach auf dem harten Boden aufspringt und schließlich wegrollt.

Ich blicke auf ... sehe ein Bild ... in Kopfhöhe weißes Schamhaar, das rechte Händchen angehoben, gehalten von der knochigen Hand einer Frau, die widerspenstige junge Finger in eine warme, feuchte Vagina schiebt. Der Daumen bleibt draußen. Seltsam stechender Geruch von Schweiß und von noch etwas. Schrille Angst, Erregung, ein winziger steifer Penis gegen Unterwäsche und Hose gezwängt.

Starrer Schrecken. Schwitzende Oma. Böse Oma. Böse böse böse. Dann ist es vorbei, die Spannung löst sich; sie ist befriedigt. Der knöcherne Griff um seine winzige Faust lockert sich. Ihre tiefe, heisere Stimme flüstert »braver Junge«, lackierte Fingernägel streicheln seine linke Wange. Sie wäscht die Hand des Kleinen, bückt sich, der üble Raucheratem ist ganz nahe. Sie küßt seinen winzigen steifen Penis durch die Hose, nimmt dann das brave Bübchen an der Hand, geht mit ihm in die Küche und gibt ihm zwei Bonbons. Mmm, Bonbons.

Sie legt ihren bösen Finger auf den bemalten Mund. »Schschsch.«

Mit einem Ruck wachte ich schweißgebadet auf und schüttelte heftig den Kopf. *Was war da gerade? Weißes Schamhaar? Vagina? O mein Gott.* Mein Magen fühlte sich an, als hätte ich ein Dutzend Wackersteine geschluckt. Mit vor Entsetzen geweiteten Augen starrte ich ausdruckslos an die Decke. Ich stählte mich, den quietschenden Hahn in meinem Kopf gerade so weit aufzudrehen, daß die schreckenerregenden Bilder hereintröpfeln konnten. Im Bruchteil einer Sekunde wurde das Tröpfeln zum reißenden Strom und der Strom zur gigantischen Flut. Mein Gesicht lief rot an, mein Körper wand sich. Ich sprang aus dem Bett und stolperte vornübergebeugt ins Bad.

Ich drehte die Dusche auf, damit mich niemand hörte, fiel vor der Toilette auf die Knie und spie alles aus, was ich je gegessen hatte. Erschöpft wischte ich mir den Mund mit dem Handrücken ab, dabei fiel mein Blick auf meine Finger. Die gräßlichen Bilder stürmten als häßliche Welle auf mich ein, sofort gefolgt von einer weiteren Welle des Brechreizes, und ich übergab mich erneut, mein leerer Magen zog sich zusammen, außer saurer Flüssigkeit kam nichts mehr. Die tränenden Augen fest zugedrückt, hielt ich den widerlichen Anblick draußen.

Dann war alles vorbei. Ich hing kraftlos, halb kniend, halb kauernd vor der Toilette, das Gesicht auf dem kalten Schüsselrand, bis ich endlich mühsam auf die Beine kam, die Spülung betätigte und ins Duschbecken stieg. Ich drehte die Mischbatterie auf ganz heiß und schrubbte mich, verzweifelt um Reinigung bemüht, schrubbte und schrubbte, bis kein heißes Wasser mehr kam.

Ich drehte den Hahn zu, trat verstört und halb verbrüht aus der Dusche, griff mir ein Handtuch und stolperte vom dampfenden Badezimmer ins Schlafzimmer, um mich anzukleiden. Ich zog irgendwas über und schlurfte wieder ins Bad, um das Handtuch aufzuhängen. Der Dampf hatte sich etwas verzogen, und als ich mich umwandte, erhaschte ich einen Blick von mir im Spiegel.

Augenblicklich erstarrte ich, die Augen auf mein Spiegelbild geheftet. Plötzlich drängte mich dieses Bild zurück, ganz weit zurück, irgendwo in meinem Kopf, und während ich kleiner wurde, kam jemand vorbei, in der Gegenrichtung ... jemand Kleines. Dann befand ich mich auf einem fernen Hügel, war Zuschauer, hatte jede Gewalt über meinen Körper verloren.

Rikki und Kyle waren aufgestanden und hatten bereits gefrühstückt. Während mein Körper die Treppe herunterkam, roch ich den Duft von Speck. Rikki sah vom Abwasch auf und lächelte mir – uns – herzlich zu, während wir vorbeigingen.

»Guten Morgen, mein Lieber«, sagte sie fröhlich. »Danke, daß du das ganze warme Wasser aufgebraucht hast. Es hat aufgehört zu schneien. An sich ist Schule, aber Hank hat noch nicht geräumt. Ich behalte Kylie zu Hause. Er ist im Spielzimmer.« Ich brachte kein Wort heraus, ging mechanisch an Rikki vorbei zu Kyle. Er saß auf dem Boden und baute eine Burg aus Legosteinen.

Kyle sah auf und sagte: »Hi, Dad.« Ich saß schweigend auf meinem fernen Hügel. Meine Hand griff nach einer Decke, Kyles Zeichenblock und einer Schachtel mit Malstiften und Markern; ich glitt schweigend in den beleuchteten Spielzeugschrank und setzte mich, die Schranktür halb offen. Kyle baute weiter, froh, daß ich in der Nähe war, und es störte ihn überhaupt nicht, daß sein Papa in seinem Schrank saß.

Mit der Linken faßte ich in die Schachtel, holte einen roten Marker heraus, und während ich aus weiter Ferne zusah, malte ich um meine rechte Hand eine durchgehende Linie, über die Knöchel. Dann wurde mir die Hand vors Gesicht gehalten und langsam gedreht, um und um, während die Augen der kleinen Person sorgfältig den kräftigen roten Strich inspizierten. Ich sah schweigend zu, leidenschaftslos.

Dann nahm die Hand einen Bleistift und fing an, auf den Skizzenblock ein grobes Bild zu zeichnen. Es war die Vorderansicht einer nackten Frau und die Rückenansicht eines kleinen Kindes, das vor der Frau stand, etwas nach rechts versetzt. Die Frau hielt die rechte Hand des Kindes zwischen ihre Beine. Die Finger waren nicht zu sehen, nur der Daumen und die Hand des Kindes. Neben dieser Zeichnung war das Bild eines Kindes, das die rechte Hand hob, von der die Finger abgetrennt waren. Bei der Hand befand sich eine Schere – als sei sie zum Abschneiden der Finger benutzt worden. In einer Sprechblase, die aus dem Mund des Jungen kam, stand das Wort »Nein!!!«. Auf gleiche Weise stand über dem Mund der Frau das Wort »Schsch«.

Die kleine Person, die meinen Körper befehligte, zeichnete ein weiteres Bild, diesmal mit Bleistift und rotem Buntstift – das Gesicht eines kleinen Jungen mit riesigen Augen, dem dicke Tränen über die Wangen rollten. Er hielt seine rechte Hand hoch, von der die Finger abgetrennt waren und Blut tropfte. Neben dem Bild stand: »Davy, traurig.«

Was ist das?

Ich spürte, wie sich die Fingernägel meiner linken Hand weit oben in meine linke Wange gruben. Ich empfand einen vagen Schmerz, konnte aber nichts dagegen tun. Dann wurden mein Körper und mein Geist ganz ruhig. Das einzige Geräusch im Zimmer war Kyles Selbstgespräch beim Bau seiner Burg.

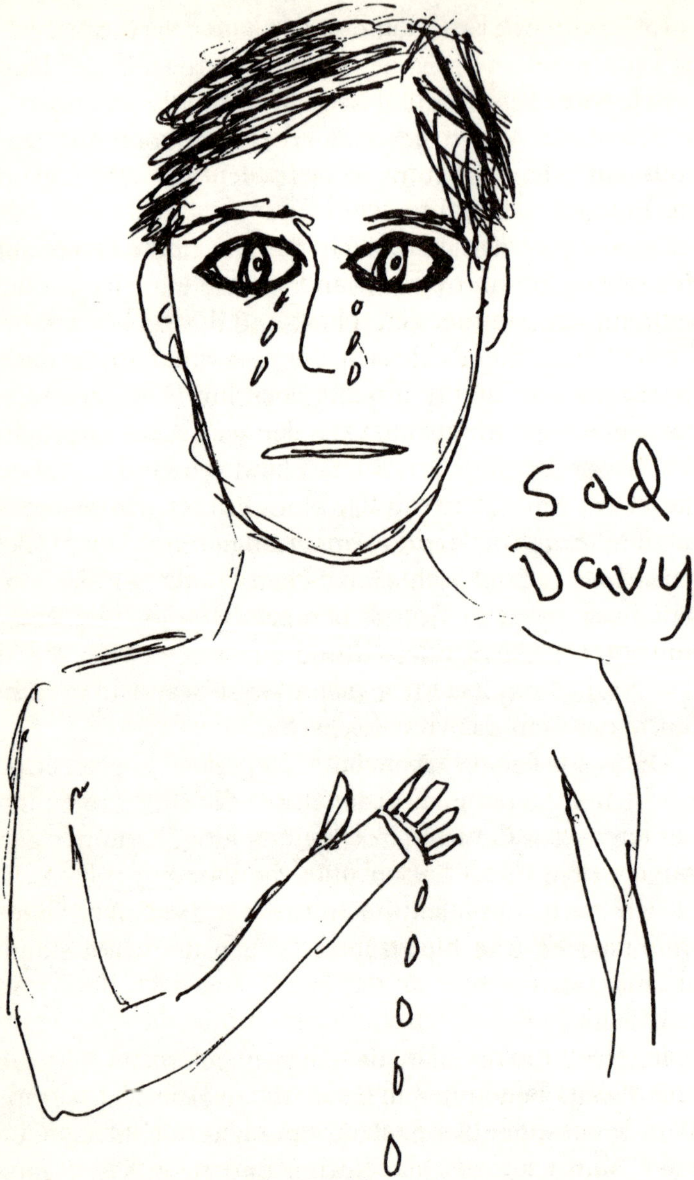

Diese Zeichnung fertigte Davy von sich an,
als er im Schrank saß

Ich hörte, wie Rikki ins Zimmer kam und fragte: »Wo ist Papa?«

Kyle wies auf den Schrank, sagte: »Da drin« und wandte sich wieder seinem Spiel zu. Rikki machte die Tür vollends auf, sah mich und schnappte nach Luft. Davon erschrak ich. Ich spürte, wie ich am ganzen Körper zitterte, und plötzlich merkte ich, daß die kleine Person an mir vorbeiging und verschwand, so daß ich wieder hervorkommen konnte. Ich blickte in Rikkis entsetztes Gesicht hoch. Sie bückte sich, nahm meinen Kopf in beide Hände und drehte ihn zur Seite, um sich die Stelle anzusehen, wo ich gekratzt worden war. Als sie mich an der Wange berührte, zuckte ich zusammen, und als sie die Hand wegnahm, sah ich Blut an ihren Fingern. Ich schaute mich um. *Wo bin ich? Ich sitze im Schrank. O verdammt, ich sitze im Schrank.* Ich betrachtete den Skizzenblock auf meinem Schoß. Drei einfache Kinderzeichnungen. *Davy, traurig?*

»Was hast du getan?!« rief Rikki. Dann sah sie den Block, nahm ihn, blickte ihn verständnislos an.

»Was ... was hat Papa getan?« frage Kyle.

»Nichts. Liebling. Es ist nichts«, beruhigte sie ihn, immer noch die groben Zeichnungen fixierend. Damit gab er sich zufrieden und baute weiter.

»Ich ... ich weiß nicht«, stammelte ich leise und betastete meine Backe. Sie fühlte sich heiß und geschwollen an. Rikki nahm mich an der Hand, zog mich hoch und führte mich ins Bad. Ich stand benommen da, schaute im Spiegel auf mein verkratztes Gesicht, während sie warmes Wasser laufen ließ und mit einem Waschlappen die Wunde abtupfte. Der Kratzer war nicht tief, aber meine linke Wange sah aus, als sei ich mit dem Gesicht in eine Bratpfanne gefallen. Schwach und zittrig setzte ich mich auf den Toilettendeckel.

Rikki bemerkte den roten Strich auf meinem Handrücken und fragte: »Was ist das denn? Das habe ich ja noch gar nicht gesehen.«

»Ich weiß nicht, Rik«, murmelte ich; der Klang meiner Stimme überraschte mich. »Ich weiß nicht, was mit mir geschieht. Irgendwas Bizarres. Was fürchterlich Bizarres. Ein Traum ... oder eine Rückblende ... oder eine Erinnerung oder so was. Ich weiß nicht. Weiße Haare. Meine Großmutter. Ich ... ich glaube ... vielleicht ... meine Großmutter hat Davy etwas Schlimmes angetan.«

Rikki machte die Badezimmertür halb zu, kniete sich vor mich und fragte im Flüsterton: »Wovon redest du? Wer ist Davy?«

Mich schauderte. »Ich bin ein braver Junge.« Mich schauderte wieder, ich versuchte etwas zu sagen, aber die Worte blieben mir im Hals stecken. Ich sah beschämt auf meine Hände, genierte mich, Rikki in die Augen zu sehen.

Sie nahm meine Hände und sagte: »Ich ruf' Arly an.« Ich nickte und biß mir auf die Lippen.

Rikki spülte den Waschlappen aus, hängte ihn auf, verteilte etwas Salbe auf meiner Wange und ging ins Klavierzimmer, um zu telefonieren. Ich ging auf wackligen Beinen in Kyles Spielzimmer und begab mich wieder in den Schrank, diesmal zusammengerollt unter der Decke. Rikki hinterließ eine Nachricht auf Arlys Anrufbeantworter, kam dann ins Spielzimmer und setzte sich nervös zwischen Kyle und mich. Ein Windstoß klapperte an den Rolläden, die Heizung sprang an.

Kurz darauf ging das Telefon. Rikki sprang auf, um den Anruf entgegenzunehmen.

»Hallo?«

»Hi, Rikki. Arly Morelli.«

»Gott sei Dank, daß Sie anrufen«, sprudelte es aus Rikki heraus.

»Was ist los?«

Rikki ließ sich auf das blau-weiße Zweiersofa neben dem Flügel fallen, zog die Füße unter sich und verlagerte ihre Stellung so, daß sie Kyle im Zimmer nebenan im Blick hatte. Sie hielt den Hörer in der einen Hand und legte die andere Hand vor die Muschel, daß er nicht mithören konnte.

»Hier sieht's nicht gut aus, Arly«, sagte sie.

»Oh.«

»Cam benimmt sich so seltsam. Gleich nach dem Aufstehen hat er sich bei Kyle im Spielzimmer in den Schrank gesetzt und verrückte Bilder von einer Frau und einem Kind in Sexpose gezeichnet. Und dann hat er sich noch mit einem roten Marker eine Linie über die Knöchel der rechten Hand gemalt.«

»Über die Knöchel?«

»Ja. Und das Gesicht hat er sich aufgekratzt.«

»Womit?«

»Mit den Fingernägeln. Richtig tief eingegraben, so daß er blutete. Nicht schlimm, aber immerhin. Er scheint völlig daneben, völlig weggetreten. Irgendwie scheint er sich gefaßt zu haben, als ich ihn da drin fand, und dann erzählte er mir von seinem Traum ...«

»Welchem Traum?«

»Er sagte, er habe geträumt, seine Großmutter habe jemandem namens Davy etwas Schlimmes angetan.«

»Davy? Wer ist Davy?«

»Weiß nicht. Dann sah er mich komisch an und sagte mit unheimlicher Stimme: ›Ich bin ein braver Junge.‹«

Arly sagte ein paar Sekunden lang nichts. »Ist sonst noch etwas vorgefallen, seitdem Sie mir die Nachricht aufs Band gesprochen haben?«

»Nein.«

»Wo ist er jetzt?«

»Sitzt zusammengekauert in Kyles Spielzeugschrank ... gleich da drüben. Er schläft vielleicht. Spricht kein Wort. Ich habe höllische Angst.« Rikki seufzte, ein leises Wimmern entrang sich ihr. »Arly, verstehen Sie, was hier vorgeht?«

»Ja, ich glaub' schon«, beruhigte sie Rikki.

»Ist Ihnen derartiges schon mal untergekommen?« fragte Rikki. »Ich meine, Sie haben ihn zwar nicht gesehen, aber wissen Sie, was da vorgeht? Ich meine, ich weiß nicht, ob ich die Sache richtig angehe, Arly. Ich muß einfach die Sicherheit haben, daß Sie wissen, was zum Teufel hier abläuft. Allein werde ich damit nicht fertig. Er sagte etwas von seiner Großmutter, daß sie weiße Haare hatte. Ich glaube, das Bild, das er gezeichnet hat, sollte seine Großmutter darstellen. Herrgott. Wenn Sie sein Gesicht sehen könnten! Und den roten Strich auf seiner Hand. Großer Gott.« Sie fuhr sich nervös mit den Fingern durch die Haare.

»Auf welcher Seite?« fragte Arly.

»Hä? Welcher Seite? Ach so, auf der rechten.«

»Nein«, sagte Arly, »ich meine die Familie, mütterlicher- oder väterlicherseits?«

»Ach das ... mütterlicherseits.«

»Hm. Was wissen Sie von ihr?« fragte Arly.

»Nichts«, sagte Rikki und zuckte die Achseln. »Ich hab' mal ein Bild von ihr gesehen. Weiße Haare hatte sie. Sie starb, als Cam noch ziemlich jung war.«

»Wie jung?«

Rikki sah zu Kyle hinüber und zuckte wieder die Schultern. »Vier, vielleicht fünf? Ich weiß nicht. Er hat eigentlich nie von ihr gesprochen. Das einzige, was seine Mutter über sie erzählte, war, sie habe sich nicht richtig um sie und die Familie gekümmert, sei aber immer sehr gut gekleidet gewesen.« Rikki verfiel in einen Flüsterton:

»Handelte der Traum von ihm selber? Kann sie ihn sexuell mißbraucht haben?«

»Ich weiß nicht. Keine vorschnellen Schlüsse.« Arly machte eine Pause und sagte dann: »Wenn Cam sich so benimmt, gibt es einen Grund dafür.«

»Es hat aber den Anschein, als wäre es gar nicht Cam«, sagte Rikki. »Er ist weg und jemand anderer ist da. Ich meine, die Zeichnung sieht aus, als hätte Kyle sie gemacht.«

»Hat Kyle schon solche Bilder gezeichnet?«

»Nein, natürlich nicht!« sagte Rikki empört, faßte sich dann wieder. »Tut mir leid«, sagte sie. »Ich habe es nicht so gemeint. Ich wollte nur sagen, daß die Zeichnungen sehr kindlich sind.« Sie sah zum spielenden Kyle ins andere Zimmer hinüber. »Arly«, flüsterte sie wieder. »Cam hat mir bis jetzt kein Sterbenswörtchen davon gesagt. Nichts. Kann es eine Erinnerung an etwas sein, das ihm zugestoßen ist, und er hatte es die ganzen Jahre über vergessen?«

»Ich weiß nicht, ob es sich um etwas handelt, was tatsächlich passiert ist, Rikki. Möglich ist's schon. Erinnerung funktioniert nicht exakt. Sie besteht eher aus einer Aneinanderreihung von Impressionen.« Ein paar Augenblicke lang schwiegen sie. Dann fuhr Arly fort: »Ich vermute aber, egal, ob sich dieser konkrete Zwischenfall tatsächlich ereignet hat oder nicht, daß irgend etwas geschehen ist, was einen sehr tiefen Eindruck bei ihm hinterließ ... so tief, daß er damals nicht damit fertig wurde ... daß er sich davon lösen, dissoziieren mußte – daher der Name ›Dissoziation‹.«

»Sie meinen ...«

»Er hat sich damals davon gelöst, es verdrängt, um zu verhindern, daß es ihn überwältigte. Tut mir leid, wenn ich Sie unterbrochen habe.«

»Macht nichts.«

»Manchen Kindern ist eine Dissoziationsneigung angeboren – sie sind hochhypnotisierbar«, fuhr Arly fort.

»Und er konnte es all die Jahre vergessen?«

»Möglich ist's«, sagte Arly. »Stellen Sie sich folgendes einmal vor: Sie besitzen ein Foto von einem schrecklichen Unfall, den Sie miterlebt haben oder der Ihnen selber zustieß und der so schlimm war, daß Sie es nicht ertragen können, daran erinnert zu werden. Sie behalten das Foto, vergraben es aber unter einem Stapel anderer Sachen … so tief, daß Sie es jahrelang vergessen. Aber irgendwann räumen Sie die Schränke auf oder ziehen um, oder das Haus brennt ab, und Sie sehen vor dem Wiederaufbau den Schutt durch – es fällt Ihnen wieder in die Hände. Sie werden genauso entsetzt sein wie am Tag, als der Unfall passierte.«

Wieder schwiegen beide eine Weile.

Schließlich sagte Rikki: »Wiederaufbau … Cam war lange Zeit richtig krank …«

»Ich weiß.«

»Und jetzt geht's ihm allmählich besser. Vielleicht ist Cams Genesung ähnlich wie der Wiederaufbau nach einem Brand …, vielleicht räumt er den Schutt im Kopf weg, damit er wieder aufbauen kann.«

»Vielleicht«, sagte Arly.

»Was ist mit dem roten Marker?« fragte Rikki.

»Klingt mir wie eine sehr kreative Art, eine körperliche Verletzung zu verhindern«, sagte Arly. »Eine Simulation … eine Scheinamputation.«

»O mein Gott«, schluchzte Rikki. »Ich habe eine Zeitlang mit mißbrauchten Kindern gearbeitet. Habe gesehen, wie sie allerlei Dinge nachspielten, die ihnen passiert waren. Sehr schlimme Dinge.« Rikki schüttelte den Kopf. »Sie könnten recht haben.«

»Schon denkbar, daß Cam etwas zustieß, als er jung war«, sagte Arly. »Etwas, was er nie verarbeitet hat. Was es auch war – wir wissen es nicht und werden es vielleicht nie wissen –, aber jetzt müssen wir uns mit den Auswirkungen befassen, die es auf ihn hat. Er braucht jetzt Ihre Unterstützung, Rikki.«

Rikki sah wieder zu Kyle hinüber, der fröhlich spielte. Sie atmete tief durch. »Arly«, sagte sie leise, »werden Sie ihm helfen? Werden Sie mir helfen?«

»Natürlich«, sagte Arly. »Können Sie ihn morgen früh um zehn bringen? Ich glaube, da kann ich mich frei machen.«

»Natürlich. Kyle ist dann in der Schule.«

»O.K. Gut«, sagte Arly. »Wir sehen uns dann. Bleiben Sie bei ihm. Lassen Sie ihn wissen, daß Sie da sind, und passen Sie auf ihn auf. Wenn Sie mich brauchen, rufen Sie an; ich versuche dann, spätestens binnen einer Stunde zurückzurufen. Kopf hoch.«

»O.K.« Rikki hielt einen Augenblick inne, sagte dann: »Arly?«

»Ja?«

»Danke.«

»Gern geschehen.« Die beiden legten auf.

Rikki kam ins Spielzimmer, sammelte die im Raum verstreuten Kissen ein, plazierte sie neben mir im Schrank, griff sich aus dem Regal ein paar Kinderbücher, schaffte es irgendwie, ihre Stimme fröhlich klingen zu lassen, und sagte: »Also, Jungs, wie wär's mit einem Vorlesefestival? Machen wir's uns gemütlich!«

»Au fein!« krähte Kyle und stieß ein Fäustchen in die Luft. »Lies aus *Was die Leute den lieben langen Tag tun* vor.«

»O.K.«, sagte Rikki, machte es sich auf dem Kissen neben mir bequem und zog Kyle zu sich heran. Mit der einen Hand hielt sie das Buch auf seinem Schoß, mit der andern fand sie meine und hielt sie sanft, während sie mit traurigem und sorgenvollem Herzen vorzulesen begann.

Der restliche Tag verging ohne böse Überraschungen. Meine Gedanken verharrten unter einem dunklen Baldachin im tiefen Wald. Am späten Abend hörte ich von unserem Schlafzimmer aus zu, wie Rikki Kyle eine Kurzgeschichte vorlas, ihn anschließend zu Bett brachte und ins Bad ging.

Dann hörte ich Kyles vertraute Aufforderung: »Mach mir die Delle ins Kissen, Daddy.« Der Klang der zarten Kinderstimme schlug eine Schneise in den dichten Wald, so daß ich vorübergehend klar denken konnte. Ich stand auf, ging mit schweren Schritten in sein Zimmer, machte die gewohnte Delle, nahm ihn in den Arm und gab ihm einen Gutenachtkuß.

Auf dem Rückweg ins Schlafzimmer bemerkte ich, daß die Badezimmertür einen Spalt weit geöffnet war und Licht in den Flur fiel. Ich drückte die Tür weiter auf, um zu sehen, ob Rikki schon zu Bett gegangen war und versehentlich das Licht hatte brennen lassen. Aber sie war noch drin, kauerte auf dem Boden, wiegte den Oberkörper vor und zurück und schluchzte lautlos in ein Handtuch. Ich erstarrte. *Herrgott, was habe ich dem besten Menschen auf Erden angetan – meiner Frau?*

Es drängte mich, zu ihr hinzugehen, sie in den Arm zu nehmen, mit ihr zu weinen und ihr zu sagen, daß alles gut werden würde. Aber ich brachte es nicht fertig. Ich wäre zersprungen wie eine Glühbirne. Also zog ich mich leise zurück und ging ins Bett.

Minuten später hörte ich, wie im Bad Wasser lief und wieder abgedreht wurde, dann Rikkis Schritte im Flur. Als sie unter die Decke glitt, wehte der Duft parfümierter Seife zu mir herüber. Rikki knipste ihr Lämpchen aus, drehte mir den Rücken zu und lag still im Dunkeln, allein in den Schluchten ihrer ureigenen Qual.

8

Beim Aufwachen fühlte ich mich erstaunlich frisch und klar, obwohl meine linke Gesichtshälfte immer noch schmerzte. Rikki küßte mich zärtlich, zog dann eine Grimasse, als sie die häßlichen Kratzer auf meiner Wange sah. Sie wirkte etwas mitgenommen, als hätte sie nicht viel geschlafen. Kyle ging zur Schule, und bald darauf fuhren wir zu unserem Termin bei Arly – Rikki saß am Steuer, zwischen uns lagen zusammengefaltet Davys Zeichnungen.

Als wir die knarrende Treppe hinaufstiegen, verflüchtigte sich meine innere Ruhe, und ich hatte das Gefühl, als exerzierten tausend winzige Soldaten auf meiner Haut. Arly mußte unsere Schritte gehört haben, denn als wir oben an der Treppe ankamen, stand sie schon in der Sprechzimmertür und winkte uns herein. Sie nahm Rikkis Hand in beide Hände, schüttelte sie herzlich und sagte, sie freue sich, sie endlich persönlich kennenzulernen.

Ich sank schwer in den Sessel gegenüber von Arly; mein Herz hämmerte in meiner Brust, und es fühlte sich an, als hätte ich zu viel Blut in den Adern. Rikki setzte sich ebenfalls. Mit der einen Hand preßte sie nervös ihre Handtasche an sich, in der anderen hielt sie die Zeichnungen. Sie beugte sich vor und reichte Arly die Bilder. Arly faltete sie auseinander und betrachtete sie eine Minute lang schweigend.

Ich klammerte mich an die Armlehnen und starrte links an Arly vorbei ausdruckslos auf die Wand. Schweiß stand auf meiner Oberlippe. Rikki blickte angespannt zu Arly, spürte, daß etwas Entscheidendes bevorstand, wußte aber nicht, was. Arly wandte ihren Blick mir zu, zunächst den Kratzern in meinem Gesicht, dann der roten Linie auf meiner rechten Hand.

Knisterndes Schweigen – wir waren nur noch wenige Zentimeter vom schlafenden Ungeheuer entfernt. Dann trat Arly auf den dürren Ast.

»Davy?« sagte sie. Urplötzlich fing mein Körper an zu zittern, und ich wurde weit fortgetragen. Schauder, schwapp, weg. Davy war da.

Davys Kopf schnellte zurück, die Augen schreckgeweitet. Seine linke Hand griff nach dem rechten Handgelenk und riß den Arm hoch in die Luft, als wollte sie ihn aus dem Stuhl ziehen, dabei stieß er drei durchdringende Schreie aus. »Aaahhh! Aaahhh! Aaahhh!« Während sie von der Linken nach oben gerissen wurde, versuchte sich seine Rechte der Umklammerung zu entziehen und zeigte in Richtung eines unsichtbaren Ziels. »Aaahhh!«

Rikki sah mit offenem Mund gebannt zu.

Mit fester Stimme sagte Arly: »Davy, kannst du mich hören?« Davy keuchte, das schweißnasse Gesicht tränenüberströmt. Nichts. »Davy, kannst … du … mich … hören?« fragte Arly wieder. Davy nickte.

»Was siehst du?« fragte Arly und beugte sich im Sessel nach vorne.

»W-weiße Haare. F-feucht. Puh«, stotterte er würgend, während die linke Hand die rechte immer wieder hochriß. »Laß los!« kreischte er. Rikki sah vor Schrecken erstarrt zu.

»Was geschieht mit deiner rechten Hand?« drang Arly in ihn.

»Sie hält sie fest«, schluchzte er.

Arly lehnte sich vor. »Wer ist *sie*? Wer hält deine rechte Hand fest?«

»Oma«, heulte Davy. Er kreischte wieder. »Aaahhh!«

»Was macht Oma mit deiner Hand?«

»Meine ... Finger ... in ihr ...« würgte er wieder hervor, dabei schaukelte er vor und zurück, mit den Augen etwas fixierend, das nur er sehen konnte. Rikki weinte leise in sich hinein.

»Wo bist du, Davy?« fragte Arly.

»Omas Haus«, sagte er und zog die Nase hoch.

»Sagt deine Oma irgend etwas?«

Davy schüttelte keuchend den Kopf.

»Davy, hör mir gut zu«, sagte Arly. »Du bist nicht bei deiner Oma. Du bist nicht in ihrem Haus. Du erinnerst dich bloß an etwas, das vor langer Zeit geschehen ist. Es geschieht jetzt gar nicht. Du bist O.K. Du bist jetzt sicher. Sieh dich im Zimmer um. Oma hält dein Handgelenk gar nicht fest. Laß das Handgelenk los.«

Davys Atem ging in kurzen Stößen, sein Haar war schweißnaß. Sein starrer Blick ließ von der unsichtbaren Gestalt vor ihm ab, er schielte langsam zu Arly und Rikki hinüber. Seine Linke gab die rechte Hand frei, die kraftlos in seinen Schoß sank. Er drückte sich in die Leiste und versuchte, die Erektion wegzukriegen. Dann fingen seine Schultern an zu beben, er sackte in sich zusammen und stieß einen verzweifelten Klageruf aus.

Plötzlich kehrte der Schreckensausdruck in sein Gesicht zurück. Davy setzte sich kerzengerade hin, hob die rechte Hand, weitete Zeige- und Mittelfinger der linken zu einer Schere und versuchte, vor Anstrengung stöhnend, die Finger der rechten Hand abzuschneiden.

»O mein Gott«, stieß Rikki hervor.

»Davy!« herrschte Arly ihn an. »Du brauchst dir nicht die Finger abzuschneiden. Schau dir deine Hand an. Sie ist völlig in Ordnung. Du brauchst die Finger nicht abzuschneiden.«

Davys Hände fielen schlaff herunter, er sank erschöpft und wimmernd im Sessel zusammen, sein Atem kam in krampfhaften Stößen. Er begann, die Wunde an der linken Wange aufzukratzen.

»Nicht kratzen, Davy«, sagte Arly bestimmt. Als er weiterkratzte, sprang Arly auf, nahm seine linke Hand und legte sie ihm an die Seite. »Nicht kratzen, Davy«, sagte sie. »Du bist schon genug verletzt. Keiner tut dir was. Du bist jetzt sicher. Entspann dich und atme tief durch.«

Arly machte es ihm vor, und er tat es ihr nach. Rikki ebenfalls. Nach etwa einem Dutzend tiefer Atemzüge atmete Davy regelmäßiger. Arly begann wieder zu reden.

»Warum hast du dir die Wange aufgekratzt, Davy?«

»Fingernägel auf meiner Backe«, sagte er leise.

»Ich versteh' nicht. Deine Fingernägel auf deiner Backe?«

»Omas«, sagte er, »so.« Davy fuhr sich mit dem rechten Handrücken übers Gesicht, streichelte seine linke Wange mit den Fingernägeln. Arlys und Rikkis Blicke trafen sich, dann wandte sich Arly wieder Davy zu.

»Sie hat dich gekratzt?« fragte Arly.

»Nein.«

»Aber du erinnerst dich an das Gefühl ihrer Fingernägel auf deinem Gesicht? Ist es das?«

Davy nickte. »Ich mag das nicht«, flüsterte er.

»Weißt du, wo du bist, Davy?« fragte Arly. Er schüttelte den Kopf. »Weißt du, wer ich bin oder wer sie ist?« fragte sie weiter, auf Rikki deutend. Davy blickte zu Rikki hinüber. Ihre Augen waren rot und geschwollen, die Wimperntusche war verlaufen.

Wieder schüttelte er den Kopf. »Nein.«

»Mein Name ist Arly Morelli. Ich bin Psychologin. Ich helfe Leuten bei ihren Problemen. Ich bin Cams Psychologin. Weißt du, wer Cam ist?«

Davy schüttelte erneut den Kopf.

»Wie alt bist du, Davy?«

Er hielt vier Finger hoch. Rikki sah schweigend zu, wie vor den Kopf geschlagen; dicke Schweißperlen bedeckten ihre Oberlippe. Arly hielt die Zeichnungen hoch und deutete darauf. »Hast du die gemacht, Davy?«

»Ja«, antwortete er mit ängstlicher Stimme.

»Schau auf deine rechte Hand, Davy«, sagte Arly. »Siehst du, daß die Finger noch da sind? Kannst du sie bewegen?«

Er bewegte die Finger.

»Davy«, sagte Arly, »hat dich jemand mit der Hand etwas tun lassen, was du nicht mochtest?«

Davy nickte und sagte leise: »Oma. Schwitzende Oma. Sie hat meine Hand in ihr Pipi gesteckt.«

»Sie hat deine Finger in ihre Scheide gesteckt?« fragte Arly.

Davy nickte. Rikki krümmte sich.

»Dann nahm sie mich mit ins Bad und küßte mein Würstchen und gab mir zwei Bonbons.«

Leise und ruhig sagte Arly: »Es tut mir leid, daß dir das passiert ist, Davy. Das hätte nicht sein dürfen. Und es wird nie wieder geschehen, nie. Ich verspreche es dir.« Arly schaute zu Rikki. »Stimmt doch, Rikki?«

»Nie«, sagte Rikki mit schmerzerfüllten Augen. »Es wird nie wieder passieren ... Davy.«

Arly lehnte sich zurück und sagte: »Davy, schau jetzt mal an dir herunter ... ganz herunter, bis zu den Füßen. Fällt dir was auf?«

Davy ließ die Augen über seinen ganzen Körper gleiten, vom Hemd über die Schenkel bis zu den Knien. Dann lehnte er sich vor und sah über den Stuhlrand auf seine Füße.

»Wow«, sagte er ungläubig, mit weit geöffneten Augen. »Ich bin ja groß. Ich bin ein Riese.«

Arly lachte in sich hinein. »Nein, Davy, du bist kein Riese. Dein Körper ist lediglich erwachsen geworden. Du warst lange irgendwo da drin versteckt, und seither ist viel Zeit vergangen. Weißt du noch, wie ich dich fragte, ob du wüßtest, wer Cam sei?«

Davy nickte.

»Cam bist du, als Erwachsener. Und Rikki ist deine Frau.«

Davy blickte Arly an und dann Rikki.

»Ich mache keinen Spaß«, sagte Arly. »Die beiden haben ein Haus und sogar einen kleinen Jungen, der ist etwa so alt wie du und heißt Kyle.«

Davy beugte sich vor, um an Rikki vorbei Kyle zu sehen.

Rikki lächelte und sagte: »Nein, Kyle ist nicht hier. Er ist in der Schule.«

»Ach so«, sagte Davy und lehnte sich wieder zurück.

»Cam kommt zu mir, um mit mir zu reden, Davy«, sagte Arly, »und du bist jederzeit willkommen, kannst rauskommen und ebenfalls mit mir reden ... jederzeit. O.K.?«

Davy nickte wieder.

»Ich möchte, daß du weißt, daß du jetzt sicher bist, ganz sicher. Ich werde dich jetzt bitten, die Augen zuzumachen und dir vorzustellen, daß du an einem sehr gemütlichen Ort bist, vielleicht irgendwo mit vielen Kuscheltieren und einer Decke, und ich werde Cam bitten, wieder herzukommen. Einverstanden?«

»O.K.«, sagte Davy brav und schloß die Augen.

Arly holte tief Luft und sagte: »Cam?« Sie wartete. »Cam? Ich möchte, daß Sie zurückkommen.« Und dann – Schauder, schwapp – war ich wieder da.

Ich machte die Augen auf, und ganz allmählich wurden die Konturen des Zimmers deutlicher. Ich schüttelte heftig den Kopf, um ihn klar zu bekommen. Ich sah zu Arly, dann zu Rikki, und plötzlich erfaßte mich eine heiße Gefühlswelle, und ich brach in Tränen aus.

Rikki sprang auf, kniete sich neben mich, legte ihre Arme um mich und hielt mich fest, als müßte ich in den Krieg ziehen. Wir weinten beide. Um Davy.

Nach einigen Minuten sagte Arly: »Unsere Zeit wird ein bißchen knapp.« Rikki und ich ließen einander los, sie setzte sich wieder und griff nach einem Kleenex. Wir blickten beide erwartungsvoll Arly an.

Arly sah mir fest in die Augen und fragte: »Wieviel von dem, was eben geschah, wissen Sie noch?«

Ich sprach langsam, während ich versuchte, mich an alles zu erinnern. »Wir kamen in Ihr Sprechzimmer... ich saß hier, wo ich jetzt sitze.« Ich mußte mich mehrere Male räuspern, meine Kehle fühlte sich rauh und wund an. »Sie haben sich die Zeichnungen angesehen und nach Davy gefragt, daraufhin verschwand ich in einem Strudel ... irgendwohin. Ich merkte kaum, was geschah. Mein Körper war verspannt, es gab Schreie und ...«

Arly nickte.

Ich sah zum Fenster hinaus. »Wie peinlich«, sagte ich.

»Ist schon in Ordnung«, sagte Arly beruhigend.

»Mir war schummrig zumute. Ist es immer noch irgendwie. Dann hörte ich, wie jemand meinen Namen rief, ich tauchte in meinen Körper ab, wie ein Habicht, der sich auf eine Beute stürzt ... und dann war ich wieder da.«

Arly saß einen Augenblick schweigend da, die Hände gefaltet, die Zeigefinger ausgestreckt vor dem Mund. Dann legte sie die Hände in den Schoß. »Wissen Sie etwas von Davy?«

Ich schüttelte den Kopf. »Nicht wirklich. Nur die Zeichnungen, und jemand hat mir das Gesicht verkratzt ... und hier ging's irgendwie gespenstisch zu, das weiß ich noch. Ich bin naßgeschwitzt, der Hals tut mir weh, ich habe geweint, und Sie betrachten mich wie einen aufgespießten Käfer unter Glas.« Ich schwitzte, der Hosenstoff klebte an meinen Beinen. Ich versuchte, mich bequemer hinzusetzen, aber es ging nicht.

Arly sagte: »Davy ist ein Teil von Ihnen, Cam. Es sieht so aus, als hätte Ihre Großmutter Sie sexuell mißbraucht, wenn stimmt, was Davy gesagt hat. Jedenfalls hat Davy lediglich ein Erlebnis abreagiert – oder erneut erlebt –, bei dem er gezwungen wurde, eine Frau mit der rechten Hand zu masturbieren, genauer: mit den vier Fingern der rechten Hand. Erinnern Sie sich, ob Ihnen das passiert ist?«

»Nein. Ich habe meine Großmutter nicht gekannt«, sagte ich. »Sie starb, als ich etwa viereinhalb Jahre alt war.« Mein Magen zog sich zusammen. »Ich erinnere mich nicht, jemals sexuell mißbraucht worden zu sein... von niemandem.«

»Nun«, sagte Arly. »Aber Davy erinnert sich.«

Ich sah zu Rikki, und sie nickte.

Ich biß mir auf die Lippen. »Das ist nicht so gut, nicht wahr? Das ist ganz und gar nicht gut.« Rikki beugte sich zu mir herüber, ergriff meine Hand und hielt sie fest. Ich schaute zu Arly. »Was hat das zu bedeuten?«

»Davy ist ein dissoziierter Teil von Ihnen«, sagte sie. »Er ist Sie, als Sie wahrscheinlich um die vier Jahre alt waren. Aber auch nicht ganz Sie. Nur der Teil von Ihnen, der durch diese Frau ein Trauma erlitt. Davy hat sich abgespalten und sich irgendwo in Ihrem Geist versteckt, um Sie gegen das Wissen um den Vorfall abzuschirmen. Aus irgendeinem Grund kam er jetzt an die Oberfläche.«

Wir saßen eine Zeitlang schweigend da.

»Cam«, fuhr Arly fort, »Davy wußte nicht, wer Sie sind, noch wer ich bin, noch daß Sie mit Rikki verheiratet sind und einen Sohn haben.«

»Und, haben Sie es ihm gesagt?« fragte ich. »Weiß er es jetzt? Mein Gott, wovon rede ich eigentlich?«

»Ja, ich hab's ihm gesagt.« Wieder schwiegen wir, dann hob Arly erneut an. »Haben Sie je in Ihrem Kopf Stimmen gehört – nicht wie eine Gewissensstimme –, sondern Kommentare über das, was Sie tun?«

»Na ja, schon. Ich höre Stimmen. Tut das nicht jeder? Sie kommen nicht von außerhalb meines Kopfes. Niemand sagt mir, die CIA sei hinter mir her. Ich bin nicht schizophren, wenn Sie das meinen.«

»Haben Sie zuweilen das Gefühl, Sie stünden außerhalb Ihres Körpers, so wie Sie Ihren Abgang beschrieben haben, als Davy herauskam?«

Ich nickte. »Ja, manchmal. Manchmal fühlt es sich an, als wäre ich da und gleichzeitig nicht da. Ich stehe irgendwo in einem Laden oder so, und plötzlich bin ich ganz fern, blicke sozusagen auf mich selber herunter, wie ich zwischen den Regalen durchgehe, mit einer Verkäuferin oder sonst jemandem rede. Oder ich will meine Schuhe zubinden und habe plötzlich vergessen, wie es geht.« Rikki sah mich überrascht an. Ich zuckte die Schultern.

»Führen Sie ein Tagebuch?« fragte Arly.

»Nein.«

»Besorgen Sie sich eins. Ich denke, Sie sollten anfangen, Tagebuch zu schreiben«.

»O.K.«, sagte ich.

»Schreiben Sie jeden Tag hinein und lassen Sie einfach passieren, was passiert. Versuchen Sie nicht, es zu kontrollieren.«

»Arly«, fragte ich, sorgfältig die Worte wählend, »wurde ich als Kind sexuell mißbraucht?«

»Was meinen Sie selber?« fragte sie. Rikki drückte meine Hand. Ich sah zu ihr hin und dann wieder zu Arly.

»Ich weiß nicht, was ich denken soll. Davy? Was zum Teufel soll das alles? Was zum T–«

»Nach allem, was ich heute hier gesehen habe«, sagte Arly ruhig, »kann ich mir durchaus vorstellen, daß Sie sexuell mißbraucht worden sind.«

Mich schauderte. »Ich nicht. Sie reden hier von mir, von irgendwas, das mir vielleicht zugestoßen ist, doch ich weiß nichts davon... erinnere mich an rein gar nichts. Aber wir hatten Davy hier, und er weiß es alles, und, ach ja, er zerkratzt mich und schneidet mir die Finger ab und...« – ich rutschte unruhig auf meinem Stuhl hin und her – »ich kriege einen Steifen, wenn von meiner Großmutter die Rede ist.« Ich stieß einen tiefen Seufzer aus: »Tut mir leid.«

»Als erstes reagieren die Leute auf so was mit Verdrängung«, sagte Arly.

»Dann mache ich es wenigstens in der richtigen Reihenfolge.«

Rikki sagte: »Ist Ihnen so etwas schon früher einmal untergekommen?«

Arly nickte. »Ja, schon.«

»Dann wissen Sie auch, was zu tun ist?«

Wieder nickte Arly. »Mhm.«

»Gott sei Dank.«

»Und wie geht's weiter?« fragte ich.

»Sie holen sich ein Tagebuch und fangen an hineinzuschreiben, und wir arbeiten weiterhin zusammen. Ach ja«, fügte sie noch hinzu, »Davy braucht einen eigenen Teddybären. Dann fühlt er sich zu Hause und geborgen, wenn er zum Vorschein kommt.«

Rikki und ich nickten zögernd. Ich lehnte mich im Sessel zurück, Rikkis Hand hielt immer noch meine, und sah zum Fenster hinaus. Drunten erklärte ein Feuerwehrmann in voller Montur einer Gruppe von vielleicht fünfzehn Kindern in Begleitung zweier Frauen das Löschfahrzeug. In ihren bunten Wintermänteln, Mützen und Fausthandschuhen sahen die Kinder wie weihnachtliche Zuckerfiguren aus. Meine Gedanken wanderten zu Davy. *Schmecken sicher gut*. Ich sah auf die rote Linie auf meiner rechten Hand und schüttelte ungläubig den Kopf.

»Ich habe meine Großmutter überhaupt nicht gekannt«, sagte ich leise.

9

Nach dem Besuch bei Arly fuhren wir zu einer Buch- und Schreibwarenhandlung, wo wir ein kleines Tagebuch mit himmelblauem Einband und linierten, hellblauen Blättern erstanden. Von da aus gingen wir zu Toys ›R‹ Us.

Ich war schon Dutzende Male bei Toys ›R‹ Us gewesen, aber jetzt kaufte ich zum ersten Mal etwas für mich. *Einen Teddy? Für mich?* Ich kam mir vor wie ein Fünfzehnjähriger, der in der Apotheke Kondome kauft, versuchte deshalb beim Gang durch die Regale mit den Stofftieren so lässig wie möglich auszusehen. Natürlich beachtete mich überhaupt niemand. Warum auch? Rikki spürte mein Zögern, ging geradewegs auf die Bären zu und knautschte sie.

»Ich nehm' mir auch einen«, verkündete sie. »Ich brauche einen eigenen Teddy.«

Das funktionierte. Jetzt war alles in Ordnung. *Stell dich nicht an. Du kriegst einen Teddy.* Ich beäugte und betastete alle braunen und weißen Stoffhunde und -bären, die rosafarbenen Häschen und die Figuren aus der Sesamstraße, und einen Augenblick lang war ich richtig glücklich. *Ich bin in der Abteilung für Teddybären. Auf der Teddybären-Insel. Wo könnte es schöner sein!*

Ich nahm die guten heraus, kniff sie und rieb sie an meinem Gesicht, um zu prüfen, wie weich sie waren. Ich verschwendete keinen Gedanken mehr daran, was die Leute dachten, als mich plötzlich ein mächtiger innerer Drang zu einem großen, zotteligen blauen Bären hinzog, einen, den ich bisher keines Blickes gewürdigt hatte. *Der da! Das ist er!* Schauder, schwapp, und ich war weg; Davy stand da mit dem Bären im Arm.

»Toby«, sagte er.

Rikki kam mit einem weißen Eisbären, den sie für sich ausgesucht hatte. Sie wußte, daß nicht ich da stand, aber es bekümmerte sie nicht, jedenfalls sah sie nicht so aus. Sie lächelte und sagte freundlich: »Hast du einen Bären gefunden?«

»Toby«, sagte Davy und hielt ihr das Tier hin.

»Toby«, wiederholte sie. »Ein hübscher Kerl. Schau mal«, sagte sie und zeigte ihm den Eisbären: »Ich hab' mir auch einen ausgesucht.« Rikki war großartig.

Sie bezahlte die Bären und fuhr uns vier nach Hause.

In dieser Nacht lagen wir Schulter an Schulter im Bett, schauten nach oben und hielten unsere Bären im Arm. Kyle schlief fest in seinem Zimmer. Wir blickten beide schweigend durchs Fenster auf den Vollmond, der auf den entlaubten Zweigen eines der großen Bäume im Hof saß. Wir hatten kein Licht an, der Mondschein tauchte das ganze Zimmer in geisterhaftes Helldunkel. Nur das leise Huschen von zwei Eichhörnchen über unser schneeverharschtes Dach unterbrach die Winterstille.

»Ich kann's einfach nicht glauben«, sagte ich. »Meine Großmutter.«

»Was weißt du von ihr?« fragte Rikki.

»Nichts. Du weißt alles, was ich weiß. Sie stammte aus einer großen Familie. Heiratete meinen Großvater, als sie noch ganz jung war. Sie sorgte nicht besonders gut für die Kinder…«

»Was meinst du damit?« fragte Rikki. »Ach ja, deine Mutter sagte immer, sie habe schon als Kind für deinen Onkel sorgen müssen; ihre Mutter habe rein gar nichts allein zustande gebracht. Mehr hat sie nicht erzählt.« Sie seufzte. »Ich weiß nicht. Dein Großvater, deine Onkel, deine Mutter. Puh. Weißt du noch, was dein Großvater sagte, als dein Vater starb? ›Komm drüber weg‹… Ich konnte es nicht glauben. Dein Vater ist grade mal eine Woche tot, und da sagt dein Großvater, du sollst drüber wegkommen. Und deine Mutter erst… Die narzißtischste Person, die ich kenne. Alles muß sich nur um sie drehen. Sie bestimmt je-de Klei-nig-keit. Das ist alles so verquer«, sagte sie, spuckte die Worte aus wie sauer gewordene Milch.

»Meine Mutter kann ich nicht fragen«, sagte ich. »In letzter Zeit ist mir bei ihr immer so komisch zumute.«

Rikki und ich lagen eine Zeitlang still da und betrachteten den großen Mond draußen.

»Vielleicht sollte ich Abbey anrufen, die Cousine meiner Mutter«, sagte ich, »und sie nach der Familie meiner Großmutter fragen. Sie müßte doch irgend etwas wissen.« Ich stützte mich auf den Ellbogen und sah Rikki an. Ihr Haar schimmerte seiden im Mondlicht. »Hat meine Mutter nicht erzählt, sie und Abbey seien in der selben Straße aufgewachsen?«

»Ich weiß nicht mehr«, erwiderte sie, »aber ich glaube schon. Was, glaubst du, wird sie dir sagen?«

Ich legte mich wieder zurück. »Weiß nicht«, sagte ich. »Sie war da und müßte so einiges wissen.«

Nebenan hörten wir Kyle im Schlaf rufen: »Laß meinen Panzer in Ruhe, gemeiner Kerl.« Rikki und ich sahen uns an und lachten.

»Er träumt«, sagte sie und schaute dann wieder hinaus in die Stille, auf den großen gelben Mond.

Ich stieß einen tiefen Seufzer aus. »Ich vielleicht auch. Womöglich bilde ich mir das alles nur ein.« Rikki wandte sich wieder mir zu und stützte sich jetzt ihrerseits auf den Ellbogen. Ich spürte ihren durchdringenden Blick, und mir lief ein Schauder über den Rücken.

»Verdrängungsgerede«, sagte sie, langsam den Kopf schüttelnd, mit leicht zittriger Stimme. »In Arlys Sprechzimmer ... Davy, die Hand, die nach oben gerissen wurde ... die Schreie ... Cam, das alles wirkte absolut nicht irreal.«

Ich rieb mir die Schläfen. »Ich weiß nicht mehr, was real ist. Es entzieht sich mir. Meine Vergangenheit ... mein Leben ... mein Verstand ... alles fällt irgendwie auseinander. Ich weiß nicht, was passiert ist. Ich weiß nicht, was passieren wird.«

Rikki zog die Nase hoch, schüttelte wieder den Kopf, und neben mir fiel eine silbrige Träne aufs Kissen. Ich strich mit dem Handrücken über ihre Wange und zog sie zu mir herunter.

Sie legte den Kopf auf meine Schulter, sagte leise: »Was soll nur aus unserer Familie werden?« und fing an zu weinen. Ich schloß die Augen und drückte sie an mich. Alles im Raum begann sanft zu verschwimmen, wie weiße und braune Schokolade, die in einer Pfanne schmilzt und sich langsam vermischt.

I'm very confused, the handwriting changes every two seconds – I can't seem to write two words that look alike my hand loses control my face loses control I hear words come out of my mouth that aren't my thoughts. I'm a crazy person

NO YOU'RE NOT!!!!

Ein sehr früher Eintrag im Tagebuch

10

Als ich tags darauf erwachte, war ich entschlossen, Abbey anzurufen. Ich nahm Notizblock und Bleistift von meinem Nachttisch, ging ins Klavierzimmer, setzte mich auf den flauschigen blauen Teppich und ging in Gedanken durch, was ich von ihr wußte. *Verwitwet. Lebt allein in Detroit, zwei Kinder etwa in meinem Alter, Künstlerin, zuckerkrank.* In den letzten dreißig Jahren hatte ich höchstens dreimal mit ihr gesprochen.

Ich rief die Auskunft an und bat um die Vorwahl von Detroit. Dann rief ich die dortige Auskunft an. Sie fanden Abbeys Nummer, und ich notierte sie mir. *Bleib ganz ruhig. Gib ihr keinerlei Hinweise. Laß dir soviel wie möglich über die Familie deiner Großmutter erzählen und leg wieder auf.* Ich wählte, holte tief Luft und wartete. Beim dritten Klingeln war Abbey am Apparat.

»Hallo?« Ihre Stimme klang, als sei sie überrascht, daß jemand anrief.

»Hi, Abbey, hier ist Cam West.« Zwei Sekunden Stille, dann fiel ihr ein, wer ich war.

»Ca-am!« Sie sang meinen Namen wie zwei Noten, hoch, tief. »Welche Überraschung! Wie geht es dir?«

»Oh, mir geht's gr–«

»Und wie geht's Rikki und Kyle?«

»Uns allen geht's großartig, Abbey«, log ich. »Kyle wird immer größer. Wir sind nach Massachusetts gezogen, vor zwei Jahren.«

»Ach wirklich?«

»Mhm.«

»Und, seid Ihr glücklich dort?« fragte sie.

»Aber ja. Es ist alles bestens. Und wie geht's dir?«

»Ganz gut«, sagte sie. »Du weißt ja, ich habe Zucker.«

»Ja, ich weiß.«

Sie sagte nichts mehr. Die Eingangsfloskeln waren erledigt.

Nach einem unbehaglichen Moment des Schweigens sagte Abbey: »Also … was hast du auf dem Herzen?«

Vermaßle es nicht. Du mußt ruhig klingen.

»Ach, nichts Besonderes, Abbey«, sagte ich zögernd. »Ich hab' mich bloß in letzter Zeit gefragt, wie die Familie meiner Großmutter eigentlich so war. Meine Mutter hat mir nie richtig von ihrem Elternhaus erzählt, und … na ja, ihr habt ja als Kinder in derselben Straße gewohnt …«

»Ja, auf der gegenüberliegenden Seite, zwei Häuser weiter«, sagte Abbey.

Mein Magen zog sich zusammen, ein kalter Schweißtropfen rann mir an der Schläfe herunter.

»Und«, sagte ich, »wie war die Familie meiner Großmutter so?«

Schweigen. *Warte ab. Red keinen Blödsinn.* Ich blickte angespannt zum Fenster hinaus, hörte das Summen der Fernverbindung. Ein Eichhörnchen kletterte einen Baumstamm hoch. Nach fast zehn Sekunden sprach Abbey wieder.

»Kein Inzest, soweit ich weiß«, sagte sie kurz angebunden; ihre Worte hingen in der Luft wie Schwefelgestank.

Adrenalin schoß mir ins Blut, mein Gesicht glühte.

Was??!! Was zum Teufel?!

Ich hielt den Bleistift fest umklammert und schrieb ihre Worte genau mit. »Kein Inzest, soweit ich weiß.« Dahinter schrieb ich: »Die ersten Worte aus ihrem Mund. Völlig unvermittelt.« Das Herz sprengte mir fast die Brust. In meinem Kopf drehte sich alles. Das war nun eindeutig nicht die Antwort, die man auf diese Frage erwartet hätte. Das war … handfest.

Ich schüttelte den Kopf, um die wirren Gedanken loszuwerden. *Nun sag schon was, Dummkopf!*

Ich schluckte schwer. »Was meinst du damit, Abbey?« fragte ich. Stille. Wieder nur das Summen der Leitung. Einen Augenblick lang fragte ich mich, ob sie aufgelegt hatte, kam dann zu dem gegenteiligen Schluß. Ich wartete einfach, bis sie weiterredete. Nach etwa fünfzehn Sekunden tat sie es. Ich schrieb alles genau mit.

Die Familie war kinderreich gewesen. Als sie erwachsen waren, blieben die Geschwister zwar in derselben Gegend, aber die Schwestern kauften in verschiedenen Lebensmittelgeschäften ein, oft sogar weit entfernt voneinander, um sich ja nicht zu begegnen. Keine wollte ihre Schwester sehen lassen, was sie einkaufte. Abbeys Mutter und ihre Tanten, auch meine Großmutter, kasteiten sich, stießen sich Zahnbürsten in den Hals; Abbey wußte das, weil die Cousinen darüber munkelten. Wenn die Kinder zur Toilette gingen und ein großes Geschäft machten, durften sie es nicht hinunterspülen, sondern mußten es ihren Müttern zeigen, andernfalls bekamen sie einen Einlauf. *Du lieber Himmel!*

»Meine Mutter auch?« fragte ich nach. Inzwischen war es unter meinen Achseln pitschnaß, und mein Magen fühlte sich an, als schwämmen hundert Grillen darin herum.

»Deine Mutter? Aber ja doch, sicher«, fuhr sie fort. »Ich hab' ihr mal gesagt, um den Einlauf könne sie herumkommen, wenn sie sage, sie habe versehentlich die Spülung betätigt.« Als Abbey das sagte, klang sie stolz. Sie war jetzt in Fahrt, und ich brauchte sie kaum noch anzustacheln. Ich schrieb einfach mit.

Abbey zufolge hielt die ganze Nachbarschaft die Familie meiner Großmutter für verrückt. Sie habe einmal mit angesehen, wie eine ihrer Tanten ihren kleinen Sohn erbarmungslos auf den Kopf schlug, ohne ersichtlichen Grund. Er versuchte wegzulaufen, blieb aber mit dem Fuß im Zaun hängen. Seine Mutter erwischte ihn und drosch weiter auf ihn ein.

Abbey sagte, meine Großmutter sei von Angst geradezu besessen gewesen, hätte eine Heidenangst gehabt, ihr Mann könne sie verlassen.

Wie eine Fremde im Bus redete Abbey in Erinnerung an ihre Kindheit immer weiter, mehr zu sich selbst als zu mir. Nur daß sie sich, je länger sie redete, an immer mehr Dinge erinnerte, an die sie gar nicht erinnert werden wollte. Und immer beklommener klang.

Dann hörte sie auf zu reden, und eine volle Minute lang herrschte Grabesstille.

»Abbey?« fragte ich, um zu hören, ob sie noch da war.

»Du hast wirklich in ein Wespennest gestochen, Kleiner«, sagte sie wütend. »Wirklich ein Wespennest.«

»Tut mir leid, Ab–«

»Ich wünschte, du hättest nicht angerufen«, stieß sie hervor. »Ruf mich nie wieder an, hörst du? Nie wieder!«

Dann legte sie auf.

Einen Augenblick saß ich da, den Hörer am Ohr wie

festgefroren. Dann kam mir die Galle hoch. Ich preßte die Lippen zusammen, würgte die Flüssigkeit hinunter und legte hastig den Hörer auf. Dann wischte ich mit der Schulter das Telefonohr ab und trocknete meine Handflächen an der Hose. Ich stand schnell auf, mir schwindelte, und ich torkelte gegen das Klavier.

Ich ging ins Bad, drehte den Hahn auf, bis ganz heißes Wasser kam, schäumte die Seife und schrubbte mir gründlich Gesicht und Hände.

Ich trocknete mich ab, lehnte den Oberkörper übers Becken und prüfte mein Bild im Spiegel.

Abbeys Worte schwappten mir im Kopf wie brackiges Wasser auf dem Boden einer verrosteten Schubkarre. Ich versuchte, mich zu konzentrieren. *Böse Oma. Davy ist brav.* Schauder, halbes schwapp – *kämpf dagegen an ... weg ... da ... bleib weg ... da. Noch mal gutgegangen. Geh, leg dich hin.*

Angeschlagen ging ich nach oben, ließ den gelben Notizblock auf dem Fußboden im Klavierzimmer liegen. Ich kroch ins Bett, schloß die Augen und stieg die kalten Steinstufen in die Höhle des Schlafes hinunter.

»Cam? Cam? Süßer?«

Mmm, süß wie Honig... goldgelb und glänzend und dick und zähflüssig.

»Cam? Cam?«

Ein Tunnel. Das Ende eines langen, schwarzen Tunnels... Rikki in der hellen Öffnung am Ende eines langen, schwarzen Tunnels... oder ist's die Mündung einer Kanone... sitze ich in einer Kanone und sehe hinaus – nein, das ist James Bond.

»Cam? Cameron?«

Rikki... Rikki ruft mich... Mmm, ich liebe den Klang ihrer Stimme.

»Cam!«

Hä? Grelles Licht ... Augen auf ... Konzentrieren ...

»Cam!«

Das Zimmer ... Rikki ist im Zimmer, ruft mich.

»Ich kann deine Stimme hören«, sagte ich undeutlich.

»Wach auf, Süßer«, sagte Rikki mit besorgter Stimme. »Du schläfst seit sechs Stunden.«

Ich räusperte mich. »Schon gut«, sagte ich. »Ich komme jetzt zurück ... ich komme zurück.« Ich blinzelte vielleicht sechsmal kräftig, dann wurden ihre Konturen deutlicher. *Weißer Pulli. Bluejeans. Hübsches Gesicht. Meine Rikki.*

Sie setzte sich auf die Bettkante und legte mir die Hand auf die Brust. »Bist du da?« fragte sie.

Meine Augen konzentrierten sich auf sie. Ich war wieder da.

»Mhm«, sagte ich. Mein Mund fühlte sich taub an. »Ja, ich bin da.«

»Gut«, sagte sie und klopfte mir auf die Brust. »Ich hatte schon Angst.«

»Tut mir leid. Wie spät ist es?«

»Kurz nach drei.«

»Nachmittags?« fragte ich.

»Ja.«

Ich bewegte Finger und Zehen und verzog mehrfach das Gesicht. Zunehmend hatte ich das Gefühl, wieder in meinem Körper zu stecken. Nach einer Weile setzte ich mich auf und sah Rikki an. »Ich habe mit Abbey gesprochen.«

»Ich weiß. Ich habe das hier gefunden«, sagte sie und schwenkte den Block mit den Notizen. Rikki wies auf das Blatt, eindeutig verstört. »Sie hat das gesagt: ›Kein Inzest, soweit ich weiß‹, sie hat das wirklich gesagt?«

Ich nickte. »Ja. Und alles andere auch.«

Rikki schüttelte den Kopf. »Himmel«, sagte sie. »Sie

hat tatsächlich gesagt, es habe keinen Inzest gegeben, soweit sie wisse? Und worauf hat sie das als Antwort gegeben?«

Ich zuckte die Schultern. »Ich hatte lediglich gefragt, wie die Familie meiner Großmutter so gewesen sei, das war alles.«

»Und darauf hat sie das gesagt? Herrgott!« Rikki rieb sich die Schläfe. »Ich kann's nicht glauben.«

»Sie will nicht, daß ich sie noch mal anrufe. Ich soll sie nie wieder anrufen.«

»Was meinst du damit?«

»Ich meine, je mehr sie mir erzählte, desto aufgebrachter wurde sie. Schließlich sagte sie, sie wolle nie mehr von mir hören, und legte auf.«

»Puh.« Rikki sah auf das Notizblatt und schüttelte den Kopf. »Kein Wunder, daß deine Mutter nie von ihrer Familie erzählt.«

»Ja«, sagte ich und richtete mich noch mehr auf. »Ich werde ihren Bruder Dennis anrufen. Ich brauche mehr.«

Rikki schwenkte wieder den gelben Block. »Reicht dir das nicht?«

»Nein«, sagte ich, »es reicht nicht.«

Rikki sah mich lauernd an. »Und was wird er dir sagen?«

»Weiß nicht«, sagte ich. »Vielleicht nichts. Aber er war da, und er ist vier oder fünf Jahre älter als meine Mutter. Er muß doch mehr wissen als Abbey, oder?« Ich atmete einmal tief durch. »Ich weiß, daß er lange in Therapie war«, sagte ich. »Und seine Frau ist Psychologin. Sie hat mit Sicherheit meine Großmutter gekannt. Sie und Dennis sind schon lange verheiratet.«

Rikki zog eine Schnute, dachte einen Moment lang nach. »Okay«, sagte sie dann mit einem Achselzucken.

Sie legte Stift und Block neben mich aufs Bett und

bin dann unten.« Während sie hinausging, hörte ich sie »Großer Gott« murmeln.

Ich holte aus der Nachttischschublade mein Adreßbuch mit dem braunen Ledereinband und blätterte es durch, bis ich die Telefonnummer von Dennis und Sandy in Michigan fand.

Dann hockte ich mich im Schneidersitz aufs Bett, stellte das Telefon zwischen meine Beine und sah zum Fenster hinaus auf die großen Eichen im Vorgarten. Das graue Nachmittagslicht ließ sie traurig aussehen. Ich klemmte den Hörer zwischen Schulter und linkes Ohr, griff nach Stift und Notizblock und wählte die Nummer. *Das alles geschieht gar nicht.*

Vor dem ersten Klingelzeichen beschloß ich, ihnen geradewegs zu sagen, mir sei etwas Wichtiges von meiner Großmutter eingefallen, und einfach zu warten, wie sie reagierten. Ich konnte ihnen nicht sagen, Davy habe sich erinnert; das wäre viel zu verrückt gewesen. Wer sollte das glauben? Ich glaubte es ja selber nicht.

Nach dem dritten Klingeln meldete sich Sandy. Der Klang ihrer Stimme setzte einen kleinen Adrenalinstoß frei. Ich sagte ihr, ich sei am Apparat, und sie klang überrascht und erfreut, denn wir hatten seit Jahren nichts voneinander gehört. Wir tauschten die üblichen Floskeln aus, dann platzte es aus mir heraus: »Sandy, der Grund für meinen Anruf ist, daß mir der seltsame Gedanke kam, ich sei vielleicht von meiner Großmutter sexuell mißbraucht worden.«

»Oma Lynn?« Sie rang nach Luft.

»Ja.«

Nach einer unbehaglichen Pause sagte sie ganz sachlich: »Das könnte sehr wohl sein. Sie hat immer gern die Kinder liebkost.«

Die Kinder liebkost?!

Wieder trat eine Pause ein, dann sagte Sandy kurz angebunden: »Bleib am Apparat, ich hole Dennis.«

Ihre Hand auf der Muschel dämpfte das Gespräch am anderen Ende. Dann kam Dennis an den Apparat und klang nicht entfernt so erfreut, mit mir zu reden, wie Sandy. Vielmehr fuhr er mich gleich barsch an: »Was soll das mit meiner Mutter?«

Mein Schließmuskel zog sich zusammen, meine Hände wurden feucht. *Ich rede von seiner Mutter*. Mir war gar nicht in den Sinn gekommen, er könnte empört sein, wenn ich diesen scheußlichen Vorwurf gegen seine Mutter erhob.

Ich holte tief Luft und wiederholte, was ich Sandy gesagt hatte: »Ich hatte gespenstische Träume und die Vorstellung, daß deine Mutter mich sexuell mißbraucht hat.«

Ich klopfte nervös mit dem Stift auf den Block und hörte das Summen der Fernleitung. Nach einer Pause, die mir so lang wie fünf Minuten vorkam, sagte Dennis steif: »Sie pflegte deinen Onkel Alan zu baden... auch noch, als er schon längst alleine baden konnte.«

Was?

Dennis machte wieder eine Pause. Ich kritzelte auf den Block.

»Einmal sah ich vom Flur her«, sagte Dennis, »wie sie ihn wusch, dabei aber etwas tat, was sie nicht hätte tun sollen. Sie hätte das nicht tun sollen!« brüllte er plötzlich. »Das hat mich total angewidert!«

Ein eisiger Wind pfiff mir durch den Kopf, während ich zusah, wie meine Hand roboterhaft Dennis' Worte niederschrieb. Mein Gesicht war gefühllos, mein Kopf schmerzte, als stocherte jemand mit einer Stricknadel in meinem Hirn herum. *Die Frau, von der Davy sagte, sie habe ihn mißbraucht, war beim Mißbrauch eines anderen Kindes gesehen worden.*

Ich schüttelte den Kopf, um ihn klar zu bekommen. »Hat sie an dir je sexuelle Handlungen vorgenommen?« wagte ich zu fragen.

Er schrie zurück: »Das geht dich nichts an!«

Ich zuckte zusammen, biß mir auf die Zähne und hätte fast den Hörer fallen lassen. *Wenn bloß Rikki da wäre.* Ich atmete tief durch und beschloß dranzubleiben.

»Weißt du, ob sie je meiner Mutter was Sexuelles getan hat?«

»Frag sie doch selbst!«

Wieder qualvolles Schweigen.

Darauf ich glattweg: »Ich glaube, da gibt's noch mehr, Dennis. Etwas, was du –«

»Frag deine Mutter.«

»Dennis, was –«

»Was zum Teufel willst du von mir, Kleiner?! Du brichst einfach in mein Leben ein und zerrst diesen Scheiß über meine gottverdammte Familie raus! Ich hab' genug mit meinem eigenen Kram zu tun!«

Die Fernleitung brummte wie Neonröhren, während ich wartete.

Dann sagte Dennis langsam und eindringlich: »Der Apfel fällt nicht weit vom Stamm, Junge.«

»Was? Was willst du damit sagen, Dennis? Was deutest du –«

»Denk drüber nach«, schnauzte er.

Der Magen zog sich mir zusammen, so daß ich dachte, ich müßte den Hörer auflegen und mich übergeben. »Dennis, ich –«

»Ich häng' jetzt ein«, sagte er.

»Den–«

»Schluß damit!« schnitt er mir das Wort ab.

Und dann war auch Schluß, weiß Gott.

»O.K.«, sagte ich wie betäubt. »Adieu.« Ich legte den Hörer auf.

Ich saß regungslos im schwindenden Tageslicht auf dem Bett, und Dennis' Worte krochen mir über die Haut wie schwarze Spinnen. *Der Apfel fällt nicht weit vom Stamm.*

Irgend etwas stimmte nicht. Irgend etwas stimmte absolut nicht. Ich sah auf meine Hände, sie zitterten. Und drin – ganz tief drin – sickerte eine klebrige, schwarze Flüssigkeit durch die Gänge in mein Innerstes.

Ich schwankte nach unten ins Wohnzimmer und legte mich auf den Boden neben Kyle, der aus Legosteinen ein Fahrzeug baute. Rikki sah von ihrem Buch auf und hob fragend die Brauen. Ich deutete mit dem Kopf in Richtung Klavierzimmer.

Ohne mich aus den Augen zu lassen, sagte Rikki: »Kylie, Daddy und ich gehen mal kurz ins Klavierzimmer, um etwas zu besprechen.«

Er sagte: »Na gut«, ließ sein neues Fahrzeug hin und her rollen und machte dazu ein Geräusch wie ein Lkw-Motor. Ich folgte Rikki ins Klavierzimmer, wir setzten uns nebeneinander aufs Sofa.

»Was war?« fragte sie mit eindringlichem Blick.

Ich erzählte ihr alles. Als ich fertig war, legte Rikki ihre Hand auf meine und drückte sie. In ihren Augen sah ich Angst aufflackern.

»Ich weiß nicht, was hier passiert«, sagte ich. »Hinter mir brennt alles ab. Ich versuche, der Sache habhaft zu werden, aber es brennt alles hinter mir ab. Das gibt's nicht. Das gibt's einfach nicht.«

Rikki sagte: »Also Dennis meinte, deine *Mutter* habe Mißbrauch getrieben? Wie kann er das wissen?«

»Das gibt's nicht.«

Rikki und ich schwiegen eine Zeitlang, hielten uns an den Händen, während Kyle im Zimmer nebenan Motorengeräusche nachmachte.

Dann sagte ich: »Die Stimmen …«

Rikki schreckte aus ihren Gedanken hoch und neigte den Kopf zu mir herüber. »Was?«

»Die Stimmen.«

»Wie?«

»Die Sache mit Davy … sie läßt mich nicht los.«

»Was? Welche Stimmen?« sagte sie und blickte mir fragend in die Augen. »Was läßt dich nicht los?«

»Rik, Davy ist nicht der einzige.«

Rikki hob die Brauen. »Willst du damit sagen, da sind noch mehr? Mehr … Leute?«

Ich nickte.

Sie ließ meine Hand los und fuhr sich durchs Haar. Aus dem anderen Zimmer rief Kyle: »Mom, Dad, wann kommt ihr wieder zu mir?«

Rikki antwortete: »In einer Minute, Liebling. O.K.?«

»Ich hab' Hunger auf Chicken Nuggets.«

»O.K.«, rief sie zurück. »Wir kommen gleich.«

»Dad, bist du da?« rief Kyle.

Ich räusperte mich. »Sicher bin ich da, Kyle. Wir kommen in einer Minute rüber, O.K.?«

»O.K.«

Rikki schaute mir in die Augen. »Und wer?« fragte sie. »Wer ist sonst noch da?«

Ich nahm meinen ganzen Mut zusammen. »Na ja«, sagte ich zögernd. »Da gibt's den Älteren, der am Zeichenbrett sitzt. Er trägt eine Brille wie Benjamin Franklin und heißt Per.«

Sie sah verblüfft aus. »Und woher weißt du das?«

Ich spreizte die Finger und faltete dann beide Hände

im Schoß. »Weiß nicht«, sagte ich. »Ich … weiß es halt.«

Rikki lehnte sich nach hinten, zog ihre Füße aufs Sofa und dachte einen Moment lang nach. Dann sah sie mich an und sagte: »Und wenn ich mit ihm reden möchte … mit Per … meinst du, er würde mit mir reden?«

»Kann ich nicht sagen«, erwiderte ich. »Ich habe noch nie mit ihm gesprochen. Du kannst's ja versuchen. Könntest ihn einfach bitten rauszukommen, nehme ich an. Ich fasse das alles nicht.«

Rikki atmete schwer. Dann stellte sie die Füße auf den Boden und stand auf. »O.K.«, sagte sie, »ich sag' dir, was wir jetzt machen. Wir machen uns was zu essen, bringen den Kleinen ins Bett, und dann rede ich mit Per.« Sie stemmte die Hände in die Hüften. »Also, worauf hast du Appetit?«

11

Da wir wußten, was uns erwartete, wenn Kyle im Bett war, waren Rikki und ich während des Abendessens ziemlich schweigsam, aber Kyle machte das nichts aus. Er mampfte, bekleckerte das Tischtuch und plapperte munter drauf los, als sei alles in bester Ordnung. Nach dem Essen brachte ich ihn nach oben, setzte ihn in sein gewohntes Schaumbad und las ihm *Ernie verirrt sich* vor, während er nach Herzenslust in der Wanne herumplanschte. Ich sah ihn spielen und wünschte insgeheim, ich könnte seine unschuldige Freude teilen, die Zwangsjacke aus Angst und Elend ablegen und mich wenigstens eine Minute lang sorglos von dem herrlichen Schaum tragen lassen, mich sicher und geborgen fühlen. Aber es war nur ein frommer Wunsch. Die Jacke zwängte mich ein, und es sollte noch drei Jahre dauern, bis sich auch nur ein einziger Knoten öffnen ließ.

Bald war Ernie gefunden, Rikki hatte die Küche aufgeräumt, Kyle war geduscht, abgetrocknet und ins Bett gebracht, wie es sich für einen kleinen Jungen gehört. Keine drei Minuten später atmete er gleichmäßig und träumte von meterlangen Zuckerstangen. Der Glückliche.

Rikki und ich löschten das Licht im Flur und begaben uns zaghaft nach unten, wußten nicht recht, was auf uns zukommen würde. Wir machten Tee und setzten uns ins Wohnzimmer vor den großen Kamin. Die Heizung summte leise, die Keramiklämpchen auf dem Tisch erfüllten den Raum mit einem rötlichen Schein, verbreiteten die gemütliche Atmosphäre einer Skihütte. Hätten sich in letzter Zeit nicht so bizarre Dinge ereignet, man hätte glauben können, jeder Augenblick klopfte der Skilehrer Sven an die Tür, um uns zu sagen, die Filmvorstellung fange jetzt an. Aber kein Sven erschien. Es gab auch keine Filmvorstellung. Es gab nur Rikki und mich... und vielleicht Per.

Rikki sah mir tief in die Augen. »Per?« sagte sie zögernd. »Kann ich Per sprechen?«

Augenblicklich Schauder, schwapp – ich war weg, und Per war da. Eine seltsam wohlige Ruhe überkam mich, während ich spürte, wie Per das Kommando übernahm.

Per sah Rikki an und lächelte freundlich.

»Hallo«, sagte er. Pers beruhigende Stimme klang seltsam vertraut. Es war das erste Mal, daß ich sie von außerhalb meines Kopfes vernahm.

Rikki musterte ihn aufmerksam. »Hallo«, sagte sie vorsichtig. »Bist du Per?«

»Das bin ich«, sagte er in samtenem Ton.

»Weißt du, wer ich bin?«

Er lächelte sie an. »Bist du Rikki?«

»Ja«, sagte sie und betrachtete ihn eingehend.

»Das hier ist Cams Haus, und du bist seine Frau«, sagte Per.

»Das ist richtig«, sagte sie verwirrt. Das war nicht ihr Mann. Und es war eindeutig nicht Davy. Das war jemand anderes. Ein absolut ruhiger Jemand bei klarem Verstand. Ein völlig anderer Jemand.

»Ich bin etwas nervös«, gestand Rikki. »Ich... ich weiß nicht, was ich sagen soll.« Sie überlegte einen Moment. »Ach ja ... seit wann gibt's dich?«

Per rieb sich das Kinn, dachte nach, seine Mundwinkel verzogen sich zu einem nach innen gerichteten Lächeln. »Mm«, sagte er. »Ich weiß nicht genau. Schon ziemlich lange, glaube ich.«

»Wie alt bist du?« fragte sie. Sein sanfter, angenehmer Tonfall wirkte irgendwie tröstlich auf sie.

»Älter als Cam«, sagte er.

»Cam sagt, du trägst eine Benjamin-Franklin-Brille und sitzt an einem Zeichenbrett.«

Per berührte den Rand meiner Brille. »Ich trage diese hier«, sagte er.

Rikki nahm einen Schluck Tee. »Kennst du Davy?« fragte sie.

Per runzelte die Stirn. »Ich weiß, wer Davy ist«, sagte er langgezogen und wiegte den Kopf. »Eine sehr traurige Geschichte.«

Rikki wandte sich jetzt ganz Per zu, fixierte ihn konzentriert. Zwischen ihren Brauen bildete sich eine kleine Furche. »Wer *bist* du?«

Per blieb gelassen. »Ich... weiß nicht genau«, sagte er. »Ich weiß, daß ich in diesem Körper bin. Weiß auch, daß es Cams Körper ist. Und ich weiß, daß es noch andere gibt.« Sein Blick wanderte langsam durchs Zimmer, landete schließlich bei Rikki.

»Seltsam, hier draußen zu sein«, sagte Per, während er mit der rechten Hand im Zimmer herumzeigte. Dann klopfte er sich auf die Brust. »Gewöhnlich bin ich hier drin.«

Rikki starrte ihn an; ein Dutzend Fragen gingen in Stellung. Sie machte den Mund auf, wollte etwas sagen, aber es kam nichts. Sie setzte die Tasse ab, beugte sich vor, stützte die Ellbogen auf die Knie, rieb sich erregt die Schläfen und fragte sich, wo sie anfangen sollte.

»Ich muß ein paar Dinge wissen, Per, zum Beispiel was du da drin tust? Warum du da bist? Woher du gekommen bist?«

Per saß seelenruhig da, die Hände im Schoß gefaltet, seine Augen waren sanft, sein Gesichtsausdruck wachsam. »Ich kann verstehen, daß du durcheinander bist«, sagte er mit gütigem Blick. »Ich weiß nicht, woher ich gekommen bin. Ich gebe acht, Rikki… auf Cam und die andern. Ich passe auf die Kleinen auf.«

»Welche Kleinen?« entfuhr es Rikki. Sofort faßte sie sich wieder. »Tut mir leid. Welche Kleinen?« wiederholte sie leiser.

»Es sind schlimme Dinge passiert, Rikki«, sagte Per ernst.

»Welche schlimmen Dinge? Meinst du das mit Davy und seiner Großmutter?«

»Ja. Sehr schlimme Dinge. Aber davon sollten wir jetzt nicht reden, nicht jetzt, wenn sich Schlaf und Träume nähern.«

»Ich verstehe nicht, Per«, sagte Rikki.

»Du wirst es später verstehen«, sagte Per. »Du wirst die anderen kennenlernen. Sie werden herauskommen, um dich zu sehen. Die Tür ist jetzt offen. Man kann gefahrlos reden. Ich gehe nun … du kannst mich jederzeit rufen. Sei tapfer, Rikki. Er braucht dich jetzt mehr denn je. Sie alle brauchen dich.«

Daraufhin spürte ich, wie ich in meinem Geist ganz nach vorne gezogen wurde, Per und ich einander kreuzten wie zwei Reisende, die sich auf einem Rollsteig in Gegenrichtung begegnen. Ich schüttelte den Kopf, um ihn zu klären, und sah Rikki an, die mich mit offenem Mund fragend anstarrte.

»Unglaublich«, flüsterte sie heiser. »Hast du mitgekriegt, was eben passiert ist? Hast du irgend etwas mitgehört?«

»Irgendwie schon«, sagte ich und rieb mir den Nacken. »Als belauschte ich im Speisewagen ein Gespräch zwei Tische weiter.« Ich blickte Rikki in die tiefblauen Augen und sah ihre Verwirrung. Angstvolle Sorge erfüllte mich. *Wenn Rikki mich nun für verrückt hält? Vor mir davonläuft? Ich sterbe ohne sie. Ich schaff' das nicht allein.*

Rikki verschränkte krampfhaft die Hände im Schoß. »Per meinte, da seien noch andere«, sagte sie. »Andere, Kleine. Es seien schlimme Dinge geschehen. Hast du das gehört? Weißt du, was er damit meint?«

»Ich weiß es nicht mit Bestimmtheit«, sagte ich. »Da sind Stimmen – und ich sehe vage Schatten von anderen. Sie sind namenlos. Bloße Schattenumrisse – bloße Gesichter. Ich weiß es nicht, Liebste.« Ich lehnte mich auf dem Sofa zurück und bedeckte mit dem Arm meine Augen. »Ich bin so müde, Rik. Jeder Gedanke tut mir weh.«

Rikki berührte leicht meinen Arm.

»Laß uns zu Bett gehen«, sagte sie. »Für heute reicht's.« Sie zog mir den Arm von den Augen und strich mir über die Wange. Ich spürte, wie mein Selbst langsam in ihren Fingerspitzen verschwand. Sie stand auf, nahm mich an der Hand und half mir auf die Beine. Sie legte meinen rechten Arm um ihre Schulter und schlang ihren linken um meine Taille. So aufeinander gestützt, schleppten wir uns müde die Treppe hinauf.

12

Das Telefon klingelte. Rikki nahm den Hörer ab. »Hallo?«

»Rikki, hier ist Arly. In der Sitzung heute abend hat es bei Cam einen einschneidenden Vorfall gegeben. Ein neues Alter ego kam zum Vorschein und reagierte eine emotionsgeladene Erinnerung ab. Cam kann unmöglich selber nach Hause fahren.«

Rikki zuckte zusammen, zum einen, weil sie jetzt Kyle vor dem Einschlafen ins Auto packen mußte, aber ebensosehr deshalb, weil ich offenbar ein neues Horrorszenario durchlebt hatte.

»Und der Wagen?« fragte sie. »Was tun wir mit dem zweiten Wagen? Können wir ihn dort auf der Straße stehen lassen?«

»Der steht da gut«, sagte Arly. »Sie können ihn dann morgen abholen.«

Rikki holte Kyle aus dem Bett, murmelte irgendwas, sein Daddy müsse abgeholt werden, zog ihren Mantel über, packte Kyle in eine Wolldecke und fuhr in die Winternacht.

Vom Tragen des fast zwanzig Kilo schweren, schlafenden Kindes die Treppe hinauf zu Arlys Praxis war Rikki ziemlich außer Atem. Um Kyle nicht zu wecken, bedachte sie Arly mit einem leisen Gruß, setzte sich vorsichtig auf den zweiten Stuhl und musterte mich besorgt.

Ich stierte sie ausdruckslos an – mehr brachte ich nicht zustande, obwohl ich bei ihrem Anblick tief in mir drin eine Mischung aus Erleichterung und Verwirrung empfand. *Was geht hier vor? Ich bin doch allein hergefahren. Warum ist Rikki da?* Von weit weg bemerkte ich, daß Kyle auf ihren Kragen sabberte.

Arly fing leise an zu sprechen, um Kyle nicht zu wecken.

»Während der Sitzung kam ein Wesen namens Clay zum Vorschein«, sagte sie, »und durchlebte auf anschauliche Weise eine Mißbrauchsszene, die anscheinend in einem Hotelzimmer in Ohio geschah, als die Familie umzog. Cam war mit seiner Mutter vorausgeflogen, sein Bruder und sein Vater kamen mit dem Wagen nach.« Pause. Dann Arly weiter: »Diesmal scheint Cams Mutter den Mißbrauch begangen zu haben.«

Rikki rang nach Luft. »Großer Gott.«

»Clay ist acht Jahre alt. Er hat einen schweren Abend hinter sich.« Arly wandte sich mir zu. »Bist du da, Clay?«

Schauder, schwapp, weg. Mein Leib war gespannt wie die Haltetaue einer Hängebrücke.

»J-j-a«, stotterte Clay. Seine Augen blickten starr auf die Stehlampe neben Arlys Sessel.

»Ich möchte dich mit Rikki bekanntmachen. Sie sitzt links von dir auf dem Stuhl. Kannst du zu ihr rübersehen?«

Langsam, so wie man eine rostige Schraube losdreht, wandte Clay den Kopf und schaute Rikki an; von meiner Insel aus sah ich ihr Gesicht. Furcht und Mitleid spiegelten sich darin.

»Rikki ist Cams Frau«, sagte Arly, »und der kleine Junge, den sie im Arm hat, ist ihr Sohn Kyle.«

Clay sagte nichts. Er blickte wieder zu Boden.

»Du mußt wissen, Clay, daß du nicht in Ohio in einem Hotelzimmer bist. Das ist schon lange her.« Arly ließ die Worte einsickern, sagte dann langsam, jedes Wort betonend: »Dir kann jetzt nichts Schlimmes passieren, Clay. Hier bist du in Sicherheit.«

»I-ich b-bin ein b-braver Junge«, stotterte Clay.

Rikki schossen Tränen in die Augen. »Ja«, sagte sie sanft. Sie sprach zum erstenmal mit Clay. »Ja, du bist ein braver Junge.«

Arly reichte ihr die Kleenex-Schachtel herüber, Rikki nahm zwei Tücher und tupfte sich die Augen. Kyle rührte sich im Schlaf und gab Traumgeräusche von sich. Rikki strich ihm übers Haar: »Schsch.« Er fiel wieder in friedlichen Schlummer, sein Atem wärmte ihren Nacken.

Arly sagte begütigend: »Clay, du mußt jetzt ausruhen. Hol ein paarmal tief Luft, saug die Lungen voll, und atme dann langsam wieder aus.«

Clay tat wie befohlen.

»Während du weiter tief atmest, Clay«, sagte Arly mit beruhigender Stimme, »fühlst du, wie sich deine Muskeln allmählich entspannen ... zuerst in den Zehen und Füßen... dann in den Beinen... und im Bauch. Entspann jetzt die Brust ... die Arme und Hände. Jetzt spürst du, wie sich deine Nackenmuskeln lockern ... deine Stirn ... und jetzt läßt du die Spannung aus deinen Augen entweichen.«

Rikki sah fasziniert zu, wie Clays Körper auf Arlys Anweisungen reagierte.

Als Arly spürte, daß Clay in einen entspannteren, tranceähnlichen Zustand verfiel, sprach sie in leicht verändertem Ton weiter: »Ich bitte jetzt alle da drin, die mich hören können, sich um Clay zu scharen und ihn zu trösten, ihn an einen gemütlichen Ort zu bringen und auf ihn aufzupassen.« Dann sagte sie: »Cam, können Sie mich hören?«

Meine Stimme klang monoton: »Ich höre Sie, Arly.« Mein Kopf hing schlaff herunter, meine Augen musterten wie durch eine beschlagene Scheibe das Gewebe meiner Bluejeans. Dann undeutlich: »Ist Rikki da? Rikki?«

»Ich bin bei dir, Liebster«, antwortete sie mit einem gequälten Lächeln.

Ich drehte den Kopf etwas. »Arly, sind Sie da?«

»Ich bin da«, sagte sie, wissend, daß mein Geist hoffnungslos überlastet war. »Ich möchte, daß Sie sich jetzt einfach entspannen. Ich rede noch kurz mit Rikki, danach bringt sie Sie heim.« Mit Arlys Erlaubnis zog ich meinen geistigen Stecker, lehnte mich in einem halbirren Zustand zurück und nahm meine Umgebung kaum noch wahr.

Arly wandte sich an Rikki. »Wie Sie inzwischen wissen, Rikki, ist Cam hochgradig dissoziativ. Schon vorher haben wir zwei dissoziierte Teile von ihm kennengelernt – Davy und Per.«

Rikki nickte.

Arly änderte ihre Sitzposition. »Dissoziative Störungen gibt es in großer Bandbreite, und bislang habe ich gezögert, ein Diagnose-Etikett zu verwenden, aber jetzt ist es, glaube ich, an der Zeit, damit Sie und Cam in den Griff kriegen können, was mit ihm vorgeht.«

Wieder nickte Rikki. Sie hörte aufmerksam zu.

»Ich glaube, Cam leidet unter einer dissoziativen Identitätsstörung«, fuhr Arly fort. Als sie Rikkis fragend hochgezogene Augenbrauen sah, sagte Arly: »Früher nannte man es multiple Persönlichkeitsstörung.«

Rikki zuckte zusammen, ihr Atem stockte.

»Das ist so«, sagte Arly und schob die Ärmel ihres Pullovers hoch. »Jeder dissoziiert von Zeit zu Zeit mal. Man fährt auf der Autobahn, die Gedanken gehen auf Wanderschaft, und plötzlich merkt man, daß man schon die Ausfahrt erreicht hat. Das ist eine normale Dissoziation. In gewissem Umfang kennt das jeder.«

»Mhm.«

»Eine dissoziative Identitätsstörung ist Dissoziation im Extrem. Stellen Sie es sich so vor: Ein Junge wird von seiner Mutter zum erstenmal sexuell mißbraucht – derselben Mutter, die ihm zu essen gibt, ihn anzieht und ihm Gutenachtgeschichten vorliest. Das Kind kann dieses Verhalten weder verstehen noch akzeptieren; es ist schreckenerregend, tut vielleicht sogar weh, ist aber gleichzeitig auch sexuell erregend. Wie geht der Junge damit um? Sein bewußtes Denken klinkt sich im wesentlichen aus der Gegenwart aus, während ein anderer Teil seines Geistes vortritt und die Erinnerung oder die Schmerzen oder Empfindungen im Zusammenhang mit dem Mißbrauch auf sich zieht. Auf diese Weise wird das Kind nicht von der Last des Geschehenen erdrückt, sondern kann leben, zur Schule gehen, mit anderen Kindern spielen.«

Nach einer kleinen Pause fuhr Arly fort: »Wird der Mißbrauch wiederholt, tritt die dissoziative Abwehr erneut ein. Entweder kommt derselbe andere Teil wieder zum Vorschein, oder ein neuer wird geschaffen. Im Laufe der Zeit nehmen die einzelnen Teile ureigene, von denen des Kindes getrennte Wesenszüge an. Sie werden zu Zweitpersönlichkeiten.«

Rikki blickte Arly unverwandt an.

Arly sagte: »Nun zu Clay –«

»Moment«, unterbrach Rikki. »Wovon genau reden Sie, Arly? Sie meinen, so wie bei Sybil?«*

Arly nickte. »In gewisser Weise ja«, sagte sie, »nur daß die Persönlichkeiten bei Sybil so absolut getrennt waren, daß sie jedesmal, wenn die Alter egos zum Vorschein kamen, einen völligen Blackout hatte. Bei Cam ist das anscheinend nicht so. Seine Zweitpersönlichkeiten übernehmen zu unterschiedlichen Zeiten mal mehr, mal weniger das Kommando. Er ist sich ihrer bewußt, wenn sie draußen sind, und sie scheinen sich auch untereinander bewußt zu sein. Man nennt das Co-Bewußtheit.«

Rikki nickte nachdenklich. »Das passiert auch in seinem Tagebuch, wenn sie miteinander reden. Und deswegen kriegt er in etwa mit, wenn ich mit einem von ihnen spreche.« Sie schaute zu mir. »Er kann uns auch jetzt hören, obwohl er gar nicht wirklich *hier* ist.«

»Stimmt.«

Rikki schüttelte den Kopf, versuchte ihre Gedanken zu ordnen. »Ist das nicht äußerst selten?«

»Bei weitem nicht so selten, wie man meint. Sexueller Mißbrauch geschieht unentwegt. Allerdings wird nicht jeder, der als Kind sexuell mißbraucht wurde, auch dissoziativ.« Sie schwieg einen Augenblick. »Nur relativ wenige Kinder besitzen die Fähigkeit, sich so vollständig in Teile zu spalten. Diejenigen, die eine multiple Persönlichkeit entwickeln, sind in der Regel schon in sehr jungen Jahren mehrfach mißbraucht worden. In jedem Fall hat der Mißbrauch in der Kindheit gewöhnlich eine starke Rückwirkung auf die Erwachsenenpsyche. Unbeschadet übersteht ihn kaum einer.«

Eine Zeitlang saßen sie schweigend da. Rikki sah

* Flora Rheta Schreiber: *Sybil. Persönlichkeitsspaltung einer Frau*, Frankfurt am Main 1976 (Anm. d. Übers.)

zu mir herüber. »Warum jetzt?« fragte sie und wandte sich wieder Arly zu: »Warum passiert das ausgerechnet jetzt?«

»Schwer zu sagen«, erwiderte Arly. »Die dissoziative Identitätsstörung wird gewöhnlich im Erwachsenenalter diagnostiziert. Irgendein Ereignis veranlaßt die Alter egos hervorzukommen. Als Cams Vater starb und Cam heimkam, um seinem Bruder bei der Führung des Familiengeschäfts zu helfen, kam er wieder in engen Kontakt mit seiner Mutter. Vielleicht geschieht es auch, weil Kyle in das Alter kam, in dem er selber mißbraucht wurde. Zudem war Cam lange krank. Vielleicht war er erst nach seiner Genesung stark genug, um damit umzugehen. Wahrscheinlich gibt es mehrere Ursachen. Auf jeden Fall hat es den Anschein, daß ein Teil des Mißbrauchs, den Cam erlitt, von seiner Mutter ausging. Und sexueller Mißbrauch durch die Mutter gilt als eine der traumatischsten Formen. In gewisser Weise ist das der elementarste Verrat.«

»Und wie lautet die Prognose? Wie geht es weiter?«

Arly faltete ihre Hände. »Das wird eine lange Durststrecke«, sagte sie, »aber es läßt sich heilen. In einigen Fällen vereinigen sich am Ende sämtliche Persönlichkeiten zu einer, in anderen Fällen ziehen sie es vor, voneinander getrennt zu bleiben, wirken aber auf eine Zusammenarbeit hin, dank derer das ganze System relativ glatt in der Welt funktioniert. In jedem Fall ist es, wie gesagt, eine lange Durststrecke.«

Arly stand auf und ging zu einem Bücherschrank rechts von der Tür, nahm ein Buch mit einem roten Einband heraus und legte es vor Rikki auf den Tisch.

»Das ist ein gutes Buch«, sagte sie. »Nehmen Sie's mit.«

Rikki sah auf den Titel: *Multiple Persönlichkeitsstörung –*

Diagnose, klinische Merkmale und Behandlung von Dr. med. Colin A. Ross.

Kyle rührte sich, und Rikki strich ihm übers Haar. Dann sagte sie: »Was ist heute abend genau passiert – mit Clay, meine ich?«

Arly holte tief Luft. »Urplötzlich verkrampfte sich Cams Körper, und er wand sich auf dem Stuhl. Dann fiel er auf den Boden, fing an zu ächzen, machte mit den Hüften sexuelle Bewegungen und drückte das Gesicht in ein Kissen. Ich fragte, wer zum Vorschein gekommen sei, und er stotterte ›Clay‹. Ich bat ihn, mir zu beschreiben, was mit ihm geschah, und er sagte es mir. Er war anläßlich des Umzugs der Familie mit seiner Mutter in einem Hotel in Ohio, hatte offensichtlich Oralsex und vielleicht auch Verkehr mit ihr.«

Wieder entfuhr Rikki ein Stoßseufzer.

»Ich fragte ihn, wie alt er sei, und er sagte ›acht‹. Als ich ihn beruhigt hatte, erzählte er mir weitere Einzelheiten. Was immer geschah, für Clay war es sehr, sehr real. Er kroch buchstäblich auf allen vieren in mein Bad und übergab sich. Daraufhin habe ich Sie angerufen. Es gelang mir, Cam kurzfristig wieder herzuholen. Er wußte kaum, was vorgefallen war, und behauptete, er habe keinerlei Erinnerung an das, was in Ohio passiert ist. Ich glaube ihm.«

Rikki saß wie vor den Kopf geschlagen da, unseren schlafenden Jungen im Arm. Sie sah zu Boden und seufzte schwer.

»Rikki«, sagte Arly und faltete die Hände. »Clay ist ein Teil von Cam, der besondere Fürsorge braucht. Als er heute abend zum Vorschein kam, wähnte er sich in jenem Hotelzimmer, es muß in den sechziger Jahren gewesen sein. Ich habe ihm zwar erklärt, wer Sie sind, aber ich bin sicher, daß man ihn erneut daran erinnern muß.«

Rikki schüttelte langsam den Kopf: »Das ist unfaßlich.«

»Ich weiß. Aber es zu verdrängen hilft weder Ihnen noch ihm.« Sie nickte in meine Richtung. »Vor allem ihm nicht.«

Arly lehnte sich vor. »Das ist eine gewaltige Pille, die Sie da schlucken müssen. Ich spreche nicht bloß von der Diagnose. Hinnehmen, daß die Vergangenheit ganz anders war, als man gedacht hat, daß jemand, dem man vertraute, einem schlimmen Schaden zugefügt hat – das gehört zu den schwersten Barrieren bei Leuten mit dissoziativer Identitätsstörung. Verdrängung kann ein sehr ... sehr mächtiger Feind sein.«

Rikki kämpfte mit den Tränen. Sie warf mir, der Schaufensterpuppe mit Herzschlag, einen Blick zu und schaute dann wieder zu Arly. »Ich zähle auf Sie, Arly«, sagte sie todernst. »Er ist mein Mann. Das ist mein Leben. Und es ... erschreckt mich zutiefst.«

Arly nickte. »Ich weiß.«

13

Am nächsten Morgen hörte ich das Geräusch von Ledersohlen auf hartem Fels. Rikki hatte Kyle zum Schulbus gebracht und kam jetzt die vier Natursteinstufen vor unserem Haus herauf. Als sie die schwere Eichenhaustür öffnete und ins Wohnzimmer trat, fuhr ein eisiger Windstoß herein. Sie sah mich zusammengekauert auf der Couch liegen, ein Kissen an die Brust gepreßt, Sorge überschattete ihre Züge. Sie holte tief Luft und atmete langsam wieder aus.

»Ist mit dir alles in Ordnung?« fragte sie, kam schnell herüber und setzte sich neben mich.

Ich biß die Zähne aufeinander, drückte das Kissen noch fester, versuchte, mich gefaßt zu geben, damit sie sich keine Sorgen machte. Doch als sich unsere Blicke trafen, schossen mir Tränen in die Augen, und ich begann zu zittern.

Ich schüttelte den Kopf und flüsterte: »Ich glaube nicht.«

Rikkis Fassung zerstob, sie schloß mich in die Arme. »O Cam«, schluchzte sie. Sie hielt mich fest, ihr Gesicht war ganz nah an meinem, während ich mich weiterhin ans Kissen klammerte. Rikki hatte ihre olivgrüne Lederjacke nicht ausgezogen, der Kragen fühlte sich an meinem Kinn kalt an. Sie drückte noch fester, und das Geräusch der sich spannenden Jacke ließ mich an Cowboys und Pferde denken. »Schsch«, flüsterte sie und wiegte mich hin und her. »Schsch.«

Obwohl die eisige Januarkälte durch die Ritzen unseres alten Steinhauses drang, war es im Zimmer so warm, daß ich schwitzte. Auch Rikki wurde warm, und ich fühlte ihre Wärme aus dem Kragen ihrer Jacke aufsteigen.

Als wir uns etwas beruhigt hatten, hielt sie mich schweigend im Arm, nur das leise Summen der Heizung war zu hören. Plötzlich erschauderte ich wie unter einem kleinen Erdbeben – Schauder, schwapp, weg –, Clay war da.

»L-liest d-du mir v-vor?« stotterte Clay.

Rikki ließ mich los, lehnte sich zurück und musterte Clay einen Augenblick. Clay sah zu Boden.

»Clay?« fragte sie prüfend.

Er nickte.

Rikki klopfte ihm sanft auf die Schulter und sagte: »Clay, ich muß noch kurz mit Cam sprechen. O.K.?«

»O.K.«

»Cam?« rief sie mich. »Ich muß mit Cam reden.«

Schauder, schwapp, da.

»Ja«, sagte ich schwach. Meine Augen konzentrierten sich auf die blauen Streifen des Couchbezugs. Ich schüttelte zweimal den Kopf, versuchte zurückzukommen. Mein Magen fühlte sich kabbelig und schwer an, als hätte ich eine Tüte Sand geschluckt, meine Kinnlade, als müßte sie geölt werden. Sehr langsam und zögernd sagte ich: »Ich glaube, mir geht's nicht besonders.«

Rikki legte mir ihre schmale Hand auf die Schulter, ich spürte ihren Blick. »Ich rufe im Büro an und sage deinem

Bruder, du kannst heute nicht kommen«, sagte sie. »Dann hole ich ein Buch und lese Clay etwas vor; er hat mich darum gebeten.«

»O.K.«, sagte ich ausdruckslos, immer noch die Streifen auf der Couch musternd.

Rikki stand auf und ging zum Wandtelefon in der Küche, nahm den Hörer ab und drückte die Zielwahltaste zum Büro.

»Hi, hier Rikki ... O ja, gut. Ist Tom schon da? ... Ja, bitte. ... Danke.«

Sie wartete, bis Tom an den Apparat kam, wandte sich dann mir zu, lehnte sich gegen die Arbeitsplatte und sprach ziemlich kurz angebunden ins Telefon.

»Hi, Tom ... Nicht so besonders. Paß mal auf, wir müssen etwas bereden. Cam geht's ziemlich schlecht, und ich weiß nicht, wann er wieder zur Arbeit kommen kann.« Rikki spielte mit dem Telefonkabel und seufzte. »Genauer gesagt«, fuhr sie fort, »weiß ich nicht, ob er überhaupt wieder kommen kann, jedenfalls für sehr lange Zeit nicht.« Rikki nahm einen Bleistift von der Arbeitsplatte und drehte ihn nervös hin und her. »Tom«, sagte sie ernst, »du weißt ja, womit sich Cam in letzter Zeit herumschlägt ... na ja, er ist richtig krank. Man hat bei ihm eine dissoziative Identitätsstörung diagnostiziert ... die neue Bezeichnung für multiple Persönlichkeitsstörung ... Ich weiß. Es klingt unfaßbar. Kann's ja selber nicht glauben ... Ja, genau wie Sybil. So etwa, jedenfalls. Du hast ja schon immer gesagt, er wirke wie zwei verschiedene Leute ...«

Rikki klopfte abwesend mit dem Bleistift auf die Arbeitsplatte. »Mhm ... Frau Dr. Morelli scheint genau zu wissen, was sie tut, Gott sei Dank ... Ja, etwas Geld haben wir ... Sobald es möglich ist, aber heute kann ich von Cam nicht weg. Es geht ihm heute überhaupt nicht gut ...« Rikki sah zu mir herüber und runzelte die Stirn, zwischen den Augenbrauen bildete sich eine kleine Furche. »Es gibt noch vieles, was ich dir sagen muß, Tom, ein paar Sachen, die gestern abend passiert sind ... nein, jetzt nicht. Ich muß wieder zu Cam ... Danke ... Ja, ich ruf' dich später wieder an ... Ganz bestimmt. Tschüß.« Sie legte den Hörer auf.

Rikki verzog den Mund und stieß einen tiefen Seufzer aus. Dann machte sie auf dem Absatz kehrt und ging schnell die Treppe hinauf. Kurz darauf kam sie mit einer Handvoll Bücher, Kyles hellgrüner Tagesdecke und seinem Kopfkissen wieder.

Fein. Bücher. Dem Himmel sei Dank. Dem Himmel sei Dank für Rikki.

Ich legte den Kopf auf Kyles Kissen, Rikki breitete seine Decke über mich, setzte sich ans Kopfende und stellte alle Bücher, bis auf eines, neben die blaue Keramiklampe auf den Beistelltisch. Sie machte es sich bequem, zog die Füße aufs Sofa und fing an, aus *Mickys Flugstunde* vorzulesen. Mein Kopf versank im flauschigen Kissen, und ich zog die warme Tagesdecke bis unters Kinn. Ein winziges Lächeln umspielte meine Lippen ... erwärmte mein Herz.

Ich selbst verzog mich in weite Ferne, während Clay Rikkis beruhigender Stimme lauschte. Hin und wieder wurde mir ihre Stimme bewußt, und dann fragte ich mich, wo ich gewesen war. *Pu der Bär? Ich dachte, sie liest aus Mickys Flugstunde.* Ich drehte den Kopf zur Seite und sah die Staubpartikel im Sonnenlicht tanzen. Es kümmerte sie nicht, daß die Zeit verging.

Um halb zwölf fragte Rikki, ob jemand Hunger habe. »Ich habe m-mächtigen Hunger«, sagte Clay, obwohl *ich* überhaupt keinen Appetit verspürte.

Rikki legte das Buch weg und sagte: »Möchtest du ein

Brot mit Erdnußbutter und Marmelade und dazu ein Glas Saft?«

»Mmh. Ich m-muß auf die T-toilette.«

»Tu das«, sagte sie. »Ist gleich um die Ecke da drüben.«

Clay nickte. Rikki begab sich in die Küche, und Clay stand auf und ging mit mir im Schlepptau zur Toilette.

»S-so h-hoch«, sagte er verblüfft, als er an meinem Erwachsenenkörper hinuntersah.

»Was meinst du damit?« fragte Rikki.

»Groß. Ich b-bin g-groß.«

»Oh«, sagte Rikki; ihr fiel ein, daß Arly ihr erklärt hatte, Alter egos müßten sich erst daran gewöhnen, in einem anderen Körper zu sein. »Ja, du bist groß.«

Als Clay fertig war, schaute er in den Spiegel überm Waschbecken, und von irgendwoher tief drinnen spähte ich durch seine Augen auf das Spiegelbild. Im Spiegel erblickte er mein Gesicht, ich spürte, wie sich seine Gesichtsmuskeln anspannten, und hörte einen gutturalen Laut in seiner Kehle. Er war verwirrt und sah schnell weg. Ich empfand nichts, registrierte lediglich die bizarre Tatsache: *Die Person, die in den Spiegel schaut, bin nicht ich*. Clay trocknete sich die Hände ab und ging wieder ins Wohnzimmer.

Rikki strich in der Küche die Butterbrote.

»Chips?« fragte sie, »möchtest du ein paar Chips dazu?«

»Ja, b-bitte.«

»Orangensaft oder Wasser?«

»S-saft.«

»O.K. Komm rein und setz dich an den Küchentisch.«

Clay und Rikki aßen schweigend, aus der Ferne hörte ich Clay kauen. Es war, wie wenn man mitten in der Nacht im Gras liegt, den Sternenhimmel betrachtet und nicht sagen kann, wo man selber aufhört und das Universum beginnt.

Clay hielt, während er aß, den Blick meist auf den Küchentisch gerichtet. Manchmal schaute er jedoch hinüber ins Wohnzimmer und bemerkte Dinge, die mir vertraut waren, zum ersten Mal: Rikkis Kränze aus Trockenblumen – der eine hing an der Küchenwand, der andere über dem riesigen Kamin –, die gerahmten Bilder von Kyle über der grobbehauenen Nische fürs Kaminholz, die unregelmäßigen Noppen des weißen Berberteppichs, den Eichenstuhl mit der Rundlehne und den Schreibtisch.

Rikki sah ihn eingehend an.

»Du siehst traurig aus, Clay«, sagte sie.

»Ich b-bin auch t-traurig«, nickte er, ohne sie anzusehen. »Ich bin m-müde und t-traurig.«

Rikki stand auf, ging um den Tisch herum zu ihm und strich ihm liebevoll über den Rücken. »Kannst du mir sagen, warum du traurig bist?« fragte sie ihn sanft.

Ein Stromstoß durchzuckte Clays Körper. Seine Hände packten seine Schenkel, die Oberarme zwängte er eng an die Brust. Seiner Kehle entrang sich ein heiseres Wimmern, und er begann, den Oberkörper vor und zurück zu bewegen.

Schockiert ließ Rikki von ihm ab. »Was ist los?!« In einer ersten Anwandlung wollte sie mich zurückrufen, widerstand dem Drang aber. Wenn ich jetzt zurückkäme, würde sich Clay weiter quälen. Also unternahm sie nichts.

Clay wimmerte. »Ich h-hab im S-spiegel gesehen.« Sein Oberkörper bewegte sich weiter vor und zurück, während Rikki verzweifelt zu verstehen versuchte, wovon er redete.

»Ich h-hab im S-spiegel gesehen«, wimmerte er wieder.

Dann durchzuckte Rikki ein Gedanke. *Das Badezimmer.* Vor dem Essen hatte sie in der Stille des Hauses denselben kehligen Laut von ihm zu hören gemeint. Sie legte Clay sanft die Hand auf den Rücken und sagte vorsichtig: »Du hast in den Spiegel gesehen, als du im Bad warst, ja?«

»J-ja«, ächzte er, am ganzen Körper völlig verspannt.

»Ist schon gut, Clay«, tröstete ihn Rikki und beugte sich zu ihm hinunter. »Ist gut. Versuch dich zu entspannen und tief durchzuatmen, wie bei Arly. Ist ja schon gut.« Clay holte tief Luft und atmete langsam aus.

»Gut. Jetzt noch mal«, sagte Rikki und rieb ihm sanft den Rücken. Clay tat wie befohlen. Immer noch wiegte er den Oberkörper vor und zurück, aber sie spürte, wie sich seine Muskeln allmählich entspannten.

»Und noch einmal«, sagte sie.

Clay atmete ein und wieder aus.

»Sehr gut«, sagte Rikki. Sie zog einen Stuhl neben Clay und fragte sich, was Arly wohl als nächstes sagen würde.

»Clay«, begann sie achtsam. »Die Person, die du im Spiegel gesehen hast, ist Cam. Er ist du, nur erwachsen. Als dir Schlimmes passierte – das, wovon du Arly erzählt hast, weißt du?«

Clay hörte auf zu schaukeln und nickte.

»Als die schlimmen Dinge passierten, hast du dich nach innen verzogen, in Cams Geist hinein. Während du da drin warst, ist viel Zeit vergangen. Cam wuchs heran. Er heiratete mich. Er hat sogar einen Sohn. Kyle ist Cams Sohn.« Sie machte eine Pause. »Clay«, wiederholte sie, »Cam ist niemand anderer als du selbst, nur erwachsen. Deswegen warst du so überrascht, als du in den Spiegel blicktest. Du dachtest, du würdest im Spiegel einen kleinen Jungen sehen, nicht wahr? Dich.«

Clay nickte traurig. »J-ja«, flüsterte er, und eine einzelne Träne rann ihm über die Wange. Rikki fing sie mit einem Finger auf.

»Ja«, sagte sie leise, die Hand auf seiner Schulter. »Ist es dir recht, wenn ich dich in den Arm nehme?«

Clay nickte. Dann fingen seine Schultern an zu beben, und die Tränen flossen. Rikki beugte sich vor und zog sanft sein Gesicht an ihre Schulter. Sie strich ihm liebkosend übers Haar, während er haltlos schluchzte wie ein verlorenes Kind.

Nach ein paar Minuten beruhigte er sich etwas. Rikki gab ihm eine Papierserviette, und er schneuzte sich. Dann stand sie auf, streckte ihm die Hand entgegen, blickte ihn mit einem liebevollen Lächeln an und sagte aufmunternd: »Komm, wir schauen jetzt zusammen in den Spiegel.«

Clay ergriff schüchtern Rikkis Hand. Sie führte ihn die Treppe hinauf zum Schlafzimmer, an dessen Tür ein mannshoher Spiegel hing. Oben an der Treppe hielten die beiden inne und sahen durch die großen Doppelfenster auf den rückwärtigen Dachfirst hinaus. Keine sechs Meter entfernt knabberten eine Rehgeiß und zwei Rehkitze an einem dürren Busch. Von der Bewegung aufgeschreckt, blickten sie nach oben. Da sie keine Gefahr witterten, wandten sich die Kleinen wieder dem Busch zu, aber die Rehmutter stampfte zweimal auf den Boden, um sie zur Vorsicht zu mahnen.

Clay zeigte auf sie und sagte aufgeregt: »R-rehe!« Die Kitze hoben abrupt den Kopf, dann hüpften die drei Tiere mühelos den Hügel hinauf außer Sicht.

»R-rehe«, sagte Clay.

»Die gibt's hier massenhaft«, sagte Rikki lächelnd. Sie zog ihn leicht an der Hand, und dann gingen sie durch den kurzen Flur an Kyles Zimmer vorbei zum Schlafzimmer.

Sie betraten es, und Rikki sagte mit ausholender Bewegung: »Hier schlafen Cam und ich, Clay.« Nach einer Pause fügte sie hinzu. »Es ist auch dein Schlafzimmer.«

Clay sah sich nervös um. Rikki schloß die Schlafzimmertür, faßte ihn von hinten an den Schultern und schob ihn sanft vor den Spiegel. Sie spürte, wie sich sein Körper sofort anspannte, und sagte leise: »Ist ja gut. Tief einatmen und langsam wieder raus mit der Luft.« Sie machte es ihm vor, er machte es nach. »Und jetzt noch einmal.« Sein Körper entkrampfte sich etwas.

»Schau mal, Clay«, sagte sie und zeigte auf ihr gemeinsames Abbild im Spiegel. »So siehst du jetzt aus.« Sie blieben schweigend stehen, während er das Bild in sich aufnahm. *Groß – größer als Rikki. Ein richtiger Erwachsener.* Dann fiel ihm etwas ein.

»W-wo ist meine M-mama?«

Rikki rätselte einen Moment, was sie sagen sollte. Clay hielt die Hände fest verschränkt und bewegte sich leicht vor und zurück.

Rikki sah ihn im Spiegel an, berührte seinen Arm und sagte: »Während du irgendwo da drin warst ... ist Cam erwachsen geworden. Viele Jahre sind vergangen. Jetzt lebt er hier mit Kyle und mir. Er wohnt nicht mehr bei seiner Mama. Sie wohnt nicht hier, Clay, aber du wohnst hier... und nichts Böses wird dir passieren.«

Clay sah auf sein Spiegelbild und sagte: »Oh, n-nichts B-böses?«

Rikki schüttelte energisch den Kopf. »Aber nein. Nichts Böses wird dir passieren. So wie es dir schon Arly gesagt hat – du erinnerst dich doch noch an Arly?«

»Mhm.«

»Es kommt dir vielleicht so vor, als wäre dir das Böse gerade erst zugestoßen, aber in Wirklichkeit ist das schon lange, lange her. Hier passiert dir nichts. Nie.« Sie legte ihm eine Hand auf die Schulter. »Hier bist du sicher.«

Eine Zeitlang sagten sie nichts, standen nur da, während die seltsamen Gedanken langsam in Clays achtjährigen Verstand träufelten.

Dann sagte Rikki: »Du wirst etwas Zeit brauchen, bis du dich an alles hier gewöhnt hast, aber das ist völlig in Ordnung, Clay. Du bist hier willkommen.«

Clay starrte einen Augenblick lang in den Spiegel. Dann legte er den Kopf etwas schief und nickte fast unmerklich.

»Ich b-bin hier w-willkommen.«

14

Im Bauch der Nacht, in dem Geheimnisse lauern und raunen, kam der Traum. Eine hydraulische Kralle, wie sie Waldarbeiter benutzen, riß mir brutal das Rückgrat aus dem Leib, während ich schrie – hoffnungslos, lautlos, mit ausgestreckten Armen um Hilfe flehend, die nicht kam. Wieder und wieder und wieder, in einer endlosen Schleife aus Not und Verzweiflung. Der Traum wiederholte sich Nacht für Nacht. Die ersten paar Male kriegte er, was er wollte – die in die Ecke getriebene Beute, die Schweißausbrüche, das Herzrasen. Dann, nach etwa einer Woche, akklimatisierte ich mich – war auf ihn gefaßt. Der Horror ließ nach, der Nachtschweiß hörte auf. Dennoch forderte der Traum seinen Preis. Von der dauernden Aufregung überwältigt, stapfte ich mit übertriebener Vorsicht durchs Gebüsch des Wahnsinns, suchte auf abweisendem Boden nach festem Halt. Die Zerklüftetheit in mir nahm überhand, und ich fing an, meine Körperpflege zu vernachlässigen. Meine Gesichtszüge nahmen den wilden Ausdruck von Schattenmenschen an, die bösartigen Furchen in meinem Hirn türmten und verwarfen sich, strömten giftige Dämpfe aus.

Per hatte es ernst gemeint, als er sagte, es gebe noch andere. Zweit-Egos traten auf und sprachen miteinander, mein blaues Tagebuch wurde zum Marktplatz, füllte sich mit dem Lärm und Durcheinander von Fremden, die sich zum ersten Mal begegnen. Meiner Hand zuzusehen, wie sie die Worte anderer niederschrieb, wurde für mich schnell zu etwas Alltäglichem. *Wer bist du? Was geht hier vor?*

Vorbei waren die stillen glücklichen Augenblicke, vorbei das Lachen in der Familie, vorbei ›Häschen im Weltraum‹. Für Kyle indes schien weiterhin alles irgendwie in Ordnung zu sein. Daß er *einen* vernünftigen und aufmerksamen Elternteil hatte, erstickte offenbar jede Furcht im Keim. Rikki ersann unentwegt Ausreden für mich. Ich hatte mir an einem Ast das Gesicht verkratzt. Ich fühlte mich nicht wohl und mußte mich hinlegen. Daran war er gewöhnt – soweit er zurückdenken konnte, war ich fast immer krank gewesen.

Rikki erklärte unwiderruflich, die Alter egos dürften nicht mit Kyle sprechen. Keine Widerrede. Zweit-Egos vom Mars durften seine sechs Jahre alte Galaxie auf keinen Fall betreten. Der Zombie im Schrank war Papa, und damit basta. Kyle durfte keinem meiner Alter egos begegnen. Das war ehernes Gesetz. Schließlich sahen sie alle so aus wie ich. Solange sie nicht mit ihm redeten, konnten wir ihm vielleicht verheimlichen, daß sein Vater meschugge war.

Rasieren war Glückssache. Meine Haare wucherten beethovengleich. Und an Arbeiten war nicht zu denken. Rikki fing an, an meiner Stelle ins Büro zu gehen und Tom zu helfen, so gut sie konnte. Sie meldete Kyle zur Nachmittagsbetreuung in der Schule an, damit ich mich nicht um ihn zu kümmern brauchte, bis sie heimkam.

Mit dem Autofahren haperte es eine Zeitlang, weshalb Rikki mit uns vereinbarte, daß nur ich ans Steuer durfte. Das funktionierte allerdings nicht immer, so daß sie mehr als einmal einen Telefonanruf von jemandem erhielt, der sich verfahren hatte oder im geparkten Wagen hinterm Steuer saß und nicht weiterwußte. *Handy... Zielwahl 111... nach Rikki fragen... Rikki zitiert Cam an den Apparat.* Schauder, schwapp, da. Heimfahrt problemlos. Kein Anlaß zur Sorge, Kumpel.

In der Therapie versuchte Arly, dem Ursprung meines wiederkehrenden Traums auf die Spur zu kommen. Sie fragte einfach, ob irgendein Teil von mir wisse, woher der Traum komme.

Schauder, schwapp, Bart kam zum Vorschein. Ich hatte seine Handschrift im Tagebuch gesehen, wußte aber nicht, wer er war. Bart – achtundzwanzig Jahre alt und unbeschwert – erzählte Arly, er stecke hinter dem Traum. Warum? Weil es seine Aufgabe sei, jedem, der reden wolle, Angst einzujagen. Dafür zu sorgen, daß sie den Mund hielten. Wovon sie reden könnten? Von den schlimmen Dingen. Bart gab es seit Davy und Oma. Das Kind will reden? Jag ihm Angst ein. Verrückt? Nein. Eine Art Schutzfunktion.

Als Bart das erste Mal auftrat, sagte er, er trage ein Hexenkostüm. Sobald einer auf die Idee komme, die Geheimnisse auszuplaudern, springe er irgendwo in meinem Denkapparat hinter den Büschen hervor und schüchtere das Kind ein. Arly redete Bart gut zu; inzwischen sei viel Zeit vergangen, die Gefahr sei vorüber, nichts Schlimmes drohe, wenn die Geheimnisse verraten würden, sein Auftrag sei erledigt. Als Bart hörte, daß er keinem mehr den Mund verbieten mußte, legte er sein Hexengewand ab. Er sei ohnehin eher der Typ für eine schwarze Lederkluft, sagte er. Arly erteilte ihm gleich einen neuen Auftrag: Er solle Per beim Aufpassen auf die Kleinen zur Hand gehen, jeden trösten, der Schwierigkeiten habe. Sie bat Bart, mit dem Schreckenstraum aufzuhören, was er brav tat. So einfach war das.

Etwa zwei Monate lang lernten Arly, Rikki und ich immer neue Alter egos kennen. Jeder kam zunächst als Fremder, als Gast in meiner traurigen Herberge, stellte sein Gepäck im ohnehin überfüllten Quartier meines Geistes ab. Manche blieben nur kurz, lösten sich dann wieder auf. Andere blieben auf Dauer. Meine Kumpane.

Leif war clever und unglaublich zäh, ein knallharter Bursche. Er war genauso alt wie ich und hatte schon seit Jahren auf mich eingewirkt, allerdings nicht völlig das Kommando übernommen. Er sorgte dafür, daß das Nötige geschah, wann immer es hart auf hart ging. Er kam dann einfach angerauscht, egal, wer ihm dabei unter die Stiefel geriet. Er fuhr in mich ein, packte mich am Kragen, ohne daß ich wußte, warum ich plötzlich wie besessen schuftete und nicht mehr aufhören konnte. Er umschloß mich wie eine Rüstung und trieb mich erbarmungslos an, so daß ich oft Leute, die mich kannten, vor den Kopf stieß, manchmal sogar Rikki. Leif war derjenige, der das Meßlöffelgeschäft durchgeboxt hatte.

Stroll verkörperte das Sexuelle. Etwa mein Alter, Schlafzimmerblick, anschmiegsam, wie's die Frauen gern haben. Er war seit Jahren immer unmittelbar hinter mir durch die Welt gegangen und hatte mich augenblicklich überholt, sobald er einen auch nur entfernt begehrlichen Blick einer Frau nach mir erhaschte. Mehr als einmal hatte er sich mit Fremden eingelassen, so daß ich verwirrt und beschämt dastand, unbeabsichtigt die Frau verriet, die ich anbetete. Stroll verachtete sich, war überzeugt, nichts als ein Strichjunge zu sein. Bei seinen ersten

Begegnungen mit Arly, die abends stattfanden, durfte sie ihn nicht einmal anschauen; er bestand darauf, daß sie woanders hinsah oder das Licht im Sprechzimmer dämpfte. Wenn Stroll zum Vorschein kam, fühlte ich mich wie ein Panther. Arly gab auch Strolls Energie eine andere Richtung, ließ ihn gemeinsam mit Per auf mich und die andern aufpassen.

Dusty war ein scheues, süßes zwölfjähriges Mädchen. Alles Mädchenhafte lag ihr: sich um Babys kümmern, Lebensmittel einkaufen, auf kleine Jungen aufpassen. Dusty beschrieb Arly in allen Einzelheiten eine Analvergewaltigung durch einen erwachsenen Mann – wer er war, wußte sie nicht oder wollte sie nicht verraten. Sie wußte, daß sie eigens dazu geschaffen worden war, um mit diesem konkreten Mißbrauch fertig zu werden, was mich erstaunte, denn ich konnte mich an keinen Mißbrauch erinnern. An keinen einzigen.

Switch war ein zorniger achtjähriger Junge, dessen Stimme ich seit meiner Kindheit in meinem Kopf gehört hatte; er hatte mich gequält, mir hassenswerte Dinge erzählt. Seine Wut richtete sich gegen mich und alle weiblichen Wesen. Ich hörte seine Stimme sagen: »Mädchen sind gut dran, bloß weil sie Mädchen sind. Und Frauen dürfen tun, was sie wollen, wann immer sie wollen.« Rikki hatte mitunter Switchs Zorn zu spüren bekommen, wenn seine beißenden Bemerkungen aus meinem Mund quollen. Sie dachte, es handle sich um eine seltsame sexistische Seite von mir, die sie einfach nicht verstand und die überhaupt nicht zu dem Mann paßte, der Frauen mochte, dem Mann, in den sie sich verliebt hatte. Zum Teufel, ich verstand es ebensowenig. Frauen waren bei weitem mein bevorzugtes Geschlecht. Sie waren empfindsam, rücksichtsvoll, fürsorglich, hatten auch Körperteile ohne Knochen. Woher kam also Switch? Warum war

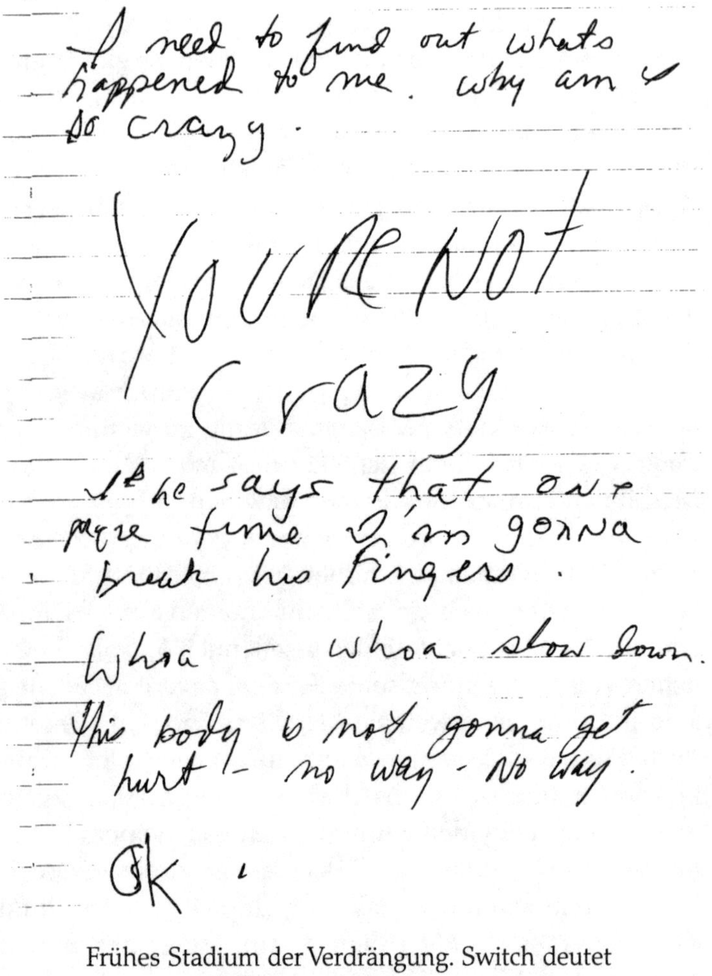

I need to find out whats happened to me. why am I so crazy.

YOURE NOT CRAZY

if he says that one more time I'm gonna break his fingers.

Whoa — whoa slow down.

This body is not gonna get hurt – no way - No way.

OK.

Frühes Stadium der Verdrängung. Switch deutet Selbstverstümmelung an

er so wütend auf Frauen? Weil etwas Schlimmes vorgefallen war. Was? Wir würden es bald wissen.

Anna und Trudi waren vierjährige Zwillingsmädchen mit völlig verschiedener Veranlagung. Anna war glücklich und unbekümmert und lächelte unentwegt so breit, daß mein Gesicht jedesmal schmerzte, wenn sie zum Vorschein kam. Anna sagte zu Arly, sie sei bei sich zu Hause oral mißbraucht worden von einem Mann mit behaarten Händen, der einen braunen Ledergürtel trug. Nachher habe er ihr mit einem Taschentuch das Gesicht abgewischt, ihr gedroht, sie dürfe nie etwas verraten, und gesagt, sie solle jetzt draußen spielen gehen. Im Herbst sei es gewesen, sagte Anna zu Arly, als das Laub »unter den Füßen raschelte«. Anna war nicht zornig über ihren Mißbrauch; sie empfand keinerlei Gefühle in diesem Zusammenhang, außer daß sie froh war, ein braves Mädchen gewesen zu sein. Den Schmerz fühlte sie nicht.

Trudi hingegen spürte den Schmerz. Sie war bei dem Erlebnis mit dem Mann mit den behaarten Händen zugegen gewesen. Sie spürte den Schrecken, die Scham, die Schuld, die Traurigkeit. Trudi war schwermütig, hielt sich im Hintergrund, sagte nie einen Ton. Aber in Arlys Praxis schrie sie, würgte, spie, würgte dann wieder, ihre Kiefer schmerzten von der gewaltsamen Öffnung durch den großen Penis, ihr kleiner Magen revoltierte gegen die dicke, salzige Flüssigkeit in ihrem Mund. Nachdem es vorbei war und Anna zum Spielen hinausging, flüchtete Trudi irgendwohin ganz tief drinnen, an einen dunklen Ort, einen Ort stummen Elends, einen Ort endloser Pein. Trudi war der personifizierte Schmerz. Anna und Trudi: das fröhliche kleine Mädchen, das unbekümmert blieb, und das von der Erinnerung gequälte kleine Mädchen, das um so mehr litt. Wie Dusty waren auch Anna und

Trudi als Mädchen entstanden, weil man angeblich gewisse Dinge mit Jungen nicht macht.

Es gab noch andere – eine Gruppe, die ich »die Buben« nannte. Kit, Tracy, Toy, Nicky, Lake und Case kamen schon früh in schneller Abfolge zum Vorschein, alle etwa zehn Jahre alt, jeder mit seinen eigenen Gedanken, Erinnerungen und Eigenarten; jeder geriet kurz ins Zentrum der Flamme und rann dann schnell an der Kerze meines Bewußtseins in die Abgründe hinab, wo die Träume entstehen. Richtig kennengelernt habe ich sie nie. Dazu verschwanden die Buben zu schnell von der Bildfläche.

Dann war da Barts Kumpel und Stichwortgeber Kyle. Nach einer Weile vermengten sich die beiden, bis sie schließlich in eins verschmolzen.

Sky, um die Dreißig, war der Schleusenwärter – ein Kerl ohne Gefühle, nur zwei kräftige Hände an einem großen Rad, mit dem er den Strom schmerzvoller Erinnerungen lenkte. Er konnte die Schleuse zudrehen, wenn eine Flut anrauschte, oder aufdrehen, wenn Dürre anstand. Das war Sky. Der Mann am Schleusenrad.

Keith war fünfzehn, schlacksig und scheu, und er freute sich wie ein Schneekönig, daß er sich schon rasieren mußte. Mit seiner Hilfe schaffte ich die höhere Schule; wenn er jetzt auftritt, was selten der Fall ist, überrascht es ihn jedesmal, daß er Geld in der Tasche hat und keine Hausaufgaben machen muß.

Sharky war ein primitiver Mensch. Am Anfang biß er in alles, was ihm unterkam: Baumrinde, Teller, Kleenex-Schachteln, unseren Küchentisch. Er verspeiste Wanzen. Sein Kopf schwenkte umher wie der Suchscheinwerfer einer Haftanstalt, dazu grunzte er. Aber er lernte ein wenig sprechen, und wir brachten ihm bei, wie man mit Gabel und Löffel ißt. Warum war er so, ein primitives, oralfixiertes Wesen? Weil Sharky dabei war, als man uns zum Oralsex mit der Mutter zwang. Sharky war dabei, als stiller Partner.

Soul war sanft, gelassen und heiter, hatte kein spezifisches Alter. Er wohnte in einer feuchten Höhle tief in mir unter Moos und Sand, ein alter Schatz, der vielleicht dort verborgen war, seit sich mein Ich zum erstenmal gespalten hatte. Wenn Soul zum Vorschein kam, schwebten seine Worte wie Dunstschwaden über eine Wiese, beruhigten uns alle, sogar Per. Soul zeigt sich indes selten, nur wenn man ihn ausdrücklich ruft.

Zusammen mit Per, Davy und Clay sowie Mozart, Wyatt und Gail, die wir später kennenlernten, waren dies meine Alter egos, vierundzwanzig alles in allem, die Gestalten, die in mir lebten und abwechselnd das Kommando über meinen Körper übernahmen. Ich war nicht mehr ich. Ich war *wir*.

15

Rikki saß steif an einem Tisch in einer Nische des The Border, einem kleinen gemütlichen Restaurant mit vielen großen Fenstern, die auf den Little Lake hinausgingen, ein paar Kilometer von unserem Haus entfernt. Sie trug alte Bluejeans, ein graues Sweatshirt und Wanderschuhe. Sie hatte sich nicht die Mühe gemacht, sich zu frisieren oder Rouge aufzulegen. Das Restaurant war zur Hälfte mit schwatzenden Gästen gefüllt, die Bier oder Margaritas tranken und sich von großen Platten mit mexikanischen Speisen bedienten.

Tanya saß Rikki gegenüber, schwenkte eine Margarita on the rocks und sah schweigend aus dem Fenster auf den zugefrorenen See. Der Mond war fast voll, in seinem Licht schimmerte das Eis wie ein polierter schwarzer Onyx.

Tanya war eine Schönheit; ihr dichtes, langes dunkles Haar, ihre großen, braunen, lächelnden Augen und ihr kupferfarbener Teint verrieten ihre lateinamerikanische Herkunft. Sie trug eine schwarze Seidenhose, ein schwarzes T-Shirt und einen roten Bolero. Bis wir ins Steinhaus zogen, waren Tanya und ihr Mann Eddie unsere Nachbarn gewesen. Ihre Tochter Jessie war eine Zeitlang Kyles beste Spielkameradin. Tanya und Rikki hatten sich zwei Jahre lang regelmäßig getroffen, bei einer Tasse Kaffee geplaudert und den Kindern beim Spielen zugesehen. Tanya konnte man vertrauen.

Rikki hatte sich telefonisch mit ihr verabredet, dabei lediglich gesagt, sie stecke in einer Krise und müsse mit jemandem reden. Tanya merkte sofort, daß sich Rikki mit irgend etwas Düsterem herumschlug, denn seit ihrer Ankunft im Restaurant hatte sie außer der Bestellung keine zwei Worte gesagt. Jetzt war es an der Zeit.

Tanya nippte an ihrer Margarita. »Du hast mich angerufen«, sagte sie über den Rand des Glases hinweg zu Rikki, »und ich bin da.«

»Dank dir«, sagte Rikki, hielt Tanyas Blick einen Augenblick stand und senkte dann die Lider. »Du hast wahrscheinlich gemerkt, daß ich mir etwas von der Seele reden muß.«

Tanya nickte und nahm einen weiteren Schluck. »Ja. Als du von einer Krise sprachst, war's mir klar.«

Der Kellner, ein gutaussehender junger Kerl mit Ohrringen und platinblondem Pferdeschwanz, kam und stellte eine riesige Platte auf den Tisch.

Tanyas Augen weiteten sich, und sie setzte sich gerade hin, wie man es tut, wenn das bestellte Essen kommt. »*Das* hat mit Krise nichts zu tun«, sagte sie lächelnd und deutete auf die Platte. »Schon eher mit Nachos.«

Als Tanya dies sagte, nahm Rikki eben einen Schluck von ihrer Margarita. Sie lachte, verschluckte sich und fing fürchterlich an zu husten. Sie setzte das Glas ab, um nichts zu verschütten, und Tanya schlug ihr mehrfach kräftig auf den Rücken. Ein paar Leute schauten zu den beiden herüber, Blondie tat einen Schritt auf den Tisch zu, aber Tanya bedeutete ihm, es sei alles in Ordnung, und er wandte sich ab. Rikki kam wieder zu Atem.

»Langsam, langsam«, sagte sie, hustete noch mal und wischte sich mit der Serviette den Mund ab.

»Na ja, so komisch war's auch wieder nicht«, scherzte Tanya. »Bist du in Ordnung?«

Rikki nickte, klopfte sich auf die Brust und holte tief Luft. »Mist, jetzt habe ich seit weiß Gott wie langer Zeit zum erstenmal wieder gelacht«, sagte sie. »Danke.«

»Gern geschehen«, grinste Tanya, »nachher schubs' ich dich die Treppe runter.«

Rikki lächelte, nahm sich ein mächtiges, mit gebackenen Bohnen, Hühnerfleisch, grünem Chili und Käse gefülltes Nacho und biß hinein. Tanya folgte ihrem Beispiel.

»Mmm«, sagte Tanya mit vollem Mund, »einfach köstlich.«

Rikki nickte zustimmend. Ein paar Minuten kauten sie wortlos vor sich hin. Tanya bestellte noch mal zwei Margaritas. Blondie brachte sie und nahm die beiden leeren Gläser mit.

»Die schafft keiner ganz«, sagte er und deutete mit dem Kinn auf die halbleere Nachoplatte. »Na ja ... außer den Bowlingspielern.«

»Lassen Sie sie ruhig noch stehen«, sagte Tanya, ohne aufzusehen. »Ach ja, könnten Sie uns noch ein paar Servietten bringen?«

»Sicher«, sagte Blondie und ging, um das Gewünschte zu holen. Er kam gleich wieder, legte die Servietten neben Tanya und begab sich an einen anderen Tisch.

Tanya folgte ihm mit den Augen. »Hübscher Kerl«, sagte sie, aber Rikki achtete nicht darauf. Sie rührte nervös in ihrem Glas herum.

»Also«, sagte Tanya aufmunternd. »Wie hast du's geschafft, heute abend wegzukommen?«

Ohne aufzublicken, sagte Rikki: »Kyle schläft ... und im Augenblick herrscht Ruhe an der Front.«

»Was heißt ›im Augenblick‹?«

Rikki antwortete nicht, sondern blickte stumm zum Fenster hinaus. Am anderen Ufer ging ein Licht an, dann nacheinander noch zwei.

»Jemand ist heimgekommen«, sagte sie ins Leere.

»Was?«

»Auf der anderen Seite drüben ist jemand nach Hause gekommen und hat das Licht angemacht.«

Tanya blickte hinüber und dann wieder zu Rikki. »Also«, sagte sie. »Was meinst du mit ›im Augenblick herrscht Ruhe an der Front‹?«

Rikki zögerte. Bislang hatten sie und Tanya selten über etwas anderes als die Kinder geredet. Rikki war äußerst zurückhaltend und öffnete sich nicht so ohne weiteres. Es fiel ihr schwer. Sie drehte langsam ihr Glas zwischen den Fingern und starrte hinein.

»Nun *red* schon«, insistierte Tanya.

Rikki schob das Glas weg. »Also gut«, sagte sie. »Es geht um Cam. Seit einiger Zeit hat er Probleme. Ernste Probleme.« Tanya schob die Finger ineinander und wartete.

»Psychische Probleme«, sagte sie. Tanya zog die Augenbrauen hoch. »Seit ein paar Monaten ist er bei einer Psychologin in Behandlung, und es sind seltsame Dinge vorgefallen.«

Tanya sah sie unverwandt an. »Seltsame Dinge?«

»Tanya«, sagte Rikki. »Bei Cam ist eine dissoziative Identitätsstörung diagnostiziert worden. Eine neue Bezeichnung für multiple Persönlichkeitsstörung.«

»Waas? Großer Gott«, sagte Tanya und legte die Hand auf die Brust. »Machst du Scherze?« Sie forschte in Rikkis Augen. »Du nimmst mich doch nicht auf den Arm, oder?«

Rikki schüttelte langsam den Kopf.

Tanya sah sich um, ob es jemand im Restaurant mitbekommen hatte. Sie beugte sich vor und sagte in lautem Flüsterton: »Du meinst wie Sybil?«

»Ja.«

»Ich ... ich weiß nicht ... was ich sagen soll.« Tanya fuhr sich durchs Haar. »Du lieber Himmel. Cam?«

»Ja, mein Cam«, sagte Rikki und starrte aus dem Fenster. »Seit fünfzehn Jahren kenne ich ihn, seit dreizehn Jahren sind wir verheiratet.« Sie wandte den Blick wieder Tanya zu. »Und die ganze Zeit über schien er immer so stabil ... so völlig beisammen.«

Tanya nickte.

»Kein einziges Mal«, sagte Rikki mit erhobenem Finger, »ist er gegenüber mir laut geworden. Oder hat mich schlecht behandelt. Wir hatten nicht einmal Krach. Er war immer so sanft und zart ... der beste Dad und mein bester Kumpel.« Rikki sah geistesabwesend auf den See hinaus. »Allerdings gab es da immer etwas Unheimliches an ihm, weißt du, das jedesmal zum Vorschein kam, wenn er etwas Schwieriges tun mußte – egal was. Dann verwandelte er sich, wurde total intensiv, ich meine, wie getrieben. Er war dann«, sie suchte nach dem richtigen Wort, »richtig wild. Seinem Bruder ist das auch aufgefallen.«

Tanya dachte einen Augenblick nach. »Ich glaube, ich habe ihn einmal so erlebt ... als ich bei ihm im Büro war. Irgendwie war es furchterregend.«

»Mir hat es keine Angst eingejagt«, sagte Rikki, »aber unheimlich war es schon. Doch im gleichen Augenblick, in dem er die Sache erledigt hatte, was immer es war – etwas bauen, einen Umzug organisieren, ein großes Geschäft abschließen ... egal was«, sie schnippte mit dem Finger, »war er wieder der liebe, alte, fröhliche Cam, und alles war in Ordnung.«

Rikki nippte an ihrem Getränk und setzte das Glas gleich wieder ab. »Etwas anderes, was ich nie recht verstanden habe, war, daß Cam sagte, mehr als einmal sagte, wenn die Leute ihn *wirklich* kennen würden, müßten sie ihn in einen Käfig sperren. ›Ich sitze direkt auf dem Rand‹, pflegte er zu sagen. ›Ich bin verrückt.‹ Das erschien mir immer seltsam … es ergab keinen Sinn. Er konnte auch nicht erklären, was er genau meinte. Es sei nur so ein Gefühl von ihm.«

Tanya stützte die Ellbogen auf den Tisch und legte ihr Kinn in die Hände. »Rikki, du redest von ihm, als wäre er gar nicht mehr da.«

»Ach«, seufzte Rikki. »Weißt du, es ist auch so, als wäre er nicht mehr da. Und an seiner Stelle sind da all die anderen Leute.«

»Was meinst du? Sehen sie anders aus? Sind sie anders angezogen, oder was?«

»Nein, sie sind nicht anders angezogen. Und natürlich sehen sie so aus wie er. Aber nicht ganz. Ihr ganzes Gehabe ist anders. Die Art, wie sie reden. Jeder ist in einem anderen Alter. Es gibt auch Mädchen.«

»Mädchen? Jetzt mal ganz langsam, O.K.? Du redest mit einer, die ein Semester Tiefenpsychologie studiert hat.« Tanya stützte ihr Kinn auf eine Faust. »Was ist dissoziative Identitätsstörung genau?«

Rikki atmete ein paarmal tief durch. Dann erzählte sie Tanya die ganze Geschichte. Als sie zu der Sache mit meiner Mutter kam, stieß Tanya hervor: »Seine Mutter!« und machte ein Gesicht, als hätte sie in einen faulen Apfel gebissen. »Puh, das ist ja abartig«, sagte sie schaudernd, mit hochgezogenen Schultern.

»Ja.«

Eine Zeitlang schwiegen die beiden.

»Und woher genau kommen die verschiedenen Persönlichkeiten?« fragte Tanya. »Vergiß die Mädchen nicht.«

»Sie sind bei den verschiedenen Mißbrauchsepisoden entstanden.« Rikki dachte einen Moment nach. »Das ist folgendermaßen«, sagte sie, nahm sich eine frische Serviette und hielt sie ausgebreitet vor sich in die Höhe. »Als Cam als Kind mißbraucht wurde, konnte sein Verstand das nicht aufnehmen, nicht verarbeiten. Er konnte nicht verwinden, daß jemand, der für ihn sorgte, ihm etwas so Fürchterliches antat.«

»Wer könnte das schon.«

»Also«, fuhr Rikki fort und riß links an der Serviette einen schmalen Streifen zur Hälfte ab, »spaltete sich ein Teil seines Denkens etwa so ab, nahm die Erinnerung an den Mißbrauch und die damit verbundenen Empfindungen mit. Auf diese Weise brauchte sich Cam nicht an die Vorfälle zu erinnern, konnte Kind bleiben. Es schützte ihn vor den Schrecken des Mißbrauchs.«

»Du meinst, er hat gewußt, daß er das tat?« fragte Tanya.

Rikki schüttelte den Kopf. »Nein. Es war eine unbewußte Strategie – ein Abwehrreflex. Ziemlich einfallsreich, wenn man sich's genau überlegt.«

Tanya hob die Brauen. »Das kann man wohl sagen.«

Rikki fuhr fort: »Beim nächsten schlimmen Vorfall kam entweder derselbe Teil wieder zum Vorschein«, Rikki schwenkte den eingerissenen Streifen, »oder ein anderer wurde geschaffen.« Sie riß einen weiteren Streifen halb ab. »Und so weiter, bei jedem Mal.« Sie riß weitere zwei Streifen ein. Die Serviettenstreifen lagen lose auf ihrer Hand. »Wenn ich es richtig verstehe, begannen bestimmte Teile, wenn sie häufig aufgerufen wurden, sich als getrennt von Cam zu empfinden.«

»Und Cam wußte von keinem?«

»Nein. Bis vor kurzem nicht. Er erinnerte sich an keinerlei Mißbrauch. Urplötzlich kamen diese Persönlichkeiten zum Vorschein, und *sie* waren es, die sich – wie in einer Rückblende – an die Vorfälle erinnerten, teils in meinem Beisein.« Rikki sprach jetzt erregt. Sie packte einen der losen Serviettenstreifen. »Diesem tat es die Großmutter an.« Sie griff nach dem nächsten. »Diesem irgendein fremder Mann.« Sie nahm den dritten. »Bei diesem war es seine eigene Mutter. Es ist gespenstisch.« Sie schnappte nach Luft und wischte sich mit dem Handrücken den Schweiß von der Stirn.

Tanya sah sie mit ungläubigen Augen an. »Und die Mädchen ...«

»Cams Verstand wurde nicht damit fertig, von einem Mann mißbraucht worden zu sein. So etwas konnte nur einem Mädchen passieren.«

»Richtig«, nickte Tanya. »Und wie sind diese Persönlichkeiten? Haben sie einen Namen? Wissen sie, wer du bist? Wer Kyle ist? Und was weiß Cam davon?«

Rikki fing an zu erklären, wurde aber von Blondie unterbrochen, der fragte, ob er noch etwas zu trinken bringen solle. Rikki winkte ab.

Tanya sah zu Blondie auf und sagte: »Nein danke. Die Nachos können Sie mitnehmen.« Sie blickte Rikki fragend an, ob sie damit einverstanden war. Rikki nickte. Blondie nahm die Platte vom Tisch.

»Keine Bowlingspieler, was?« sagte er.

»Keine Bowlingspieler«, wiederholte Tanya ungeduldig. Als er weg war, rutschte sie auf ihrem Stuhl nach vorne und sagte: »Sprich weiter.«

Rikki erzählte Tanya von allen Alter egos, welche Erinnerungen sie hatten, wie sie untereinander und mit ihr kommunizierten. Sie erklärte, bislang sei es ihr gelungen,

Kyle weitestgehend abzuschirmen, aber allmählich merke er, daß irgendwas nicht stimme.

»Geht das wieder weg, oder was?« wollte Tanya wissen. »Ich meine, wenn die Burschen weiter herumgeistern, mußt du Kyle doch was sagen, oder? Ich weiß, daß er noch klein ist, aber Kinder sind ja nicht blöd. Irgendwie kommt es raus.«

»Das weiß ich auch!« brauste Rikki auf. »Verzeihung. Es ist nur … Kinder sind ja nicht gerade für solches Zeug gemacht. Er ist klein. Er meint, wenn man ihn nur hoch genug hebt, kann er den Mond berühren. Wie soll er mit all dem fertig werden? Immer mal ein bißchen, das wird das beste sein. Ich werde ihm immer mal wieder ein bißchen sagen.«

»Immer gerade so viel, wie du denkst, daß er verkraften kann.«

»Ja.«

»Und was ist mit der Mutter?«

»Ach die«, grollte Rikki. »Die kommt mir nicht mehr ins Haus. Sie kriegt Kyle nie wieder zu Gesicht. Auf keinen Fall.«

»Wie wird er das aufnehmen?«

»Ich glaube nicht, daß es ihm etwas ausmachen wird, von den Geschenken einmal abgesehen. Sie bringt ihm immer etwas mit. Viel zuviel. Versucht, sich seine Zuneigung zu erkaufen. Das gottverdammte Weib!«

»Und Cams Vater? Ach so, er ist ja schon tot. Wo zum Teufel war er, als das alles passierte?«

»Cam sagt, er sei sehr verschlossen gewesen. Die Therapeutin meint, in Familien, in denen es Mißbrauch gibt, bestehe in der Regel ein Dreieck. Täter, Opfer und ein Dritter, der verdrängt. Cams Vater war der Verdrängende. Ich vermute, er sah einfach weg.«

Rikki lehnte sich zurück und nahm einen Schluck von ihrem Drink, der fast nur noch aus geschmolzenem Eis bestand. Sie legte sich die Hand aufs Herz. Es raste. Aus der dicht gewickelten Spule ihrer Emotionen hing ein dünner Faden.

»Weiß die Mutter davon?« fragte Tanya. »Ich meine ... natürlich weiß sie davon – ach Mist, ich weiß nicht, was ich meine.«

Rikki atmete schwer, ihr Gesicht wurde hochrot, ihre Anspannung stieg.

Tanya bohrte weiter. »Was ist mit Kyle? Sie hat Cam mißbraucht, könnte sie auch –«

Rikki explodierte. »Verdammt noch mal, Tanya! Ich hab' doch keine beschissene Ahnung!«

Die Leute im Restaurant verstummten und sahen zu ihnen herüber.

Tanya war schockiert. »Mist«, sagte sie bestürzt. »Tut mir leid. Tut mir wirklich sehr leid.«

»Herrgott, nein, mir tut's leid«, entschuldigte sich Rikki, der es peinlich war, daß sie Tanya angefahren und eine Szene gemacht hatte. Die Spule der Emotionen stoppte einen Moment. »Ich bin nur noch ein Wrack«, sagte sie. »Kyle war ein paarmal am Wochenende bei ihr. Arly, Cams Therapeutin, meinte, falls Kyle irgendwelche Anzeichen zeige, irgendeine Auffälligkeit, solle ich ihn ablenken ... keinesfalls nach etwas stöbern, was vielleicht nicht da ist, aber ... Himmel, tut mir wirklich leid, daß ich dich angebrüllt habe.«

Tanya hob die Hand. »Laß gut sein«, sagte sie. »Ist schon in Ordnung.« Sie sah auf die zerrissene Serviette, die Rikki immer noch in der Hand hielt. Sie nahm sie ihr vorsichtig ab und ließ die eingerissenen Streifen durch die Finger gleiten.

»Der arme Cam«, sagte sie kopfschüttelnd. »Glaubst

du, daß er wieder gesund wird?« Sie sah, wie Rikki Tränen in die Augen traten.

Der Faden spulte, nichts konnte ihn mehr aufhalten.

Rikki biß sich auf die Lippe. »Ich weiß nicht«, sagte sie leise und verbarg das Gesicht in den Händen. Ihre Schultern bebten, dann fing sie heftig an zu weinen. Die Tropfen sammelten sich in ihren Handflächen, rannen am Handgelenk hinunter und färbten die grauen Ärmel ihres Sweatshirts schwarz.

»Was wird aus mir?« schluchzte sie. »Was wird aus Kyle und mir?«

Ein paar Leute schauten neugierig zu ihnen herüber. Tanya warf ihnen einen strafenden Blick zu, so daß sie schnell wegsahen. Blondie redete mit dem Barmann, der auf Rikki deutete. Der Kellner tat einen Schritt auf sie zu. Tanya merkte es und scheuchte ihn weg.

Tanya stand auf, ging um den Tisch herum, setzte sich neben Rikki und legte den Arm um sie. Rikki verbarg ihr Gesicht an der Schulter der Freundin und ließ zum ersten Mal die ganze Qual, Angst und Wut aus sich heraus. Tanya nahm Rikkis Hände in ihre, und Rikki drückte sie fest. Sie rang mehrmals nach Luft, während sie vom wilden Strom der Emotionen geschüttelt wurde. Tanya blickte schweigend auf die Lichter am anderen Seeufer und wußte nicht, was sie sagen sollte.

Nach einiger Zeit hörte Rikki auf zu schluchzen, ihre Brust hob und senkte sich nicht mehr krampfhaft, ihr Atem ging gleichmäßiger. Sie nahm den Kopf von Tanyas Schulter und zog die Nase noch; das Haar klebte ihr in Strähnen am Gesicht.

»Tut mir leid, daß ich deine Jacke naß gemacht habe«, sagte sie und strich über das feuchte Revers. Sie atmete tief ein, versuchte, die Fassung wiederzugewinnen.

»Rikki?« fragte Tanya mit einem Lächeln.

Rikki schniefte. »Ja?«

»Gibst du mir meine Hand wieder?« Rikki ließ sie geniert los. Tanya hielt die Hand hoch. »Die Teufelskralle!« sagte sie, und beide brachen in Lachen aus; die Spannung löste sich auf.

Tanya setzte sich wieder auf ihren Platz.

Rikki griff nach ihrer Handtasche. »Ich mache mich mal etwas frisch«, sagte sie und stand auf.

Während sie weg war, bat Tanya Blondie um zwei Gläser Wasser und ein paar Servietten. Kurze Zeit später kam Rikki wieder, hatte sich gekämmt und etwas Make-up aufgelegt. Ihr Gesicht war immer noch rot, die Augen sahen verquollen aus. Sie setzte sich und trank einen Schluck Wasser.

Einen Augenblick lang schwiegen Rikki und Tanya betreten, vermieden es, sich anzusehen, befanden sich nicht mehr auf der sicheren Fahrspur, auf der man die Hände problemlos vom Steuer nehmen kann.

Dann trafen sich ihre Blicke, und Tanya begann zu reden.

»Cam ist ein guter Kerl, Rik«, sagte sie. »Was immer ihm passiert ist … egal, wie er sich augenblicklich benimmt. Du darfst nicht aufgeben.«

Rikki drängte die Tränen zurück. Sie nahm die zerrissene Serviette, reihte die einzelnen Streifen säuberlich aneinander und schüttelte langsam den Kopf. Dann sah sie Tanya fest in die Augen.

»Das werde ich auch nicht«, sagte sie.

Rikki bestellte die Rechnung, die der Kellner sofort brachte und Rikki gab. Aber Tanya schnappte sie sich und bestand darauf zu bezahlen. Die beiden Frauen zogen ihre Mäntel über und gingen hinaus. Auf dem Parkplatz umarmten sie sich zum Abschied.

»Ich danke dir«, sagte Rikki leise.

Tanya antwortete mit einem schalkhaften Lachen: »Diesmal war's gratis«, und ging zu ihrem Wagen.

Rikki kletterte in den Volvo, drehte den Zündschlüssel um und startete den Motor. Sie langte nach dem Schalthebel, hielt auf halbem Weg inne und legte die behandschuhte Hand wieder aufs Steuer. Von ihrem eigenen Zögern überrascht, lehnte sie sich zurück und blickte nachdenklich über den See zu den abgedunkelten Häusern, stellte sich vor, wie die Ehepaare, die Füße aneinander geschmiegt, in ihren Betten schliefen, alles Ringen eine Nacht lang unterbrochen war. Sie seufzte tief, legte den Gang ein und fuhr nach Hause.

In guten wie in schlechten Tagen ..., dachte sie.

16

Im Kamin knisterte ein Feuer, der Geruch der brennenden Eichenscheite vermischte sich mit dem süßen Duft, der einer Kanne heißem Apfelmost mit Zimt auf dem Herd entströmte. Rikki hatte eben ein Blech Maismuffins in den Backofen geschoben, und bald würde es im ganzen Erdgeschoß wie in einem Konditorladen duften.

Rikki brachte die Scheite zum Lodern, nahm den Füller und die braune Lederschreibmappe vom Eichentisch und setzte sich auf die Couch. Sie zog die Beine aufs Sofa, schlug eine leere Seite des gelben Blocks auf und entwarf einen Brief an meine Mutter. Sie wollte die Vorfälle der vergangenen Monate schildern, darunter auch die Erinnerungen an den Mißbrauch durch meine Mutter und meine Großmutter. Der Brief sollte sehr beherrscht klingen, jedes Wort sorgfältig auf die Goldwaage gelegt werden.

Die Intensität und Unmittelbarkeit ihrer Gefühle erschreckten Rikki, aber sie wußte, daß ihr nichts anderes übrigblieb, als den Brief zu schreiben und sich der eventuell folgenden Konfrontation zu stellen. Es stand zu erwarten, daß meine Mutter binnen kurzem wieder einmal Kyle sehen wollte, und das durfte sie keineswegs zulassen. Nicht nach allem, was sie Clay hatte durchmachen sehen. Nach allem, was er gesagt hatte. Was Dennis hatte anklingen lassen. Und was wir von Switch erfahren hatten.

Im Verlauf einiger grauenhafter Sitzungen bei Arly hatte Switch verlauten lassen, seine früheste Erinnerung sei, wie er vom Schlafzimmer meiner Mutter aus einen sehr jungen, sehr traurigen Cam vor der Tür im Flur stehen sah. Meine Mutter habe mit unmißverständlich lüsternem Raubvogelblick in ihrem Bett gelegen. *Cam darf das nicht sehen. Cam darf das nicht tun. Nein. Ich werde es tun. Geh weg, Junge. Mach die Tür zu. Wink mir und mach die Tür zu.* Genau das tat ich. Ich winkte Switch zum Abschied zu, zog die Schlafzimmertür hinter mir ins Schloß, und Switch wurde mißbraucht. Switch tat, was meine Mutter wollte. Als sie fertig war und sagte: »Du bist ein braver Junge, Cam«, war es Switch gewesen, der sie haßte. Innerlich mußte er schmunzeln, daß sie nicht mal seinen Namen wußte. Aber ja, er war ein braver Junge gewesen. Switch war ein sehr braver Junge gewesen.

Rikki schrieb den Brief, die Worte strömten nur so aus ihr heraus, fielen aus ihrem Herzen geradewegs auf die Seiten. Das Klingeln der Küchenuhr holte sie abrupt in die Wirklichkeit zurück; als sie den Füller weglegte, merkte sie, daß sich ihre Hand verkrampft hatte, weil sie ihn so fest gehalten und so kräftig aufgedrückt hatte.

Rikki stand auf, schaltete den Backofen ab, nahm das Muffinblech heraus und stellte es auf ein Handtuch auf die Herdplatte. Das süße Aroma drang in den zerbrechlichen Käfig ihrer Gedanken ein, und sie sog es durch die Nase tief ein.

In diesem Augenblick sausten Kyle und sein Freund

Adam mit Umhang, Maske und Plastikschwert durchs Wohnzimmer und kamen in der Küche zum Stehen.

»Mami, das riecht ja klasse!« sagte Kyle. »Ist das ein Kuchen?«

»Maismuffins. Möchtest du eins?«

»Magst du eins, Itchy?« fragte er Adam – Kyle nannte Adam nach einer winzigen Spielfigur ›Itchy den Großen‹.

»Ja!« krähte Adam.

»Ja!« rief Kyle.

»O.K., wascht euch die Hände«, sagte Rikki. »Sie müssen noch einen Augenblick abkühlen. Orangensaft oder Apfelmost?«

Itchy sagte: »Orangensaft«, und Kyle sah ihn an und rief: »Ich auch!«, dann schalteten sie den Turbo ein und rannten ins Badezimmer.

Eine halbe Stunde später kam ich von Arly zurück. Rikki saß auf der Couch und arbeitete an ihrem Brief, als ich das Haus betrat. Sie sah auf und lächelte mich an.

»Hi«, sagte sie. »Schön, daß du wieder da bist.«

Die Düfte zogen mir in die Nase. »Mmm, riecht das gut hier.«

»Maismuffins und heißer Apfelmost.«

»Lecker«, sagte ich und legte mein Tagebuch auf den Tisch. Ich zog die Jacke aus, hängte sie in den Schrank, zog die Hausschuhe an, küßte Rikki und ging in die Küche. Dort goß ich mir Apfelmost ein, legte ein Muffin auf einen Teller und setzte mich in den Eichenlehnstuhl am Kamin.

»Wie war's bei Arly?« fragte Rikki.

»Junge«, sagte ich, konzentriert in meine Tasse blickend. Ich blies hinein und nahm einen Schluck. »Mmm, das schmeckt gut.« Ich sah zu Rikki, die mich beobachtete und wartete, daß ich etwas sagte: »Es ging ganz gut«, sagte ich. »Bin noch am Leben.«

Rikki runzelte die Stirn.

Ich biß in das Muffin, lehnte mich zurück und kaute. Es tat gut, zu Hause zu sein. Rikki machte sich wieder an ihren Brief.

»Was tust du?« fragte ich.

»Ich schreibe deiner Mutter einen Brief.«

Augenblicklich Schauder, schwapp, und Bart war da.

»Hi, Rikki«, sagte er und schlug zwanglos die Beine übereinander.

»Wer ist da?« fragte Rikki. Sie sah von ihrem Brief auf, weil sie merkte, daß ein Wechsel stattgefunden hatte, und erkannte Barts freches Grinsen. »Oh, hallo Bart. Cam hat sich wohl aufgeregt, als ich seine Mutter erwähnte, wie?«

»Herrgott, ist der empfindlich.« Er musterte meine Pantoffeln und knurrte: »Eigentlich müßte ich Stiefel anhaben.«

»Hm?«

»Nichts. Also einen Brief schreibst du?«

»An seine Mutter. Ich will ihr sagen, was hier vorgefallen ist und an was sich die Leute erinnern. Was hältst du davon?«

»Immer feste drauf«, sagte Bart, steckte den Rest meines Muffins in den Mund und murmelte: »Wahrscheinlich sträuben sich ihr die Haare.« Rikki sah zu, wie er das Muffin mit etwas Apfelmost hinunterspülte.

»Sie darf auf keinen Fall Kyle sehen«, sagte Rikki. »Ich glaube, wir haben keine andere Wahl.«

»Nein«, sagte er beiläufig. »Eindeutig nicht.«

»Ich weiß, daß es Cam durcheinanderbringt«, sagte sie. »Falls er jetzt zuhört, möchte ich ihn wissen lassen, daß wir es schaffen werden.«

Bart schauderte ein wenig und sagte: »Äh, oh, ich glaub', ich muß gehen. Deine Muffins waren super.« Wieder schauderte er, schwapp, ich war zurück. Ich schüttelte mehrfach den Kopf, um ihn klar zu bekommen.

»Puh«, sagte ich.

»Hast du mitgehört?« fragte Rikki.

Es dauerte einen Moment, bis mich Bart aufgeklärt hatte. »Meine Mutter und Kyle«, sagte ich. »Sie soll nicht mit ihm zusammenkommen.«

»Richtig«, sagte Rikki. »Da wird nicht gefackelt. Wir können sie nicht mit ihm allein lassen, außerdem müssen wir ihr sagen, warum.«

»Ich weiß«, sagte ich schwach. »Bloß ... was ist, wenn ... das gar nicht passiert ist? Das hier passiert nicht. Wie soll ich bloß ...« Während ich Rikki verärgert knurren hörte, begann es in meinem Kopf heftig zu pochen, ich fühlte, wie ich in ein dunkles Loch fiel, alles drehte sich, wütende Pferde bockten und schlugen aus, die Nüstern gebläht, mit blitzenden Augen, gebleckten Zähnen ... das Angriffsziel war ich. Dann fing es in mir an zu flüstern, toter Mann, toter Mann, toter Mann – lauter und lauter – toter Mann, DU BIST – EIN – TOTER – MANN!!!

Ich sprang vom Stuhl auf, kreischte: »HÖRT AUF!!« und hielt mir die Ohren zu in dem vergeblichen Versuch, die betäubenden Töne in meinem Innern auszuschalten. Rikki schoß von der Couch hoch, ließ Block und Füller fallen, rannte zu mir.

»Cam! Cam!« rief sie, packte mich an den Schultern und schüttelte mich verzweifelt.

Kyle kam weinend hereingerannt, Panik in der Stimme: »Mama, was ist los mit Papa?« – »Papa?« rief er und nahm meine Hand. Augenblicklich verhallten die Töne, mein starrer Blick begegnete Kyles großen, bittenden Augen.

»O mein Gott«, sagte ich atemlos. »Kyle, es tut mir leid.« Ich zog ihn an mich, und Rikki nahm uns beide fest in den Arm. »Es tut mir so leid, daß ich dich erschreckt habe.«

»Was ist los, Papa?« fragte er flehend.

Rikki ließ sich auf ein Knie fallen. »Ist schon gut, Liebling«, sagte sie. »Daddy hatte nur ein paar Gedanken im Kopf, die ihn arg durcheinandergebracht haben.«

»Ich dachte, er schreit dich an.«

»Nie würde ich Mami so anschreien«, sagte ich.

Rikki sagte: »Kylie, wir müssen über etwas reden. Ich setze Itchy in deinem Zimmer vor den Fernseher. Bin gleich wieder da.« Sie ging hinaus.

Kyle und ich hockten uns auf den Boden und warteten. Nach einer Minute kam Rikki wieder und setzte sich im Schneidersitz neben uns. Sie holte tief Luft.

»Du weißt doch, daß sich Papa in letzter Zeit irgendwie anders benommen hat? In deinem Schrank saß oder nicht gleich reagierte, wenn du ihn riefst und so?«

»Ja.«

»Nun ja, das kommt daher, daß ihm ein paar sehr schlimme Dinge eingefallen sind, die mit ihm passierten, als er noch ganz klein war. Dinge, die ihn furchtbar durcheinandergebracht haben und die ihm seine Mama angetan hat.«

»Omi?« fragte Kyle. »Was für Dinge?«

»Nun, in der Schule hat man euch doch gesagt, daß es gute und böse Arten von Berührungen gibt, nicht wahr?«

»Da soll keiner hinfassen«, sagte er und zeigte auf seinen Hosenlatz. »Und schubsen darf man nicht.«

»Richtig. Also, Omi hat Papa nicht geschubst, aber sie hat seinen Penis angefaßt.«

»Das war bööööse«, sagte Kyle, und in meinem Kopf fing es an, rot zu glühen, während sein »Das war bööööse« echote.

Das Echo verlängerte sich, während ihm Rikki mehr

erzählte; ich wurde weit weggetragen und hörte ihre Worte nur vereinzelt, wie Querschläger an meinen Hirnwänden. »Durfte sie nicht ... sagte, er darf's nicht weitersagen, sonst würde sie Ärger kriegen ... hat ihn tief verletzt ... drängte es weg, um nicht daran denken zu müssen ... ist ganz weit weg ... manchmal wie ein Kind ... kann nichts dagegen tun ... hat sie dich je so angefaßt ... du würdest mir's doch sagen ... ja ... richtig ... wir werden Oma nicht mehr sehen.«

»Einverstanden«, sagte Kyle, das Wort krachte wie eine Tür, die ins Schloß fällt. Ich war wieder da.

Kyle legte die Händchen an mein Gesicht. »Bist du in Ordnung, Papa?«

»Ja. Ich bin schon in Ordnung.«

»Brüllst du auch nicht mehr ›Hör auf‹?«

»Versprochen.«

Der Kummer auf seinem Gesicht schmolz dahin und machte einem Lächeln Platz. Er stand auf, sah uns beide an und sagte: »Ich geh' jetzt mit Itchy spielen.«

Rikki und ich sagten eine Zeitlang nichts. Im Kamin knisterte und zischte ein Scheit, Rikki sah hinüber. »Nun weiß er also Bescheid«, sagte sie. »Ein bißchen.«

Rikki nahm die Schreibmappe vom Boden und suchte nach dem Füller. Sie fand ihn unter einem Beistelltisch, setzte sich wieder auf die Couch und schlug den angefangenen Brief auf.

Ich kauerte mich müde in den Lehnstuhl, und mir fiel auf, daß der Teller auf dem Beistelltischchen leer war.

»Habe ich mein Muffin ganz gegessen?« fragte ich.

»Bart war's«, sagte Rikki abwesend, auf den Brief konzentriert.

Ich biß mir auf die Lippe. »Ich hoffe, er hat wenigstens die Rechnung beglichen.«

Später ließ Rikki Wasser über die Spaghetti im Messingsieb laufen, während ich am Tisch ein italienisches Brot aufschnitt, nicht ganz durch, sondern so wie im Restaurant, daß man die einzelnen Scheiben noch abbrechen muß. Itchy war heimgegangen, Kyle saß oben in seinem Zimmer und sang mit Frank Sinatra *I've got you under my skin*. Er meinte immer, der Name sei Franksin Atra, und nante ihn deshalb Franksin. Rikki und ich fanden das lustig.

»Wie ist das eigentlich?« fragte Rikki über die Schulter.

Ich wußte sofort, was sie meinte. Ich schnitt die letzten zwei Scheiben an, nahm das Brot und hielt es an beiden Enden hoch.

»So etwa«, sagte ich. »Jede Scheibe ist für sich, aber unten sind sie alle miteinander verbunden. Dort geht die Information durch, so daß jeder in etwa weiß, was vorgeht, wenn er aufpaßt.« Ich bog das Brot so, daß die Scheiben auseinanderklafften und immer wieder eine andere oben war. »Ein ständiger Wechsel, hin und her, so daß ich im einen Augenblick weiß, was vorgeht, und im nächsten nur noch, daß Kennedy Präsident ist.« Wut und Enttäuschung fielen mich an, während ich ihr das zeigte. Ich hielt das Brot mit einer Hand über den Kopf, wollte es wegschleudern, besann mich aber und ließ es in den Brotkorb fallen. Ich zog einen Stuhl vor, ließ mich drauffallen und verbarg mein Gesicht in beiden Händen. Rikki wandte sich um, das Sieb in der Hand.

Ich murmelte vor mich hin: »Was, wenn ich einfach meschugge bin? Wenn überhaupt nichts passiert ist. Wenn ich mir das alles nur ...«

»Jetzt reicht's!« schrie Rikki und schmiß das Sieb auf die Arbeitsplatte. Erschrocken blickte ich auf. Sie stand mit dem Rücken zu mir.

»Cam, das hat keinen Sinn. Laß verdammt nochmal

die Verdrängerei! Glaubst du etwa, Davy habe sich das Zeug über deine Großmutter aus den Fingern gesogen? Clay? Switch? Daß sie das alles erfinden? Hast du *sie* etwa erfunden? Das kannst du gar nicht.« Sie schlug sich mit der Hand vor die Stirn. »Ich kann's einfach nicht glauben«, sagte sie mehr zu sich selber. »Dein Kopf ist ein aufgeschnittener Brotlaib, und du meinst, du bildest dir das alles nur ein.«

Rikki wandte sich zu mir um und lehnte sich gegen die Arbeitsplatte.

»Du hast sie nicht gesehen, so wie ich. Das kann sich kein Mensch ausdenken. Selbst wenn er's könnte – wozu zum Teufel sollte er es tun?« Sie schüttelte den Kopf. »Das alles ist real, Cam. Du solltest es besser glauben.«

17

Am nächsten Tag saß Rikki in meinem Büro am Schreibtisch, als meine Mutter hereinkam.

»Hallo, Rikki«, sagte sie.

Rikki sah erschrocken auf, ein Anflug von Angst überkam sie, und ihr Magen zog sich zusammen. Damit hatte sie nicht gerechnet. Der Brief steckte fertig in ihrer Handtasche, brauchte nur noch eingeworfen zu werden. Sie schluckte.

»Eleanor«, sagte sie kühl. »Was machst du denn hier?«

Eleanor stellte sich im Türrahmen in Pose; sie trug ein elegantes, kobaltblaues Kostüm mit blumengemustertem Gucci-Schal, korallenfarbene Wildleder-Pumps und die dazu passende Handtasche, in den Ohrläppchen steckten Perlen, das blondgefärbte Haar reichte ihr bis auf die Schultern, ihr eckiges Gesicht zeigte kein Fältchen, die Nase war schönheitsoperiert, ihr üppiger Busen eingezwängt.

»Ich wollte kurz bei Tom vorbeischauen, aber er ist heute in Boston. Wo ist denn Cam?«

Rikki überhörte die Frage. Beim Anblick von Eleanors Schau-mich-mal-an-Pose stiegen Wut und Ekel in ihr auf, die momentane Angst verflog.

Eleanor fragte: »Wie geht's dem kleinen Kyle? Ich hab' ihn lange nicht gesehen. Würde ihn schon gern mal wieder sehen.« Sie öffnete ihre Handtasche und zückte einen kleinen Terminkalender. Sie blätterte ihn durch, dann sagte sie obenhin: »Nach dem 23. hätte ich Zeit. Ich könnte ihn am 24. gegen drei Uhr abholen.« Sie sah von dem Büchlein auf. »Einverstanden?«

Rikki spürte, wie die Wut schnell in ihr hochstieg. »Ele–«

»Ich hab' da ein ganz reizendes Kleidchen und Schühchen gesehen –«

»Eleanor!« sagte Rikki grob und schnellte vom Stuhl hoch. Der böse Geist war aus der Flasche.

Eleanor tat betroffen einen Schritt zurück. »Was ist los?«

»Ich kann Kyle nicht mit dir zusammenkommen lassen.«

»Was sagst du da?« rief Eleanor. »Wovon redest du überhaupt?«

Rikki zog den Brief aus ihrer Handtasche und warf ihn auf den Tisch. Dabei sah sie Eleanor vorwurfsvoll an.

»Cam weiß, was du ihm angetan hast, als er klein war! Er hat mir erzählt, du hättest ihn sexuell mißbraucht!« Sie spie die Worte aus wie verfaultes Fleisch, zeigte dabei mit dem Finger auf den Brief. »Da steht alles drin. Du ... deine Mutter ... und weiß Gott, wer sonst noch. Weißt du überhaupt, was du ihm angetan hast?«

Eleanors Kinnlade fiel herunter, ein paar Herzschläge lang war es, als sei die Zeit stehengeblieben, wie in einem Western, wenn der Sheriff in die Luft feuert und alle Bewegung erstarrt. Bedrückende Stille erfüllte den Raum.

Rikki sah Eleanor geradewegs in die Augen. Wortlos klappte Eleanor den Mund zu, machte auf dem Absatz kehrt und stürmte hinaus.

Rikki rannte um den Schreibtisch herum und verfolgte sie bis zur Eingangstür, versuchte sie einzuholen. Eleanor riß die Tür auf, so daß sie gegen den Stopper krachte. Als Rikki ankam, schwang die Tür eben wieder zurück, aber sie konnte sie noch rechtzeitig halten, damit sie ihr nicht ins Gesicht schlug. Sie tat zwei schnelle Schritte nach draußen, packte Eleanor an der Schulter und drehte sie zu sich herum.

»Du hast es getan, nicht wahr?!« schrie Rikki. »Du Scheusal hast es getan!«

»Nimm die Hände weg von mir!« kreischte Eleanor und trat einen Schritt zurück. Sie blickte Rikki grimmig an. »Du weißt überhaupt nichts von mir«, zischte sie, drehte sich abrupt um und stürmte zu ihrem Wagen.

Rikki rannte wütend hinter ihr her, packte sie fest am Arm und drehte sie wieder zu sich um.

»Laß mich los!« schrie Eleanor und entriß Rikki mit einem Ruck ihren Arm.

»Du hast meinen Mann umgebracht«, kreischte Rikki Eleanor ins Gesicht. Tränen der Wut traten ihr in die Augen. »Du hast ihn umgebracht!« schrie sie wieder. »Wie konntest du das tun?!«

Eleanor wankte einen Schritt zurück, als hätte sie das Gleichgewicht verloren, drehte sich ohne ein weiteres Wort um und stieg in ihr Auto.

Rikki stand allein auf dem Parkplatz. Sie atmete in kurzen, keuchenden Stößen und sah zu, wie Eleanor wegfuhr.

»Ich hasse dich«, flüsterte sie.

Ganz langsam ging Rikki zum Gebäude zurück, ihr Geist wirbelte herum wie in einem Vakuum. Die Passanten vermieden sorgfältig, sie anzusehen. Wieder in meinem Büro, nahm sie den Brief vom Schreibtisch und stopfte ihn achtlos in die Handtasche.

Als sie weggehen wollte, stieg eine dicke, saure Flüssigkeit in ihrer Kehle hoch. Sie rannte zur Toilette, riß eine Kabine auf und übergab sich heftig, würgte noch lange, nachdem längst nichts mehr kam. Als sich ihr Magen endlich beruhigt hatte, richtete sie sich mühsam auf, ging mit weichen Knien zum Waschbecken und drehte den Kaltwasserhahn auf. Beide Hände auf den Rand des Waschbeckens gestützt, lehnte sie sich vor und sah in den Spiegel.

»Asche, Asche, wir alle … vergehen«, sang sie, und die Worte vermischten sich mit dem spritzenden Wasser.

Sie spülte sich den Mund aus und tupfte das Gesicht mit Papierhandtüchern trocken. Auf dem Weg zur Diele öffnete sie ihre Handtasche und holte den Brief heraus. Als sie an Dianas Schreibtisch vorbeikam, warf sie den Brief in den Korb für abgehende Post. Diana saß mit dem Telefonhörer am Ohr vor dem Bildschirm, sah auf und nickte Rikki zu. Rikki nickte zurück und trat aus dem Gebäude in die Sonne hinaus.

Ohne das Radio einzuschalten, fuhr sie langsam nach Hause und dachte darüber nach, was eben geschehen war. Als sie unsere Auffahrt hochfuhr, fiel ihr auf, wie grau und leblos alles aussah, und in diesem Augenblick traf sie einen Entschluß. Sie parkte den Wagen und blieb noch eine lange Minute bei laufendem Motor sitzen. Dann schaltete sie die Zündung ab und sagte laut: »Wir müssen hier raus.«

Eine Woche später kam ein Brief meiner Mutter, in dem sie abstritt, mich sexuell mißbraucht zu haben. Dem Brief lag meine Geburtsurkunde bei.

18

»Was hältst du von einem Umzug nach Kalifornien?« fragte Rikki, ohne von der elektrisch betriebenen Töpferscheibe aufzusehen, an der sie in unserem Wintergarten arbeitete.

Sie trug eine lange Arbeitsschürze, ein verwaschenes rotes Sweatshirt, dessen Ärmel sie bis über die Ellbogen hochgeschoben hatte, Bluejeans mit einem großen Riß in Kniehöhe und alte Turnschuhe. Ihre Haare hatte sie zu einem Pferdeschwanz zusammengebunden und durch die hintere Öffnung einer weißen Baseballkappe gesteckt.

Mit dem rechten Fuß drückte sie leicht aufs Pedal, die Scheibe drehte sich schnurrend gegen den Uhrzeigersinn. Sie faßte den Ton, ließ die Hände – mit den Daumen innen – unter leichtem Druck gleichmäßig nach oben gleiten, wobei sich wie ein Hula-Hoop-Reifen ein weicher Tonring emporschob, während das Gefäß Gestalt annahm. Eine schlüpfrige, milchiggraue Mischung aus Ton und Wasser bedeckte ihre Hände und troff von ihrem rechten Handgelenk auf die langsam rotierende Scheibe.

Ich saß zwei Meter von Rikki entfernt auf den Redwood-Stufen des Whirlpools, hatte das Tagebuch auf den Knien und unterhielt mich schriftlich mit Bart, Per und Dusty über das, was wir eben über Rikkis Begegnung mit meiner Mutter erfahren hatten. »Wer hat Kalifornien gesagt?« schrieb ich. »Ich nicht«, schrieb Dusty zurück. »Kalifornien?« schrieb Bart. Ich sah vom Tagebuch auf und betrachtete Rikki mit fragendem Blick.

Die Morgensonne schien durch die Fensterfront hinter mir, tauchte alles in hellen Honigglanz. Ein perfektes Foto: »Künstlerin an der Scheibe«. Über die Künstlerin hätte Rikki gelacht, denn bislang hatte sie nur wenige Sachen getöpfert, aber ein gutes Fotomotiv war es allemal.

Rikki trat mit der Ferse aufs Pedal, brachte so die Scheibe zum Stehen. Sie blickte zu mir herüber und überlegte, ob ich ihre Frage wohl gehört hatte, aber die Ebenmäßigkeit des eben hergestellten Gefäßes zog ihre Aufmerksamkeit auf sich, so daß sie den Blick wieder der Töpferscheibe zuwandte.

»Gar nicht so schlecht, was? Sieht beinahe aus wie ein richtiger Topf … na ja, nicht ganz, vielleicht ein kleines bißchen.« Sie kicherte, drehte den Schemel herum und lehnte sich zur Seite, damit ich ihr Werk sehen konnte. »Wenigstens erinnert er nicht an den schiefen Turm von Pisa.«

»Er sieht sehr gut aus. Hat sich wohl auf die Anzeige gemeldet: ›Gesucht: Professioneller Topf oder etwas von der Art‹.«

Rikki lachte in sich hinein.

Schauder, schwapp, weg.

»Ich finde ihn großartig!« rief Anna und lachte übers ganze Gesicht.

Rikki wandte sich Anna zu. »Wer ist da?« fragte sie. »Bist du es, Anna?«

Anna nickte schüchtern.

»O danke, Anna«, sagte Rikki freundlich. »Wie geht's dir heute?«

»Gut.« Alle Kinder sagen »gut«, wenn man sie fragt, wie's ihnen geht. Wenn sie älter werden, antworten sie »danke, gut«, aber immer weiß man nachher genauso wenig wie vorher.

»Anna, kann ich einen Moment mit Cam reden?«

Anna nickte.

»Cam?« rief Rikki. Ein paar Sekunden vergingen, bevor ich zurückwechselte.

Ich blinzelte mehrmals, bis ich wieder klar sehen konnte. »Ja?«

Rikki wiederholte die Frage. »Was hältst du von einem Umzug nach Kalifornien? Ich habe mir überlegt, es ist vielleicht an der Zeit wegzugehen ... woandershin. Weg von den naßkalten Wintern ... von allem. Seit Jahren tragen wir uns schon mit dem Gedanken, von hier wegzuziehen.«

In meinem Kopf plapperten wie gewohnt die Alter egos durcheinander, jeder gab seine Meinung zum besten. Nicht nur Per, Bart und Dusty. Fast alle hatten mitgehört. Ich versuchte, das Stimmengewirr zu ignorieren. Dann, nach ein paar Sekunden: »Und was wird aus der Firma?«

»Ich habe mit Tom gesprochen. Er sagte, er würde uns auszahlen.« Sie nahm ein Stückchen Ton in die Hand und formte es zu einer Kugel. Ich sah ihr zu. »Wir haben uns länger unterhalten«, sagte sie. »Weißt du, was er mir erzählte? Er meint, er sei nicht mißbraucht worden, weil er deinem Vater ähnlich sah. Er sah nicht wie du und deine Mutter aus.«

Ein stechender Schmerz fuhr mir in den Kopf. »Das hat er gesagt?«

Sie nickte. »Das hat er gesagt. Außerdem, daß deine Mutter ihn nie gemocht habe – ihr Liebling seist du gewesen.«

Ich schluckte schwer. »Ich fühle mich nicht besonders wohl.«

»Ich auch nicht«, sagte sie.

Ich sah ihr schweigend zu, wie sie das Tonkügelchen in einen kleinen Wurm verwandelte.

»Also, was hältst du von einem Umzug?« fragte Rikki.

Ich versuchte ein Lächeln. »O.K.« Das Stimmengewirr hob wieder an.

»Wir könnten einen neuen Anfang machen.«

»Ja«, nickte ich. Die Idee gefiel mir. »Du weißt, wie ich die Winter hier hasse.«

»Genau«, sagte Rikki. Sie wusch sich die Hände in einer Wasserschüssel, wischte sie an einem Lappen ab und schwenkte anschließend die Hände zum Trocknen hin und her. Dann wandte sie sich wieder mir zu, die Ellbogen auf die Knie gestützt. »Und solange Kyle noch klein ist, trifft es ihn nicht so. Wenn wir umziehen wollen, wäre jetzt der richtige Zeitpunkt, bevor er feste Freundschaften schließt. Nächstes Jahr muß er ohnehin auf eine andere Schule.«

»Aber was ist mit Arly?« sagte ich. Jetzt wurde es in mir ziemlich laut.

Rikki zog die Brauen hoch und atmete einmal tief ein und wieder aus.

»Das ist ein ganz wichtiger Punkt«, sagte sie. »Die Frage, wie du und alle deine Kumpane damit fertig werden sollen, von Arly wegzugehen. Du weißt, daß ich das nicht auf die leichte Schulter nehme. Sie ist unsere wichtigste Stütze, und wir müßten ganz sicher sein, daß jeder damit einverstanden ist, von Arly wegzugehen. Falls noch andere da sind, möchte ich gerne wissen, was sie dazu meinen.«

Schauder, schwapp, Bart.

»Hi, Rikki«, grinste er. »Wow, du hast dich ja mächtig bekleckert. Hübscher Topf.«

»Danke. Hast du gehört, worüber ich gerade mit Cam gesprochen habe? Daß wir vielleicht umziehen?«

»Nach Kalifornien, stimmt's?«

»Ja.«

»Tolle Idee. Hallo, Sonnenschein, wir kommen! Wir müssen's natürlich in der Truppe besprechen. Zur Zeit herrscht hier ziemlicher Aufruhr. Wie mittags am Times Square. Da brauchen wir eindeutig Per am Steuer.«

»Absolut«, sagte Rikki. Dann runzelte sie die Stirn und fragte: »Ihr wart in Manhattan?«

Bart zuckte die Schultern.

Sie schüttelte den Kopf. »Na, egal, wenn wir umziehen, würde das bedeuten, daß wir von Arly weggehen, und –«

»Ach, mach dir um sie keine Sorgen.« Bart machte eine wegwerfende Handbewegung. »Sie hat uns nicht nötig.«

»Es ist andersherum.«

»Hä? Ach ja, richtig. Du meinst, daß wir ohne sie auskommen müßten. Wo ist da das Problem?« Drinnen ging es jetzt drunter und drüber. »Moment, sie ist großartig«, besann er sich. »Auf Arly lass' ich nichts kommen.« Er schnippte eine Fluse von meinem Hemd.

Rikki sah enttäuscht aus. »Hier geht es um etwas Ernstes«, sagte sie.

»Verzeihung.« Er hob verlegen die Hand. »Du hast natürlich recht. Ich werde mit den andern reden«, sagte er und wies mit dem Daumen über die Schulter.

»Gut«, sagte Rikki. Dann wandte sie sich wieder der Töpferscheibe zu.

Sie griff nach der Spannplatte – einer Kunststoffscheibe mit zwei Aussparungen, die genau in zwei Erhebungen auf der Scheibe paßten; war der eine Topf fertig, hob man lediglich die Spannplatte mit dem nassen Topf ab, legte eine neue Spannplatte auf die Scheibe und warf einen neuen Klumpen Ton in die Mitte. Das tat Rikki jetzt. Dann tauchte sie die Hände in die Wasserschüssel, trat aufs Pedal und fing an, einen neuen Topf zu formen. Bart nahm die schriftliche Unterhaltung im Tagebuch wieder auf.

Eine Unterhaltung per Tagebuch zu führen ist etwa so, wie wenn man einem Farbdrucker zusieht, der alle paar Zeilen die Farbe wechselt. Zwar bewegt sich nur ein einziger Druckmechanismus, aber bei jedem Wechsel der Farbpatrone hält er einen Moment inne. Bei uns war es so ähnlich. Meine Hand hielt den Stift, und das Schreiben ging mir ziemlich flüssig von der Hand, aber wenn ein anderes Zweit-Ich die Kontrolle übernahm, kam es jedesmal zu einer kleinen Unterbrechung. Ich spürte, daß unterschiedliche Alter egos den Stift auf andere Weise hielten, und sah, wie sich Schreibstil und grammatikalischer Ausdruck veränderten, manchmal drastisch, manchmal kaum merklich. Gewöhnlich hörte ich die Worte in meinem Kopf, während sie niedergeschrieben wurden, weitgehend so, wie wenn ich allein schrieb, aber wenn ein Gespräch im Gange war, merkte ich, daß die Stimmen anderen gehörten, die auf der Drehscheibe meines Denkens lebten. Wenn ein Gespräch im Tagebuch lange dauerte, war ich nachher immer müde. Dieses dauerte lange.

Rikki arbeitete still vor sich hin an dem neuen Topf, doch am Ende brach er auseinander. Sie schaltete die Scheibe ab, warf den kaputten Topf in den Abfalleimer, wischte Spannplatte und Scheibe ab und ging hinaus, um sich zu waschen. Als sie wiederkam, beendeten wir gerade unsere interne Plauderei.

»Hi«, sagte sie und setzte sich im Schneidersitz neben mich. »Hast 'ne Menge geschrieben, was?«

Ich seufzte. »Ich bin völlig kaputt.« Dann sah ich vom Tagebuch auf und schaute zu Rikki. »Oh, bist du fertig mit Töpfern?« fragte ich, als ich merkte, daß sie sich umgezogen hatte.

»Ja«, lachte Rikki in sich hinein. »Schon seit einer Viertelstunde.«

Sie hatte den Pferdeschwanz gelöst, Make-up aufgelegt und einen violetten Rollkragenpulli übergestreift. Dazu trug sie eine enganliegende, cremefarbene Hose und lässig heruntergerollte Söckchen, die zum Pulli paßten. Sie sah frisch, quicklebendig und sehr schön aus.

»Ich liebe dich«, sagte ich und lehnte mich zu ihr hinüber, um sie zu küssen. Dabei spürte ich ein heftiges, schmerzhaftes Reißen in der Rückenmitte.

»Aua!« stöhnte ich und verzog das Gesicht. »Ich hätte nicht so lange so dasitzen sollen.«

»Laß mich mal«, sagte Rikki und tastete nach der schmerzenden Stelle.

»Ja, genau da!« Ich zuckte zusammen. »Aua!«

»Leg dich hin«, sagte sie und rückte beiseite.

Ich streckte mich auf dem Boden aus, sie kniete sich neben mich und massierte die Stelle. Bald begann sich der Knoten zu lösen, und der Schmerz machte einem angenehmen Gefühl Platz.

»So besser?« fragte sie.

»Ja, danke.« Ich zögerte, sie zu bitten weiterzumachen, obwohl ich es mir wünschte. Sie tat schon so viel, indem sie einfach für mich – uns – da war, daß es nicht recht gewesen wäre, mehr zu erwarten. Eine Massage war eindeutig zu viel verlangt. Rikki sah das wohl anders. Sie hörte nicht auf, sondern massierte mir jetzt die Schultern.

»Na«, sagte sie, »habt ihr über den eventuellen Umzug gesprochen?«

»Ja. Es wurde 'ne Menge geredet. Ist ja auch ein großes Ding. Ich halte die Idee für großartig, allerdings jagt mir der Gedanke, von Arly wegzugehen, eine Heidenangst ein.«

»Ja«, nickte Rikki. »Das kann ich verstehen.«

Die Berührung ihrer Hände fühlte sich wunderbar an. Ich entspannte mich, und mein Geist ging auf Wanderschaft.

»Nun ja«, sagte sie, während sie meine Nackenmuskeln knetete, »es ist immer noch Winter, und wir wollen ja nicht weg, bevor Kyles Schuljahr zu Ende ist. Wir könnten das Haus einem Makler anbieten und es hoffentlich bis Juni verkaufen. Inzwischen könntest du mit deinen Kumpanen die Dinge bei Arly so in die Wege leiten, daß ihr alle für den Umzug gerüstet seid.«

Ich befand mich jetzt weit weg, schlenderte durch Mohnfelder.

»Also, wenn du einverstanden bist, tun wir's«, fuhr sie, immer noch massierend, fort. »Ich rufe Hillie Randall wegen des Hauses an. Der könnte sogar einem Fisch Stiefel andrehen.«

Meine Stimme sagte: »Er auch.«

»Er?« fragte Rikki. »Wer ist er?«

»Er«, sagte die Stimme. »Cam.«

Rikki zog die Hände zurück, als hätte sie glühendes Eisen angefaßt. »Bart?«

»Hm.«

Sie zuckte zusammen, streckte ein Bein aus und ging vom Knien zum Sitzen über. Mich zu massieren war eine Sache. Bart zu massieren eine ganz andere.

Bart rollte sich auf den Bauch und stützte den Kopf in die Hände. Er merkte, daß Rikki durcheinander war.

»Was hast du?« fragte er.

»Bart, wir müssen eines klarstellen«, antwortete sie ärgerlich. »Ich muß wissen, wenn jemand anderer als Cam draußen ist. Ich ... mag ... keine ... Überraschungen. Laß mich jetzt bitte mit Per sprechen.«

»O.K. Geht klar«, sagte er betreten und etwas verletzt. Er hielt einen Augenblick inne. Rikki wartete auf den Wechsel. Nichts geschah.»Was soll ich tun?« sagte Bart mit einem Anflug von Bitterkeit. »In eine Telefonzelle rennen?«

Rikki hob eine Braue. »Oh, mach dir keine Gedanken«, sagte er. »Hab' nur Spaß gemacht. Ich weiß, was ich tun muß. Bei Arly machen wir das die ganze Zeit. Ich schließe einfach die Augen, ziehe mich zurück und lasse Per herauskommen.« Er schloß für ein paar Sekunden die Augen, öffnete sie dann wieder und sah Rikki an. »Es ist bloß ... manchmal bin ich da ... und mag nicht gehen. Ich würd' schon beiseite treten und jemand anderen da sein lassen, aber selber mag ich nicht weg.« Er deutete mit dem Daumen auf seine Brust.

»Das ergibt Sinn«, sagte Rikki mitfühlend. »Kann ich verstehen. Na ja ... es ist ja auch gut für dich, wenn du mit draußen bist. Das ist Co-Bewußtsein, stimmt's?«

»Ja.«

»Also, du brauchst dich lediglich ein bißchen nach innen zu verziehen und Per ... oder sonst wen ... vorzulassen. Was sagt Arly dann immer?«

»Entweder ruft sie einen beim Namen oder sagt, die Person, die draußen ist, solle sich entspannen. Meistens ist's ziemlich turbulent, und jeder kommt einfach raus, wenn er etwas zu sagen hat. Es geht ziemlich wild zu.«

Rikki sah Bart tief in die Augen. »Ich will's aber nicht

wild«, sagte sie ernst. »Ich will, daß es hier möglichst normal zugeht. Und daß du rauskommst, ohne ein Wort zu sagen, während ich Cam massiere, gehört für mich in die Kategorie ›wild‹. Laß das also künftig bleiben, O.K.?«

»O.K. Tut mir leid.«

»Ist schon in Ordnung. Jetzt möchte ich einen Moment mit Per reden. Entspann dich und laß ihn rauskommen.«

»O.K. Dann bis gleich«, sagte Bart, schloß die Augen und holte langsam tief Luft. Nach ein paar Sekunden schauderte er ein wenig, dann machte Per die Augen auf und blinzelte, wie es Leute beim Aufwachen tun.

»Per?«

»Mhm. Hallo Rikki. Wie geht's dir?«

»Ach, ganz gut, danke. Und dir?«

Er sah an sich herunter. »Ich liege wohl auf dem Boden.«

»Ja. Ich massierte Cam gerade, und –«

»Das ist aber schön«, sagte er warmherzig.

»Dann kam Bart raus, ohne sich anzumelden. Das hat mich ein wenig erschreckt, und wir sprachen darüber. Ich sagte ihm, wenn einer herauswolle, solle er sich anmelden.«

Per nickte freundlich lächelnd.

»Von den Kleinen erwarte ich das nicht; offen gesagt erkenne ich sie meist sofort. Vermutlich gilt es nur für die Erwachsenen.«

»Hört sich vernünftig an, Rikki. Ich glaube, es verhilft dir zu mehr Stabilität. Das alles muß sehr schwer für dich sein.«

Rikki nickte erleichtert.

»Ja«, sagte sie. »Es kann einen ziemlich verwirren.«

»Und aus dem Gleichgewicht bringen.«

Wieder nickte sie. »Ja, aus dem Gleichgewicht.«

Rikki schloß die Augen und lehnte sich zurück; die

Spätfebruarsonne umschmeichelte ihr Gesicht. Die Wärme wirkte beruhigend auf sie.

Sie öffnete die Augen und ließ ihren Blick auf Per ruhen.

»Also«, fragte sie, »was haben die anderen Leute über den möglichen Umzug und den Weggang von Arly gesagt?«

»Na ja … ein paar von den Jüngeren sind ziemlich bestürzt. Vor allem Clay und Anna. Auch Dusty ist bestürzt.«

»Das kann ich verstehen.«

»Vorrang hat eindeutig, daß wir einen Ersatz für Arly finden«, sagte Per. Er schaute ihr tief in die sanften blauen Augen. »Den Umzug nach Kalifornien, willst du den wirklich?«

Rikki nickte. »Ja. Ich glaube, es wäre gut, wenn wir von hier weggingen. Wir würden nicht nur größere Distanz zwischen uns und Cams Mutter bringen, sondern dort ist es auch warm und sonnig. Und das wäre gut. Wir müßten nicht mehr frieren, hätten keine schneereichen Winter und schwülheißen Sommer zu ertragen.« Sie legte den Kopf nach hinten und fuhr sich durchs Haar. »Ich dachte an die Gegend von San Francisco. Ein alter Collegefreund von Cam wohnt dort seit einigen Jahren. Ihm gefällt es sehr gut.«

»Ich bin sicher, es ist dort sehr schön.«

»Ich auch. Und wahrscheinlich gibt es dort ebenfalls sehr gute Therapeuten, vielleicht sogar ein paar Selbsthilfegruppen. In San Francisco geht es ziemlich liberal zu, glaube ich. Zum Teufel, Cam hat sogar hier Arly gefunden … in Butt Lips, Massachusetts.«

»Stimmt«, sagte Per.

»Wir könnten hinfliegen und uns umsehen, was meinst du?«

»Gute Idee. Aber laß uns bitte noch ein bißchen Zeit, damit wir es mit Arly und unter uns besprechen können.«

Aus Pers Mund klang es einfach. War es aber nicht.

19

Das Rezept für den Weggang von Arly war einfach: Man nehme ein Faß, stecke einen Mann hinein (Vorsicht vor Schrammen!), stelle das Ganze oben auf die Niagarafälle und lasse los.

In mir drin ging es etwa folgendermaßen zu: *Ich will gehen. Willst du gehen? Ja, ich will gehen. Wie steht's mit den andern? Nein, ich will nicht gehen. Ich mag Arly. Ich auch. Von Arly wegzugehen heißt ja nicht, daß wir sie nicht mögen. Wer kümmert sich um uns? Bart, Per, Dusty, Rikki. Aber wer von draußen? Wer wie Arly? Ich weiß nicht. Wie? Wir könnten jemanden finden. Ich würde Arly vermissen. Ich auch. Warum, wo geht Arly hin? Arly geht nirgends hin. Wir reden vom Umzug nach Kalifornien. Wie das? Um wegzukommen. Von was, von den bösen Buben? Nein, mach dir keine Sorgen, hier gibt's keine bösen Buben. Warum müssen wir dann weg? Na ja, sieht so aus, als sollten wir es tun. Dort ist es die ganze Zeit schön. Gibt's da auch Eis? Ja, sie haben jede Menge Eis – alle möglichen Sorten. Kommt Rikki mit? Ja, Rikki kommt mit. Kommt Arly mit? Nein, Arly bleibt hier. Können wir sie besuchen? Weiß nicht. Vielleicht. Was kümmert uns Arly? He da, he da! Sie war gut zu uns. Tut mir leid. Nun schimpf ihn nicht aus. O.K., tut mir leid, daß ich »he da« gesagt habe. Ich werde sie sehr vermissen. Ich auch. Ja, ich auch. Wir alle drei. Wir werden Arly sehr vermissen, die meisten von uns jedenfalls. Werden wir dort sicher sein? Hoffe ich doch. Was soll das heißen, hoffe ich doch? Na ja, wir müssen sehr achtgeben und auf jeden ein Augenmerk haben. Könnten wir doch, oder? Na ja, schon, wenn wir zusammenhalten. Wird nicht ganz einfach sein. Ja, Gott noch, was ist schon einfach? Das stimmt. Nichts ist einfach.*

Einmal träumte ich nachts, ich sei ein verwundeter Hirsch, allein am Ufer eines kleinen Flusses, meine ausgetrocknete Kehle und die blutenden Wunden hatten mich dazu gebracht, die Sicherheit des Rudels oben auf dem Plateau zu verlassen und zum kühlen Wasser hinunterzuklettern. Vom anderen Ufer her beobachteten mich die Hyänen aus ihren uralten, leblosen Augen mit gebleckten Zähnen, warteten, daß meine Hufe einsanken, mein Kopf sich senkte, meine Zunge in die Flüssigkeit eintauchte. Unbewußt wog ich das Risiko ab. Die Gefahr witterte ich schon. Aber die weitaus größere Gefahr drohte von den Hyänen, die ich nicht sehen konnte, die unter der Oberfläche lauerten und die ebenfalls lautlos darauf warteten, loszustieben und mich im moorigen Grund zu zerfleischen.

Plötzlich nahm ich die Witterung eines sibirischen Tigers auf, hörte leises Rascheln im hohen Gras hinter mir, während er sich anschlich, dürstend auch er, aber nicht nach Wasser, sondern nach meinem Blut. Ringsum lauerte Gefahr. Hm. Vom Plateau herabsteigen … einen Schluck riskieren … meine brennenden Wunden kühlen … vielleicht sterben. Hm.

Um diesen Traum zu deuten, brauchte es keinen Detektiv. Arly und ich redeten darüber und waren uns einig, daß ein Umzug immer mit Problemen verbunden war, sogar für normale Leute. Der Umzug nach Kalifornien barg Risiken, er würde mich aufs äußerste beanspruchen, vielleicht sogar über meine Grenzen hinaus. Andererseits konnte er aber auch von Vorteil für uns sein. Arly vertraute auf Rikki; sie wußte, daß meine Kumpane und ich am Flußufer nicht völlig schutzlos wären. Sie ermunterte uns zum Weggang.

Auf dem Heimweg fragte ich mich, ob Kalifornien denn weit genug weg sei. War es, wie sich herausstellen sollte, nicht. Die Wahrheit ist, wohin du auch flüchtest – deine Hyänen ziehen mit.

20

Anfang April organisierte Rikki eine einwöchige Erkundungsreise der Familie. Sie rief meinen alten Freund Joe Gearhardt an, mit dem der Kontakt in den letzten Jahren etwas eingeschlafen, aber noch nicht vollends abgerissen war. Joe erzählte Rikki alles über die Bucht von San Francisco, was er wußte, und riet uns, als möglichen neuen Wohnort Leona näher anzusehen, eine, wie er sagte, sehr hübsche, etwa fünfzig Kilometer nördlich der City gelegene Stadt mit guten Schulen und hervorragender Infrastruktur.

Rikki ließ Joe wissen, in der letzten Zeit hätte ich mich sehr verändert; vor kurzem sei bei mir ein ernster psychiatrischer Zustand diagnostiziert worden, der auf Mißbrauch in der Kindheit zurückzuführen sei. Die Nachricht schockierte und betrübte Joe. Er machte sich auch Sorgen, wie er mir gegenübertreten solle, aber Rikki beruhigte ihn, ich sei schon in Ordnung und er brauche sich keine Gedanken zu machen. Joe meinte daraufhin, er werde mich nehmen, wie ich sei, und erbot sich, uns die Gegend zu zeigen, wenn wir kämen.

Wir machten uns also auf den Weg. Auf der ganzen

Strecke nagte die Gewißheit, eine Woche lang fünftausend Kilometer von Arly entfernt zu sein, schwer an mir, und irgendwann mußte ich schnellstens der Toilette im Flugzeug einen Besuch abstatten.

Danach fühlte ich mich besser. Rikki gab mir einen Klaps auf die Hand und erinnerte mich daran, daß sie meinen Stoffbären Toby dabei hatte; wenn ich meinte, daß mir das helfen würde, könnte sie ihn herausholen. Wir beschlossen, Toby in der Reisetasche zu lassen, aber ich gestand, es sei tröstlich zu wissen, daß er da sei.

Rikki lächelte ihr Tausend-Watt-Lächeln, das ich schon lange nicht mehr gesehen hatte, und das half mir, aus meiner düsteren Höhle herauszukommen. Auch Per übte einen beruhigenden Einfluß auf mich aus; er hatte mit Arly vereinbart, er werde in der Nähe bleiben und auf die Gruppe aufpassen.

Bart hoffte auf ein Bier und Erdnüsse und einen Flirt mit der Stewardeß. *Bier? Ha! Keine schlechte Idee, Bart. Lassen wir uns vollaufen und machen einen drauf. Der Verrückte soll den netten Passagieren mal so richtig Angst einjagen. So richtig.* Nein, Bier kommt nicht in Frage. Außerdem ist der Flugbegleiter ein Mann und heißt Rocco. Rocco brachte Bart die Nüsse, die dieser brummend entgegennahm. Das wär's dann wohl, nix Flirt, dachte er bei sich.

Bart wandte seine Aufmerksamkeit Kyle zu, las ihm etwas vor und tat dabei so, als wäre er ich. Während er draußen war, begab ich mich nach innen und ruhte mich aus, sparte meine Kraft für die Ankunft auf. Es funktionierte, und als wir auf dem Flughafen von San Francisco landeten, fühlte ich mich ganz gut. Ich fuhr sogar den gemieteten Wagen nach Leona, während Rikki mich lotste. Sie hatte uns in einem Hotel nahe der Santa Rita Road eine gemütliche Suite reserviert, sauber und heimelig mit hübscher kleiner Küche; sie sah ein bißchen aus wie das winzige Apartment, das wir gleich nach der Hochzeit in Boston gemietet hatten.

Als erstes schnappte ich mir Toby und setzte ihn zwischen die Kissen auf das breite Bett. *Toby ist draußen. Das ist gut. Uns geht's gut.* Wir kauften uns im Safeway-Laden um die Ecke etwas zu essen, riefen Joe an und verabredeten uns zu einer Rundfahrt am nächsten Morgen. Den Rest des Tages verbrachten wir am Swimmingpool.

Am nächsten Morgen standen wir früh auf und fuhren kreuz und quer durch Leona. Die Stadt war genau so, wie Joe gesagt hatte. Sauber, hell, hübsch und ordentlich. Sie war von sanften Hügeln umgeben und bot einen schönen Blick auf den Mount Diablo, einen Zwölfhunderter nur fünfzehn Kilometer entfernt. Die Grundschulen sahen gepflegt aus, der große Park in der Stadtmitte war schön angelegt. Die Häuser standen eng beieinander, jedes hatte ein Vorgärtchen und hinten einen eingezäunten Streifen. Mir kam der Gedanke, wenn wir hierher zögen, müßten Kyle und ich tatsächlich für jedes Geschäft die Toilette benutzen.

Rikki und ich hatten Joe seit fast zehn Jahren nicht mehr gesehen, aber er war immer noch der alte – herzlich, fürsorglich und stets zu einem Scherz aufgelegt. Kyle fand ihn große Klasse. An diesem und dem folgenden Tag zeigte uns Joe wie versprochen stolz Berkeley und San Francisco. Rikki und ich waren von der Vielfalt der Kultur und Landschaft beeindruckt. Uns gefielen die engen, fast europäisch anmutenden Viertel auf den Hügeln von Berkeley und die eigenwillige Mischung aus College-Jungen und -Mädchen, alten und neuen Hippies und Stadtstreichern auf der Telegraph Avenue.

Der Golden Gate Park, der von einer Unmenge von Rad- und Rollschuhwegen durchzogen ist, erschien uns wie ein riesiger, luxuriöser Spielplatz. Nach einem Abstecher ins Museum, ins Aquarium oder in den japanischen Teegarten war man mit wenigen Schritten wieder zurück, konnte hinunter ans Meer oder um die Ecke in den Zoo gehen. Die übrige City war so lärmend und lebensstrotzend wie das Paris von Toulouse-Lautrec. Das pulsierende Treiben war berauschend. Hier ließ es sich eindeutig leben.

Keine Frage. Na ja, eine Frage stellte sich schon. Konnte ich überhaupt irgendwo leben?

Da Kyle immer dabei war, gab es tagsüber kaum Gelegenheit für einen Personenwechsel. Die Erwachsenen kamen hin und wieder zum Vorschein, während wir herumspazierten, beugten sich unauffällig zu Rikki hinüber, um ihre Gegenwart zu signalisieren, wie sie es sich ausgebeten hatte. Ein einziges Mal gab es ein Problem, als nämlich im Ghirardelli-Pralinengeschäft an Fisherman's Wharf plötzlich Clay herauskam. Wir schauten uns um, schnüffelten ein bißchen, und Clay gefiel das so gut, daß er einfach heraushüpfte, bevor ihn irgend jemand zurückhalten konnte. *Hei, Schokolade.* Kyle bekam diesen Wechsel mit, erschrak, und Joe lenkte ihn schnell ab, während sich Rikki einschaltete und mich zurückholte. Joe erschrak wohl auch. Abends, wenn Kyle schon schlief, durften meine Kumpane herauskommen und mit Rikki über ihre Gedanken und Eindrücke plaudern. Den jüngeren las Rikki aus Kyles Büchern vor, kaufte ihnen sogar Tigger-Schaumbad, was sie entzückte.

Den Rest der Woche verbrachten wir damit, uns mit Leona anzufreunden, gingen mit Kyle in den Park oder lagen am Swimmingpool. An einem Tag, als Rikki und ich durch die Gegend fuhren, entdeckten wir kurz vor der Heimkehr Diablo Regional Wilderness, einen Park am Stadtrand von Leona. Er war sensationell. Wir trauten kaum unseren Augen. Meilenweit üppige grüne Hügel –

daß sie im Sommer braun wurden, wußten wir nicht –, Falken und Kühe und Eidechsen, Wanderwege, und eine Stille – wie in unseren Wäldern in Massachusetts. Wie wär's mit einem Haus auf einem zweihundertfünfzig Quadratmeter großen Grundstück? Wir könnten dann immer in den Diablo-Park gehen.

Den Vogel freilich schoß El Balazo ab, ein mexikanisches Restaurant, in dem es die besten Burritos gab, die Rikki und ich je gegessen hatten. Riesenportionen mit schwarzen Bohnen, Safranreis, Hühnerfleisch vom Holzrost, Guacamole, scharfer Soße und saurer Sahne. Mmm. Kyle hatte mit dem Balazo allerdings nichts im Sinn. Was er wollte, waren Chicken McNuggets, und natürlich gab es in Leona auch die. Folglich war er mit dem Umzug einverstanden.

Was es in Leona nicht gab, waren Wanzen. Von Mai bis Oktober auch keinen Regen. Geschweige denn verschneite, eiskalte Winter. Genausowenig meine Mutter. Allerdings auch keine Arly. Von letzterem abgesehen, nahm sich alles gut aus. Wenn wir hier jemanden finden konnten, der sie ersetzte, wäre alles O.K. Vielleicht.

Wieder zu Hause in Massachusetts, regelten wir die Übergabe des Geschäfts an Tom, und Rikki rief Hillie Randall wegen des Hauses an. Hillie war ein großer, drahtiger Bursche Ende Vierzig mit gewelltem Haar, großer Schildpattbrille und einem ungepflegten Poetenbart, der in mir den unwiderstehlichen Wunsch weckte, ihn in den Schwitzkasten zu nehmen und ihm durch einen Barbier eine Rasur verpassen zu lassen. Hillie war entzückt, unser Haus wieder verkaufen zu können – er hatte es nicht nur an uns verkauft, sondern auch an die Leute, die es uns verkauften, und vorher bereits an die, denen sie es abgekauft hatten. Unser

Haus zu verkaufen war für Hillie schon zum Hobby geworden.

Als er zum Unterschreiben der Papiere zu uns kam, zeigte er sich schockiert über mein wildes, ungepflegtes Aussehen. Seit über einem halben Jahr war ich nicht mehr beim Friseur gewesen, und mein Haar sah aus wie das dieser scheußlichen Trollefiguren, die angeblich süß aussehen.

Hillie wußte bereits, daß ich nicht ganz bei Trost war. Vor einiger Zeit war er mit seiner Frau Anne und den beiden Kindern bei uns zu Besuch gewesen – die erste Gesellschaft seit meiner Veränderung –, und die Sache hatte sich nicht besonders gut angelassen.

Dusty war zum Vorschein gekommen, und da sie nicht wußte, wer Hillie und Anne waren, fragte sie Rikki in ihrem Beisein danach, was die beiden, gelinde gesagt, zusammenzucken ließ. Wenige Minuten später erschien Clay auf der Bildfläche, ging in Kyles Spielzimmer, setzte sich auf den Boden und fing an zu spielen und Selbstgespräche zu führen. Zum Glück waren die Kinder alle im ersten Stock und sahen fern.

Keine Stunde nachdem sie gekommen waren, fuhren die Randalls auch schon wieder weg, machten sich in ihrem Cadillac aus dem Staub. Danach ließen sie nichts mehr von sich hören. Aber das hier war etwas anderes. Hier ging es nicht um Geselligkeit. Hier ging es um Geld. Und Geld ließ sich Hillie nie entgehen.

Es dauerte drei Monate, bis das Haus verkauft war. Daß wir irgendwann die Plane vom Swimmingpool abnahmen, gab wohl den Ausschlag. Vermute ich. Außerdem standen die Gärten in voller Blüte, und die Bäume hingen voller Laub, so daß man nirgendwo ein Haus sah. Nichts als Natur. Völlige Abgeschiedenheit. Wir hatten es

»Steinhaus« genannt. Alle unsere Post trug diese Adresse.

Auch das Päckchen von meiner Mutter mit den Fotos von mir als Baby, das kurz vor Kyles Geburtstag eintrudelte.

21

Verdrängung ist eine kreischende Furie, schlitzt dir mit sägengleichem Geigenbogen den nackten Rücken auf und spielt wieder und wieder ihre schrille, blutrote Melodie, wieder und wieder, bis du den Geist aufgibst. *Ich habe gepetzt. Alles ist meine Schuld. Wie konnte ich das meiner Mutter antun. Ich bin gar keine multiple Persönlichkeit, ich bin nichts als ein Verrückter! Ich habe mir das alles aus den Fingern gesogen. Geh, geh weg!!! Was meinst du, du wärst gar kein Multipler – woher glaubst du denn, daß wir kommen, du Mistkerl? Versuch bloß, mich loszuwerden, und ich dreh' dir den verdammten Hals um! Habe ich mir das eingebildet, oder ist es wirklich geschehen? Ruhig, bleib ruhig. Ich drehe durch! Wer dreht durch? Wer bist du?! Hä? verrückt, verrückt verrückt VERRÜCKT!!!*

Wegen des Briefes meiner Mutter mit der Geburtsurkunde, dann dem mit den Babybildern mußten wir nicht nur den Weggang von Arly vorbereiten, sondern uns zudem mit der Furie Verdrängung herumschlagen, die mich nicht loslassen wollte. Bei Arly ging's jedesmal zu wie in einem Taubenschlag, die Alter egos kamen in schneller Folge zum Vorschein, jedes mit seinem ureigenen Leid, seiner Angst und Verwirrung. Arly war wie der Kerl am schwirrenden Plattenteller in der Ed Sullivan Show, nur daß zum Schluß niemand klatschte.

In meinen fünf Minuten während jeder Sitzung – oft hatte ich das Gefühl, das sei alles, was ich kriegte – kratzte Arly an meiner Verdrängung. Vorsichtig, wie mit einer Feile.

»Mag sein, daß nichts passiert ist«, sagte sie. »Aber wenn dem so ist, was hat es dann mit Davy auf sich? Und mit Clay? Und Dusty? Und Switch? Was mit der Reaktion Ihrer Mutter auf das, was Rikki zu ihr sagte? Würden *Sie* so reagieren, wenn Sie jemand des Kindesmißbrauchs bezichtigte? Nichts sagen und weglaufen? Glauben Sie, daß Davy von seiner Großmutter mißbraucht wurde? Und was ist mit den Anrufen bei Abbey und Dennis? O.K., Sie glauben also, daß es Davy passiert ist. Glauben Sie Clay? Sie glauben also Clay. Und Dusty? Mhm. Switch? Dem auch. Also, wenn Sie glauben können, daß sie mißbraucht worden sind, dann müssen Sie sich im klaren sein, daß sie Teile von Ihnen sind. Sie ... sind ... Teile ... von ... Ihnen. Wenn sie mißbraucht wurden, wurden Sie mißbraucht.«

Verdammt, wie hat mich das angekotzt.

»Wenn Ihre Mutter hereinkäme und sagte, sie habe es getan«, fragte Arly, »würde das weiterhelfen?«

»Natürlich würde es weiterhelfen! Das wäre der rauchende Colt!«

Arly lehnte sich zurück und lachte in sich hinein. »Richtig. Der rauchende Colt.« Das Lächeln wich aus ihrem Gesicht. »Es wird aber nie dazu kommen. Ich beschäftige mich schon seit langem mit diesen Dingen, und nie habe ich erlebt, daß es dazu kam. Es könnte sogar sein, daß Ihre Mutter sich gar nicht erinnert, Sie mißbraucht zu haben, obwohl ich das sehr bezweifle. Sie

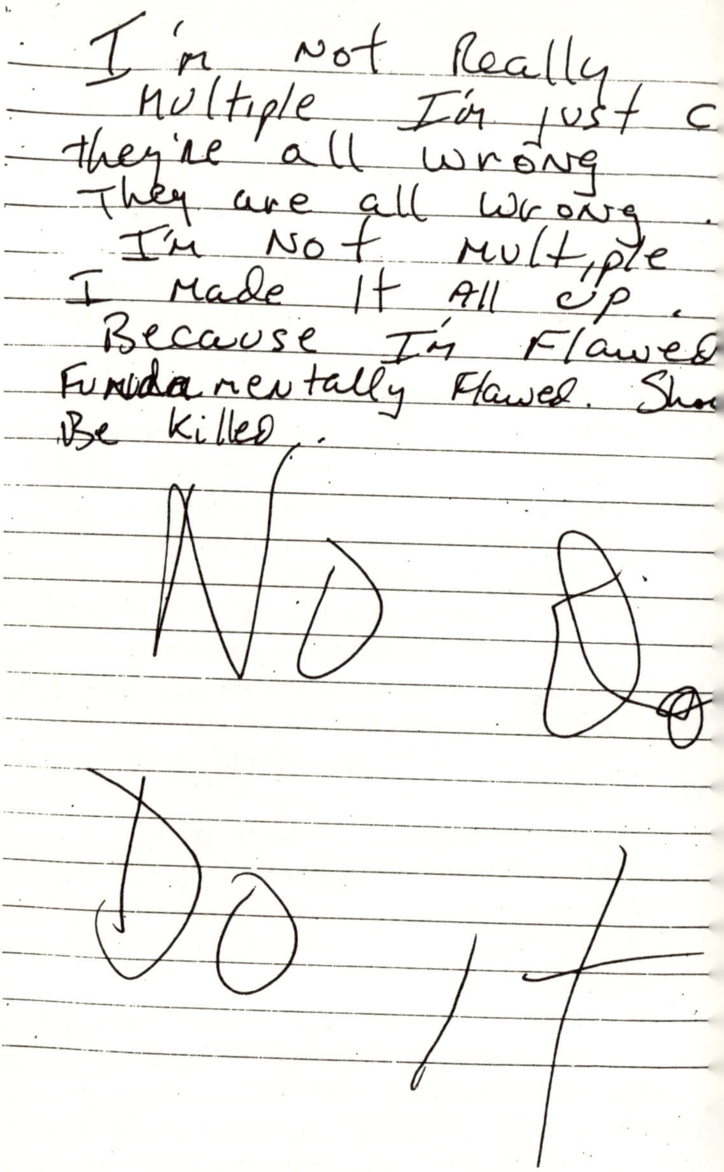
I'm not Really
Multiple I'm just c
they're all wrong
They are all wrong.
I'm Not Multiple
I made It All up.
Because I'm Flawed
Fundamentally Flawed. Shou
Be Killed..
NO DO
DO It

Verdrängung

you stop him —
I dont want any one hurt

hat ganz bestimmt ihre eigene Verdrängung. Eine ganz enorme Verdrängung. Ihre Mutter wird Ihnen den rauchenden Colt nicht bescheren.«

Ihre Worte taten mir in den Zähnen weh.

»So sieht es aus. Auf der einen Seite«, sie hielt ihre rechte Handfläche über der Armlehne in die Höhe, »sind Sie sich der unwiderleglichen Beweise bewußt, daß Sie tatsächlich eine multiple Persönlichkeit sind. Sie haben die Kritzeleien in Ihrem Tagebuch gesehen. Sie hören Ihre Alter egos, wenn sie mit mir reden. Sie hören sie mit Ihnen ... oder mit Rikki ... sprechen. Wenn sie draußen sind, geht die Zeit an Ihnen vorbei.«

»Auf der anderen Seite«, Arly hob jetzt die linke Hand, »haben Sie verflixt gute Gründe zu glauben, Sie seien übergeschnappt. Denn wenn Sie übergeschnappt sind ... wenn Ihr Zustand eine neurobiologische Ursache hat ... sind alle fein raus. Kein Mensch hat Ihnen was getan. Ihre Vergangenheit ist intakt.«

Arly beugte sich vor. »Cam«, sagte sie. »Der rauchende Colt ... sind Sie selber.«

Ein kräftiger Strich mit der Feile. Aber nicht kräftig genug.

Als der Umzug näherrückte, nahm Arly den »Zusammentrieb« vor, wie sie es nannte – sie ließ noch einmal sämtliche Strategien Revue passieren, die sie uns in den vergangenen acht Monaten geholfen hatte zu entwickeln: die Zusammenarbeit der Alter egos, die Eigenberuhigung, das Sich-selbst-Akzeptieren, die Selbstsicherheit. Alles, was dazu beitragen konnte, daß ich während des Umzugs und danach stabil blieb. Arly regte an, ich sollte in meinem Denkapparat einen Raum schaffen, in dem sich jeder sicher wähnen, entspannen, Trost finden konnte. Das tat ich.

Wir nannten ihn den Ruheraum. Ein großer, schöner Raum mit hoher Decke, flauschigem weißem Teppichboden, einladenden Plüschsofas und riesigen Fenstern mit Blick auf einen friedlichen Sandstrand und das weite Meer. Wenn wir uns versammeln, dann immer dort. Wenn einer Probleme hat, geht er in den Ruheraum – nie allein, sondern immer mit jemandem, der ihm über den Kummer hinweghilft.

Arly war sicher, daß wir in der Umgebung von San Francisco jemanden finden würden, der sich mit Dissoziation auskannte. Gegen Ende gab sie mir die Nummer der Sidran-Stiftung in Lutherville, Maryland, einer internationalen Organisation, die Informationen über Dissoziationsstörungen verbreitet.

Ich rief dort an, und eine freundliche Dame nannte mir Einzelheiten über die Gesellschaft für das Studium der Dissoziation (ISSD), die eine nach Staaten geordnete Liste ihrer Mitglieder hatte, darunter viele Therapeuten, die von dissoziativer Identitätsstörung zumindest schon gehört hatten. Desgleichen gab sie mir die Telefonnummer vom Del Amo Hospital in Torrance, Kalifornien, das über eine Spezialabteilung für die Behandlung von Dissoziationsgestörten verfügte.

Zu meinem Erstaunen erfuhr ich auch, daß es in Oakland im sogenannten Sedona-Haus eine Selbsthilfegruppe für Multiple gab. Von Leona nach Oakland waren es nur zwanzig Minuten Fahrt. *Andere Menschen in gleicher Lage wie ich. Unterstützung.* Arly riet mir, diese Gruppe unbedingt aufzusuchen.

»Wenn Sie mit anderen Leuten zusammen sind, die unter demselben Zustand leiden, kommen Sie über Ihre Verdrängung weg«, sagte sie. »Das ist sehr wichtig.«

Unsere letzte Sitzung war herzzerreißend. Per schenkte Arly eine Zeichnung, die wir angefertigt hatten, voll weinender Gesichter, winkender Hände, »Danke«, »Sie werden mir fehlen« und »Ich mag Sie«. Jeder verabschiedete sich von Arly auf seine Weise – umarmte sie, schüttelte ihr die Hand oder nickte ihr lediglich vom Patientensessel aus zu.

Dann war die Sitzung zu Ende. Wir gingen zur Tür hinaus und hinein in die Zukunft. Frau Dr. Arly Morelli war nicht länger unsere Therapeutin.

Auf der langsamen Heimfahrt ging mir unentwegt die Frage durch den Kopf, wer künftig die Spinnfäden beisammenhalten würde.

Zweiter Teil

Um den heißen Brei

22

Rikki, Kyle und ich zogen mit nur drei Koffern und einer halbleeren Tüte Tortilla-Chips in unser neues Zuhause am Blackhawk Court ein. Das zweistöckige Haus war luftig, im kalifornischen Stil gebaut und hatte zwei große, behagliche Wohnräume mit gewölbter Decke. Keine Steinmauern, keine Rehe, weder Sauna noch Schwimmbad, keine langen Wege, kein Sich-Anstoßen, kein Sich-Verirren (hoffentlich).

An unserem ersten Tag in Leona lernten wir Linda und Peter Withington mit ihren beiden Kindern Jack und Taylor kennen, unsere australischen Nachbarn zwei Häuser weiter. Jack war in Kyles Alter, die beiden verstanden sich auf Anhieb. Linda lieh uns ein paar Laken und Kissen und so weiter, bis der Lastzug mit dem Mobiliar und den beiden Autos ankam. Inzwischen meldeten wir schon mal Kyle in der zweiten Klasse der Canyon-Grundschule gleich um die Ecke an.

Rikki und ich fuhren mit dem gemieteten Buick aufmerksam durch die Stadt und versuchten auszusehen, als wären wir in Kalifornien daheim. Ich ließ mir die Haare schneiden, um die Nachbarn nicht zu verschrecken.

Wir beschafften uns kalifornische Führerscheine, lasen kalifornische Zeitungen und kauften im kalifornischen Safeway kalifornische Lebensmittel.

Am dritten Abend wagte ich mich nach Oakland zur Zusammenkunft der Selbsthilfegruppe der Multiplen. Cameron West … der wilde West … im Wilden Westen. Auf dem Hinweg bekam ich unglaublichen Durst und machte mich auf die Suche nach einem Laden, wo ich etwas zu trinken kaufen konnte.

Das wilde Durcheinander in meinem Kopf war überwältigend – die Angst, weil ich mich in einer fremden Umgebung befand und mich allein abends hinausgewagt hatte zu einer Zusammenkunft, auf der ich keinen Menschen kannte, zum Irren-Treffen. Ich befand mich in einem hoch dissoziierten Zustand, war alle und niemand zugleich. Nicht gut.

Ich fuhr von der Nationalstraße 580 ab und gelangte in eine heruntergekommene Gegend. Ich hielt auf einem winzigen Parkplatz vor einem schäbigen Laden mit neonbeleuchtenem Schaufenster, ging hinein und blieb zwei Meter von der Ladentheke entfernt stehen. Ich wußte nicht mehr, was ich wollte.

Geistesabwesend starrte ich den Verkäufer an, einen muskelbepackten, finster dreinblickenden Typ Anfang Zwanzig in hautengem T-Shirt, auf das in großen Buchstaben *I'M READY* aufgedruckt war. Er kaute an einem Kaffeerührstäbchen aus Plastik. Außer uns war niemand im Laden.

Er machte sich hinter der Theke zu schaffen, wartete darauf, daß ich eine Packung Kaugummi nahm oder ihn nach etwas fragte. Ich sagte nichts, stierte ihn nur mit den ausdruckslosen Augen eines geistig Verwirrten an.

Das Plastikstäbchen flippte in seinem Mund auf und ab, während Mr. Ready darauf herumbiß und mich musterte. Wollte ich ihn vielleicht ausrauben? Wie einer, der ein Geschäft überfällt, sah ich allerdings nicht aus. Trotzdem machte ich ihn offenbar nervös, denn nach einer Weile richtete er sich zu voller Größe auf, kniff die Augen zusammen und warf mir einen herausfordernden Blick zu – den »Ich-bin-der-Stärkere«-Blick, den er wohl in Kneipen benutzte.

»Was suchen Sie eigentlich?« zischte er zwischen seinen gelben Zähnen hindurch und streckte mir das Kinn entgegen.

Sein drohender Tonfall rief Leif auf den Plan, der augenblicklich vortrat, um uns zu beschützen, und mein leeres, dissoziiertes Glotzen verwandelte sich in durchdringendes, grimmiges Starren.

»Wie bitte?« fragte Leif mit eisiger Stimme, und in ihm drin fühlte ich, wie sich mein Körper und mein Geist anspannten.

Mr. Ready duckte sich leicht und schraubte seinen finsteren Gesichtsausdruck zurück. Er schürzte die Lippen. »Ich sagte: ›Was suchen Sie?‹«

Da er in einer solchen Gegend nachts arbeitete, begegnete Mr. Ready wohl häufiger irgendwelchem Gesindel und war gewohnt, es zu verscheuchen, indem er die Muskeln spielen ließ und finster dreinblickte. Er gefiel sich vermutlich in der Pose. Hatte sie womöglich vor dem Spiegel einstudiert. Daß Leif ihm, ohne zu fackeln, jederzeit an die Kehle zu springen bereit war, wußte er nicht.

Leif grinste Mr. Ready an wie ein Panther, wenn Panther grinsen könnten, und ließ die Backenmuskeln spielen. Er sagte gefährlich leise: »Frag schön brav, womit du mir helfen kannst … Kleiner.«

Die kaum verhohlene Drohung in Leifs Aussehen beunruhigte Mr. Ready. Einen Augenblick stand er unschlüssig da und sah, auf Verstärkung hoffend, zur Tür.

Leifs stahlharter Blick ließ Mr. Ready keinen Moment los. Draußen war dunkle Nacht, aber hier drin war es in diesem knisternden Moment zwölf Uhr mittags. »Frag schön brav, womit du mir helfen kannst«, wiederholte Leif.

Augenblicklich löste sich Mr. Readys hartes Starren auf; er hatte an Leif etwas wahrgenommen, das viel mächtiger war als er. Er lief rot an und sah aus, als wünschte er sich einen Schoß, auf den er hätte hüpfen können.

»Womit ... äh ... kann ich ... äh ... Ihnen helfen?« fragte er brav.

Leif entspannte sich – wir alle entspannten uns. *Gefahr gebannt.*

Nach einer langen Pause sagte Leif: »Club Soda.«

Mit einem betretenen Ausdruck auf seinem häßlichen Gesicht deutete Mr. Ready nervös auf den Kühlschrank. »Da drüben.«

Leif ging hin, holte eine Dose heraus, trat wieder an die Theke und händigte Mr. Ready, ohne ihn aus den Augen zu lassen, einen Dollar aus. Ready nahm das Geld und gab mit gesenktem Blick heraus. Von meinem Zuschauerplatz aus bemerkte ich seine dreckigen Fingernägel.

Auf dem Parkplatz blieb Leif stehen und fragte nach innen: »Wo ist der Wagen? Wo sind wir?« Sofort kam ich wieder zum Vorschein, und er trat in den Hintergrund. Ich ging auf unsicheren Beinen zu meinem Mietwagen und kletterte hinein.

Die interne Unterhaltung begann.

»Was zum Teufel war das denn?« fragte Bart.

»Nichts«, erwiderte Leif. »Das Bürschchen wurde frech, und Cam war irgendwo draußen im Weltall.«

»D-das ist n-nicht n-nett von d-dir«, sagte Clay.

»Tut mir leid. Ich wollte sagen, Cam war ... ich weiß nicht. Er brauchte Unterstützung, das ist alles. Also habe ich mich eingemischt.«

»O.K.« sagte Per. »Wir alle stehen etwas unter Druck und müssen uns entspannen. Trinken wir dieses Wasser –«

»Club Soda«, korrigierte ihn Switch.

»Trinken wir das Club Soda und atmen tief durch«, sagte Per. »Das wird uns beruhigen.«

»Danke, Leif, daß du eingesprungen bist«, sagte Dusty.

»Nichts zu danken.«

»O.K. ... durchatmen«, sagte Bart.

Wir atmeten tief durch und fühlten uns ein bißchen weniger angespannt. Ich machte die Dose auf und nahm einen Schluck. Das kalte, prickelnde Wasser lief mir die Kehle hinunter und half mir, meine Umgebung klarer zu sehen. Wir atmeten weiterhin tief durch und plauderten miteinander, während wir das Club Soda tranken. Als ich einmal aufblickte, sah ich Mr. Ready heimlich von der Eingangstür herüberlinsen. Als sich unsere Blicke trafen, sah er schnell weg. Es war Zeit, zur Versammlung zu fahren.

Zum Glück war das Sedona-Haus nicht schwer zu finden, und so blieben mir, als ich ankam, bis zum Beginn der Zusammenkunft um 20 Uhr noch etwa zehn Minuten. Das Haus lag in einer steilen Seitenstraße der Lake Shore Avenue in Oakland. Ich fuhr den Wagen in eine Parklücke und drehte, wie ich es bei anderen Leuten in steil ansteigenden Straßen gesehen hatte, sorgfältig die Vorderräder gegen das Trottoir für den Fall, daß der Wagen ins Rollen zu kommen beschloß. Teufel auch, wie gerne wollte ich selber ins Rollen kommen. *Geh einfach rein. Die Leute da drin sind genau wie wir. Wie sie wohl aus-*

sehen? Du meinst, kleine Jungs, die erwachsen sind? Nur Mut, Cam. O.K., laßt mich nicht allein.

Das Sedona-Haus war ganz anders, als ich erwartet hatte; ich hatte mir ein Gemeindezentrum mit Neonbeleuchtung und Pepsi-Automaten vorgestellt, und kein normales zweigeschossiges Haus aus den fünfziger Jahren.

Ich überquerte die Straße und spielte nervös mit dem Schlüsselbund in der Tasche. Einige Leute gingen zielstrebig auf das Gebäude zu; ich fragte mich, ob auch sie multiple Persönlichkeiten waren. Im ganzen Haus brannte Licht. In einem Raum, der früher mal das Wohnzimmer gewesen sein mußte, sah ich eine Gruppe von zehn oder fünfzehn Leuten herumstehen.

Ich ging die Treppe an der linken Seite des Hauses hinauf und kam an mehreren Leuten vorbei, die rauchend und beiläufig plaudernd auf einer großen überdachten Veranda standen. Die Tür stand offen, sehr ängstlich und einsam trat ich ein. Drinnen sah es nach dem aus, was es war – ein Gemeindezentrum in einem Wohnhaus. Ich stellte mich in eine kleine Warteschlange vor einer Anwesenheitsliste, die auf einem Tischchen an der rechten Seite der Diele lag.

Rechts von mir an der Haustür befand sich ein runder Tisch mit Ablagekörben voller verschiedenfarbiger, bedruckter Merkzettel. Daneben lag ein Stapel Sedona-Haus-Informationsbroschüren. Ich griff mir eine Broschüre und blätterte sie durch, während ich wartete. Ich schlug die erste Seite auf und sah eine Aufstellung der verschiedenen Zusammenkünfte, die dort stattfanden: Inzest-Opfer, Liebes- und Sexsüchtige, Union der Multiplen Persönlichkeiten (UMP), Lebensgefährten von Mißbrauchten, Lebensgefährten von Multiplen, und noch ein halbes Dutzend andere.

Jetzt war ich an der Reihe, mich einzutragen. Ich sah auf das Blatt. Die anderen hatten ihre Vornamen eingetragen und welcher Zusammenkunft sie beiwohnen wollten, zudem in einem Kästchen angekreuzt, ob sie zum ersten Mal da waren. Ich überflog die Namen der Teilnehmer des UMP-Treffens – acht Frauen und ein Mann. Ich griff nach dem Stift, um mich einzutragen, und stellte fest, daß meine Hand zitterte. Ich legte den Stift weg, wandte mich um, um wegzugehen, und stieß mit einer dunkelhaarigen Frau zusammen, die an die neunzig Kilo wiegen mochte und ein riesiges purpurrotes und orangefarbenes Cape trug.

»O je, Verzeihung«, sagte ich.

Sie lächelte mir freundlich zu und sagte: »Macht nichts. An mir kommt keiner so leicht vorbei.« Sie streckte mir die Hand entgegen: »Ich heiße Sally. Und Sie?«

Ich nahm die Hand und schüttelte sie: »Cam.«

»Willkommen, Cam.«

»Danke, Sally.« Ich rang etwas nach Atem und wollte raus, um Luft zu schnappen. In mir hörte ich Bart sagen: »*Cool bleiben, Cam.*«

»Zum ersten Mal hier?« fragte Sally. »Ich habe Sie, glaube ich, noch nicht gesehen.«

»Ja«, sagte ich, und mir fielen ihre dunkelgrünen Augen auf. *Irgendwas ist mit denen*. »Ich bin erst vor ein paar Tagen mit Frau und Sohn aus Massachusetts hergezogen.«

»Wow!« sagte sie. »Sie sind sicher ganz schön nervös.« Sally sah mich immer noch prüfend an, versuchte mich einzuschätzen.

»Ja, bin ich«, sagte ich und ließ den Blick durch den Raum schweifen. Dann wandte ich mich wieder ihr zu. »Ordentlich nervös, ja.«

Sie lächelte wieder. »Kann einen beim ersten Mal

ziemlich umhauen. Zu welcher Zusammenkunft wollen Sie?«

»Ich dachte an die von den Multiplen«, es störte mich, es laut auszusprechen.

»Ich hatte schon so ein Gefühl, daß Sie deshalb hier sind.«

»Ach ja?«

»Ja.«

»Und wieso?«

»Ich leite das Treffen seit zwei Jahren. Sind Sie je einem anderen Multiplen begegnet, Cam?«

Ich schüttelte den Kopf.

Sie nickte. »Eben erst diagnostiziert?«

»Vor nicht ganz einem Jahr.«

»Gut«, sagte sie mit einem freundlichen Lächeln. »Die Sitzung fängt gleich an. Sie sind herzlich eingeladen mitzumachen, wenn Sie mögen.«

Sally trat einen Schritt auf die Treppe zu, und ich machte ihr Platz. Ich blieb einen Moment in der Diele stehen und sah zu, wie sie langsam und mühselig in den ersten Stock hinaufstieg. Ich spielte wieder mit den Wagenschlüsseln in meiner Hosentasche. *Lauf nicht davon.* Ich ließ den Schlüsselbund los, trug mich ein und folgte Sally die Treppe hinauf.

Oben wandten wir uns nach links und betraten einen Raum, der wohl das Elternschlafzimmer war, als das Haus noch bewohnt wurde. Es war ein großer, luftiger Raum mit zwei Ausstellfenstern an der Seite des Hauses, an der ich hereingekommen war. Unmittelbar gegenüber der Zimmertür waren zwei Glastüren, die in ein kleines Studio mit Blick auf die Straße führten. Sie waren geschlossen, davor standen drei Klappstühle. Auf dem großen, abgetretenen Orientteppich lagen drei Kissen verstreut, links standen zwei alte Stühle mit lindgrünem Plastikbezug, dazwischen ein Beistelltischchen mit einer Schachtel Kleenex drauf. Rechts erblickte ich eine dunkelbraune Kordcouch. In den Ecken gab es mehrere Stehlampen, um die ganze Decke lief eine Leuchtröhre.

Mitten im Raum stand ein Karton mit Stofftieren, daneben ein kleinerer mit Malbüchern und buntem Zeichenpapier. Außerdem ein Korb mit Farbstiften, Markern und Wachsmalkreiden.

Von den neuen Leuten, deren Namen ich auf der Anwesenheitsliste gesehen hatte, redeten einige miteinander, andere standen schweigend allein da. Eine korpulente Frau mit Ringen an sämtlichen Fingern einschließlich der Daumen hockte auf dem Boden und suchte sich Stifte aus dem Korb zusammen.

Ich ging durch den Raum und setzte mich auf einen der Klappstühle vor den Glastüren. Die anderen begaben sich an ihre gewohnten Plätze und setzten sich ebenfalls. Sally ließ sich nicht ohne Schwierigkeiten auf einen der grünen Stühle sinken und öffnete einen Hefter. Sie lächelte mir zu und begann vorzulesen.

»Diese Zusammenkunft für multiple Persönlichkeiten wird von den Teilnehmern selbst gestaltet und nicht von einem Therapeuten gesteuert. Jede anwesende Person muß auf die Gefühle aller übrigen Rücksicht nehmen. Wenn jemand redet, darf ihn niemand unterbrechen, es sei denn, die sprechende Person bittet darum. Vorfälle von Mißbrauch dürfen nicht plastisch beschrieben werden. Alter egos sind willkommen, aber Kinder dürfen nicht herauskommen oder sich produzieren. Selbstverletzungen sind absolut unzulässig. Für Alter egos im Kindesalter gibt es eine Zusammenkunft an jedem dritten Donnerstag im Monat. Versuchen Sie bitte, Ihre Aussage auf höchstens fünf Minuten zu begrenzen, damit jeder Teilnehmer eine Chance bekommt, sich zu äußern. Sobald alle, die etwas sagen wollen, an der Reihe waren, kann jeder, der will, erneut sprechen.«

Ich ließ meinen Blick durch den Raum schweifen und betrachtete die Anwesenden: ein großes, mageres Mädchen mit durchdringenden braunen Augen und Nickelbrille, deren eines Glas einen Sprung hatte; eine männlich wirkende Frau mit kurzgeschorenem Haar in Armeejacke und Springerstiefeln; Sally; ein blonder Mann mittleren Alters mit stechendem Blick, der einen zerzausten Stoffhasen im Arm hielt; eine Frau mit einer Baskenmütze, in der massenhaft Nadeln steckten; eine hohl-äugige Frau mit langem, schwarzem Kraushaar und einem großen Rucksack, aus dem drei Stofftiere herausschauten; eine junge Frau in ausgebeultem Overall und schwarzer Schirmmütze, die wie wild auf einem großen Zeichenblock herummalte; eine finster dreinblickende Frau mit frisch verbundenen Armen und einem nervösen Zucken im Gesicht; schließlich noch die dralle Frau mit den vielen Fingerringen, die auf dem Boden lag und ein *Sesamstraße*-Malbuch kolorierte. Auf das Buch hatte Clay ein Auge geworfen.

Ohne aufzublicken oder ihre Tätigkeit zu unterbrechen, begann die Frau mit den Ringen zu reden.

»Ich bin Sarah«, sagte sie mit Kinderstimme. »Uns geht es ganz, ganz schlecht, deswegen malen wir jetzt ein bißchen. Heute ist unsere Katze gestorben, und wir mußten sie zum Tierarzt bringen und hatten kein Geld, aber der Mann nahm sie trotzdem. Ich bin rausgekommen, weil ich nicht weinen muß, aber alle anderen wollen weinen, vor allem Margie.«

Im Handumdrehen verlor Sarahs Gesicht jeden Ausdruck. Sie schaute zur Decke und nahm dann den leidenden Ausdruck an, den man auf Kriegsfotos bei Frauen sieht, die ihre toten Kinder im Arm halten. Sie ließ den Malstift fallen, setzte sich aufrecht hin, umfaßte ihre Knie und begann unter herzzerreißendem Schluchzen hin und her zu schaukeln.

»Sssaaaaaammm! Du hast mich verlaaasssen!« stöhnte sie. »Du hast mich verlaaasssen!« Sie rang nach Luft. »Er war einfach tot einfach tot einfach tot«, wiederholte sie wie hypnotisiert und starrte mit tränenüberströmtem Gesicht vor sich hin. Dann machte es klick, der Kanal wurde umgeschaltet, sie war weg und Sarah wieder da. Sie wischte sich mit dem Ärmel das Gesicht ab, ließ sich zu Boden fallen, nahm den Stift und fing an, Ernie auszumalen.

»Seht ihr?« sagte sie obenhin. »Ich hab' euch doch gesagt, daß Margie völlig durcheinander ist.« Danach schwieg sie.

Draußen gab ein Wagen auf der Steigung Gas. Drinnen sagte niemand etwas, man hörte nichts als das leise Kratzen des Buntstifts, den die Frau mit dem ausgebeulten Overall über das Papier zog. Ich konnte nicht glauben, was ich soeben erlebt hatte. Diese Sarah … oder Margie … schaltete schwapp um. Genau wie wir.

Nach einer Minute hob die Frau mit den bandagierten Armen die Hand und sagte: »Jetzt ich.« Alle schauten zu ihr hin. »Ich bin Cinnamon«, sagte sie und spielte mit ihrer Unterlippe.

Darauf alle: »Hi, Cinnamon.«

Cinnamon nahm die Finger von der Lippe und zeigte auf mich: »Wir möchten wissen, wer der Mann da drüben ist.«

Paff! Adrenalin schoß mir ins Blut, ich zuckte unwillkürlich zusammen, und alle im Raum sprangen auf. Ich sauste von meinem Stuhl hoch, mein Herz klopfte wie wild. *Geh!*

Erschrocken sagte Cinnamon: »Tut mir leid. Mein Gott, wie mir das leid tut. Bitte gehen Sie nicht weg«, bat sie und streckte mir ihre verbundenen Arme entgegen. »Ich wollte niemandem Angst einjagen.« Sie lächelte mich freundlich an. »Wollte bloß wissen, wer Sie sind.«

Sally sagte: »Cam, gehen Sie bitte nicht weg. Es ist mein Fehler. Ich habe vergessen, Sie vorzustellen.« Ihre Augen glitten über die Gesichter im Raum. »Hört mal alle her, das ist Cam. Er ist gerade von Massachusetts hierhergezogen.«

»Hi, Cam«, sagten alle. Zögernd setzte ich mich wieder.

»Verzeihen Sie, daß ich Sie unterbrochen habe, Cinnamon«, entschuldigte sich Sally.

Cinnamon verbarg ihr Gesicht in den Händen wie ein verschrecktes Kind. »Hab's nicht bös gemeint«, murmelte sie.

»Ist schon O.K.«, sagte Sally. Sie sah zu mir. »Ist es doch, Cam, oder?«

Ich nickte, obwohl ich mich alles andere als O.K. fühlte. Die anderen schauten wieder zu Cinnamon, die durch ihre Finger lugte.

Cinnamon murmelte: »Mehr habe ich nicht zu sagen. Wollte nur diese Frage stellen. Ich bin fertig.«

Nun ruhten die erwartungsvollen Augen aller auf mir. Meine Haut fühlte sich gespannt an. Ich wollte dableiben. Ich wollte reden. Ich wollte mich verstecken. Ich wollte aus dem Fenster springen. Ich wollte zu Rikki. Ich wollte zu Arly. Clay wollte malen.

Ich sah flehentlich zu Sally hinüber, öffnete den Mund, um etwas zu sagen, brachte aber nichts heraus. Ich kämpfte gegen die aufsteigenden Tränen an. Mein Blick wanderte langsam durch den Raum, eine einzelne Träne lief mir über die Wange.

Wieder versuchte ich zu sprechen, und diesmal kamen Worte aus meinem Mund.

»I-ich bin noch nie einem anderen Multiplen begegnet. Ich möchte hier reden, habe aber Angst, daß ich mich wegschalte und nicht wieder zurückfinde, weil ich so nervös bin.«

Meine Hände waren eiskalt, ich steckte sie zwischen die Schenkel und rieb sie aneinander, um mich zu sammeln, um nicht wegzulaufen. Ich ließ den Kopf hängen. Meine Nase fing an zu laufen, und ein Tropfen fiel auf mein Bein. Das junge Mädchen mit der kaputten Brille reichte mir die Kleenex-Schachtel, ich nahm ein paar Tücher heraus, putzte mir die Nase und nickte ihr zu. Ich blickte auf meine Hände hinunter.

»Ich möchte bleiben. Ich möchte nicht weglaufen. Wir haben keinen Therapeuten. Wir kennen keinen Menschen … ich habe solche Angst.«

Die Tränen kratzten wie Hunde an der Tür. Sie wollten raus. *Zurück! Zurück mit euch*! Zu spät. Ich beugte mich vor, legte das Gesicht in die Hände und ließ sie heraus.

Niemand sprach, während ich weinte. Das Mädchen mit der Brille reichte mir erneut die Kleenex-Schachtel, ich bediente mich, tupfte mir die Augen ab, schneuzte mich. Nach etwa einer Minute konnte ich endlich wieder sprechen.

»Tut mir leid.«

»Schon gut«, sagte Sally.

»Braucht Ihnen nicht leid zu tun«, sagte Sarah.

Schauder, schwapp, weg, Clay kam raus.

»W-was m-malst du?« fragte er Sarah.

»Das hier«, sagte sie und zeigte ihm das Malbuch. »Wer bist du?«

»C-clay.«

»Hi, Clay.«

Weitere Leute im Raum sagten: »Hi, Clay.«

Er schwieg, weil alle ihn anblickten.

Sally fragte: »Clay, weißt du, wo du bist?«

»N-nein.«

»Das hier ist eine Gruppe von Leuten mit multipler Persönlichkeit. Leute mit anderen Leuten drin.«

Clay sagte nichts.

»Cam ist jetzt mit Reden dran«, sagte Sally.

Clay sah sie verständnislos an.

»Weißt du, wer Cam ist?« fragte Sally.

Clay nickte und wies mit dem rechten Daumen über die Schulter, was heißen sollte, ich sei irgendwo hinter ihm.

»Also, hier kann nicht jeder einfach so drauflosreden«, sagte Sally. »Es darf immer nur einer sprechen, O.K.?«

»O.K.«

»Willst du reden, oder soll Cam oder sonst jemand rauskommen?«

Clay sagte keinen Ton.

Sally fuhr fort: »Dann sage ich Cam, er soll wiederkommen. Bist du einverstanden, Clay?«

Er nickte.

»Cam?« sagte Sally. »Cam soll herauskommen.«

Schauder, schwapp, ich war da. Alle Augen ruhten auf mir. Ich sah mich im Raum um und versuchte mir mühsam klarzuwerden, was geschehen war. *Wechsel... Clay... Malbuch... Zusammenkunft... Kalifornien.* Ich barg das Gesicht in den Händen, beschämt, daß man mich erwischt hatte. Wieder kratzten die Hunde an der Tür.

Das Mädchen mit der Brille stand auf und klopfte mir sanft auf die Schulter. »Ist schon O.K.«, sagte sie.

»Ja, ist O.K.«, wiederholte Sarah.

Aber es war nicht O.K.

23

Kyle mochte seine Lehrerin und fand schnell einen neuen Freund – Jack; Rikki sorgte dafür, daß aus unserem neuen Haus ein Zuhause wurde; die Sonne schien und draußen war's schön. Aber in mir drin …

Der Knochentraum kehrte wieder, obwohl Bart schwor, diesmal habe er nichts damit zu tun. Mit dem Traum kehrte der Nachtschweiß zurück, die Enge, Omas heiseres Lachen und Mamas gräßliches »Schschsch«. *Bitte nicht! Ich hab' keinen Halt. Keinen Boden unter den Füßen. Das darf nicht sein! Es ist gut es ist gut es ist gut es ist schlecht es ist schlecht es ist schllleeechcht! Böses ist schllleeeechcht! Aaaahhh!!!*

Die Wechsel zwischen den verschiedenen Persönlichkeiten geschahen in rasender Folge und entzogen sich jeder Kontrolle; die dröhnende Trommel meines Denkapparats rollte und hüpfte den Abhang hinunter und sauste über den Rand des Abgrunds. Rikki konnte sie nicht aufhalten. Arly war nicht da. Wieder stürzte ich im freien Fall ins wütende Räderwerk des Wahnsinns. Dann fand Switch das Fahrtenmesser und schnitt mir ritsch ratsch ritsch dreimal tief in den rechten Arm.

Rikki sauste mit mir ins Krankenhaus, und mein rechter Arm wurde genäht, und die Schwestern blickten besorgt, und der Arzt sagte nichts, und Rikki rief Arly an, und Arly rief in Del Amo an, und zack, zwei Tage später setzte Rikki Kyle in der Schule ab und flog mit mir nach Los Angeles, um mich in der Gummizelle abzuliefern. Mit einem Schlag war Cameron West samt Genossen in der Abteilung für Dissoziativ Gestörte. Los Angeles, Baby! Nerze und Geld und Myrna Loy. Und meine liebe, süße Rikki war wieder in Leona, bevor Kyles Schule aus war.

Ein Psychiater mit funkelnder Golduhr und buschigen Augenbrauen untersuchte mich in einem kleinen Zimmer und schickte mich für vierundzwanzig Stunden in die geschlossene Abteilung, damit ich mir keine neuen Verletzungen zufügen konnte. *Ich kann Ihren Kopf nicht in Ordnung bringen, wenn Ihr Körper tot ist*. Der diensthabende Psychiater gab mir Risperidon, um die Persönlichkeitswechsel zu verlangsamen, Serax gegen die Angst und Ambien, damit ich schlafen konnte. Alle drei Medikamente wirkten.

Am folgenden Tag spürte ich die Wärme der Sonne auf meinem Gesicht, während mich ein freundlicher Latino mit dem Vornamen Angel über den geschlossenen Hof in die Abteilung für Dissoziativ Gestörte zurückbrachte, in der Hand die schwarze Nylontasche, die Rikki für mich gepackt hatte. Zwei Frauen, die eine dünn wie ein Strich, die andere von gigantischem Körperumfang, saßen auf Terrassenstühlen und rauchten, neben ihnen stand eine Wärterin. Sie musterten mich von oben bis unten, als ich an ihnen vorbei ins Gebäude ging. Der rechte Arm der Dürren war in Gaze verpackt. Meiner auch, der Verband wurde aber vom Ärmel meines Hemds verdeckt.

Die diensttuende Schwester, eine gutaussehende Frau

mittleren Alters mit langem, rötlichem Haar, Sommersprossen und großen Händen, stand mit einem Klemmbrett in der Hand in der Tür. Sie sagte, sie heiße Sue, und begrüßte mich mit Namen, was mich überraschte, denn ich konnte mich nicht erinnnern, ihr schon begegnet zu sein. Sie fügte hinzu, sie werde in wenigen Minuten bei mir sein und mich über alles ins Bild setzen. *Zeig mir's, Rotschöpfchen.* Angel faßte mich leicht am linken Ellbogen und führte mich den Flur entlang.

Wir kamen an einem großen Raum mit Sofas, Stühlen und Sitzkissen vorbei. Gegenüber befand sich ein kleineres Zimmer. Dort saßen fünf Frauen von unterschiedlichem Alter und Körperbau an einem Tisch und malten oder bastelten mit Buntpapier. Sie sahen auf und musterten mich wie Kinder einen neuen Schüler in der Klasse.

Neben diesem Raum war ein anderer, der mir bekannt vorkam; hier war ich am Abend zuvor untersucht worden. Am Schwesternzimmer bogen Angel und ich links ab in den Flur, in dem sich mein Zimmer befand. Wir kamen an einem Raum vorbei, in dem ein Fernseher und ein Trainingsfahrrad standen und Stapel von Spielen und Kinderbüchern lagen. Kurz bevor wir mein Zimmer betraten, drang mir Bratenduft in die Nase. Das Mittagessen wurde serviert.

»Nummer sieben«, sagte Angel. »Eine Glückszahl. Sie haben ein Einzelzimmer, guter Mann.« Seine Stimme dröhnte in meinem Kopf. Er legte meine Tasche auf das Bett, das in der Nähe der Tür stand, und richtete sich auf. »Alles in Ordnung, Cameron?«

»Ja«, log ich.

»Nachher zeige ich Ihnen, was es hier so alles gibt«, sagte er, blinzelte mir zu und ging vor sich hin pfeifend hinaus. Die Melodie war mir unbekannt, aber pfeifen konnte Angel.

Ich sah mich in unserem Zimmer um. Abgesehen davon, daß es mit Teppichboden ausgelegt war und die Möbelstücke angeschraubt waren, ähnelte es sehr einem College-Schlafraum. Ich zog den Reißverschluß der Tasche auf und holte Toby heraus. Es störte mich, daß er die ganze Zeit eingesperrt gewesen war; ich hatte Angst, er könnte nicht genug Luft kriegen.

Reiß dich zusammen, Dummkopf, er ist doch nur ein Stofftier. He! He! Sei nicht so häßlich zu ihm. Tut mir leid, Per. Wo sind wir? Im Krankenhaus. Warum? Sein Arm wurde aufgeschlitzt. Oh. Ich fürchte mich. Ich mich auch. Tief durchatmen, alle. In den Ruheraum. Auspacken, Cam. O.K.

Ich packte die Kleider aus und fand unten in der Tasche vier Kinderbücher: zwei mit Pu dem Bären, eins mit Grover und Richard Scarrys *Was die Leute den lieben langen Tag tun* – unser aller Lieblingsbuch. *Ein langer Weg, Rik.* Ich stopfte alles in die Kommode, die gegenüber dem Bett an die Wand geschraubt war, und stellte im Badezimmer die Toilettentasche aufs Waschbecken. Ich öffnete sie, um ein Stück Seife, die Rasiercreme und mein Rasiermesser herauszuholen. Kein Rasiermesser. *Hat Rikki vergessen, es einzupacken? Nein. Sie müssen es weggenommen haben, als wir ankamen. Scharfe Gegenstände sind nicht erlaubt.*

Ich wusch mich und sah einen Moment in den Spiegel, aber das war gefährlich. *Ich hasse Spiegel! Weg mit dem Spiegel!* Als ich aus dem Badezimmer kam, klopfte Sue zweimal an die offene Tür. Laut. Sie hatte die richtigen Knöchel dafür.

Sie gab mir ein paar Informationsblätter und ging mit mir kurz das ausgeklügelte Programm durch. Sie sagte, später würde ich zu meinem Therapeuten gebracht. »Dr. Mandel ist ein ausgezeichneter Therapeut«, sagte sie. »Sie haben Glück.« Wenn man Angels Hinweis hinzunahm, hatte ich binnen zehn Minuten schon zweimal Glück gehabt.

Sue brachte mich in den Mal- und Bastelraum, der gleichzeitig als Speisezimmer diente. Die anderen Patienten aßen schon zu Mittag. Es gab keinen Braten, sondern irgendeinen undefinierbaren Mischmasch mit Pommes frites. Mmm. Feine Küche für die Blödmänner. Bea, eine schwarze Stationsschwester mittleren Alters mit Knopfaugen und eigenem Klemmbrett, stellte mich mit lauter Stimme den anderen vor.

Ich erkannte die zwei Frauen vom Hof wieder. Die mit dem verbundenen Arm hieß Toni, die andere Dawn. *Toni und Dawn. Tie a yellow ribbon 'round the blah, blah, blah. Du Blödmann.* Ich sah mir die anderen an: Lucy, eine rundliche Frau, die ein bißchen Shelley Winters in *Die Höllenfahrt der Poseidon* ähnelte; Debbie, eine junge Wasserstoff-Blondine mit himmelblauen Augen – vielleicht gefärbten Kontaktlinsen – und viel Make-up; eine junge, übergewichtige Schwarze, von der mir Debbie sagte, sie heiße Charlene, sei aber derzeit ein Kind namens Bunny, das nicht reden könne; Stephanie, eine verhärmte, mittelgroße Frau etwa in meinem Alter, Brillenträgerin; und Kris, eine spindeldürre Dunkelhaarige Mitte oder Ende Zwanzig in schwarzem Trägerrock und schwarzen Stiefeln mit unzähligen Narben an den Armen.

»Ich bin Jody«, sagte Kris mit einer viel jüngeren Stimme als noch vor wenigen Sekunden.

Schauder, schwapp, Clay.

»Ich bin C-Clay«, sagte Clay.

»Hi, Clay«, sagte Jody mit breitem Lächeln und nahm eine Gabel voll von ihrem Teller. Mit vollem Mund fragte sie: »Magst du das Essen?«

»Ja!« Ich gab ihm innerlich einen Schubs. »Ich m-meine, n-nein. Ist n-nicht gut für ihn.«

»Für wen, für Cam?« sagte Stephanie, die nicht mehr Stephanie war.

Clay sah zu ihr hin. »J-ja. W-wer bist du?«

»Ich bin Robbie«, sagte sie. »Ich bin auch ein Junge!«

Allmählich wurde es interessant.

»H-hast d-du einen R-roller?« fragte Clay. »Einen roten?«

»Neeiin.« Robbie machte eine wegwerfende Handbewegung. »Ich kann noch nicht fahren. Möchtest du gern Pommes frites haben?«

Clay nickte.

Robbie sagte: »Ach so, ja. Verzeihung.«

Mit starkem Südstaatenakzent sagte Lucy: »Ich bin Daphne«, verbeugte sich leicht und zeigte mit der Gabel auf sich. »Robbie, ich glaube, er meint einen Roller, den man mit den Füßen anschiebt.«

Ein Stück Pommes frites auf halbem Weg zum Mund, sagte Clay zu ihr: »Ja, genau, einen roten.«

»Ich auch«, sagte Jody und trommelte auf den Tisch. »Ich will einen Roller, ich will einen Roller, ich will einen Roller.« Alle außer Bunny fielen ein und trommelten mit. »Ich will einen Roller. Ich will einen Roller.«

Bea kam angerannt. »Was zum Teufel ist hier los?« brüllte sie. »Hört sofort auf, auf den Tisch zu schlagen. Was soll das heißen, einen Roller?«

Debbie plapperte drauflos: »Clay hat gefragt, ob Robbie einen Roller hat, und Robbie dachte, er meinte einen Motorroller, und Daphne sagte: ›Nein, einen Roller-Roller‹, und Robbie sagte, sie möchte einen haben, und –«

»Schon gut, Debbie«, sagte Stephanie und schüttelte den Kopf. Robbie war weg.

Bea sah Clay an und deutete mit ihrem Klemmbrett auf ihn. »Wer ist Clay? Du?« Clay war sprachlos. »Siehst du, was du angerichtet hast, Clay?«

Robbie kam zurück. »He, das ist nicht fair, Beatrice«, sagte er.

»Bea, es war nicht seine Schuld«, sagte Kris ruhig.

Clay verzog das Gesicht und fing an zu weinen.

»Och, wein doch nicht, Clay«, sagte Daphne, tätschelte ihm den Arm und gab ihm ihre Serviette. Schauder, schwapp, Bart war da.

»Hi«, sagte er mit einem breiten Lächeln; die Quelle versiegte. Er wischte sich die Augen mit der Serviette ab. »Was ist hier los?«

»Wer bist du denn?« fragte Toni.

Er lächelte ihr zu. »Ich bin Bart.« Alle außer Bunny, die sich gerade den Mund vollstopfte, sagten: »Hi, Bart.« Er sah lächelnd in die Runde, schaute dann auf seinen Teller und zog eine Schnute. »Igitt.«

Dawn sah gierig her. »Wenn du's nicht magst, nehm' ich es.«

»Bedien dich.« Er hielt ihr den Teller hin.

»Laß mir die Pommes frites«, sagte er.

»Mach' ich.«

Knopfauge bellte: »Bart, ich bin Bea. Die Tagesschwester. Tut mir leid, wenn ich Clay in Bedrängnis gebracht habe.«

»Die Sache mit dem Roller?«

»Mhm.«

»Schon gut. Wir sind alle ein bißchen nervös. Cam ist weit weg, da könnt ihr Gift drauf nehmen. Ich sitze jetzt an seiner Stelle hier. Hey, wer von euch kommt noch von woanders her?«

»Ich bin aus Laguna«, sagte Kris fröhlich.

»Milwaukee«, sagte Toni.

»Schäm dich, Oregon«, sagte Dawn mit vollem Mund.

»Was?« fragte Debbie angeekelt. »Iß erst mal den

Mund leer, hörst du?« Sie lächelte Bart munter an. »Ich bin aus Reno.«

Dawn schob sich das Essen in die rechte Backe. Wenn sie jetzt auch noch ausspuckte, würde Bart an die Decke gehen. »Salem, Oregon«, sagte sie, ohne aufzublicken. *Rasiert sich wahrscheinlich nie die Achselhöhlen,* dachte Bart.

»Wir sind aus Modesto«, sagte Daphne breit.

»Gleich hier oben.« Robbie stach mit dem Finger in die Luft.

Bart sah zu Charlene hinüber. Sie umkreiste den Saturn. Debbie deutete mit dem Daumen auf sie: »Sie kommen aus St. Louis.«

Robbie wechselte zu Stephanie zurück, die jetzt sagte: »Und woher kommst du, Bart?«

»Wir sind gerade in die Nähe von San Francisco umgezogen. Von Massachusetts.«

»Gut«, sagte sie und breitete die Arme aus, »willkommen in L.A.«

Eine halbe Stunde später kam ein großgewachsener Bursche mit gepflegtem Bart, lockigem Haar und Designerbrille zu mir in den großen Raum. Er war schätzungsweise Ende Vierzig und trug einen teuren Gabardineanzug, ein weißes Baumwollhemd mit schmaler Krawatte und schwarze Cowboystiefel aus Eidechsenleder.

Er lächelte mir freundlich zu. »Cameron, ich bin Ed Mandel«, sagte er. »Ist es Cameron, der im Augenblick draußen ist?« Ed hatte eine Baritonstimme.

»Ja, Cam«, antwortete ich nervös und stand von der Couch auf. Ed hielt mein Krankenblatt in der Linken und reichte mir die Rechte. Ich schüttelte sie vorsichtig.

»Lassen Sie uns woanders hingehen, Cam, und uns ein wenig unterhalten.«

Hinter dem Schwesternzimmer hielten wir uns rechts.

Ed schloß ein paar Doppeltüren auf, und wir gingen forsch über einen stillen Flur in ein kleines Zimmer mit zwei Stühlen und einer Lampe auf einem Schreibtisch. Die Pommes frites lagen mir schwer im Magen, und mein Mund fühlte sich an, als hätte ich Filz gekaut.

Wir setzten uns. Die Ellbogen auf die Knie gestützt, beugte sich Ed vor und sah mir in die Augen. »Ich will Ihnen helfen, Cam«, sagte er. »Ihnen allen.«

Augenblicklich verschwand ich in den Wolken.

Ed fiel auf, daß bei mir ein Wechsel vonstatten ging. »Cam«, sagte er. »Sie müssen noch einen Augenblick hierbleiben.«

Ich trat aus den Wolken, war wieder im Zimmer, aber nur so gerade eben. In mir wurde es laut.

»Gut«, sagte Ed, der merkte, daß mir klarer wurde. »Ich habe mit Dr. Morelli gesprochen und –«

»Arly«, unterbrach ich ihn.

»Arly. Sie hat mir von Ihnen berichtet.« Er sah auf das Krankenblatt, dann wieder zu mir. »Sie haben eine Frau und einen kleinen Jungen.«

Ich nickte. »Rikki und Kyle.«

»Während Sie hier sind, werde ich mein Bestes tun, damit es Ihnen besser geht, für Rikki und Kyle«, sagte er. »Und auch für Sie selbst.« Er blickte auf meinen verbundenen Arm. »Zum erstenmal passiert?«

Ich nickte. »Das war nicht ich.«

Ed sah mir fest in die Augen. »Ich verstehe. Verstehen Sie es?«

Ich schüttelte den Kopf.

»Es gibt mehrere Gründe, warum sich Menschen etwas antun. Meist hängt es mit Schmerz zusammen. Sie wollen ihn herauslassen oder zeigen. Bei Leuten mit Dissoziation ist es manchmal ein Alter ego, das eine Botschaft aussendet.«

Eds Worte verursachten ein stechendes Prickeln in meinen Ohren.

»Arly sagte, Sie hätten ein Verdrängungsproblem.«

Ich sagte nichts.

»Das hat fast jeder, der hierher kommt«, fuhr Ed fort. »Es gehört zu den größten Hindernissen auf dem Weg zu einer Heilung.« Er schaute auf das Krankenblatt. »Sie hat mir die Namen der Alter egos genannt, von denen sie weiß. Ich wette, sie sind alle neugierig auf mich und jetzt ganz Auge und Ohr.« Er lächelte wissend.

Dann plötzlich, schwapp, schwapp, kamen alle nacheinander in schneller Folge heraus, lärmend oder ängstlich oder weinend oder Witze reißend oder zornig oder verwirrt, es war, als purzelten übervolle Abfallbehälter von einem schnell fahrenden Lkw herunter, während Ed mit quietschenden Reifen nach links und rechts kurvte, immer drauflos, die Herausforderung genoß, die Prüfung bestand. *Eddie ist Weltmeister. Eddie ist Spitze.*

Am Ende der Fahrstunde goß mich Ed wieder in menschliche Gestalt und spazierte langsam mit mir zum Schwesternzimmer. Als wir uns trennten, sagte er, bevor wir die Klinik verlassen könnten, müßten wir zu Hause einen Therapeuten haben, und versprach, er werde mir helfen, einen zu finden. Ich glaubte ihm. Ed klopfte mir sanft auf die Schulter, verschwand dann, um sich Notizen zu machen und sich auf seine nächste Sitzung vorzubereiten.

Ich hing im Flur wie ein Sandsack.

Aus dem großen Raum drang lautes Gelächter. Kris steckte den Kopf zur Tür heraus und sang: »Cam ist wieder da, Cam ist von Man-dy zurück!«

»Bring ihn rein!« rief Robbie.

Kris hüpfte breit grinsend auf den Flur und packte mich an meinem verletzten Arm. Ich zuckte zusammen und tat einen Schritt zurück. »Verzeihung, hab' ich dir weh getan?« Sie spürte den Verband unter meinem Ärmel und verstand sofort.

»Nein, Kris. Geht schon wieder.«

»Ich bin Jody!«

Schauder, schwapp, und Clay war da.

»H-hi, Jody.« Clay sah zwar zu ihr hin, hielt aber den Blick gesenkt.

»Komm schon, Clay. Wir spielen ein Spiel.«

»W-welches S-spiel?«

»Rutschbahn und Leiter! Willste mitspielen?«

Er nickte eifrig. »Ja.«

»Los geht's.«

Robbie saß am Tisch, vor sich das ausgebreitete Spiel.

»Hi, Clay«, sagte Robbie, »warum guckst du keinem in die Augen? Wir tun dir nicht weh.«

Jody schüttelte den Kopf. »Das würden wir nie tun.«

Clay sah sie vorsichtig an, schaute weg, dann wieder langsam hin.

Jody lächelte strahlend. »So ist's richtig.«

Jetzt schaute Clay Robbie an, und das Spiel wiederholte sich: Hinschauen, wegschauen, langsam wieder hinschauen.

»Großartig, Clay. Jetzt brauchst du nicht mehr wegzusehen.« Er deutete auf das Spiel. »Welche willst du, grün, rot oder blau?«

»B-blau.«

»Gut«, sagte Robbie. »Ich nehme die Grünen. Aber ist egal. Ich muß gleich zu Mandy und habe Angst.«

»W-wieso? Er ist n-nett.«

»Weil er mich heute älter werden lassen will. Stephanie ist soweit, daß ich älter werden kann.«

Clay sah verwirrt drein. Er wußte nicht, daß Therapeuten manchmal versuchen, Alter egos älter werden zu lassen, um den Abstand zwischen den Persönlichkeiten zu verringern. Ich wußte es auch nicht.

Jody sagte: »Mandy wird nichts Schlimmes tun, Clay, er macht es auch nicht mit allen, also keine Angst. Mit uns tut er es nicht, und wir sind schon lange da.«

»G-geht ihr w-weg?« fragte Clay Robbie und sah ihm diesmal fast direkt in die Augen.

»Nicht richtig, aber ich werde anders sein. Ich glaube, ich soll fünfzehn oder so was werden. Oje, Mandy ist da. Ich muß jetzt weg. Wünsch mir Glück.«

Ed schaute lächelnd zur Tür herein und winkte uns zu. Während sie den Flur hinuntergingen, sagte Robbie: »Sind Sie auch ganz sicher?« Eds sonore Stimme erwiderte: »Mhm.«

An diesem Tag fanden im großen Raum noch zwei Gruppensitzungen statt, die eine übte Zornbeherrschung – in der durfte Switch nicht raus –, die andere unter Eds Leitung hieß Verarbeitungsgruppe.

Ich konnte es nicht abwarten, bis ich drankam, und hob sofort die Hand, als Ed fragte, ob irgend jemand über bestimmte Dinge sprechen wolle. Aber ich war nicht der einzige. Also saß ich geduldig da, drückte ein kleines Kissen auf meinem Schoß zusammen, während ich zuhörte, erst Dawn, anschließend Debbie. Dann sah Ed mich an und sagte meinen Namen.

Ich hielt mich krampfhaft an dem Kissen fest und platzte heraus: »Ich will nicht hier sein. Ich bin nicht so!«

Dawn lachte in sich hinein. »Ich auch nicht«, murmelte sie.

»Nicht wie?« fragte mich Ed.

»Das wissen Sie.«

Er wartete. Alle verhielten sich still.

»Was, Sie warten, daß ich es sage? Ich will es nicht sagen.«

»Was sagen?« fragte Ed.

»Herrgott, das kotzt mich an!«

Toni zupfte an ihrem Verband. »Gönnen Sie ihm eine Verschnaufpause«, sagte sie.

Ed schaute sie an, dann wieder mich. »Was sagen?« wiederholte er.

»Multipel, O.K.? Multipel. Verdammt! Das … bin … ich … nicht. Ich gehöre nicht hierher.«

»Ha!« lachte Debbie. Sie legte die Hand vor den Mund und sagte: »Huch.«

»Ich hab' euch alle beim Mittagessen gesehen«, sagte Daphne.

Toni machte Sirenengeräusche: »Ehng … ehng … ehng, Verdrängungsalarm.«

Vom Kissenzusammendrücken taten mir die Finger weh. Ich wollte wie ein Blitz zur Tür hinaus.

Nach ein paar Sekunden sagte Ed: »Ich verstehe, was Sie empfinden, Cam, aber ich glaube schon, daß Sie hierhergehören.« Er sah sich im Raum um und grinste. »Möchte sonst noch jemand woanders sein?«

Toni brach in Tränen aus. »Ich habe deswegen meine Kinder verloren. Mein Mann hat sie mir weggenommen.« Sie kreischte: »Ich will auch nicht hier sein!« und verbarg ihr Gesicht in den Händen. Dawn tätschelte ihr das Knie.

»Ich aber«, fiel ihr Kris ins Wort, und ich entnahm dem Tonfall, daß es Jody war. »Hier können wir raus und mit anderen Alter egos reden und Spaß haben. Ich finde es hier phantastisch.« Sie winkte mir zu und sagte: »Hi, Clay«, ich schauderte und schwapp – Clay sagte: »Hi, J-jody.«

»Siehste?« sagte Jody. »Macht Spaß.«

»Sp-paß«, wiederholte Clay.

Nach dem Abendessen und Duschen holte ich mein Tagebuch heraus. Der Stift wanderte von Person zu Person, wie immer, und ich war im verzweigten Geäst meines seltsamen Baumes verschlungen.

Bart: »Nicht so – kann man dem Kerl überhaupt glauben? Der hartnäckigste Bursche, dem ich je begegnet bin.«

Dusty: »Das ist kein schönes Gerede, Bart.«

Per: »Durchatmen, Cam. Du mußt das nicht allein durchstehen.«

Ich holte tief Luft, die Spannung ließ etwas nach.

Per: »Gut so. Das ist für uns alle nicht leicht.«

Bart: »Verdammtes Gehupe!«

Switch: »Ich hasse dich!!«

Per: »Ruhig. Beruhigt euch. Cam?«

Cam: »Was ist?«

Per: »Schmeiß uns nicht raus.«

Cam: »Ich weiß nicht, was ich tun soll. Tut mir leid.«

Im Flur rief jemand: »Telefon für Cam West!« *Häh?* Die Stimme im Flur rief wieder: »Cam West ans Telefon!« *Moment. Moment. Cam West ans Telefon. Das muß Rikki sein. Rikki ruft an. Ja, deine Frau. Du hast eine Frau. Wirklich? Und einen Sohn. Einen Sohn? Ja, ich habe einen Sohn.*

»Danke, ich komme«, rief ich zurück. Ich warf mir ein paar Sachen über, sprintete zu den Patiententelefonen beim Schwesternzimmer und griff nach dem Hörer, der an der Schnur baumelte.

»Hallo?« rief ich außer Atem.

»Hi, Cam«, sagte Rikki fröhlich. *Rikki, meine Rikki.* »Kyle steht neben mir und möchte als erster mit dir reden. Ich geb' ihn dir.«

Ich hörte die gedämpften Geräusche bei der Übergabe des Hörers, dann sagte Kyles Stimme: »Hi, Dad.«

Dad. Er nennt mich Dad. Ich sagte dir doch, daß du einen Jungen hast.

»Hi! Wie geht's denn meinem Sohnemann?«

»Gut«, sagte er. »Dad... darf ich dich was fragen?«

»Sicher doch.« *Konzentrier dich. Du sprichst mit Kyle, deinem Sohn.*

»Wann kommst du wieder?« Kyle dachte, ich sei auf Geschäftsreise.

»Bald, mein Kleiner. So in zwei Wochen.«

»Wohnst du in einem großen Hotel?« Ich beobachtete, wie eine Nachtschwester Charlene zu trösten versuchte, die heulend vor ihrem Zimmer auf dem Boden lag. Ich hielt die Hand vor die Muschel, damit Kyle es nicht mitbekam.

»Ja.«

»Gibt's da einen Getränke- oder einen Süßigkeiten-Automaten?«

»Ich glaub' schon, aber ich kauf' so was ja nicht.« *Reiß dich zusammen.*

»Trotzdem hast du Glück«, sagte er. »*Ich* würde mir ein Snickers holen und eine Limo und mich vor den Fernseher setzen.«

Ich brachte ein leises Lachen zustande. »Das glaube ich dir sofort.«

»Dad«, flüsterte Kyle. »Bringst du mir was mit? Eine G.I. Joe-Figur? Roadblock heißt der, den ich mir wünsche.«

Ich hörte Rikki im Hintergrund sagen: »Sag Dad, daß du ihn lieb hast.«

»Ich hab' dich lieb«, sagte Kyle mit seinem süßen Stimmchen. »Bringst du ihn mir mit?«

»Mal sehen. Ich hab' dich auch lieb.« Wieder die gedämpften Geräusche beim Hörerwechsel, dann war Rikki in der Leitung.

»Hi. Kyle ist ins Spielzimmer gegangen. Mach dir keine Sorgen wegen der Spielzeugfigur; ich beschaffe sie, dann kannst du sie ihm geben, wenn du nach Hause kommst. Wann, glaubst du, wird das sein?«

»Ich weiß nicht. Zwei Wochen vielleicht?« Ich wurde unruhig. Ich befand mich immer noch auf dem Baum. »Ich dachte, ich wäre zu Hause«, sagte ich.

»Dein Zuhause ist hier«, sagte Rikki bestimmt. »Bei uns.« Kühles Schweigen, während ich hinunterkletterte. »Erzähl mir, wie's dir geht«, sagte sie. »Hat dir wieder jemand etwas angetan?« Rikki wollte einen Zustandsbericht.

»Nein. Keine Schnitte.«

»Keine Schnitte, das ist gut. Deine Therapeutin, wie ist sie – oder ist es ein Er?«

»Ein Er.« Ich erzählte ihr von Ed. Rikki klang erleichtert, daß ich von jemandem behandelt wurde, der wußte, was mit mir los war.

»Ich glaube, ich brauche auch ein wenig Hilfe«, sagte sie. »Ich gehe morgen zu dem Treffen der Partnergruppe im Sedona-Haus.«

»O.K. Das klingt gut.« Ich trieb dahin. *Kyle. Frag sie nach Kyle.* »Was machst du mit Kyle?«

»Er kann zu den Withingtons gehen, während ich weg bin. Ist ja nur für ein paar Stunden.«

»Zu wem?«

»Zu den Withingtons«, sagte sie etwas verstimmt. »Unseren australischen Nachbarn.«

»Oh.« Ich hatte keine Ahnung, wovon sie redete. *Koalas sind samtweich.*

Rikki räusperte sich. »Ich liebe dich, Cam.«

Sag ihr, daß es dir leid tut.

»Tut mir leid, Rik. Es tut mir so leid.«

Sie schniefte etwas. »Nein, mir tut es leid. Du bist derjenige, der im Krankenhaus ist. Ich bin nur … es ist halt … ich bin einfach in Sorge.« Das leise Summen der Telefonleitung in meinem Ohr fühlte sich warm an. Dann sagte sie: »Es geht schon«, als hätte sie sich gerade zusammengerissen. »O.K., ich muß jetzt aufhören. Ich ruf' dich morgen wieder an. Ich liebe dich.«

»Ich liebe dich auch.« Mein Mund fühlte sich pelzig an.

»Tschüß.«

»Tschüß.« Dann war sie weg. Ich ebenso.

Die Arzneischwester Geraldine, eine uralte Frau mit ziemlich rauher Stimme, verabreichte mir zwanzig Milligramm Ambien. Ich taumelte in mein Zimmer zurück und kroch unter die Decke. Selige Gedanken an Pu und an Tigger, an Kris und Jody, Stephanie und Robbie waberten in mir, bis die Arznei wirkte und ich in den Dünen des Schlafes versank wie ein Stiefel.

24

Am nächsten Morgen kam Stephanie im Hof auf mich zu – jedenfalls dachte ich zuerst, es sei Stephanie.

»Hi. Ich bin Robbie. Was gibt's Neues?«

»Robbie?« sagte ich verwirrt. Gestern war Robbie ein lärmendes Kind, dieser Robbie aber kam ziemlich großspurig daher.

»Ja, ich bin's. Bin jetzt sechzehn.«

»Sechzehn?«

»Ja«, sagte er, die Hände in den Hosentaschen, die Schultern locker. Er verlagerte das Gewicht von einem Bein aufs andere und blickte sich auf dem Gehweg um. »Sechzehn.«

Das war ein junger James Dean im Körper einer vierzigjährigen Frau.

In mir drin rührte sich Dusty. Schauder, schwapp, und sie war da.

»Hi, Robbie. Ich bin Dusty.« Robbie nahm schnell Stephanies Brille ab und stopfte sie in die Hemdtasche.

»Hi, Dusty. Wie alt bist du?«

»Vierzehn«, log sie. Dusty war erst zwölf. *Das kann ja heiter werden.*

»Du bist ein Mädchen, stimmt's?«

»Natürlich bin ich ein Mädchen«, sagte sie etwas verletzt. »Ich seh' hier draußen zwar nicht wie ein Mädchen aus« – sie deutete auf meinen Körper – »aber ich bin eins. Und ich weiß, daß du ein Junge bist.«

Robbie kickte lässig ein Steinchen weg. »Willste quatschen?«

»Gerne«, sagte sie. Ich sah von irgendwo drin zu, ebenso Bart, Stroll und Per. Das war ja ein Ding. Robbie und Dusty setzten sich auf die kühlen Steine. Zwei Teenager; na ja, ein richtiger Teenager und ein Möchtegern-Teenager.

»Also, hast du nun einen Freund oder nicht?«

Dusty schob die Hände ineinander, errötete und zog die Schultern hoch. »Nee«, sagte sie schüchtern. Dann mutiger: »Nicht mal normale Freunde oder Freundinnen.«

»Ich auch nicht.« Sie schwiegen einen Augenblick, dann sagte Robbie: »Stephanie wollte heute ein Kleid anziehen, aber ich hab' gesagt, kommt nicht in Frage. Kommt absolut nicht in Frage. Ich hasse es, in diesem Körper zu sein. Ich sehe so blöd aus!«

»Für mich siehst du nicht blöd aus.« Dusty lächelte ihn freundlich an. »Du siehst wie ein sechzehnjähriger Junge aus.« Sie dachte einen Moment nach. »Ich finde, du siehst gut aus«, sagte sie und errötete wieder.

»Wirklich?« Robbie rückte etwas näher an Dusty heran. »Na ja, ich finde, daß du auch gut aussiehst.« *Wow.*

»Wirklich? Das hat noch keiner zu mir gesagt. Na ja, Arly Morelli sagte es, als ich ihr eine Zeichnung zeigte, die ich von mir gemacht hatte. Aber sie ist ja eine Psychologin und wollte wahrscheinlich bloß nett zu mir sein. Richtig gesehen hat sie mich ja nicht.« Dusty sah Robbie in die Augen. »Siehst du mich richtig, Robbie?«

»Ja, ich seh' dich.« Er legte seine Hand auf Dustys Hand, ihre Finger schoben sich ineinander. »Vielleicht gehen wir mal ins Kino?«

»Ja, sehr gerne.« Ganz fern spürte ich das nervöse Kribbeln sexueller Erregung. *Was zum Teufel?*

Robbie stellte sein Bein so, daß es Dustys Bein berührte und beugte sich vor, um sie zu küssen. Zeitlupe, näher heran, die Lippen öffnen sich leicht, die Augen gehen zu, warmer Atem, näher und ... bum! Stephanie riß die Augen weit auf, ihr Gesicht war nur noch einen Zentimeter von Dusty entfernt. Sie zog ruckartig ihre Hand aus Dustys heraus, als säße eine Spinne darauf, und rückte schnell von ihr ab.

»Was geht hier vor?« fragte Stephanie.

Dusty erschrak, war verlegen, wußte nicht, was sie sagen sollte. »N-nichts«, stotterte sie, »ich habe überhaupt nichts getan.«

Schauder, schwapp, ich war zurück.

»Hi, Stephanie.«

»Cam, was zum Teufel geht hier vor? Robbie war drauf und dran, Dusty zu küssen.«

»Ich weiß. Hab's irgendwie mitbekommen.« Ich schüttelte den Kopf, um möglichst schnell klar zu werden.

»Hör mal«, sagte sie, »ich kann es nicht zulassen, daß Robbie sich mit Dusty einläßt. Mist!« Stephanie rieb sich erregt die Schläfen, holte ihre Brille hervor und setzte sie auf. »Er hat nicht mal meine Brille angehabt ... nur weil er cool aussehen wollte. Herrgott, mir zerspringt fast der Kopf. Du bist ein verheirateter Mann!«

Was? Was hat das mit Robbie und Dusty zu tun? Ich war nicht mal dabei, verdammt noch mal!

»Ja, Stephanie, ich bin verheiratet.« Ich war perplex. *Helfe mir doch jemand da raus.*

»Also«, sagte sie entrüstet. »Wenn du verheiratet bist,

sollte Robbie nicht versuchen, Dusty zu küssen. Sie steckt schließlich in deinem Körper.«

Dusty steckt in meinem Körper. »Stimmt, Dusty steckt in meinem Körper.« Allmählich dämmerte es mir. »Natürlich sollte sie überhaupt niemanden küssen!« Ich fuhr mir mit den Fingern durchs Haar und kratzte mich am Kopf. »Puh, ist das unheimlich.«

»Wann wurde es bei dir diagnostiziert?« fragte Stephanie.

»Vor fast einem Jahr.«

Sie nickte. »Dann ist es für dich noch ziemlich neu, daß mehrere Leute in deinem Körper stecken. Bei uns wurde es schon vor drei Jahren festgestellt, und unsere Therapeutin daheim und Mandel ... na ja, sie haben mir eingebleut, daß wir alle im selben Körper stecken. Alle ... im ... selben ... Körper.« Sie schlug sich mit der Kante der einen Hand auf die andere Handfläche, um ihren Worten Nachdruck zu verleihen. »Was sie tun, tust du.«

Einen Augenblick lang sagten wir nichts. Irgendwo im Haus rief Bea aus Leibeskräften: »Gruppe!« Wir schauten uns tief in die Augen, und jeder spürte die Enormität des Leidens des anderen.

»Mein Leben ist so schon schwer genug, Cam«, sagte Stephanie. Sie stand langsam auf. »Wir müssen uns künftig von dir fernhalten.« Dann wandte sie sich um und ging.

Drinnen, in der hintersten Ecke des einsamsten Ortes, kratzte Dusty in den nassen Zement: *Robbie ...*

25

Rikki holte tief Luft. »Ich heiße Rikki, und mein Mann leidet an dissoziativer Identitätsstörung«, platzte es aus ihr heraus.

Sie sprach als letzte von sechs Leuten – alle anderen waren Männer – beim Treffen der Lebensgefährten, und als sie den Mund aufmachte, taten ihr vom Zusammenbeißen der Zähne in der letzten Stunde die Kiefer weh. Ohnehin fiel es ihr selbst unter den günstigsten Umständen schwer, von sich selbst zu reden, und jetzt, an diesem fremden Ort, in Anwesenheit von fünf Fremden, zudem mit einem Multiplen als Mann, waren die Umstände alles andere als günstig. Aber angesichts der ihr vertrauten Dinge, die diese Leute preisgegeben hatten, und der wachsenden Gewißheit, daß sie sich nicht allein aus ihrer Lage befreien konnte, hatte sie ihre Abwehr gesenkt.

»Bis heute abend habe ich den verrückten Gedanken gehegt, alles, was im letzten Jahr in meiner Familie vorgegangen ist, sei gar nicht real … alles würde sich irgendwie auflösen, ich brauchte mich nicht damit zu befassen, sondern bekäme mein altes Leben zurück. Aber nachdem ich mit angehört habe, was Sie über Ihre Frauen und Freundinnen erzählt haben, und das, was Sie durchgemacht haben, da ...« Ihre Stimme erstarb. Sie zog ein Taschentuch aus der Tasche und wischte sich vorsichtig die Augen, um ihr Make-up nicht zu verschmieren.

Sie zog die Nase hoch und schneuzte sich. »Verdammt! Ich wußte, daß es real ist ... ich meine, rein vom Verstand her. Ich habe Bücher gelesen. Ich war da, wenn die Alter egos herauskamen. Ich sah sie all diese gräßlichen Erinnerungen wieder erleben, das ganze, eklige Zeug.« Sie sah auf und merkte plötzlich, daß sie nicht allein war. Ringsum begegnete sie mitfühlenden Blicken.

Sie holte tief Luft und fuhr fort: »Mein Mann ist derzeit im Krankenhaus, in Los Angeles, in einer Abteilung für Multiple. Eines seiner Alter egos hat ihn schlimm am Arm verletzt. Es war schrecklich. Gott sei Dank hat unser Sohn das nicht mitbekommen.« Ein paar Männer nickten, dachten an die blutigen Szenen, die sie erlebt hatten, vielleicht auch an ihre Kinder.

Zwischen Rikkis Augenbrauen bildete sich eine tiefe Furche, die das grelle Licht im Raum noch tiefer erscheinen ließ. »Ich habe Angst, und ich bin wütend ... und ich fühle mich schuldig; Angst, wie es mit uns weitergehen soll; wütend über das, was ihm seine verdammte Mutter und die andern angetan haben; und ...« Sie hielt inne. Tränen liefen ihr übers Gesicht, und sie wischte sie jetzt, verärgert, daß sie sie nicht zurückhalten konnte, resolut ab, achtete nicht mehr auf die Schminke. »Und schuldbewußt wie sonst was, weil ich wegen dem allem ein solches Wrack bin, denn schließlich ... es ist doch ihm passiert, oder? Er ist es, der wirklich leidet, und welches Recht habe ich ...« Sie biß sich fest auf die Lippe und weinte leise vor sich hin. Nach einiger Zeit tat sie einen tiefen Seufzer, schniefte und angelte in der Handtasche nach einem weiteren Taschentuch. Einer der Männer reichte ihr eine Schachtel Kleenex, sie nahm ein paar Tücher heraus und dankte ihm mit einem schwachen Lächeln.

Rikki schneuzte sich und blickte in die mitfühlenden Gesichter. »Tut mir leid, daß ich mich so habe gehenlassen. Wenn mir jemand einen guten Therapeuten empfehlen kann, jemanden – am liebsten eine Frau –, die sich da auskennt, wäre ich sehr dankbar.« Nach einer kurzen Pause sagte sie: »Danke fürs Zuhören.« Dann schwieg sie, aber die Last ihres Kummers hing im Raum wie Nebel über der Half Moon Bay.

Der Leiter der Gruppe, ein schmales Handtuch von Mann mit schütterem Haar in alter Bluejeans und orangefarbenem Baumwollhemd, beschloß die Sitzung, indem er etwas aus einer Mappe vorlas. Danach standen alle auf und fingen an sich zu unterhalten, während er zu Rikki hinüberging.

»Ich heiße Ted«, sagte er. »Das war eben sehr mutig von Ihnen. Diese Zusammenkünfte können einen ziemlich mitnehmen.«

»Das kann man wohl sagen«, antwortete Rikki und strich sich die Haare glatt, die etwas durcheinander geraten waren.

»Weiß Ihr Mann, daß es hier auch Treffen für Multiple gibt?«

»Ja. Er war sogar letzte Woche zum erstenmal da.«

»Die Gruppe wird von meiner Frau Sally geleitet.«

»Oh«, nickte Rikki. Cam hatte sie ihr beschrieben, und sie stellte sich die riesige Frau neben diesem spindeldürren Mann vor.

»Unter uns: Wir haben eine recht gute Liste von Therapeuten in der Gegend zusammengestellt. Vielleicht ist auch jemand für Sie dabei.«

»Das wäre großartig.«
»Wo wohnen Sie?«
»In Leona.«
»In Walnut Creek gibt es eine Frau, von der ich schon viel Gutes gehört habe. Walnut Creek liegt in der Nähe von Leona.«
»Ich weiß, wo es liegt.«
»Sie heißt Nancy Hendrickson.« Ted öffnete seine Mappe, zog einen Stift aus dem Halter, schlug die letzte Seite auf und kritzelte seinen Namen und seine Telefonnummer darauf. Er riß das Blatt heraus und gab es Rikki. Sie warf einen Blick darauf und steckte es in die Tasche. »Wenn Sie zu Hause sind, rufen Sie mich an«, sagte er, »dann gebe ich Ihnen ihre Nummer.«

Rikki lächelte. »Danke, Ted. Es wird etwa eine halbe bis dreiviertel Stunde dauern, bis ich zu Hause bin – ich kenne den Weg noch nicht so gut –; ach ja, ich muß ja auch noch meinen Sohn bei den Nachbarn abholen. Darf ich Sie dann noch anrufen, so in einer Stunde?«
»Natürlich. Hat Ihr Mann schon einen Therapeuten?«
»Nein. Sein Therapeut im Krankenhaus –«
»Del Amo, richtig?«
»Richtig. Sein Therapeut dort –«
»Ed Mandel?«
»Ja«, sagte Rikki überrascht.

Ted sagte: »Er hat Sally behandelt, als sie vergangenes Jahr dort war. Ein Könner.«

Die Leute verabschiedeten sich allmählich, einige nickten Rikki aufmunternd zu. Sie lächelte zurück und wandte ihre Aufmerksamkeit dann wieder Ted zu.

»Mandel sagte, er würde uns helfen, hier einen Therapeuten für meinen Mann zu finden.«
»Ja«, sagte Ted grinsend, »das müssen sie.«
»Was meinen Sie?«

»Sie müssen dafür sorgen, daß die Patienten draußen einen Therapeuten haben.«

»Ach so.«

Ted kratzte sich im Nacken. »Eigentlich kennen sie hier oben keinen so richtig; sie benutzen einfach das Mitgliederverzeichnis der ISSD – der Internationalen Gesellschaft –«

»– für das Studium der Dissoziation«, beendete Rikki.

»Stimmt. Bloß weil einer auf der Liste steht, heißt das aber noch nicht, daß er auch Multiple behandeln kann. Es gibt viele, die behaupten, sie wüßten Bescheid, hätten schon mit Multiplen gearbeitet – wollen wahrscheinlich damit angeben. Sie wissen schon, dann können sie sagen: ›Ich hab' da einen Multiplen‹ und so weiter.«

»Wie stellen wir es dann an, jemanden zu finden?« fragte Rikki besorgt.

»Sally kennt die guten Therapeuten. Wenn Sie anrufen, kann ich Ihnen ein oder zwei Namen nennen.«

Rikki sah ihm geradewegs in die Augen und sagte todernst: »Sie retten mir das Leben, Ted.«

Ted schlug die Mappe zu. »Nicht der Rede wert«, sagte er lächelnd. »Mein Leben ist schon weiß Gott wie oft gerettet worden.«

Rikki fuhr nach Hause, erschöpft, aber entschlossen. Egal, wie es mit mir weiterging – sie würde dafür sorgen, daß sie festen Boden unter die Füße bekam. Den ersten Schritt dazu hatte sie bereits getan, indem sie zu dem Treffen ging. Sie holte Kyle ab, brachte ihn ins Bett, nahm eine Dose Heineken aus dem Kühlschrank und rief Ted an. Er gab ihr die Nummer von Nancy Hendrickson sowie zwei Namen samt Telefonnummern für mich. Rikki dankte ihm überschwenglich. Ted wünschte ihr alles Gute, sagte die Zusammenkunft stehe ihr jederzeit offen, wenn ihr danach sei, und legte auf.

Rikki rief Nancy an und hinterließ eine Nachricht auf dem Anrufbeantworter.

Am nächsten Morgen rief Nancy zurück. Die beiden telefonierten etwa zwanzig Minuten miteinander, erst versuchten sie, sich ein Bild voneinander zu machen, dann sprachen sie über unsere Lage. Sie vereinbarten einen Termin für den nächsten Tag.

26

Nancy war etwa fünfundvierzig und hatte rotblondes lockiges Haar, das ihr freundliches Gesicht umrahmte. Ihre haselnußbraunen Augen verströmten eine jugendliche Wärme, die Rikkis Anspannung zu lösen half. Nancy war in jugendlichen, hellen Farben gekleidet, trug Wildledersandalen mit dazu passenden Söckchen, und als sie Rikki die Hand schüttelte, klimperte ihr Armband.

Ihre Praxis lag im ersten Stock eines neuen Bürogebäudes in Walnut Creek, eine Viertelstunde von uns zu Hause entfernt. Sie war geräumig, luftig und in freundlichen Farben eingerichtet; in einer Keramikvase auf dem Beistelltisch neben dem Patientenstuhl steckte ein Strauß frischgeschnittener Tulpen. Ein bis zur Decke reichendes Regal war mit Psychologiebüchern gefüllt, und als sie sich hinsetzte, fiel Rikkis Blick auf das rote Buch von Colin Ross über Dissoziation; das beruhigte sie. Sie zog ein Blatt Papier aus der Handtasche und faltete es auseinander.

»Ich habe mir gestern abend ein paar Notizen gemacht … gewissermaßen eine Gefühlsbilanz«, sagte sie und gab das Papier Nancy, die es aufmerksam studierte.

Nach einer Weile hob Nancy, immer noch auf das Blatt blickend, eine Augenbraue und sagte: »Also … Sie sind achtunddreißig Jahre alt, haben einen siebenjährigen Sohn, sind eben hierhergezogen, bei Ihrem Mann, den Sie innig lieben, ist vor kurzem ein schwerer psychiatrischer Zustand diagnostiziert worden, er wurde ins Krankenhaus eingeliefert, nachdem er sich selbst verletzt hatte, und Sie leben von Ihren Ersparnissen.« Sie legte das Papier auf den Tisch neben sich und sah Rikki an. »Auf den ersten Blick würde ich sagen, daß Sie ganz schön was zu verdauen haben.«

Rikki brach in hysterisches Lachen aus, und gleich darauf fing sie heftig an zu weinen. Die Tränen schossen heraus, überschwemmten alles mit einer Mischung aus Angst, Trauer, Verletztsein und Wut – weil sie ihren Mann, ihren Halt, ihre Ruhe, ihr ganzes normales Leben verloren hatte.

Nancy saß schweigend dabei, spürte, daß Rikki im Augenblick nichts als einen Zeugen brauchte. Sie mochte diese Frau, die einfach hereinkam und ihre Gefühlsbilanz mitbrachte. Sie verstand ihren Schmerz. Nancy arbeitete seit vierzehn Jahren mit erwachsenen Opfern von Kindesmißbrauch und deren Familien und kannte die verheerenden Folgen nicht nur für das Opfer, sondern auch für Ehepartner und Kinder.

Rikkis Augen waren gerötet, ihr Gesicht verquollen. Nachdem sie ein halbes Dutzend Papiertaschentücher verbraucht hatte, beruhigte sie sich endlich wieder ein wenig.

»Puh«, sagte sie mit einem befangenen Lachen, »ich hab' das wohl gebraucht.«

»Rikki«, sagte Nancy, »es sieht so aus, als wären Sie ziemlich durcheinander, seitdem die Krankheit bei Ihrem Mann diagnostiziert wurde. Sie sollten wissen, daß es bei Leuten mit Dissoziation aufwärtsgehen kann …«

»Habe ich gehört.«

»… aber es kann lange dauern.« Nancy veränderte ihre Sitzposition.

»Auch das habe ich gehört.«

»Ich habe Ihren Mann zwar noch nicht kennengelernt, aber ich fühle mit ihm. Trotzdem sollten Sie sich von Anfang an im klaren sein: Wenn Sie sich entschließen, mit mir zu arbeiten, werden *Sie* meine Patientin sein, nicht er … und ich bin *Ihre* Fürsprecherin.«

Rikkis Augen ruhten jetzt auf den Blumen in der Vase neben ihr. »Er ist mein bester Freund. Ich liebe ihn seit fast fünfzehn Jahren«, sagte sie, nahm ein seidiges Blütenblatt zwischen Daumen und Zeigefinger und ließ es leicht hindurchgleiten. Sie blickte wieder zu Nancy und fuhr fort: »Wie soll ich mich verhalten? Ich habe einen Sohn. Ich will ein Leben.«

Nancy schlug die Beine übereinander. »Dieses Leben müssen Sie selbst in die Hand nehmen.« Eine Zeitlang schwiegen die beiden; Rikki dachte nach, Nancy ließ ihr Zeit.

Rikki schüttelte langsam den Kopf. »Wissen Sie, wie schuldig ich mich wegen all dem fühle?«

»Schuldig?« echote Nancy.

»Er durchleidet dieses ganze schreckliche Zeug, und er tut mir von Herzen leid, aber gleichzeitig macht mich das alles so wütend, mir ist, als ginge mein Leben wie ein Feuerwerkskörper in die Luft, und ich müßte zusehen und könnte nichts tun.« Sie schaute zum Fenster hinaus. »Es kam aus heiterem Himmel. Wir waren eine ganz normale Familie. Und ich ärgere mich schwarz, daß nun alles ganz anders ist. Deswegen fühle ich mich so schuldig.«

»Hm«, sagte Nancy, die Augen fest auf Rikki gerichtet.

»Ich sollte nicht einmal hier sein. Cam ist im Krankenhaus. Ich sollte, na ja, einfach die Stellung halten.«

»Nichts für Sie selber tun, weil das egoistisch ist?«

Rikki nahm ein Taschentuch, zerknüllte es, strich es wieder glatt. »Mein ganzes Leben dreht sich um Cam. Es gibt nichts, was nur mir gehört ...«

»Sein Leben zu meistern«, sagte Nancy, »bedeutet immer auch, daß man die Wahl hat und die Macht, Entscheidungen zu treffen.«

»Ich habe keine Macht, Entscheidungen zu treffen. Rein gar keine«, sagte Rikki und hämmerte mit der Faust auf die Armlehne. »Alles, was passiert, entzieht sich meiner Kontrolle.«

»Trotzdem stehen Ihnen Wahlmöglichkeiten offen, Rikki. Beispielsweise könnten Sie wieder arbeiten gehen. Das würde Ihnen eine gewisse Entscheidungsfreiheit, eine gewisse Unabhängigkeit, mehr finanzielle Sicherheit geben.«

Rikki riß ein Stück vom Taschentuch ab, rollte es zusammen, betrachtete es eingehend. Dann schaute sie auf und blickte zu Nancy: »Wenn aber Cam etwas zustößt, während ich weg bin?«

Nancy stellte die Beine wieder nebeneinander und beugte sich vor. »Sie können nicht Wachhund sein, Rikki. Was für ein Leben wäre das. Man kann keinen Menschen daran hindern, sich weh zu tun... oder sich umzubringen.«

Ein Schaudern durchlief Rikki.

»Sie können Ihren Mann unterstützen«, fuhr Nancy fort, »und ihn lieben und erreichbar sein, wenn er Sie braucht... aber Sie können ihn nicht jede Minute im Auge behalten, nur weil Sie Angst haben, wenn Sie es nicht tun, könnte etwas passieren. Das funktioniert nicht, weder für Sie noch für ihn. Es würde Sie nur zornig und nachtragend machen.«

Rikki holte tief Luft, nickte dann. »Ich bin es schon. Herrgott, ich kann nicht glauben, was ich da sage. Ich will nicht auf ihn wütend sein. Es ist nur, daß ich das Gefühl habe, er ist es gar nicht. Mein Mann ist weg. Ich weiß nicht mal mehr, wer er ist. Da sind immer nur alle diese … Leute. Nicht daß sie andere Kleider anzögen oder weggingen, um sich mit Freunden zu treffen. So ist es nicht. Nicht, wie die Leute denken.«

»Ich verstehe. Er hat Co-Bewußtheit.«

»Richtig. Früher war er ein lieber, lustiger Kerl … und jetzt weiß ich nie, wer er als nächster sein wird. Ich stelle das Dessert vor ihn auf den Tisch, und dann kommt ein vierjähriges Mädchen zum Vorschein und ißt es auf.« Wieder stiegen ihr Tränen in die Augen. »Und erst als sein Arm aufgeschlitzt wurde. Großer Gott, das war so schrecklich. Mehr, als ich ertragen konnte. Ich weiß nicht, was ich tue, wenn so was noch mal passiert. Ich muß auch an Kyle denken. Wie soll er mit all dem leben?«

Nancy saß still da, war wieder Zeugin.

Als keine Tränen mehr kamen, hing Rikki kraftlos im Stuhl, in der Hand ein Knäuel nasser Taschentücher. Sie spürte, daß Nancy sie beobachtete, ihr schweigend Hilfe anbot, und das tröstete sie. Beide saßen eine Weile still da. Unten auf der Straße fuhr ein Bus von der Haltestelle ab. Aus den Augenwinkeln bemerkte Rikki, wie Nancy auf eine kleine Marmoruhr am Fenster schaute.

Ihre Blicke trafen sich wieder, Rikki setzte sich aufrecht hin und räusperte sich. »Die Zeit ist um, nicht wahr?«

»Fast.«

»Na gut«, sagte sie und holte ihr Scheckheft hervor. »War das reinste Vergnügen. Wir sollten es unbedingt wiederholen. Fünfmal in der Woche, reicht das überhaupt?«

27

Die Versicherung verlangte, daß ich schleunigst aus Del Amo entlassen wurde. Sie verstanden nicht, warum jemand mit einer Dissoziationsstörung spezieller psychiatrischer Betreuung bedurfte. Natürlich, das Geld für ein paar unnötige Nebenhöhlenoperationen oder eine Herztransplantation würden sie springen lassen. Aber Dissoziation? Kam nicht in Frage. Immerhin: Nach einem Selbstmordversuch wäre die Versicherung bereit, die Kosten für meine Behandlung in der psychiatrischen Abteilung des Ortskrankenhauses zu übernehmen.

Ed Mandel ging für mich auf die Barrikaden, mit der Begründung, die Psychologen und Psychiater in den meisten psychiatrischen Kliniken kennten sich mit Dissoziation nicht aus und seien wahrscheinlich nicht in der Lage, mir die notwendige Behandlung zukommen zu lassen. Aber die Leute bei der Versicherung stellten sich taub und zogen schon nach sechs Tagen den Stecker raus.

Bevor wir El Amo verließen, fand Ed schnell noch einen Therapeuten für mich. Er hieß Bob Mosely und hatte seine Praxis in Pleasanton, knapp zwanzig Kilometer von Leona entfernt. Bob, dessen Namen Ed aus der ISSD-

Adreßliste herausgesucht hatte, gab an, Erfahrung in der Arbeit mit Multiplen zu haben. Am Telefon klang er nett, als Ed mich mit ihm verband, und wir vereinbarten, daß ich ihn aufsuchen sollte, sobald ich zu Hause war. Ed hatte sein Bestes getan. Auf meinem Krankenblatt vermerkte er: Ambulante Behandlung vor Ort.

Wir nahmen tränenreich Abschied von Kris und Jody, und Stephanie murmelte: »Paßt gut auf euch auf.« Dann drängelte sich Robbie vor, schüttelte mir kräftig die Hand und bat mich, Dusty von ihm zu grüßen. Dusty spürte seine Hand in der meinen; für mich fühlte sie sich wie eine schmale Frauenhand an, für Dusty aber wie die Hand eines Jungen in ihrem Alter. Sie wollte ihn unbedingt ein letztes Mal sprechen, hatte aber zu große Angst, Stephanie könnte herauskommen. Einen Abschiedsgruß brachte sie nicht über die Lippen.

Auf dem Heimflug hüpfte mein Verstand auf und ab wie Maiskörner in einer Popcorn-Pfanne. *Wie funktioniert das Gehirn? Wie funktioniert mein Gehirn? Inwieweit unterscheidet sich Dissoziation von anderen psychischen Erkrankungen? Wie sieht die Psychophysiologie von Dissoziation aus? Wie wirkt ein emotionales Trauma auf die Neuromechanismen zurück?*

Vor vielen Jahren hatte ich mit dem Gedanken gespielt, Psychologe zu werden. Lag es daran, daß ich wußte, mit mir stimmte etwas nicht? Daß ich Hilfe brauchte? Ich sah zum Fenster hinaus auf die Tragfläche und dachte an Arly Morelli und Ed Mandel – gewandt, scharfsinnig, klug, geachtet.

Ich bin klug... wenn mein Geist funktioniert. Vielleicht werde ich nie mit Leuten umgehen können wie sie, aber ich kann lernen, was sie wissen. Das Denken meistern. Mein Denken.Meisterdenker. Mich achten. Oho, große Sache. Wie wär's, wenn ich mich nicht selber haßte? Ha! Wir können Psycho-

loge werden. Anderen helfen. Wie? Irgendwie. Den Kris', den Stephanies, den Cams. Leif kann beim Studium helfen. Er kann alles. Wir können das. Moment. Wir können nicht mit anderen Leuten im Vorlesungssaal sitzen. Wie sollen wir je den Weg zum College finden? Es gibt mit Sicherheit gute Programme, die man zu Hause absolvieren kann. Zu Hause, in Sicherheit. Ich wette, daß es Psychologieprogramme für Leute gibt, die nicht in Vorlesungen gehen können. Leute, die arbeiten. Ja, sicher doch, so eins können wir finden. Es muß aber ein gutes sein. Ein anerkanntes. Kein x-beliebiges College. Natürlich nicht. Wir können das schaffen. Wenn ich lange genug am Leben bleibe.

Ich borgte mir einen Stift von der jungen Stewardeß mit Hochfrisur und schrieb auf eine Serviette: *Ziel: Psychologe werden. Tu es jetzt!*

Ehe ich es mich versah, landete die Maschine in Oakland. Rikki und Kyle standen am Ausgang und warteten auf mich. *Sie erkennen mich. Ich komme ihnen wohl bekannt vor.* Teufel noch mal, bin ich froh, wieder bei meiner Familie zu sein. Rik steckte mir heimlich die G.I. Joe-Figur zu, als Kyle gerade nicht hersah, und ich schenkte sie ihm mit großer Geste. Seine Augen wurden so groß wie Boccia-Kugeln, er sprang mir in die Arme und drückte mich wie einen lange vermißten Kumpel.

Rikki sah traumhaft aus in ihrem malvenfarbenen Kleid und mit den Türkis-Ohrringen. In den Sitzungen bei Nancy hatte sie wieder Kraft geschöpft, sah weder verlegen noch verängstigt aus, sondern war einfach froh, mich zu sehen. Sie küßte mich wie in alten Zeiten, ihr Mund öffnete sich dabei ein wenig, und mein Körper fing Feuer, als hätte jemand an eine lange Spur Benzin ein Streichholz gehalten. Vielleicht später ...

Wir drei gingen zum Lunch ins Val, ein Restaurant, in

dem riesige Milchshakes und saftige Burger gereicht werden, die ein kräftiger Bursche mit vorstehendem Adamsapfel und zahllosen Tätowierungen zubereitet und eine Bedienung namens Tina mit Bleistift im Haarschopf, weißem Bowlinghemd und schwarzer enger Hose serviert.

Wir dachten, das Val sei für Kyle etwas Besonderes, aber weit gefehlt. Es hatte viel zuviel Atmosphäre für ihn. In seinen Augen war es McDonald's nicht ähnlich genug. Das stelle man sich mal vor. Der Knirps biß zweimal von seinem Baby Burger ab und schob ihn dann beiseite. Der Milchshake schmeckte ihm allerdings, na ja, einigermaßen – die Eiskugel war eigentlich nur ein Halbmond, aber er fand sich damit ab; außerdem hatte er seine Spielfigur Roadblock, also war er ganz zufrieden.

Rikki und ich hielten uns an der Hand – Händchenhalten tat gut – und redeten über ihre Absicht, wieder arbeiten zu gehen. Ich versuchte, mir meinen Schreck nicht allzu sehr anmerken zu lassen; ich sah ja, daß sie fest dazu entschlossen war. Dann ließ ich meinen Plan vom Psychologiestudium aus dem Sack; sie war schockiert. Nicht, weil es ein so gewaltiges Vorhaben war – sie hatte mich schon früher schwierige Dinge bewerkstelligen sehen.

»Jetzt kommst du gerade aus dem ...« sie wollte Krankenhaus sagen, konnte es vor Kyle aber nicht und deutete deshalb auf meinen Arm.

»Wie willst du die ganze Arbeit bewältigen?« fragte sie. In Wirklichkeit wollte sie sagen: »He, gewöhnlich weißt du nicht, welchen Tag wir haben, manchmal nicht mal, welches Jahr. Wie willst du da zum College gehen?«

»Wirst du Patienten haben?« fragte sie.

»Nicht jeder Psychologe hat Patienten, Rik.« Ich spielte mit meiner Serviette. »Ich muß lernen. Ich brauche etwas, das mich herausfordert – etwas, worauf sich mein Verstand konzentrieren muß.«

»Worauf sich dein Verstand konzentrieren muß, ist ...« – sie suchte nach einer Formulierung – »daß du gesund ... ich meine ... daß du zufrieden bist.« Sie blickte mich streng an, aber dann erschien ein heimliches Lächeln auf ihrem Gesicht. Es wurde zum Grinsen, und ich grinste zurück. Irgendwie war es lustig, daß wir im Val saßen, Schoko-Milchshakes schlürften und über Kyles Kopf hinweg miteinander redeten. Nach dem Motto: »Außer uns weiß keiner, wovon wir sprechen.« Auch wenn es um todernste Dinge ging. Wenn ich allerdings ehrlich sein soll: Gesund zu werden schien in dem Augenblick sehr viel unerreichbarer als ein Dr. phil.

»Vielleicht klappt es mit diesem Mosely«, sagte ich und tunkte einen riesigen Zwiebelring in den Ketchup, »und wenn nicht, gucken wir auf die Liste von dem andern ... du weißt schon, den du bei der Zusammenkunft kennengelernt hast ... Sallys Ehemann.«

»Cam«, sagte sie, nahm meine freie Hand und drückte sie, »was du tun mußt, tust du auch. Das wissen wir beide. Wenn du also entschlossen bist, Psychologe zu werden, hast du meine Unterstützung. Vielleicht gibt es ein Programm, das du von zu Hause aus absolvieren kannst, ein Fernstudium. Ich bin sicher, daß es auch gute gibt.«

»Genau.« So war Rikki, immer dachte sie mit.

»Wirst du ... äh ... klarkommen, während ich bei der Arbeit bin?« Als Rikki mich das fragte, lächelte sie nicht. Es war auch kein bißchen spaßig. Würde der Teufel los sein, wenn sie nicht da war? Das war ihre Frage. Ich konnte sie nicht beantworten. Ich liebte Kyle, das wußte Rikki. Ich wollte ihn von dem klebrigen Spinnennetz meines Wahnsinns fernhalten. Auch das wußte sie.

Würde es mir gelingen? Das wußte keiner von uns beiden.

»Wir können dich ja bei deiner Arbeitsstelle anrufen«, sagte ich. »Wenn du zur Arbeit gehst, wirst du immer erreichbar sein, stimmt's?«

Rikki nickte. Kyle sah fragend von seinem Spielzeug auf. Kinder hören alles. Sie lächelte ihn strahlend an.

»Stimmt«, sagte sie. »Immer erreichbar.«

28

An diesem Nachmittag suchte ich die Praxis von Dr. Mosely auf, vor Angst schlotterten mir die Knie. Er war ein gutaussehender, grauhaariger Mann etwa meiner Größe, von schlanker Gestalt und sportlich. Er führte mich in ein elegantes, holzgetäfeltes Sprechzimmer. Ich setzte mich nervös auf die schwarze Ledercouch, in meinem Kopf herrschte Chaos. *Ein anderer Therapeut. Er kennt uns nicht. Und wenn er nichts taugt? Sieht nicht aus, als würde er nichts taugen. Nichts taugt? He da, hier geht's ja kunterbunt durcheinander.*

Wir unterhielten uns ein paar Minuten, und ich versuchte, meine Augen in Bewegung zu halten, damit sie nicht an einem bestimmten Gegenstand hängenblieben und ihn zum Tor ins Nirgendwo verwandelten. Mein Gesicht fing an, taub zu werden. *Oh, ah, ich verliere den Halt*. Schauder, schwapp, Clay war da.

»Ich b-bin C-clay«, sagte er, den Körper gespannt wie eine Violinsaite.

Mosely fuhr hoch wie eine Figur im Trickfilm, bei der die Füße aus Socken und Schuhen fahren, die Augen weit vorspringen und die Haare gen Himmel stehen.

»Was?! Wer ist Clay? Warum sprechen Sie wie ein Kind?« Seine Stimme klang harsch, erschrocken. *Was haste denn, ist doch bloß Clay. Stellt den Mistkerl auf die Probe.*

»I-ich bin a-acht.« Clay hielt acht Finger hoch.

»Was? Was soll das heißen, Sie sind acht?«

»Ich bin acht.«

»Nun werden Sie schon erwachsen, Clay.«

Roter Explosionsschein von Raketen, Bomben... Schauder, schwapp, ich war zurück. Drinnen wies Per Stroll und Bart an, Clay sofort in den Ruheraum zu schaffen. Mein Mund versuchte, Worte zu bilden, aber alles, was ich rausbrachte, war »ddschiieebss«.

Und plötzlich war Leif da.

Er sprang wütend von der Couch auf, so daß Dr. Mosely mit aufgerissenen Augen im Sessel hochfuhr.

»He da, Mosely. Du hast keinen Grund, so mit Clay zu sprechen!« bellte Leif und unterstrich jedes Wort mit ausgestrecktem Zeigefinger. »Erwachsen werden? Herrgott, hast du noch alle beisammen?! Haste dein bißchen Verstand verloren? Weißt du überhaupt, was Dissoziation ist?« Er schritt auf und ab; Moselys verängstigte Augen folgten jedem seiner Schritte.

Mosely machte einen Rückzieher. »I-ich dachte halt, er sollte erwachsen werden – nicht wie ein Kind reden. I-ich nehme an, ich hätte das nicht sagen sollen.«

Leif fuhr herum und fauchte ihn mit blitzenden Augen an: »Das kannste wohl sagen!«

»Tut mir leid. Ich wollte Clay nicht beleidigen.«

Leif machte sich nicht die Mühe, weiter mit ihm zu reden. Er zerrte mein Scheckheft aus der Tasche, füllte einen Scheck über hundert Dollar aus, unterschrieb mit Leif, strich den Namen durch, unterschrieb mit Cameron West und hielt ihn Mosely unter die Nase. Mosely nahm ihn wehrlos entgegen, wußte nicht, was er sagen sollte.

»Danke, daß Sie sich die Zeit genommen haben, Doktor«, zischte Leif und marschierte mit uns übrigen im Schlepptau hinaus.

Wir saßen ein paar Minuten im Wagen und versuchten, die Flaschen alle wieder ins Regal zu stellen, überprüften sie auf eventuelle Sprünge. *Nichts kaputt. Gut.* Leif ging nach innen, und ich kam heraus, klappernd wie der Schlüsselbund eines Hausmeisters. *Mist.* Ich ließ den Motor an, fuhr langsam rückwärts aus der Parklücke und fragte mich, ob Mosely vielleicht durch die Jalousie zu schauen versuchte, ohne gesehen zu werden. *Durststrecke. Eddie, du hast es vermasselt. Marke: Trau keinem.*

Den Heimweg zu finden war gar nicht so einfach, denn jetzt mußte ich der Wegbeschreibung in umgekehrter Richtung folgen. Ich schaffte es aber auf die 680, und als ich bei hundert Stundenkilometern angekommen war, wurde es in mir drin langsam ruhiger. Mein Entschluß stand fest. *Ich werde Psychologe.*

Vorher aber noch ein Blick auf Teds Liste.

29

Rikki war überrascht, daß ich so bald wieder da war. Ich erzählte ihr, was bei Mosely vorgefallen war, und sie nahm mein Gesicht in beide Hände, küßte und umarmte mich. Leif kam kurz heraus und lieferte weitere Einzelheiten, leise, damit Kyle es nicht hören konnte, und Rikki tätschelte ihm die Hand und dankte ihm, daß er auf uns aufgepaßt hatte. Meine Rikki. Sanfter kann man nicht fallen.

»He, Kylie«, rief sie ins Wohnzimmer hinüber. »Magst du Kekse backen?«

»Jaa!« rief er freudig zurück und kam in die Küche gerannt. Drinnen hörte ich jemanden sagen: »*Kekse.*«

Rikki stellte die Zutaten bereit: Mehl, Eier, Butter, Schokoflocken, Zucker, Backpulver, Salz, Vanille. Sie schaltete den Herd ein, holte ein Backblech und eine blaue Glasrührschüssel hervor und fing an abzuwiegen. Kyle half beim Teigrühren und gab die Schokoflocken hinzu. Ich hätte gern mitgeholfen, aber ich schlitterte wie auf Eis. *Das Krankenhaus, das Flugzeug, der Flughafen, Val, Mosely, Clay, der fröhlich vorausrennende, spielende, glückliche Kyle, das Aufschlagen der Eier, das Rührgeräusch, die Schokoflocken. Mmm.* Schauder, schwapp, und Clay war raus.

»Ich m-mag K-kekse.«

Augenblicklich kam jede Bewegung zum Stillstand, wie im Märchen von Dornröschen, wenn sie sich in den Finger sticht.

»Huch?« sagte Kyle, unsicher, ob er richtig gehört hatte.

Rikki wollte noch »Cam« rufen, aber Clay antwortete schon. »Ich m-mag K-kekse.«

»Dad?« Kyle blickte erschrocken zu Rikki. »Mami? Warum spricht Papa so?«

»D-das sind Schokoflocken«, sagte Clay langsam, ballte die Hände zu Fäusten und öffnete sie wieder.

»Daddy?« Kyle sah mich an, aber was er erblickte, war Clay – der Körper angespannt, der Blick gesenkt. »Mami!« rief er und brach in Tränen aus.

»Cam!« rief Rikki gebieterisch, ließ sich zu Boden sinken und schloß Kyle in die Arme.

Schauder, schwapp, ich war wieder da.

»W-was?« fragte ich verdutzt. Ich war mir nicht ganz im klaren, was vorgefallen war. Ich bemerkte, daß Kyle weinte. »Was ist los, Kylie?«

Kyle löste sich aus Rikkis Umarmung, rannte zu mir und packte mich am Bein. Ich kniete mich hin und streichelte ihn.

»Was ist los, Daddy?« fragte er schniefend. »Warum warst du so?«

»Papa ist ganz in Ordnung, Liebling«, sagte Rik beruhigend.

Ich strich ihm über die Haare. Seine Tränen versiegten. »Ja«, sagte ich. »Papa ist ganz in Ordnung.«

Rikki setzte sich auf den Fußboden, ich tat es ihr nach. Kyle blieb stehen. Jetzt war er größer als wir, wenn auch nicht viel.

»Weißt du noch, wie Papa in unserem alten Haus ›Hör auf‹ gebrüllt hat?«

Kyle nickte. »Als Itchy da war.«

»Ja. Und wie wir davon sprachen, was ihm zugestoßen ist, als er klein war?«

Wieder nickte Kyle. Er lehnte sich an mich, legte mir die Hand auf die Schulter und tätschelte sie sanft, den Blick immer noch auf Rikki gerichtet.

»Manchmal, wenn Papa an diese schlimmen Dinge denkt, die ihm passiert sind, schweift er irgendwie ab, wird irgendwie anders. Dann kann es vorkommen, daß er abwesend wirkt oder komisch daherredet. Genau das ist eben passiert.«

»Und warum denkt er einfach nicht mehr dran?« fragte Kyle.

Rikki breitete die Hände aus und schüttelte den Kopf. »Ich weiß nicht, mein Kleiner.« Sie sah mich melancholisch an. »Er… er kann es halt nicht.«

»Mir hat das aber gar nicht gefallen«, sagte er. »Es hat mich erschreckt.«

»Tut mir leid, wenn ich dich erschreckt habe«, sagte ich und versuchte krampfhaft, in der Reihe zu bleiben. *Ich w-wollte ihn nicht erschrecken. Ist schon gut, Clay. War nicht dein Fehler. Geh in den Ruheraum. Und was ist mit den Keksen? Er kann welche kriegen, wenn Kyle aus der Küche raus ist. Ach Quatsch. Sag das nicht, Bart. Los, alle in den Ruheraum.*

Kyle sah mich an; sein erschrockenes Gesicht war nur fünf Zentimeter von meinem entfernt. »Tu das nicht mehr, Papa, ja?«

Ich unterdrückte ein Schluchzen. »Ich werd's versuchen.«

Rikki sagte: »Liebling, wenn Papa mal wieder so wird, dann brauchst du nur nach ihm zu rufen. Sag einfach ›Dad‹ oder ›Cam‹, dann ist er sofort wieder da.« Sie sah mich fest an. »Nicht wahr, Dad?«

»Ja«, nickte ich und setzte ein breites Lächeln für ihn auf.

Kyle fiel mir um den Hals, schaute mir dann wieder aus nächster Nähe in die Augen.

»Cam?« sagte er und versuchte, ein paarmal mit den Fingern zu schnippen. »Bist du hier bei mir? Bist du in Ordnung?«

Ich holte tief Luft und atmete langsam aus. »Ich bin bei dir, Kyle.«

»O.K.«, sagte er. Für den Augenblick war er zufrieden. Er lächelte Rikki an und fragte: »Backen wir jetzt die Kekse?«

Rikki lächelte zurück und stand auf. »Aber sicher«, sagte sie und zerzauste sein Haar. »Du kannst sie jetzt mit dem Löffel aufs Backblech setzen.«

»Und die Schüssel ausschlecken?«

»Und die Schüssel ausschlecken.«

Drinnen kauerte ich als unförmiges Bündel auf dem Grund einer tiefen Schlucht. Mühsam erhob ich mich und täuschte ein Lächeln vor. »Die Schüssel ausschlecken ist immer das Beste am Backen.«

30

In dieser Nacht erinnerte ich mich im Bett an den Kuß am Flughafen, war mir aber sicher, daß der Vorfall in der Küche meine sämtlichen Chancen, bei Rikki West zu landen, zunichte gemacht hatte. Irrtum. Sie kam aus der Dusche, nur mit einem großen Badetuch und einem verführerischen Lächeln bekleidet, ließ das Badetuch fallen, schlüpfte unter die Decke und rutschte zu mir herüber. Sie schlang ein Bein um meine Hüften, knabberte mir am Ohr und fing an, mit meinem sieben Tage alten Schnurrbart zu spielen.

»Du siehst unheimlich sexy aus mit dem Bart«, gurrte sie. »Richtig… wild.« Sie hauchte es, wie Marilyn Monroe.

»Ich dachte nicht, daß du noch willst«, sagte ich heiser und drehte mich zu ihr um. Mit dem Handrücken liebkoste ich ihre gereckten Brustwarzen, sie stöhnte leise, wand sich, und ihre Wärme netzte mein Bein. Meine Finger strichen über die seidenweiche Haut an ihrer Schulter und den Rücken hinunter. Unterhalb der Rundung hielt meine Hand inne, packte leicht zu. Rikki stöhnte und preßte sich an mich.

»Mmm, du warst lange weg«, flüsterte sie. Ihre Zunge berührte meine Oberlippe, zog sich zurück, kam wieder. Dann küßte sie mich leidenschaftlich.

Ich spürte ihre Hand, die mich streichelte und neckte, und dann führte sie mich in sich hinein, und es wurde himmlisch. Von außen gesehen jedenfalls.

Drinnen ging's lauter zu als an der New Yorker Börse. *Sie ist scharf, was? Laß sie doch. Was tun die miteinander? Bäh, ist das eklig. Schau nicht hin, Dusty. Laß sie in Ruhe. Wer ist das? Nicht Mom. I-ich bin ein braver Junge. Ja, du bist ein braver Junge. Das tut gut. Ich bin ein braver Junge. Ich bin ein böser Junge. Ich bin böse, ich bin böse, ich bin böse. Schluß jetzt, alle marsch in den Ruheraum. Keine Widerrede.*

Ich versuchte, den Krawall zu ignorieren. Denn jetzt war es Rikki, und Nähe und Wärme und Trost und Liebe und das schimmernde Gefühl, begehrt und begehrenswert zu sein. Schweigend bewegten wir uns im Gleichklang, unsere Körper dem nächtlichen Rhythmus der Leidenschaft hingegeben, schweißnaß, das Blut pochte in unseren Adern. Dann schneller und heftiger, Rikkis Rücken drückte sich durch, und ich stieß hart in sie hinein und hielt inne, füllte sie mit glühendheißem Strahl, und sie stöhnte »Es kommt«, und dann noch inniger, tiefer, eine Sekunde noch und »Aaaaah« stöhnte auch ich, spritzte. Verrückt oder nicht verrückt – ich komme.

Wir hielten uns fest, keuchend, mit rasendem Herzschlag, heißem Atem und feuchtem Haar, erfüllt vom wohligen Gefühl der Erlösung. Aber in meinem Kopf tanzten orangefarbene Funken des Irrsinns wie Glühwürmchen ums Lagerfeuer. Und aus tiefstem Dunkel funkelten quälend die Augen der anderen.

Rikki wußte nicht, wie nahe sie alle gewesen waren, während wir uns liebten, wie ich um ein Haar umgeschlagen wäre. Meine Kumpane und ich hatten noch kein Rezept für den Umgang mit Sex. Dieses Problem sollte noch auf uns hinunterstürzen, wie ein vom Blitz gefällter Baum auf ein Auto kracht.

31

Zuoberst auf Teds Liste stand der Name von Dr. Janna Chase. Ich hinterließ eine Nachricht auf ihrem Anrufbeantworter: »Mein Name ist Cameron West. Bei mir ist Dissoziation diagnostiziert worden, und ich suche nach jemandem mit großer Erfahrung auf dem Gebiet. Ich bin vor kurzem von Massachusetts hierhergezogen und war eine Woche lang in der Klinik Del Amo. Sie wurden meiner Frau von jemandem in einer Gruppe für Lebensgefährten von Multiplen empfohlen. Ich brauche dringend eine Therapeutin.« Dann nannte ich unsere Telefonnummer.

Janna rief noch am selben Tag zurück und stellte eine Menge Fragen, vorsichtig, um sich ein genaueres Bild von mir zu machen. Meist nennen die Leute, wenn sie einen Arzt kontaktieren, keine Diagnose. Sie kommen einfach in die Sprechstunde, haben keine Ahnung, zeigen nur auf ihren Zeh und sagen: »Hier tut's weh, Herr Doktor.«

Janna wollte sicher sein, daß ich wirklich eine multiple Persönlichkeit war. Herrje, ich war mir ja selber nicht sicher. Arly hatte gesagt, ich sei es. Auch Mandel. Die Leute in Del Amo dachten es auf jeden Fall. Aber ich?

Ein Multipler? Wir... multipel? Das Sandwich war versalzen, und ich hatte keinerlei Lust, es mir zu Gemüte zu führen. *Ich bin lediglich schwach. Ich bin meschugge.* Die Furie Verdrängung. Ihre kreischende Melodie.

Nach einer Weile erklärte Janna, ich könne in ein paar Tagen zu ihr nach Berkeley in die Praxis kommen.

Jetzt aber nichts wie los und ein College oder einen Lehrgang suchen. Ich schmiß alle Welt raus und fühlte mich ziemlich kräftig und normal; nach einer Stunde in der Bibliothek von Leona hatte ich die Namen von über einem Dutzend Anbietern von Fernlehrgängen in Psychologie.

Ich entschied mich für das Saybrook-Institut in San Francicso, eine angesehene Einrichtung, die Rollo May und einige andere Humanpsychologen 1971 gegründet hatten. Das Programm, bei dem man das Arbeitstempo selbst bestimmen konnte, würde mir erlauben, fast das ganze Pensum nach eigenem Gutdünken einzuteilen, und genau danach hatte ich gesucht. Arbeit gab es jede Menge; achtzehn Kurse, drei Seminararbeiten zu je fünfundsiebzig Seiten und eine Dissertation. Würde ich das bewältigen? Mit Leifs Hilfe schon. Vielleicht. Wenn ich lange genug am Leben blieb. Ich ging nach Hause, bat um Zusendung der Unterlagen und bewarb mich noch am selben Tag. Dann ging ich mit Toby und *Pu der Bär* zu Bett.

Die Praxis von Janna Chase war die mittlere von dreien im Obergeschoß eines ehemaligen Wohnhauses in der Nähe der Shaltuck Avenue. Das Wartezimmer war winzig, und als einzige Sitzgelegenheit gab es eine Holzbank aus der frühen Kolonialzeit, neben der sich eine Kirchenbank wie ein Himmelbett ausgenommen hätte. Aber das kleine Fenster mit den Butzenscheiben und das zierliche Geländer der Wendeltreppe entschädigten mich für die Bank.

Um Punkt 13.00 Uhr kam Janna die Treppe halb herunter und bedeutete mir hinaufzukommen. Vom Flur führte sie mich durch eine Doppeltür in ihr kleines Sprechzimmer. Schnell sah ich mich um. Wir alle taten es. Den Fußboden bedeckte ein blau-weißer Orientteppich, die Patientencouch war mit beigem Leder bezogen, Jannas Sessel hatte einen Bezug aus hellblauem Leder. Ein antiker Schreibtisch und ein Korbstuhl standen neben dem Fenster, an einer Wand befand sich ein hohes Teakholzregal mit Miniatur-Tonkrügen und Unmengen von Büchern über Dissoziation und Trauma. *Gutes Zeichen.*

Über der Couch hing ein großer Druck mit verschiedenen Fischarten, an der Wand gegenüber erblickte ich zwei kleinere Drucke, der eine mit einem Zickzack-Farbmuster, auf dem anderen eine Monet-Szene, die mich an Huckleberry Finn am Sommerfluß erinnerte. Der gefiel mir besonders.

Janna und ich setzten uns und musterten einander. Daß ich sie musterte, ist allerdings leicht untertrieben – *wir* musterten sie, ich vorne draußen, die anderen drückten sich die Nase am Plexiglas platt wie Touristen auf der Aussichtsplattform des Empire State Building.

Janna war etwa so alt wie ich und schmal wie ein Handtuch. Ihr braunes, lockiges Haar trug sie schulterlang, sie war ungeschminkt, und ihre strahlenden, fröhlichen Augen hatten die Farbe von Heidelbeeren. In meinem Kopf rollten die Gedanken durcheinander wie Murmeln auf einem Holzboden. *Vögel mögen Heidelbeeren und ich mag Vögel und sie mögen Heidelbeeren und ihre Augen sind wie Heidelbeeren also mag ich ihre Augen also mag ich Janna. Janna reimt sich auf Anna und Sanna und Santa Claus und rot und Nase und Molch und Strolch und*

Cowboystiefel. Wow, schau dir mal die Cowboystiefel an! Schwarz-rote Cowboystiefel lugten unter Jannas Baumwollkleid hervor. Anna verliebte sich in die Stiefel. Wenn Janna nicht gleich eine Handgranate warf, sobald einer von uns herauskam, hatten wir vielleicht eine Chance. *Oh, ah. Schon geht's los.* Schauder, schwapp, Anna. Zahnpastalächeln, Schalk in den Augen, Hände gefaltet, Knie sittsam beisammen.

Mit dünnem Stimmchen sagte sie: »Mein Name reimt sich auf deinen.«

Janna erwiderte das Lächeln. »Ach ja? Wie heißt du denn?«

»Anna.«

»Na fein! Anna und Janna. Reimt sich wirklich!«

»Bist du eine Lehrerin?«

»Nein. Therapeutin. Wie Arly Morelli. Cameron hat mir von Arly Morelli erzählt.«

»Wer ist Cameron?« Jemand von drinnen sagte es ihr schnell: »Cam?« Sie wies mit dem Daumen hinter sich.

»Wird er so genannt? Cam?«

Verschämtes Nicken. Kein Blickkontakt. Anna nahm fast nie Blickkontakt auf.

»Ist er hinter dir, hast du deswegen so mit dem Daumen gezeigt?«

Wieder Nicken.

Janna setzte sich aufrecht hin und sagte: »Ich wiederhole, falls jemand nicht mitgehört hat, als Cam und ich neulich telefonierten: Mein Name ist Janna Chase. Ich bin Psychologin und arbeite seit neun Jahren mit Leuten, bei denen Dissoziation auftritt. Ihr sollt alle wissen, falls wir uns zur Zusammenarbeit entschließen, werde ich euch nie anrühren, es sei denn, jemand wünscht es, und auch dann wird es beim Händeschütteln oder Auf-den-Rücken-Klopfen bleiben. O.K.?

Paff. Bart. Er schlug die Beine übereinander, lümmelte sich auf die Couch und sah sich neugierig im Zimmer um. Janna bemerkte den Wechsel. Der wäre sogar dem blinden Ray Charles nicht entgangen.

»Hi«, sagte Janna.

»Hi, Janna, richtig?« Er beugte sich vor und streckte die Hand aus. »Bart.«

Sie nahm seine Hand und lächelte freundlich. »Hi, Bart.«

»Hübsche Stiefel.«

»Danke.« Noch immer keine Handgranate.

»Hat Ihnen Cam erzählt, daß wir vor ein paar Tagen bei einem andern Seelenklempner waren? Der Kerl hatte den Grips einer Fliege. Flippte aus, als Clay rauskam. Sagte ihm, er solle erwachsen werden.« Bart schüttelte grollend den Kopf.

»Ich weiß«, sagte Janna. »Cam hat mir's erzählt. Schlimme Sache.« Sie sah richtig empört aus. »Wie ist Clay denn so, Bart?«

Bart zuckte die Schultern. Er wußte, warum sie fragte. »Machen Sie sich keine Sorgen. Er ist nicht gefährlich. Ein netter kleiner Junge. Stottert ein bißchen. Der Kerl war wirklich das Letzte.«

»Hm. Deshalb seid ihr alle ziemlich auf der Hut, nicht?«

»Ja.« Er musterte sie wieder. »Aber Sie scheinen in Ordnung zu sein.«

»Danke. Sagen Sie mal, Bart?«

»Hm?«

»Kommt Cam oft raus?«

»Er?« Bart wies mit dem Daumen hinter sich, wie Anna es getan hatte. »Die ganze Zeit. Irgendwas *stimmt nicht* mit dem.«

»Was meinen Sie damit?«

»Schon mal was von Verdrängung gehört?«

»Ja, gelegentlich.«

»Na ja…« Bart rümpfte die Nase und zeigte mit dem Daumen über die rechte Schulter. »Cam, puh.«

Er verschränkte die Hände im Nacken und lehnte sich zurück. »Herrje. Aalglatt und blitzgescheit.«

Janna reagierte auf die Bemerkung mit einem kleinen Lächeln und fragte: »Glauben Sie, er will rauskommen?«

»Sollte er wohl. Er zahlt ja für dies Palaver. Also, bis bald.«

Ich hörte Jannas Stimme »Bis bald« sagen und spürte, wie Bart im sumpfigen Moor meines Denkapparats verschwand. Meine Augen schauten verständnislos in Jannas Gesicht. Sie beobachtete mich ungerührt.

»Cam?« sagte sie aufmunternd. *He, laß doch mal einer den Motor an!* Der Anlasser jaulte, die Batterie wurde schwächer, die behandschuhte Hand drehte den Schlüssel weiter nach rechts als nötig, als reichte ein bißchen mehr Drehung aus, um diesen verrosteten Riesenapparat in Gang zu setzen. *Du bist wirklich, du bist wirklich, du bist wirklich. Hee, DU BIST WIRKLICH!!*

»Cam?«

»Ich… kann… Sie… hören«, sagte ich, im Gesicht ein Gefühl, als wäre es nicht ganz aufgetaut.

»Hören Sie auf den Klang meiner Stimme. Spüren Sie Ihre Füße auf dem Boden. Bewegen Sie die Finger. Na kommen Sie schon. Versuchen Sie, die Finger zu bewegen.«

Ich spürte, wie sich ganz weit unten an meinem Arm ein Finger bewegte.

»Ich kann Sie hören«, sagte ich, diesmal ein wenig schneller.

»Gut. Sie machen das prima. Ist im Augenblick eine Menge Streß, das ist verständlich. Ich weiß, daß Sie eben erst aus dem Krankenhaus entlassen wurden. Ich weiß auch, daß es mit dem anderen Therapeuten nicht so richtig geklappt hat.«

Meine Augen sahen allmählich schärfer, und ich fiel und fiel, und der Erdboden kam näher, und ich plumpste in meinen Körper hinein. Rrrummms!!!

»Cam«, sagte sie, während ich mühsam versuchte, mich zurechtzufinden, zu verstehen, was hier vorging.

Meine Augen konzentrierten sich auf sie. *Die Dame im Türrahmen. Die Drucke. Die Stiefel.*

»Hi«, sagte sie und fing meinen Blick auf. Sie wirkte selbstsicher und interessiert. »Waren Sie da, als Sie hier hereinkamen?«

»Irgendwie schon.« Die heilenden Wunden an meinem Arm juckten. *Ich hab' Arme. Gutes Zeichen.*

»Waren Sie es, mit dem ich am Telefon sprach?«

»Ja, das war ich.«

Janna lehnte sich zurück und lächelte. »Na dann, hi.«

»Hi.«

»Ich habe Bart und Anna kennengelernt.«

»Weiß ich«, sagte ich und bewegte meine Finger.

»Hervorragend! Sie haben also ein gewisses Maß an Co-Bewußtheit.«

»Mhm. Das haben wir alle.«

Janna lächelte. »Das ist ausgezeichnet.«

Dann bohrte sich ein Gedanke in meinen Kopf. Ich zuckte zusammen und rieb mit mir drei Fingern die Schläfe. »Wir führen Tagebuch. Es gibt eine Menge Dinge, die Sie wissen müssen, die ich Ihnen aber nicht sagen kann. In den Tagebüchern stehen sie drin. Sie müssen sie lesen.«

»Das werde ich tun«, sagte sie. »Ich lese sie, sobald Sie mir welche mitbringen.«

Ein Selbstbildnis

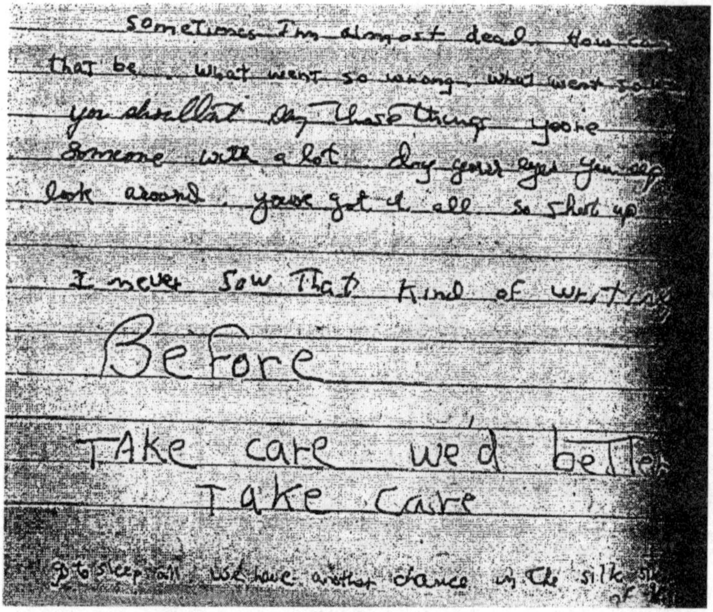

Sometimes I'm almost dead. How ca
that be. What went so wrong, what went so
you shouldn't say these things you're
someone with a lot. dry your eyes you
look around, you've got it all. so shut up

I never saw that kind of writing

Before

Take care we'd better
Take care

Go to sleep all will have another chance in the silk

Prekärer Zustand beim Beginn der Arbeit mit Janna Chase

Ich lehnte mich auf der Couch zurück und schloß die Augen. Mein Mund füllte sich mit einem bitteren Geschmack.

»Was geht in Ihnen vor?« fragte Janna.

»Ich bin verrückt.«

Sie sagte nichts.

Ich öffnete die Augen und sah sie an. »Helfen Sie mir. Ich will nicht daran zugrunde gehen.«

Janna beugte sich vor. Den Blick fest auf mich gerichtet, sah sie sich alle in mir genau an. »Sie sind nicht verrückt«, sagte sie leise, »und ich lasse Sie auch nicht daran zugrunde gehen.«

32

Ich wurde vom Saybrook-Institut angenommen und begann mit meinem Studium, und Rikki fand eine Stelle als Assistentin des Verkaufsleiters einer großen Firma in Oakland. Urplötzlich war sie von sieben Uhr morgens bis sechs Uhr abends weg.

An den Wochentagen kletterten Kyle und ich als erstes zu ihm ins Bett, und ich las ihm eine halbe Stunde aus dem Abenteuerbuch *Boxcar Children* von Gertrude Chandler Warner vor, bevor ich ihn für die Schule fertig machte. Ich las die Dialoge mit verteilten Rollen, und Kyle kugelte sich vor Lachen. Er liebte diese halbe Stunde, und ich nicht minder.

Gewöhnlich konnten wir uns darauf verlassen, daß der Spaß während des ganzen Frühstücks und des Rests unserer morgendlichen Routine weiterging. Das war auch gut so, denn das einzige, worauf wir uns am Nachmittag verlassen konnten, war, daß der Papa, der Kyle von der Schule abholte, ganz und gar nicht der Papa war, der ihn dort abgesetzt hatte.

Das immense Arbeitspensum des Promotionsstudiengangs zwang meine Kumpane, im Hintergrund zu bleiben, während Kyle in der Schule war, so daß sie überhaupt keinen »Auslauf« hatten, abgesehen von den mageren zwei Stunden jeden Montag und Donnerstag, die wir bei Janna verbrachten. In der übrigen Zeit arbeitete ich wie besessen, während in meinem Kopf unentwegt eine Kakophonie dröhnte.

Egal, ob ich las oder schrieb – jedes Wort war eine Seite, jede Seite ein Buch, und wenn ich mich dann endlich vom Computer losriß, um Kyle abzuholen, waren meine Gedanken zerfleddert, und wütende Alter egos schlüpften nach draußen. Kyle wußte das und war inzwischen sehr daran gewöhnt, Cam zurückzurufen, wie wir es ihm beigebracht hatten.

Es ließ sich einfach nicht vermeiden. Egal, wie Kyles Tag verlaufen war, er stolperte, ohne daß er etwas dafür konnte, unweigerlich in meine Grube und stieß dort auf uns – wobei ich versuchte, uns verzweifelt wieder hochzuziehen, und er sich unentwegt wunderte, was zum Teufel aus seinem *Boxcar*-Papa geworden war. Meist schaffte ich es nicht, aus der Grube nach oben zu klettern; ich hatte einfach nicht die Kraft dazu. Schon Kyle ein Butterbrot zu streichen, verlangte größte Anstrengung; ihm bei den Rechenaufgaben der zweiten Grundschulklasse zu helfen, war mir praktisch unmöglich. Geduld? Pa! Humor? Pa!

Kyle und ich zählten die Sekunden, bis Rikki endlich heimkam. Das Abendessen war dann meist nicht fertig; ich brachte es einfach nicht zustande. Rikki beklagte sich nie. Sie stellte sich in die Küche und kochte und unterhielt sich mit Kyle, der auf dem Boden spielte, während ich in meinem rostigen Elendskäfig verschwand, bis das Essen fertig war. Dann versammelten wir uns um den Tisch, und bald schon löste sich durch Rikkis wundervolle Leichtigkeit die Spannung zwischen Kyle und mir

Friday 28

Almost cut

please dont please

Nov 3

Very strange. at 3:00 in the
afternoon I crashed hard.
It was as if there was no
more energy to deal with
acting normal. I felt anger
and depression and the
perspective began to shift
toward the confused and
jumbled state we find
ourselves in when there
is so much leakage.
I look at my writing now
and it looks so small

Ein typischer Studiennachmittag

d contained. One wouldnt
ess from this handwriting
hat I have so many people
ving in my body. Death
oes not scare me. It
ould be a release. Midnig
eeping on a moonlit bay.
Not now dont talk like
hat you're not nice.
dont you scare me.

nt you scare him. Dont talk
like that.
sorry.
ll kids go to the comfort
room
Please dont let him
ll me.
Hello

you see this? See.

in Wohlgefallen auf. Nach dem Essen verlief der Abend glatt. Rikki half Kyle bei den restlichen Hausaufgaben, ging mit ihm ins Bad, las ihm eine Geschichte vor und brachte ihn ins Bett. Danach schaute ich noch für den Gutenachtkuß herein, las vielleicht noch ein wenig aus *Boxcar Children* vor, dann hieß es Licht aus für den Knirps. Rikki und ich folgten gewöhnlich bald seinem Beispiel.

Früher pflegten Rikki und ich zu sagen, unsere besten Gespräche fänden in der Dunkelheit statt, an jenem fruchtbaren Ort, an dem die Welt endet und die Träume beginnen. Jetzt ähnelte dieser Ort einem leeren Parkplatz, auf dem unsere beiden Autos jede Nacht etwas weiter voneinander entfernt abgestellt wurden.

Ich brauchte meine gesamte Energie für das Studium und dafür, tagsüber einigermaßen über die Runden zu kommen, und wenn dann mein Kopf aufs Kissen sank, war ich völlig erschöpft. Rikki war geduldig und fürsorglich, aber sehr einsam. Und Einsamkeit kann ganz schön an die Nieren gehen.

33

Nach sechs Monaten wurde Rikki zur Verkaufsleiterin befördert. Sie saß jetzt in einem piekfeinen Büro mit Blick auf die Bucht von San Francisco, und ihr waren acht Leute unterstellt, darunter ihre Assistentin Janine Barnes. Janine war etwa einssechzig groß, hatte große, schelmische braune Augen, eine üppige Figur und eine ganze Wagenladung dunkelbrauner Locken auf dem Kopf.

Sie war eine klassische Vertreterin jenes Typs von Zweiundzwanzigjährigen, die noch bei den Eltern wohnen und ihre erste richtige Stelle angetreten haben: zweitüriger Toyota-Sportwagen, Handy, Piepser, massenhaft tolle Kleider, lange Fingernägel, die sich wie Rundziegel ausnahmen, und keine anderen Sorgen, als daß sie mit den Pumps umknicken oder ihren bronzefarbenen Teint verlieren könnte.

Rikki hatte Janine unter ihre Fittiche genommen, weil sie intelligent und effizient war und Sinn für Humor besaß, den sie durchaus auch auf sich selbst anwendete, eine Eigenschaft, die man nur selten findet und bei jungen Leuten fast gar nicht. Rikki mochte sie auch deswegen, weil sie, wie die meisten Mädchen ihres Alters, vor allem ihr eigenes Wohlergehen im Sinn hatte und sich wenig um die Angelegenheiten anderer kümmerte. Für Janine war Rikki so etwas wie eine entfernte Tante, deren Privatleben sie nicht weiter interessierte. Das paßte Rikki ausgezeichnet in den Kram.

»Morgen, Chefin«, sagte Janine, während sie die Tür zu Rikkis Büro mit der Hüfte aufstieß, in jeder Hand eine Tasse Kaffee. Sie stellte eine auf Rikkis Schreibtisch und ließ sich auf einen Stuhl fallen. Rikki legte den Schreibblock weg und griff nach der Kaffeetasse. »Danke«, sagte sie und nahm einen Schluck. »Mmm, schmeckt nach Muskatnuß. Hast du das da reingetan?«

»Mhm.«

»Schmeckt lecker.«

Rikki setzte die Tasse ab und griff wieder nach dem Schreibblock. »O.K., dann an die Arbeit. Es gibt viel zu tun, bevor wir die Ausstellung beisammen haben. Ruf die Service-Abteilung an, und sag Dave, daß die Maschinen am Dienstag betriebsbereit sein müssen. Am Donnerstag brauchen wir den Schwarz-Weiß- *und* den Farbprojektor, das klärst du mit Ed und Greg. Außerdem müssen uns bis heute abend die Handelsvertreter ihre endgültige Teilnehmerliste zusammenstellen, damit wir die Namensschildchen drucken und Getränke und Essen bestellen können. Setz dich mit Cheryl in der Marketing-Abteilung in Verbindung, und stell bitte fest, wann die Sachen dasein können, und vergiß nicht Diane zu fragen, wen sie an den Empfang setzt.« Sie griff wieder nach dem Kaffee. »Das wär's für den Augenblick.«

»Bin schon unterwegs«, sagte Janine und stand auf. In der Tür drehte sie sich noch einmal um. »Ach, Rikki, ich habe ganz vergessen, es dir am Freitag zu erzählen. Teri hat mich wissen lassen, daß sich heute nach Feierabend ein paar Leute im Chevy's treffen, um Andy Grumman zu verabschieden.«

»Mist, habe ich ganz vergessen. Er wechselt ja zu Oracle. Natürlich komme ich.« Rikki lehnte sich im Sessel zurück. »Eigentlich schade, daß er geht. Ich kenne ihn zwar nicht besonders gut, aber ich mag ihn.«

»Ich auch«, sagte Janine und trommelte mit den Rundziegeln an die Eichentüre. »Ich finde ihn irgendwie sexy ...« sie grinste, »trotz seines Alters.«

»*Alt?* Andy ist grade mal vierzig. Wenn der alt ist, was soll ich dann sagen?«

»War nur 'n Spaß«, kicherte Janine. »Aber sexy ist er trotzdem.«

Während Janine hinausging, dachte Rikki bei sich: *Hm ... Andy Grumman ist irgendwie sexy.*

Am Nachmittag rief Rikki mich an und sagte, es werde heute etwas später. Das war eine schlechte Nachricht; die Therapiesitzung hatte mich arg geschlaucht, und es ging mir nicht besonders. Zwei neue Alter egos waren zum ersten Mal zum Vorschein gekommen.

Kaum hatte ich Jannas Sprechzimmer betreten, spürte ich ein Rumpeln wie von einem Güterzug, und paff! – versank ich im Abgrund und Wyatt tauchte auf. Er stand abrupt auf, stellte die Zehenspitzen auf den Rand des Orientteppichs und schritt ihn im Viereck ab. Janna saß geduldig da und sah zu. Sie merkte sofort, daß ein Neuer herausgekommen war, spürte es instinktiv.

»Das ist ein quadratischer Teppich«, sagte Wyatt mit der Stimme eines aufgeweckten Zehnjährigen. »Ich meine rechteckig.«

»Wie heißt du?«

»Wyatt.«

»Hi, Wyatt. Warum gehst du um den Teppich herum?«

»Es tut mir gut, wenn ich um etwas herumlaufe.«

»Bist du ängstlich?« fragte Janna. »Du siehst sehr ängstlich aus.«

»Bin ich auch.«

»Und wenn du das Muster anschaust und um den Teppich herumgehst, läßt die Angst nach?«

»Ja.«

»Weißt du, warum du Angst hast?«

»Weil ich Sie nicht kenne und auch dieses Zimmer nicht«, sagte er, während er sorgfältig die Webkante musterte. »Cornflakes essen oder auf Kies gehen, das kommt aufs selbe raus … außer, daß man von dem einen nicht satt wird.«

»Hm«, nickte Janna nachdenklich. »Du weißt also nicht, wer ich bin?« Das überraschte sie nicht. Neue Alter egos wissen oft die einfachsten Dinge nicht.

»Nein.«

»Wyatt, sieh mal zu, ob du die Information von drinnen bekommen kannst, ob dir jemand dort sagen kann, wer ich bin.«

Ein paar Sekunden lang sagte er nichts, sondern wanderte weiter an der Webkante entlang. »Ich weiß nicht.« Wir versuchten, mit Wyatt zu reden, aber entweder paßte er nicht auf, oder er konnte uns einfach nicht hören.

»Weißt du, wo du bist?« fragte sie.

»Nein. In irgendeinem Zimmer in einem Haus.«

»Das stimmt. Es ist allerdings ein Büro in einem früheren Wohnhaus. Ich heiße Janna Chase«, sagte sie langsam – allmählich wurde ihr ein wenig schwindelig vom Zusehen, wie er seine Runden um den kleinen Teppich drehte –, »und ich bin Psychologin … ich bin Cams Psychologin. Wyatt, weißt du, welches Jahr wir haben?«

»Neunzehnhundertvierundsechzig«, sagte er, als wäre es das Selbstverständlichste der Welt. »Wie bin ich bloß so groß geworden? Ich muß auf Stelzen gehen oder so was, oder Sie spielen mir einen Streich.«

»Ich spiele dir keinen Streich, Wyatt. Weißt du, wer Cam ist?«

Wyatt drehte weiter seine Runden und betrachtete dabei eingehend das Muster des blauweißen Teppichs. Er sagte: »Großer Mann mit großen Schuhen.«

»Ja, das stimmt. Würde es dir was ausmachen, für einen Moment aufzuhören und dich hinzusetzen?«

Er hielt inne. »O.K. Soll ich mich auf den Boden setzen?«

»Wenn du willst. Du kannst dich aber auch auf die Couch setzen.«

»O.K.« Wyatt setzte sich auf die Couch. Sofort fing er an, ohne die Augen zu bewegen, mit dem Kopf der weißen Stuckeinfassung der Zimmerdecke zu folgen. Als er an den beiden Fenstern anlangte, machte er es mehrfach genauso mit deren Rechteck. »Ihre Decke ist schief«, sagte er. »Ihr Zimmer ist schief. Und Ihre Bilder hängen schief.«

Janna lachte. »Wahrscheinlich hast du recht. Das Gebäude ist alt.« Sie beobachtete sein ausdrucksloses Gesicht, während er die Umrisse erst des einen, dann des anderen Fensters verfolgte. »Meinst du, du könntest das mal unterbrechen?« Sie machte eine Pause. »Wenn's dir nichts ausmacht.«

»O.K.«, sagte Wyatt. Sein Kopf hörte auf, sich zu bewegen, und sein Blick fiel jetzt auf das Flußgemälde hinter Jannas Schreibtisch.

»Wyatt?«

»Ja?«

»Wir haben nicht neunzehnhundertvierundsechzig.«

»Nein?«

»Nein. Hör mal nach innen, und sieh zu, ob du feststellen kannst, welches Jahr wir haben.«

Er hielt sich ganz still, sein Gesicht sah angestrengt und konzentriert aus. »Ich höre nichts«, sagte er. »Neunzehnhundertvierundsechzig.«

Urplötzlich durchfuhr ein Zucken Wyatts Körper und warf ihn gegen die Sofalehne. Er rutschte seitlich ab und landete auf dem Rücken, die Füße immer noch auf dem Boden. Er preßte die geballten Hände an die Brust und paff! – jemand anderer war draußen, starrte erschrocken zur Decke und rang nach Atem, als läge ein Stahlrohr auf seiner Brust.

Janna setzte sich pfeilgerade auf und hielt konzentriert Ausschau nach einem winzigen Anhaltspunkt. »Sag mir, was geschieht.«

Keine Reaktion. Nur der zu Tode erschrockene Blick und der röchelnde Atem.

»Was geschieht?« wiederholte sie, diesmal schärfer.

Er rang krampfhaft nach Luft. »Aaah ... aaah, ich ... aah ... krieg' keine Luft.«

»Warum? Warum kriegst du keine Luft?«

»Laß ... mich ... aaah ... los. ... Bitte, bitte ... aaah ... laß ... mich ... los.«

Janna bewahrte die Ruhe. Sie wußte, daß es sich um ein Abreagieren handelte, ein Wiedererleben irgendeines früheren Vorfalls, und nicht um einen epileptischen Anfall, wie jemand mit weniger Erfahrung vielleicht gemeint hätte. Sie wußte, daß ich nicht ersticken würde, daß meine Atemwege frei waren. Das waren sie jedenfalls in der Gegenwart. Aber wer immer sich auf der Couch wand, befand sich nicht in der Gegenwart. Er oder sie befand sich in der Vergangenheit – meiner Vergangenheit.

Janna fragte: »Spreche ich mit Wyatt?«

Zweimal Kopfschütteln.

»Wer bist du?«

Er keuchte: »Mo ... ooo... zart.«

»Mozart?« sagte sie. »Ist das dein Name, Mozart?«

»Jaaa ... aaa.« Es hörte sich an, als steckte etwas in seiner Luftröhre.

»Hör zu, Mozart. Du bist jetzt nicht in Gefahr. Mein Name ist Janna Chase, und ich bin da, um dir zu helfen. Hör auf den Klang meiner Stimme. Versuch, dich am Klang meiner Stimme festzuhalten.«

»Blaues ... aaah ... Kleid.«

»Blaues Kleid? Wer trägt ein blaues Kleid?«

Keine Reaktion. Nur keuchendes Ringen nach Atem.

»Mozart, hör gut zu. Niemand tut dir jetzt etwas an.«

»Unterwäsche ... im ... aaah ... Gesicht ... aaah«, winselte er mit dünner, vor Schreck gepreßter Stimme.

»Mozart«, sagte Janna streng. »Schau, was vor dir ist. Schau genau hin, was vor dir ist. Du hast keine Unterwäsche im Gesicht. Führ deine Hand zum Mund. Du fühlst nichts vor deinem Mund. Nun komm schon, nimm die Hand, und führ sie an deinen Mund.«

»Ich ... kann ... aaah ... meine Arme ... nicht ... bewegen ... aaah«, sagte er, die Hände immer noch an die Brust gepreßt.

Janna beschloß, den Dingen ihren Lauf zu lassen. Mit der Rettung noch ein paar Minuten zu warten. Sie lehnte sich vor. »Warum kannst du die Hände nicht bewegen?«

»Ich ... aaah ... kann nicht.«

»Warum kannst du es nicht?« Sie ließ nicht locker.

»Aaah«, keuchte er. »Sie drückt mich nach unten.«

»Wer?«

»Sie ... aaah. Die Frau ... aaah.«

»Welche Frau?«

Das Keuchen verstärkte sich, der Atem kam nur noch in qualvollen Stößen.

Janna gab nicht nach. »Weißt du, wer die Frau ist?«

»Aaaaaahh«, keuchte er mit tränenüberströmtem Gesicht. Mozarts Körper wand sich auf der Couch, und er stieß einen erstickten Schrei aus, den der Geist der Frau im blauen Kleid mit dem Geschlecht an seinem Gesicht dämpfte. Es war Zeit für die Rettungsaktion.

Jannas Stimme wurde sanft. »Mozart, hör auf den Klang meiner Stimme. Halt dich am Klang meiner Stimme fest. Das wird dir helfen. Du *kannst* die Hände bewegen. Niemand drückt deine Hände nach unten. Schau dir deine Hände an.« Mozart hörte auf sich zu winden und bewegte langsam den Kopf, um seine Hände anzusehen.

»Siehst du?« sagte Janna. »Niemand hält deine Hände fest. Hör jetzt brav auf den Klang meiner Stimme. Versuch, deine Hände zu öffnen, den Arm zu heben und deinen Mund zu berühren.« Er gehorchte, langsam, immer noch nach Luft ringend, und berührte mit der Rückseite der Finger seinen Mund. »Siehst du? Du hast nichts vor dem Gesicht.« Der Ausdruck des Schreckens in Mozarts Kinderaugen ließ ein wenig nach. Janna sagte ruhig: »Du kannst jetzt ruhiger atmen. Was immer dich ersticken wollte, ist nicht mehr da.« Langsam entkrampfte sich sein Körper, und sein Atem hörte sich allmählich weniger angestrengt an. Mehr und mehr entfernte er sich von der Frau im blauen Kleid.

Janna wartete eine Zeitlang und sagte dann: »Mozart, kannst du mich ansehen?«

Er wandte den Kopf, blickte sie einen Moment lang an und schloß dann die Augen. Er glitt dem Schlaf zu.

»Kannst du noch ein bißchen bei mir bleiben? Versuch, bei mir zu bleiben.« Er machte die Augen wieder einen Spalt auf, die Lider schwer vor Erschöpfung.

»Es wird alles gut werden, Mozart«, sagte sie. »Das alles war vor sehr langer Zeit. Du hast etwas wiedererlebt, das vor langer Zeit geschehen ist. Du bist nicht mehr in Gefahr.« Sie lächelte ihm freundlich zu und sagte beruhigend: »Du bist jetzt in Sicherheit.«

Mozarts Augen fielen zu, und er schlief ein.

Janna lehnte sich im Sessel zurück und beobachtete meinen schlaffen Körper. »Cam?« Eine schwirrende Erscheinung schlängelte sich durch einen dunklen, gewundenen Tunnel in den sanft erleuchteten Raum, in dem ich auf einem riesigen Bett mit flauschigen, safrangelben Kissen friedlich schlummerte. Ein Finger berührte leicht meine Brust, einmal, zweimal. »Cam?« Meine Augen öffneten sich langsam. Wieder die federleichte Stimme: »Cam?« Ich versuchte zu erkennen, wem die zarte Stimme gehörte, es gelang mir aber nicht.

»Ich kann Sie hören«, sagte ich, und meine Stimme erklang aus weiter Ferne. »Wer ruft da meinen Namen?«

»Janna. Janna ruft Sie.« Die Stimme wehte an einem Blaubeerstreuselkuchen auf dem Fenstersims vorbei zu mir herüber.

»Janna?« sagte ich mit erstickter Stimme. Der süße, berauschende Kuchenduft stieg mir in die Nase. Der Name klang irgendwie bekannt.

»Cam«, sagte die Stimme wieder, diesmal fester, und ich runzelte die Stirn, während der Kuchen vom Sims abhob und durchs Fenster auf eine Wiese und in dunkle Wälder entschwebte. »Cam.« *Mein Name. Sie ruft meinen Namen.*

»Ich kann Sie hören«, sagte ich wieder, spürte die Worte in meiner Kehle schwingen. »Ich versuche, die Augen aufzumachen.«

»Ihre Augen *sind* offen, Cam. Versuchen Sie, mein Gesicht scharf zu sehen.« Diesmal war die Stimme viel näher. Die flauschigen Kissen schrumpften und entschwanden, und mein Gesicht lag auf Jannas Ledercouch. *Scharf einstellen, schärfer, schärfer, schärfer, schärfer, schärfer.* Endlich erschien vor mir Jannas schräges Gesicht. *Sie ist nicht schräg… du liegst. Richtig. Warum liege ich hier?*

Ich sagte laut: »Warum liege ich hier?«

»Können Sie sich aufsetzen?« Ganz langsam richtete ich mich auf und beobachtete, wie Jannas Gesicht im Uhrzeigersinn die Horizontale verließ und immer senkrechter wurde, bis ich schließlich gerade saß.

»Wir sind beide in der Vertikalen«, sagte ich. Ich schüttelte mehrmals kräftig den Kopf. »Was geht hier vor?«

»Lassen Sie es sich von innen sagen.«

Ich sah sie böse an. »Warum sagen Sie mir nicht einfach, was los ist?«

Sie lächelte geduldig. »Eine Menge war hier los. Versuchen Sie, es sich sagen zu lassen –«

»Von innen«, sagte ich ärgerlich, »ich weiß. Na gut. Geben Sie mir eine Minute.«

»Um den Teppich gelaufen. Schwindlig.«

Janna nickte. »Mhm. Sonst noch was?«

»Wyatt.«

»Richtig. Wyatt, ein neues Zweit-Ich … jedenfalls eines, von dem ich nichts wußte … lief um den Teppich herum.«

Ich runzelte die Stirn und legte die Hände auf meine Brust. »Schweres Atmen, als wäre ich unter etwas eingeklemmt … etwas, das mir auf die Brust drückte.« Allmählich wurde mir sehr ungemütlich zumute. »Ein blaues Kleid. Ein blaues Baumwollkleid. Unterwäsche. Eine Vagina.«

»Gut.«

»Nein, überhaupt nicht gut! Ich mag das nicht.«

»Was sonst noch? Wer hatte das blaue Kleid an?«

Ich schloß einen Moment die Augen, und ein Anfall

von Wut hieb auf mein Gehirn ein wie eine Machete. Meine Augen sprangen wie von selbst auf, und ich blitzte Janna wütend an. »Wer glauben *Sie* denn?« fauchte ich.

»Ich weiß es nicht.«

»Ach, hol's der Teufel. Bloß weil einer mal was sagt, heißt das noch lange nicht, daß es stimmt!«

»Richtig, aber –«

»Was, aber?!«

»Wer war es? Hören Sie mal nach innen.«

Einen Moment lang schwiegen wir.

»Weiße Haare, O.K.? Soviel erkenne ich. Weiße Haare. Ich weiß nicht mal, woher sie kommen. *Verdammt* noch mal, wie ich das hasse!«

»Die Großmutter«, murmelte Janna vor sich hin.

»Ich weiß nicht, woher sie kommen!«

»Hören Sie nach innen. Ich weiß, daß Ihnen das schwerfällt, aber hören Sie einfach dort zu.«

Als sie »hören«, sagte, dehnte sie das »ö«, und es glitt von ihren Lippen und legte sich um mich wie ein Seidenschal, und meine Wut löste sich in Luft auf. Ich schloß wieder die Augen.

»Mozart. Musik? Nein, ein Name. Ein Kind … es heißt Mozart. Ein Alter ego, das Mozart heißt.« Ich sah sie verständnislos an. »Ich habe ein Alter ego namens Mozart?«

Janna nickte. »So jedenfalls sagte er, sei sein Name. Er klang ziemlich jung. Und sehr betrübt. Er muß den Ruheraum kennenlernen. Sie und ein paar andere, ihr solltet ihn suchen und in den Ruheraum bringen. Auch Wyatt. Versucht das jetzt. Per und Bart, Dusty, Stroll – schaut euch nach Wyatt und Mozart um. Sie müssen dringend in den Ruheraum.«

Ein paar Minuten vergingen mit Schweigen. Dann: »O.K., wir haben beide gefunden.«

»Kann sie jemand in den Ruheraum bringen?«

»Ja, wir sind alle schon dabei.«

»Gut.«

Wieder sagte eine Zeitlang keiner von uns etwas. Meine Augen fühlten sich kalt an, ich blinzelte, und sie brannten.

Janna stand auf, kam zur Couch herüber und setzte sich ans andere Ende. Ich wandte ihr den Kopf zu und merkte, daß mir der Nacken weh tat.

»Es war eine harte Sitzung für Sie«, sagte sie. »Wie geht es Ihnen jetzt?«

»Allein ganz hoch oben auf dem Seil … ohne Netz.«

Janna wollte mich an der Schulter berühren, zog ihre Hand aber wieder weg und legte sie neben mich auf die Couch.

»Sie sind nicht allein, Cam«, sagte sie leise. »Und ich bin Ihr Netz.«

34

Acht Leute aus Rikkis Büro saßen bereits an zwei zusammengerückten Tischen im Chevy's, einem mexikanischen Restaurant in Alameda, tranken Margaritas, aßen Nachos und unterhielten sich laut lachend, als Rikki zu ihnen stieß. Sie kam mit einer Stunde Verspätung zu Andys Abschiedsparty.

Ein drahtiger, muskulöser Bursche um die Dreißig hob sein Glas und sagte: »He, schaut mal, wer da doch noch gekommen ist.« Er ließ eine Zeile aus *Hello Dolly* vom Stapel mit einer Stimme, die wohl die von Louis Armstrong sein sollte, aber eher wie Grover aus der *Sesamstraße* klang: »He Jungs, nehm sie ma-al einer, nehm sie ma-al einer, nehm sie endlich einer doch mal auf den Scho-oß …«

Janine rutschte ein wenig beiseite, Andy schnappte sich von einem anderen Tisch einen Stuhl und stellte ihn neben sich, während alle anderen einfielen: »Rikki, geh nie wieder weg, Rikki, geh nie wieder weg, Rikki, geh nie wie-der we-eg.« Dann brachen alle in Gelächter aus, und die übrigen Gäste applaudierten und stießen Hochrufe aus.

Mit einem breiten Lächeln setzte sich Rikki hin. »Ich geh' ja gar nicht«, sagte sie, nahm sich ein Glas und legte Andy die Hand auf die Schulter. »*Er* verläßt uns. Gießt mir mal jemand eine Margarita ein?«

Andy nahm die Karaffe und füllte ihr Glas. Mit den glatten, schwarzen, an den Schläfen schon melierten Haaren, den kornblumenblauen Augen, dem grob geschnittenen Gesicht, den Krähenfüßen und den tief eingegrabenen Lachfalten sah er eher aus wie einer, der seinen Lebensunterhalt mit dem Bauen von Blockhütten verdiente und das gern tat. Nur mit dem Unterschied, daß er italienische Schuhe und einen Hundertdollaranzug trug und keine Blockhütten baute, sondern Marketing-Spezialist war.

Er lächelte Rikki zu: »Schön, daß Sie's doch geschafft haben. Danke fürs Kommen.«

»Ich wollte es keinesfalls versäumen. Tut mir leid, daß ich mich verspätet habe. Mußte noch ein paar Sachen für die Ausstellung erledigen.« Sie rief über den Tisch hinweg dem drahtigen Burschen zu: »He, Satchmo. Wenn du mir deine Kundenliste nicht bis spätestens morgen lieferst, kannst du dir deine Trompete sonstwohin stecken.«

Allgemeines »Ooooh« am Tisch.

»Meinst du das ernst?« lachte Satchmo.

»Und wie ich das ernst meine, Jimmy. Ich brauch' die Namen.«

»O.K., Rik. Tut mir leid. Morgen kriegst du sie. Muß mir bloß vorher noch einen gönnen.«

Rikki grinste. »Ich könnte mir auch mal einen gönnen«, sagte sie und leerte ihr Glas in einem Zug.

Vom Tischende her ließ sich ein breitschultriger Bursche in weißem Hemd, roter Krawatte und Hosenträgern vernehmen. »Ähm, Rikki?« sagte er, hielt sich seine Serviette auf halber Höhe vors Gesicht und grinste breit. »Ähm, ich glaube, ich könnte dir einen empfehlen.«

Alle feixten. »Danke, Brian«, schnurrte Rikki. »Ich komm' dann auf dich zu.« Andy füllte ihr Glas wieder, dabei berührte er sacht ihre Hand. Ihre Augen trafen sich, und sie lächelte ihn an. »Danke.«

Er erwiderte ihr Lächeln. »Keine Ursache.«

»Ich muß jetzt leider gehen«, sagte Janine, schob ihren Stuhl zurück und stand auf. Sie warf einen Zehner auf den Tisch. »Hab' noch 'ne heiße Verabredung heute abend.«

Eine gutgekleidete Frau etwa Mitte Dreißig, die ein Nacho in der Hand hielt, sagte mit vollem Mund: »Ich will mich ja nicht in die Nesseln setzen, aber ich vermute, es handelt sich nicht um einen Bauernjungen.«

Janine zog eine Schnute, als wäre sie beleidigt, und sagte: »Nee, um einen *Italie-e-ner*.«

Wieder allgemeines Gelächter, in das auch Janine einfiel. Sie wandte sich Andy zu.

»Viel Glück, Andy«, sagte sie und gab ihm ein Küßchen auf die Wange. »Sie werden uns fehlen.«

Andy wollte sich erheben, aber Janine schob ihn auf den Stuhl zurück. »Bleiben Sie sitzen«, sagte sie und sah in die Runde: »Was für ein wohlerzogener Gentleman!«

Er bedachte sie mit einem Lächeln. »Danke, daß Sie da waren, Janine. Bleiben Sie sauber.«

»Ich? Ha!« lachte sie. »Also dann. Bis morgen.« Sie winkte und ging.

Brian stand ebenfalls auf und sagte mit gespielt betrübtem Gesicht: »Wißt Ihr, wie spät es ist? Ich muß nach Hause, um mir meine Sieben-Uhr-Abreibung zu holen.« Er warf einen Zwanziger auf den Tisch, zog die Anzugjacke über und trat zu Andy, um sich mit Handschlag von ihm zu verabschieden.

»Ich auch«, sagte Jimmy und warf zwei Zehner auf den Tisch. »Bis morgen alle zusammen. Am Donnerstag zum Pokern, Andy?«

»Aber ja doch«, sagte Andy grinsend. »Ich brauch'doch dein Geld.«

Die anderen tranken ebenfalls aus, standen auf, legten etwas Geld hin, verabschiedeten sich von Andy und gingen. Rikki und Andy blieben allein zurück.

»Na denn«, sagte Andy leicht nervös. »Da wären wir also.«

»Jaa«, zuckte Rikki die Schultern. »Da wären wir.« Einen Augenblick lang sahen sie sich beide im Restaurant um, etwas unsicher, da sie sich nicht sehr gut kannten und ihnen so allein etwas ungemütlich zumute war. Dann wandte sich Andy Rikki zu und brach das Schweigen.

»Sie müssen wahrscheinlich auch weg, Rikki –«

»Bin ja eben erst gekommen. Aber meinetwegen brauchen Sie nicht zu bleiben.«

»Nein, nein, ich wollte nur noch austrinken. Ich möchte nicht, daß Sie meinen, Sie müßten bleiben, nur um mir Gesellschaft zu leisten. Sie wissen schon, der Ehrengast sollte nicht als letzter die Party verlassen.«

Rikki nickte. »Irgendwie ein trauriges Bild.« Sie sah auf die Geldscheine auf dem Tisch. »Obwohl es den Anschein hat, als hätten Sie einen guten Schnitt gemacht.«

»Wahrscheinlich haben Sie recht«, gluckste Andy. »Jetzt bin ich reich.« Er grinste verlegen. »Wir könnten zahlen und mit dem Rest nach Tahoe gehen.«

Rikki verspürte ein Kribbeln der Erregung im Bauch, und plötzlich fiel ihr auf, wie nahe sie beieinander saßen. Ihre Beine berührten sich fast. Rikki sah zu Andy auf und sagte unter halbgeschlossenen Augenlidern hervor in übertrieben tiefem Lauren-Bacall-Alt: »Mm … Tahoe. Da gibt's einen See.«

Andy lehnte sich vor, verzog die Mundwinkel in Humphrey-Bogart-Manier und sagte: »Ja, Kleines, einen nassen.«

Einen Augenblick lang sahen sie sich an, dann fingen sie an zu lachen.

Die Kellnerin kam. Sie war etwa zwanzig, hatte kurzes schwarzes Haar und buschige Brauen. »Kann ich noch etwas bringen?« fragte sie.

Andy warf Rikki einen fragenden Blick zu. Sie sah auf die Uhr, dann wieder zu ihm. »Ich nehm' noch einen Kaffee mit Kahlua.«

»Gute Idee«, sagte er, und zur Kellnerin: »Zwei Kaffee mit Kahlua, bitte.«

»In Ordnung, Sir. Ich lass' auch gleich den Tisch abräumen.«

»Danke.«

Als sie weg war, schüttelte Andy den Kopf und sagte: »Sie hat doch glatt ›Sir‹ zu mir gesagt. Hätte sie bestimmt nicht getan, wenn sie mich nicht für alt gehalten hätte.«

Rikki lächelte ihm zu: »Nein, Sir, bestimmt nicht.« Sie lachten beide, und Rikki spürte, wie sich ihre Knie berührten. Sie räusperte sich. »Janine nennt mich Oma.«

»Gibt's doch nicht. Wirklich?«

»Wirklich.«

Er strich sich über die Seidenkrawatte. »Ich habe eine vierzehnjährige Tochter.«

»Und ich einen siebenjährigen Sohn.«

»Ach ja? Und wie heißt er?«

»Kyle. Und Ihre Tochter?«

»Katie.«

Der Kaffee kam, beide rührten ihn um und nahmen einen kleinen Schluck.

Rikki zuckte zurück, fächelte sich die Lippen und sagte: »Huh. Heiß. Schmeckt gut, aber heiß.«

»Die Zunge verbrannt?«

»Mhm«, sagte sie und versuchte, mit einem Schluck Margarita zu löschen. »Verflixt!«

»Ich hasse es, wenn man sich beim ersten Schluck die Zunge verbrennt«, sagte Andy.

Rikki nickte. »Oder den Gaumen mit dem ersten Bissen von der Pizza.«

»Ja, genau.« Andy nahm einen Löffel Schlagsahne. »Schlagsahne ist nicht heiß«, sagte er und ließ Rikki probieren. Gefahrenzone erreicht. Sie zögerte eine Sekunde, nippte dann ein bißchen an der Löffelspitze und schaute ihm dabei in die Augen. Beide schwiegen eine Zeitlang.

Rikki blickte auf Andys linke Hand. »Ich sehe keinen Ehering.«

Andy nahm einen vorsichtigen Schluck und stellte die Tasse auf den Tisch. »Meine Frau hat uns verlassen, als Katie zwei war.«

»Du lieber Gott. Einfach so?«

»Sie ging zurück nach Wyoming zu ihrer Familie. Bestand bei der Scheidung nicht auf dem Sorgerecht.« Andy bedachte Rikki mit einem traurigen Lächeln. »Ellen hatte ziemliche Alkoholprobleme. Sie war mehrfach in einer psychiatrischen Klinik. Versuchte sogar mal, sich umzubringen.« Er zuckte die Schultern. »Wir telefonieren etwa zweimal im Jahr, sie schickt Katie was zum Geburtstag …«

Rikki runzelte die Stirn. »Das muß schwer für Sie gewesen sein.«

»War's auch, eine Zeitlang. Wissen Sie, ich war überhaupt nicht darauf gefaßt. Ganz plötzlich schien es, als würde sie weggeschwemmt.« Andy spielte mit dem Kaffeelöffel. »Wir kommen aber gut zurecht, Katie und ich.«

»Gibt's sonst niemanden?«

»Oh«, seufzte Andy, »es gab ein paar. Vor drei Jahren sogar mal etwas ziemlich Festes, aber als es ernst wurde, wollte sie doch lieber nicht Stiefmutter sein, sondern eine eigene Familie haben. »Also ...«, er schnippte mit den Fingern, »pffft!«

Andy richtete sich im Stuhl auf, riß sich aus seinen düsteren Gedanken und setzte ein strahlendes Lächeln auf. »Und wie ist's bei Ihnen? Erzählen Sie mir ein wenig von sich.«

Rikki nahm ihre Tasse in beide Hände und betrachtete die langsam schmelzende Schlagsahne, während sie überlegte, wieviel sie ihm sagen sollte. Dann sprach sie. Sie erzählte ihm alles. Andy hörte aufmerksam zu, betrachtete ihre tiefblauen Augen und die anmutigen Handbewegungen, mit denen sie ihre Worte unterstrich.

Als Rikki schloß, dunkelte es schon, und die Kellner zündeten die Kerzen auf den Tischen an. Die Sahne in den halbleeren Tassen hatte sich aufgelöst.

Andy legte seine Hand auf ihre und drückte sie zart. »Es tut mir leid, daß Sie sich mit so viel herumschlagen müssen.«

Rikki erwiderte den Druck. »Danke.« Sie sah auf die Uhr: halb acht. »Großer Gott!« sagte sie. »Ich muß dringend nach Hause. Cam geht heute abend zu einer Versammlung, und die fängt, glaube ich, um halb neun an.«

Andy winkte der Bedienung, die gleich darauf die Rechnung brachte. Er klaubte das Geld zusammen, das alle beigetragen hatten, zahlte und hinterließ ein großzügiges Trinkgeld. Beim Aufstehen sagte er zu Rikki: »Ich bring' Sie noch zum Wagen.«

Rikki lächelte ihm dankbar zu, und die beiden verließen das Lokal.

An ihrem Wagen blieben sie stehen, ganz nahe beieinander. »Hätten Sie nicht Lust, mal mit mir essen zu gehen?« fragte er. »Rein freundschaftlich.«

Rikki fühlte wieder das Kribbeln, gefolgt von einem Anflug von Angst. Während die beiden Empfindungen unbeholfen in ihr herumtanzten, runzelte sie die Stirn. Dann glättete sich ihre Stirn. »O.K.«, sagte sie zu Andy und lächelte. Ein Freund.

35

Als Rikki in die Einfahrt bog, tigerte ich bereits gereizt und mißmutig in der dunklen Garage auf und ab, weil ich befürchtete, zu meiner Versammlung im Sedona-Haus zu spät zu kommen.

Schon im Scheinwerferlicht sah Rikki sofort, daß ich verärgert war. Sie entschuldigte sich, ich murmelte ein unehrliches »Ist schon O.K.«, wir küßten uns flüchtig an der Autotür, und schon saß ich hinter dem Steuer und fuhr, kaum fünfzehn Sekunden nach ihrer Ankunft, aus der Einfahrt. Das Erscheinen von Wyatt und Mozart bei Janna hatte den Mixer in meinem Kopf auf Stufe zwei geschaltet; Rikkis Zuspätkommen brachte ihn vollends auf Hochtouren. Ich versuchte, mich aufs Fahren zu konzentrieren, aber das Steuer fühlte sich in meinen Händen wie eine dicke schwarze Lakritzschlange an, und die Scheinwerfer schienen alles mit Myriaden gelber Partikelchen zu besprühen.

Nach einem guten Kilometer auf der Alta Vista Road hörte ich eine Sirene und sah Blaulicht. *Fahr an den Straßenrand, fahr an den Straßenrand, tritt auf die Bremse, schalte auf Parken. Was ist los? Ruhe. Was ist los? Ruhe!*

Was ist los?! RRUUUHEE!!! Ein weißer Lichtstrahl traf mich.

»Lassen Sie bitte das Fenster herunter.« *Häh? Woher kommt diese Stimme?* Wieder, diesmal lauter: »Lassen Sie bitte das Fenster herunter.« *Sag doch einer was! Drück auf den Fensterknopf. Es tut sich nichts. Den Knopf, den da.* Nichts.

»Legen Sie die Hände aufs Steuerrad.« Wir legten meine Hände auf die Lakritzschlange. Der Polizist machte die Tür auf und leuchtete mir mit der Taschenlampe direkt ins Gesicht.

»Warum haben Sie das Fenster nicht heruntergelassen?«

»Ich wußte nicht, wie's geht. Ich hab' auf den Knopf gedrückt, aber es ging nicht runter.«

»Der Motor war aus. Haben Sie getrunken?«

»Wasser. Ich habe ein Glas Wasser getrunken.«

»Steigen Sie bitte aus.«

Klebrige Füße lösten sich von der Fußmatte und berührten unsicher den Straßenbelag. *Ich bin groß.* Ein Windstoß blies mir eine lange Haarsträhne in den offenen Mund. *Was ist das, eine Schnur?* Ich tauchte und tauchte, immer tiefer in trübes Wasser.

Der Polizist sagte: »Zeigen Sie bitte Ihren Führerschein.«

»Was?«

Er wiederholte, diesmal schneidender: »Den Führerschein, bitte!« Seine Partnerin gab im Streifenwagen mein Kennzeichen durch, stieg wieder aus und kam herüber.

»Ich weiß nicht, was Sie meinen«, sagte ich langsam.

»Ihren Führerschein. In Ihrer Brieftasche. Haben Sie eine Brieftasche?« Die Polizistin sah ihren Kollegen fragend an.

»Tasche«, murmelte ich. Ich sank und sank. Keiner kam raus, um mich zu retten. *Wo ist Leif? Weiß nicht. Per? Weiß nicht.* »In der Tasche. Ich hab' eine Hose an. Er ist in meiner Hosentasche.«

Der Polizist sah seine Kollegin an, fixierte dann wieder mich. »Fassen Sie langsam in Ihre Gesäßtasche und holen Sie den Führerschein heraus, Sir.«

»O.K.« Ich holte die Brieftasche heraus und gab sie ihm vorsichtig, damit sie nicht aufging. *Die beißen manchmal.*

»Geben Sie mir nicht Ihre Brieftasche. Ich möchte, daß Sie den Führerschein aus der Brieftasche nehmen.«

»Kann ich nicht. I-ich weiß nicht, wie er aussieht.«

Die Polizistin schob mir ein Plastikröhrchen zwischen die Lippen und sagte: »Blasen Sie da hinein.« Ich gehorchte, sie zog das Röhrchen aus meinem Mund, prüfte es und sagte zu ihrem Partner: »Nichts.«

Er nahm die Brieftasche, öffnete sie und holte den Führerschein heraus. Wieder traf mich ein Lichtstrahl. Die Polizistin hatte auch eine Taschenlampe.

Sie sagte: »Wie heißen Sie, bitte?«

»Cameron West«, sagte meine Stimme. Ich lag nun tief unten im Wasser, über mir die Wellen der Wirklichkeit. »Er heißt Cameron West.«

Der Polizist prüfte den Führerschein und sagte: »Stimmt.«

Die Polizistin sagte: »Der Wagen gehört ihm. Es liegt nichts gegen ihn vor. Er wohnt gleich um die Ecke.«

Der Polizist gab uns die Brieftasche zurück, und wir steckten sie wieder in ihr Bettchen in meiner Hose. Er sagte: »Was meinten Sie mit ›Er heißt Cameron West‹?«

Ich sagte nichts. Unter Wasser kann man schlecht reden.

»Wissen Sie, wo Sie sich befinden, Mr. West?«

»Kalifornien.« Sie tuschelten miteinander. Ich verstand nicht, was sie sagten.

»Wissen Sie, daß Sie mit fünfundfünfzig Meilen fuhren, hier aber nur vierzig erlaubt sind?«

Paff! Wyatt kam raus. »Fünfundneunzig. Macht fünfundneunzig. Fünfundfünfzig und vierzig ist fünfundneunzig.«

Der Polizist fragte: »Was?«, aber Wyatt war schon wieder weg. Der Polizist sah seine Kollegin an. Sie wußten nicht, wie sie sich verhalten sollten. Ich hörte weiteres Getuschel.

Die Frau sagte zu mir: »Mr. West, sind Sie verheiratet? Ist jemand zu Hause, mit dem wir reden könnten?«

Ich sagte: »Rikki West.«

»Ist das Ihre Frau?«

»Rikki West ist die Frau.«

»Wissen Sie Ihre Telefonnummer auswendig?«

Die Nummer wurde irgendwo drinnen genannt, mein Mund öffnete sich und ließ die Zahlen heraus. *Woher kam das denn?*

Wyatt kam noch einmal kurz zum Vorschein und sagte: »Hier gibt's keine Mücken. Nicht eine. Aber die Brise hat ihm eine Schnur in den Mund geweht, ich habe es genau gemerkt.«

Die Polizistin sagte zu ihrem Kollegen: »Ich ruf' sie an«, und ging zum Streifenwagen.

Der Polizist sagte: »Treten Sie bitte hier herüber« und führte mich von der Straße auf die rechte Wagenseite. Ein paar Leute hatten das rote Licht des Streifenwagens gesehen und kamen aus den Häusern, um zu schauen, was los war. Ich spürte die warme Luft auf meiner Haut.

Die Polizistin stieg wieder aus dem Streifenwagen und kam zu uns herüber. Sie sagte zu ihrem Kollegen: »Ich habe mit seiner Frau gesprochen. Ein Streifenwagen holt sie ab und bringt sie her. Wird gleich da sein. Sie sagte, er sei Opfer eines frühen Inzests, erlebe manchmal Flashbacks und werde verwirrt, so was wie posttraumatischer Streß. Er sei auf dem Weg zu einer Selbsthilfegruppe.«

Der Polizist flüsterte: »Ich weiß nicht recht. Wir sollten ihn vielleicht als unzurechnungsfähig einliefern. Er scheint mir erheblich mehr als bloß verwirrt.«

Darauf sie: »Warten wir mal, bis sie da ist.«

Ich lag tief unten in warmem, tropischem Gewässer, der schimmernde Mond malte Streifen auf den sandigen Grund, ich war barfuß und nur mit Hemd und ausgebeulter Hose bekleidet. *Warum habe ich im Wasser eine Hose an? Frag nicht so laut. Gefängnis, sie bringen dich ins Gefängnis. Gütiger Himmel! Was haben wir denn angestellt?*

Einen Moment lang kam ich an die Oberfläche und fragte: »Was habe ich angestellt?« Dann versank ich wieder.

Der Polizist sagte: »Sie sind zu schnell gefahren, Mr. West. Ein Wagen bringt Ihre Frau her. Da kommt sie schon. Bleiben Sie ganz ruhig.«

Die Polizistin ging zu dem zweiten Streifenwagen, aus dem zwei Polizisten ausstiegen. Einer öffnete die hintere Tür, und Rikki stieg ebenfalls aus. Die Vorbeifahrenden verlangsamten neugierig das Tempo, aus den Häusern traten weitere Menschen. Rikki unterhielt sich eine Weile mit der Polizistin, ihr Kollege behielt mich im Auge. Ich stand ruhig da, aber in meinem Innern war ich ein Rochen, der nur wenige Zentimeter über dem Meeresgrund schwamm. Dann kamen alle zu uns herüber.

Rikki kam geradewegs auf mich zu und legte mir die Hand auf den Arm. »Cam? Cam?« sagte sie besorgt. Ihre Worte drangen durchs warme Wasser zu mir herunter wie ein in der Brechung sich biegender, langer Bambusstab, der mich sanft an der Schulter berührte. Ich griff nach dem Stab, und langsam zog er mich aus der Tiefe. *Adieu, Fische, adieu, Pflanzen. Wir kommen wieder.*

Die Neuronen in meinem Gehirn klickten wieder aneinander, und das Wasser ging zurück. Dann ein schnelles Schaudern, schwapp, und ich war wieder ganz da. Polizei, blinkendes Licht, Autos, Nacht, Rikki.

»Was ist los, Rikki?« fragte ich verwirrt.

»Du bist wegen überhöhter Geschwindigkeit angehalten worden«, sagte sie, immer noch die Hand auf meinem Arm.

»Angehalten worden?« wiederholte ich und versuchte zu verstehen. Ich sah Rikkis Gesicht an, dann die Gesichter der vier Polizisten und spürte, während die Wirklichkeit Gestalt annahm, Verlegenheit in mir aufsteigen. »O je«, sagte ich. Plötzlich hatte ich Angst. »Stecke ich in Schwierigkeiten? Rikki, ich will nicht in Schwierigkeiten stecken.«

Rikki blickte hoffnungsvoll auf die Polizistin. »Mr. West«, sagte sie, »uns geht es weniger um zu schnelles Fahren. Wir möchten nur wissen, ob Sie nicht zur Beobachtung in ein psychiatrisches Krankenhaus müssen. Ihre Frau sagte, Sie hätten eine Art Flashback gehabt.«

Ich schüttelte den Kopf. »Ach... ja... ja, ich hatte einen Flashback. Aber nicht von Drogen«, sagte ich, weil ich fürchtete, sie könnten meinen, ich sei auf LSD oder so was. »Ich nehme keine Drogen –«

»Wir verstehen.« Sie sprach langsam und deutlich, als wäre ich schwerhörig. »Sind Sie soweit in Ordnung, daß Sie nach Hause können, wenn Ihre Frau Sie fährt?«

Ich sah sie an und versuchte, normal auszusehen. »Ja. Tut mir leid, daß ich Ihnen Ärger gemacht habe.«

Der Polizist neben mir sagte: »Ist schon in Ordnung, Mr. West.« Er sah seine Kollegin an und dann wieder mich. »Das nächste Mal passen Sie auf, wenn Sie sich ans Steuer setzen. In diesem Zustand sollten Sie nicht fahren.«

Ich nickte. Dann sagte er zu Rikki: »Sie können Ihren Mann jetzt mit nach Hause nehmen, Mrs. West.«

Rikki bedankte sich und machte die Beifahrertür für mich auf. Ich stieg ein, sie schloß die Tür. Sie ging zur Fahrerseite, stieg ein, ließ den Motor an und fuhr los.

Sie legte die Hand auf mein Bein. »Bist du in Ordnung?«

Ich schüttelte den Kopf und sah zum Fenster hinaus. »Nein ... ich bin nicht in Ordnung. Schlimme Dinge bei Janna.« Sie tätschelte mir das Bein. Ich wechselte das Thema. »Wo ist Kyle?«

»Ich mußte ihn bei den Withingtons lassen.«

»Was hast du ihnen erzählt?«

»Wem, den Polizisten?«

»Nein, den Withingtons.«

»Dasselbe wie den Polizisten. Du seist als Kind Opfer eines Inzests gewesen, hättest einen Flashback gehabt und die Orientierung verloren. Sie sind besorgt um dich, werden aber keine Fragen stellen.«

»Ich bin ganz weit weg, Rikki«, sagte ich kopfschüttelnd. »Ich bin meschugge.« Wieder tätschelte sie mir das Bein, und dann sagten wir nichts mehr.

Zu Hause angekommen, ließ ich mir ein Bad einlaufen. Rikki ging derweil zu den Withingtons und holte Kyle. Als sie heimkamen, lag ich in der Wanne. Sie stiegen die Treppe hoch, klopften an die Badezimmertür und traten ein. Ich lag im Schaumland und hoffte, das heiße Wasser werde wegwaschen, was eben passiert war. Das konnte es vielleicht. Aber die klebrige Schwärze, die mein ganzes Inneres bedeckte wie der Teer die Straße zur Hölle, konnte es nicht beseitigen. Die war da und blieb da.

»Papa?« sagte Kyle. »Bist du in Ordnung? Ein Polizeiauto hat Mama abgeholt, und ich durfte nicht mit.«

Ich brachte ein Lächeln zustande. »Klar bin ich in Ordnung. Ich hatte nur ein paar schlechte Erinnerungen und kam etwas durcheinander. Das ist alles.«

»Ich wollte so gerne mitfahren.« Die Schaumberge fielen ihm auf. »Darf ich rein?«

»Aber sicher!« sagte ich und dachte insgeheim, das schlechte Wasser werde meinen kleinen Jungen hoffentlich nicht verschmutzen.

»Ich hol' mir ein paar Spielkameraden«, sagte er und lief in sein Zimmer. Ich blickte zu Rikki, die mich beäugte, dann schaute ich zutiefst beschämt schnell weg.

»Dir geht's gut?« fragte sie ernst.

Ich nickte. »Ja, mir geht's gut«, sagte ich, ohne es zu meinen.

Nach dem Bad las Rikki Kyle etwas vor, anschließend deckte ich ihn zu und gab ihm einen Gutenachtkuß. Wir gingen ebenfalls ins Bett, und keine halbe Minute später rollte Rikki zu mir herüber und nahm mich in eine Lippenzange, aus der sich selbst Harry Houdini nicht hätte befreien können. Sie hielt meinen Kopf mit beiden Händen fest, preßte die weit geöffneten Lippen auf meinen Mund und erforschte ihn mit der Zunge.

Sie setzte sich rittlings auf mich, zog ihr T-Shirt hoch und drückte ihre Brüste in mein Gesicht. Ich sog an einer harten Brustwarze, und sie stöhnte auf. Sie packte und drückte mich, küßte meine Brust und meinen Bauch, ihr warmer, feuchter Mund wanderte immer tiefer auf meinem Körper, leckte und biß und stöhnte wie wild. Ich spürte den Schweiß auf ihrem heißen Rücken, den Rhythmus ihres sich auf und ab bewegenden Kopfes, ihre feuchten Lippen und den hungrigen Mund, und mein Körper spannte sich, der Raum begann sich zu drehen und aufzulösen und … o nein … Schauder, schwapp, und …

»M-mommy?«

Es war Clay.

Rikkis Kopf schnellte hoch und sah im Dunkeln Clay an.

»M-mommy, n-nicht«, flehte er.

In Windeseile war Rikki aus dem Bett und angelte nach ihrem Bademantel. Sie knipste das Licht an. »Clay!« schrie sie atemlos und schlug den Mantel eng um sich.

»W-was?«

»Ich bin *nicht* deine Mommy. Du hast hier nichts zu suchen.« Er wollte etwas sagen, aber die Worte verhedderten sich. »Ich muß sofort mit Cam sprechen!« insistierte Rikki. Wumm! Ich stieß gegen eine Wand in meinem Kopf und war urplötzlich im Zimmer.

»Was zum Teufel«, sagte ich und versuchte, innerlich auf die Beine zu kommen. »Was zum Teufel ist hier los, Rik?«

Sie sah mich zutiefst verängstigt an. »Was hier eben los war, Cam? War das los, was ich meine, daß los war?« Sie fuhr sich mit der Hand durchs Haar. »Ich muß ganz ruhig bleiben. Ich bleibe ganz ruhig.«

»Clay kam raus, stimmt's?«

Sie verlor die Nerven. »Du hast recht, du hast verdammt recht, Clay kam raus. Als ich gerade …«, sie legte den Handrücken auf den Mund. »Ach Mist, Cam. Es ist einfach gräßlich.«

»Rikki«, stammelte ich, »es ist, es ist doch … nicht so schlimm.«

»Nicht so schlimm!« schrie sie, riß sich dann zusammen aus Angst, sie könnte Kyle aufwecken. Sie zischte: »Es ist absolut beschissen. Alles ist im Eimer.«

Ich blickte auf mein halberigiertes Glied, versuchte ein

schwaches Grinsen. »Nicht ganz«, sagte ich, aber der Witz verfing nicht.

»Cam, das ist überhaupt nicht witzig. Ich weiß nicht, was ich tun soll. Ich meine, wenn wir nicht mal Sex haben können, ohne daß irgendwer rauskommt, dann … Scheiße.«

»Tut mir leid, Rik. Tut mir wirklich leid. Wir werden in der Therapie mit Janna dran arbeiten. Wir sorgen irgendwie rechtzeitig vorher dafür, daß sich alle im Ruheraum befinden. Du hast recht, das darf nicht mehr vorkommen. Tut mir wirklich leid. Komm wieder ins Bett, ja? Wird schon wieder.«

Rikki rührte sich nicht. Sie sah mich an und sagte mit todernster Stimme: »Ich habe das Gefühl, als hätte ich eben etwas Schreckliches verbrochen. Als hätte ich ein Kind sexuell mißbraucht.« Dann fing sie an zu schluchzen. »Ich will das nicht empfinden müssen. Ich will mit meinem Mann schlafen, verdammt, nicht mit Clay oder sonstwem!«

Es gab nichts zu sagen. Ich zog die Decke über meinen nackten Körper und schämte mich unendlich, wollte mich im dicksten Nebel in irgendeinem entlegenen Winkel des Universums verkriechen. *Hilf mir doch einer. Schnipp einer mit den Fingern und laß mich verschwinden.* Nichts tat sich. Es gab keinen Winkel zum Verkriechen.

Rikki kam schließlich wieder ins Bett, zog aber vorher einen Schlafanzug an. Sie vermied jede Berührung mit mir, kauerte sich auf ihre Seite des großen Bettes und schlief ein. Ich knipste meine Leselampe an, schlug das Tagebuch auf und führte ein ernsthaftes Gespräch mit Bart, Per, Stroll und Leif. *Keiner kommt raus, wenn Rikki und ich uns lieben, keiner, schon gar nicht die Kleinen.* Alle stimmten mir zu, daß dies das beste war, und gingen dann, um sich um Clay zu kümmern.

Ich schlug das Tagebuch zu, knipste die Lampe aus und fragte mich, ob dieser Pakt nicht zu spät kam, ob Rikki je wieder das Bedürfnis haben würde, mit mir zu schlafen.

36

Ein Typ in irgendeinem Film hat mal gesagt: »Man kann lernen, mit fast allem im Leben fertig zu werden.« Um welchen Preis, sagte er allerdings nicht. Der Zwischenfall mit Clay war nicht bloß ein kleiner Erdstoß, sondern ein ausgewachsenes Erdbeben. Rikki gab die Schuld den Leuten, die mir Böses angetan hatten, ich gab sie mir selber. Von da an umkreisten wir uns auf Zehenspitzen, während Nachbeben den einstmals so festen Grund unter unseren Füßen erschütterten.

Rikki fing an, sich mit Andy zum Lunch, gelegentlich auch zum Abendessen zu treffen, wogegen an sich nichts einzuwenden war. Sie hatte schon vorher Freunde gehabt. Ich vertraute ihr immer. Schließlich war ich nicht ihr erster Freund gewesen – warum sollte ich also ihr letzter sein? Ich sage immer, Freunde, gleich welcher Art, kann man nie genug haben. Es war nicht Rikki, der ich mißtraute. Ich mißtraute dem Erdboden. Ich mißtraute dem Himmel. Blau war nicht mehr Blau.

Immerhin: Ich hatte mein Studium, stürzte mich darauf, tippte mit der einen Hand, die andere fest umklammert von der Furie Verdrängung.

Ich wandte mich von meinen Kumpanen ab, und je mehr ich sie ignorierte, desto schlimmer wurde es. Im Ruheraum herrschte alles andere als Ruhe. Alle Welt duckte sich, kauerte sich in die Ecken, legte sich flach auf den Boden, verschwand in der Versenkung, während ein Querschläger durch den Raum pfiff, Gegenstände zerschlug und nach Fleisch gierte.

Die Kugel war Switch. Er fing wieder an, mir in den rechten Arm zu schneiden. Mitten beim Verfassen eines Referats befand ich mich plötzlich im Bad, hatte etwas Scharfes in der Hand, aus einer Wunde tropfte Blut ins Waschbecken. Wo war Bart? Wo war Leif? Irgendwo in Deckung. Und alles war meine Schuld, weil ich sie ausgeschlossen hatte. Wieder ins Krankenhaus zum Nähen. Rikki versteckte sämtliche Messer, aber Switch fand andere Dinge – den Deckel einer Thunfischdose, die Klinge aus Kyles Bleistiftspitzer, einen rostigen Nagel.

In meinem Tagebuch entdeckte ich mit Blut geschriebene Mitteilungen. »Kommt und holt mich.« – »Was wollt ihr von mir.« – »Ich bin immer noch da.« Ich schrieb eine eigene Nachricht: »Helft mir« und zeichnete daneben ein blutiges Selbstportrait. Von da an schlug sich das Tagebuch jedesmal, wenn ich es in die Hand nahm, auf der Seite mit diesem Portrait auf, und die schreckgeweiteten Augen starrten mich um Hilfe flehend an.

Die Räder drehten durch, die Reifen qualmten, der Auspuff röhrte. Ich raste mit Vollgas auf die Hölle zu.

An einem Donnerstag, neun Monate nach dem abendlichen Vorfall mit der Polizei und dem nächtlichen Auftritt von Clay, lieferte ich Kyle in der Schule ab und fuhr zurück nach Hause, setzte mich aber nicht an den Computer. Mein Körper brannte, alles war klarer und heller als sonst, und in meinem Kopf ging es zu wie in einem

Mit Blut geschrieben, nachdem Switch mich geschnitten hat

Mein Selbstbildnis in Blut neben den Worten »HELFT MIR«

Laden voller Kuckucksuhren – tick tack, tick tack, tick tack –, auf jedem Regalbrett standen seltsame Dinge und machten Ticktack. Und es war zwei Minuten vor Mitternacht.

Meine Füße glitten über die Küchenfliesen und den Wohnzimmerteppich, meine Hand drehte den Garagentürknauf, und ich trat die zwei Stufen hinunter auf den kalten, glatten Betonboden. Mein Blick wanderte durch die Garage, vorbei an Mülleimer, Waschmaschine, Wäschetrockner, blieb an den Gartengeräten hängen. *Was geht hier vor? Ich weiß nicht. Ich weiß nicht. Sieht nicht gut aus. Ach Scheiße, was jetzt*? Harke, Spaten, Handsäge, Breithacke, Heckenschere, Heugabel, Vorschlaghammer. *O Gott, was passiert?* Mein Körper bewegte sich auf den Vorschlaghammer zu. *Nein! Nein!*

Switch fuhr mit der Linken den Holzgriff entlang bis zum Eisenkopf und hob ihn hoch. Die rechte Hand lag flach auf dem glatten Boden, die Finger gespreizt, wartete. Tick ... tack ... tick ... *Mein Gott, ich sehe das gar nicht. Macht mir nichts aus, macht mir nichts aus, ich* ... tack. Kuckuck.

Womm! Der Vorschlaghammer fiel und zerdrückte meine Hand wie eine Knoblauchzehe. *Aaaauuuu! Das tut weh! Was zum Teufel? Verdammt, ich wußte doch, daß er was im Schilde führt. Schau dir die Finger an, sie blähen sich auf wie Luftballons... du weißt schon, die, aus denen man Schwäne machen kann. Die Hand wird purpurrot. Cam... he, Cam, siehst du, was hier abläuft?*

Ich kam auf einem Roß über die Bergkuppe geritten – klipp klapp, klipp klapp – und brachte es zum Stehen. Das Tier wieherte und blies Dampf aus den Nüstern. Ich hielt mich am Sattelknauf fest und schwang das Bein über den Pferderücken, um abzusteigen. *Au! Die Hand tut verdammt weh.* Ich war auf dem Boden, das Pferd löste sich in Luft auf, und plötzlich stand ich in der Garage auf dem seelenlosen Beton.

»Heiliger Strohsack, meine Hand ist zerschlagen!« *O nein! Wieder ins Krankenhaus. Das ist nicht gut. Das ist ganz und gar nicht gut.*

Ich hatte recht. Es war ganz und gar nicht gut. Die Schwester in der Notaufnahme – eine, die ich noch nicht kannte – sagte: »Wow, was ist denn mit Ihrer Hand passiert?«

»Ein Safe ist draufgefallen«, sagte ich und wurde zum Röntgen geschickt.

Schließlich war es nicht ganz so schlimm, wie wir gedacht hatten. Die breite Seite des Hammers mußte die Kraft des Aufpralls gleichmäßig verteilt haben, und obwohl meine Hand so groß war wie ganz Wyoming, war erstaunlicherweise kein Knochen gebrochen. Der Arzt – auch den kannte ich nicht – schiente mir die Finger, verband dann meine Hand, daß sie aussah wie ein riesiger weißer Topfhandschuh, und entließ mich nach Hause.

Rikki bestand darauf, mit Jannas Einverständnis, daß ich wieder nach Del Amo ging, und am Samstagmittag befand ich mich erneut in der geschlossenen Abteilung, segelte ein weiteres Mal ganz knapp gegen zornigen Wind.

Alles war anders. Die Psychiatrie war während der Renovierung woandershin verlegt worden. Knopfauge Bea war aber noch da, ebenso Sue. Auch Stephanie war da, absolvierte aber gerade ihr Tagesprogramm. Als ich sie sah, benahm sie sich, als schulde sie mir Geld, habe aber keines. Ich erfuhr, daß Kris eben nach zweimonatiger Behandlung entlassen worden war; sie hatte sich den halben Körper mit Chemikalien verbrannt. *Arme Kris. Arme Jody.*

Mandy konnte sich nicht um uns kümmern, und das

war verdammt schade. Er hatte zu viele andere Termine. Wir wurden Dr. Alan Beecham zugewiesen, einem blaßhäutigen Kerl mittleren Alters mit starkem Bartwuchs, dessen Händedruck mich an Maismus erinnerte. Die hölzerne Stimme aus seinem trockenen Mund hörte sich an wie eine Lenzpumpe, seine Augen standen so eng beisammen wie die einer Flunder. Er war aber wohl gescheit, nehme ich an. War immerhin ein Dr. phil. Allerdings, ich war ja auf dem besten Weg, selbst einer zu werden, und hatte, vor allem über meinen eigenen Zustand, eine Menge gelernt, so daß mich Alan Beechams Wissen nicht gerade vom Stuhl warf. Kurzum: Wir paßten nicht zueinander. War aber nicht sein Fehler.

Dusty mochte ihn. Er hörte mitfühlend zu, wenn sie Robbie nachweinte. Er schien sie auch zu mögen, wahrscheinlich, weil sie ihm nicht die kalte Schulter zeigte und ihm auch nicht zusetzte. Ich tat das aber. Genau wie Leif. Zusammen verprügelten wir ihn wie einen Mietesel.

Ich war sauer, weil ich wieder in der Klinik war. Sauer, daß wir Ed Mandel nicht kriegten. Sauer wegen Beechams Spatzenhirn. Sauer, daß Kris nicht da war. Sauer, weil Stephanie kälter war als der Hintern von Admiral Byrd. Und sauer, weil mir Rikki entglitt und ich nichts dagegen tun konnte. Alles in allem hatte ich eine Stinkwut im Bauch.

Zum Glück standen wir bei Janna ganz oben auf der Liste, so daß sie jeden Tag anrief und mir krampfhaft zu helfen versuchte, die seelischen Pfunde loszuwerden, die ich zugelegt hatte – eine wahre Mutter Teresa für den Verrückten. Ich hatte ihr eine Rückrufnummer gegeben, so daß die Gebühren auf meine Kosten gingen, und bestand auf regelrecht bezahlten Sitzungen – nicht das Gratiszeug mancher Therapeuten, die aus schierer Herzensgüte mal anrufen und fragen, wie's einem so geht. Nix da.

Ich ließ es nicht zu, daß sich Janna Chase ohne laufenden Taxameter um uns kümmerte, verflixt noch mal. Ich wollte nicht zugeben, daß sie echt um uns besorgt war. Wieso sollte sich um uns überhaupt *irgend jemand* Sorgen machen?

Wir arbeiteten viel mehr mit Janna am Telefon als mit Dr. Flunder in Person und wollten so schnell es ging wieder aus Del Amo raus. Unser Wunsch ging in Erfüllung. Als Switch mit einer fünf Zentimeter langen Schnittwunde am Arm, die er sich mit der Spitze eines Brieföffners beigebracht hatte, und dem mit Blut geschriebenen Wort »TOT« auf der Stirn im Flur erschien, stellte man mich vor die Wahl – Gummizelle, oder dort ist die Tür. *Hmm, mal sehen.*

Adios, Del Amo, oder Buenos dias ... was auch immer. He da, ihr alle, dalli dalli zum Pfadfindertreffen der vereinigten Zombies.

37

»Ich will mit Switch sprechen«, sagte Janna, »möchte aber, daß Sie möglichst in der Nähe bleiben. Wir haben eine Menge zu bereden.« Sie lehnte sich in ihrem blauen Sessel zurück und nahm einen Schluck Cappuccino aus einem großen Pappbecher.

Ich bewegte den Oberkörper rhythmisch vor und zurück und versuchte, mich nicht in der Flußlandschaft zu verlieren. Dann riß ich meine Augen von dem Bild los und sah Janna an. »O.K. Ich bleibe so nahe, wie ich kann. Aber vergessen Sie mich nicht. Ich muß heute auch noch drankommen.«

Sie nickte. »Ich weiß. Aber jetzt will ich erst mit Switch sprechen. Sie und die anderen müssen aber dabeibleiben und gut zuhören.« Drinnen versammelten sich alle. Appell.

Die Umluftheizung sprang an, Wärme wehte zu mir herüber, breitete sich langsam in dem etwas abgekühlten Raum aus. Mein Körper schauderte, ich stieß einen Seufzer aus, und Switch stand auf der Matte. Ich verzog mich nach innen und sah zu.

»Was?!« bellte Switch.

Janna ließ sich nicht beirren. »Du bist ziemlich aufgebracht, wie?«

»Ja!« bellte er wieder.

»Du hast Schlimmes durchgemacht, stimmt's? Hast es mir ja schon am Telefon erzählt.«

»Ja! Sehr, sehr Schlimmes!«

»Sehr, sehr Schlimmes«, nickte Janna mit Blick auf den hochgekrempelten rechten Ärmel und den bandagierten Arm. Meine Finger waren noch immer geschient, meine Hand verbunden.

Switch starrte zu Boden, tiefe Falten auf der Stirn. »Ich hab' ihm die Hand kaputtgeschlagen und ›TOT‹ auf die Stirn geschrieben«, sagte er betreten und sah aus, als wollte er gleich anfangen zu weinen.

»Du hast ihm gezeigt, wie wütend du bist. Da bist du, glaube ich, nicht der einzige. Hör mal nach drinnen, und stell fest, ob sonst noch jemand zornig ist.«

Switch schwieg einen Augenblick, konzentrierte sich mit aller Kraft. Er sah zu Janna, dann auf ihre Armlehne und nickte. »Ein paar der andern sind auch wütend.«

»Auf dich? Horch noch mal hinein.«

Er zog eine Schnute, runzelte wieder die Stirn und horchte. »Per sagt, niemand haßt mich. Niemand ist wütend auf mich. Aber sie wollen nicht, daß ich ihn noch mal verletze. Er sagt, das tut allen zusammen weh. Ich dachte, es tut nur Cam weh.«

»Denk dran, daß ich dir sagte, wenn du Cam weh tust, dann tust du allen anderen ebenfalls weh: Anna, Trudi, Wyatt, Clay, Mozart, Davy, Bart, Stroll, Leif, Per, Dusty. Allen. Und dir. Du tust dir auch selber weh.«

Switch sank in sich zusammen, sein Gesicht lief rot an, und aus beiden Augenwinkeln quoll eine Träne. »T-tut mir leid, daß ich allen weh getan habe. Ich werde es nicht wieder tun.« Dann schloß er die Augen fest, sein Gesicht verzog sich zu einem seltsam gequälten Lächeln, und heiße Tränen liefen wie Lava über seine Wangen. Seine Arme hingen wie leblos herunter, sein ganzer Körper wurde geschüttelt. »Tut mir leid, für alle leid«, schluchzte er und schrie dann: »Aber ich ... will ... nicht ... eingesperrt ... werden!!« Janna erschrak ein wenig. Ruckartig deutete Switch mit dem Daumen der zerschlagenen Hand rückwärts über seine Schulter. Dann schrie er, und es war wie das Pfeifen einer Lokomotive, erst leise und fern, dann lauter und lauter und schließlich, als sie am Bahnsteig vorbeifuhr, gellend: »ER BRINGT UNS ALLE HINTER GIITTERR!!!« Der ganze Raum erzitterte unter Switchs Wut, und Janna hielt sich unwillkürlich an den Sessellehnen fest.

»Wer?« fragte sie nach ein paar Sekunden. »Wer bringt dich hinter Gitter... Cam?«

»Ja«, sagte er und wischte sich mit dem Ärmel über die Augen. Janna stand auf, griff nach der Kleenex-Schachtel und reichte sie ihm. Switch nahm ein Tuch und schneuzte sich. Er sah sich nach etwas um, wohin er das Taschentuch werfen konnte. »Wo soll ich das hintun?« Janna deutete auf den kleinen Papierkorb neben der Couch, und er warf es hinein.

Janna sagte: »Er hat euch alle weggedrängt.«

»Er will uns nicht hier haben. Vor allem mich nicht. Er haßt uns.« Dann schrie er wieder: »Ich haassse daaas!!! Ich haassse iiihn!!«

»Du willst nicht ignoriert werden, ist es das?«

Er nickte und sagte schniefend: »Ja.«

»Ja«, sagte Janna, »das will keiner.«

Ich sah mich drinnen in der Höhle um. Alle starrten mich an. Scheiße. Janna beugte sich vor und stützte die Ellbogen auf ihre Knie. »Switch, ich möchte jetzt, daß du die Augen zumachst und wieder nach innen blickst. Stell

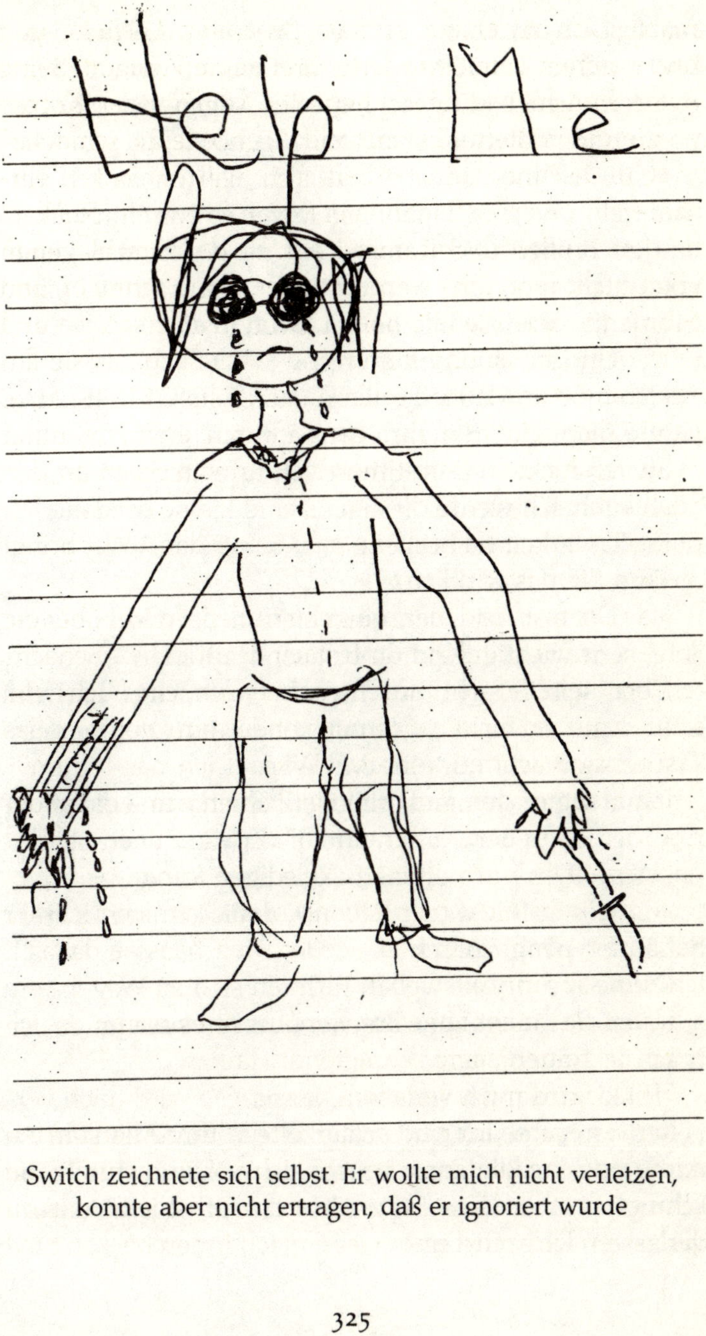

Switch zeichnete sich selbst. Er wollte mich nicht verletzen, konnte aber nicht ertragen, daß er ignoriert wurde

mal fest, ob Cam zugehört hat.« Switch schloß die Augen und horchte, schniefte wieder und wischte sich die Nase mit dem Ärmel. Mit geschlossenen Augen nickte er Janna zu und flüsterte: »Er hat mich gehört. Sagt er.«

»Gut. Ich möchte jetzt, daß sich alle um Switch versammeln und ihm sagen, wie tapfer es von ihm war, so laut zu brüllen und Cam wissen zu lassen, daß keiner von euch ignoriert werden will.« Sie wartete einen Moment: »Sind sie alle bei dir, Switch?«

»Ja. Und sie sind nett zu mir.«

»Ich möchte, daß jeder weiß, daß Switch gesagt hat, er werde niemandem mehr etwas antun.«

Switch nickte. »Das stimmt. Ich tu' es nicht mehr.«

»Switch, ich werde dir eigens eine kleine Medaille für deine Tapferkeit anfertigen.«

»Tun Sie das wirklich?«

»Ja. Du bist für jeden einzelnen in der Gruppe sehr, sehr, sehr wichtig. Und du bist sehr tapfer.«

Über sein Gesicht huschte ein schwaches Lächeln. Laut sagte er, nicht zu Janna, sondern zu den andern: »Wow, sie macht mir eine Medaille.«

Janna sagte: »Jemand bringt jetzt Switch und die anderen Kleinen in den Ruheraum, die Erwachsenen bleiben da. Wir haben noch etwas zu erledigen.«

»Cam?« *O Scheiße, jetzt bin ich dran. Jetzt wird's ernst.* Schauder, peng, zurück.

Kleine Traurigkeitswellen türmten sich zu Wogen und stürzten als mannshohe Brecher über mir zusammen. Ich brach in Tränen aus.

»Rikki wird mich verlassen, Janna. Sie wird mich verlassen«, keuchte ich und schaukelte vor und zurück, die Arme eng um die Brust geschlungen. Die rechte Hand schmerzte, aber ich achtete nicht darauf. »Sie wird mich verlassen. Ich spüre es.«

Janna war überrascht. »Und warum glauben Sie, daß Rikki Sie verlassen wird?«

»Weil ich VEERRRÜÜÜCKT bin!« schrie ich. »Ich bin meschugge. Ich weiß es. Ich bin meschugge. Haben Sie nicht den ganzen Mist gehört, der erzählt wird. Hören Sie nicht zu? Switch und Bart und Per und Mozart und Dusty und Clay. Die Scheißbienen schwärmen, Janna, und ich bin schutzlos ausgeliefert. Schutzlos ausgeliefert! Gottverdammt! Sie meinen, ich sei normal? Bloß ein bißchen bedrückt, weil ich zu Weihnachten kein Fahrrad bekommen habe? Nein, mein verdammtes Hirn ist wie ein Laib Brot, der im freien Raum schwebt. Ich bin verrückt, Janna, verrückt, verdammt noch mal, und ich kann nichts dagegen tun, in meinem Tagebuch ist Blut, und auf meiner Stirn steht ›TOT‹ in blutigen Lettern, und die Hand tut mir weh, und ich finde den Weg zu Rikki nicht und bin doch nur einen Zentimeter von ihr entfernt, Janna, einen Zentimeter, hören Sie, und ich habe einen Jungen, ich habe einen Jun –«

»Das haben Sie, Cam!« schrie mich Janna an, und die Kraft ihrer Stimme warf mich gegen die Couchlehne. »Sie … haben … einen … Jungen!« Sie unterstrich jedes Wort, indem sie ihren Zeigfinger immer wieder in meine Richtung stieß. Sie schrie immer noch: »Jawohl, Ihnen ist ein ganz erbärmlicher Mist zugestoßen, Ihr Hirn funktioniert nicht wie das anderer Leute, Sie haben eine dissoziative Identitätsstörung und müssen sich daran gewöhnen, Cameron. Sie … müssen … es … akzeptieren! Sie haben Ihre Alter egos weggedrängt, weil Sie es nicht akzeptieren wollen. Sie rasen mit doppelter Schallgeschwindigkeit durch Ihr Studium, um davon loszukommen. Aber es funktioniert nicht!«

Ich wimmerte: »Janna, bitte« und hielt ihr flehend die Hand hin. »Bitte, berühren Sie meinen Finger wie in der

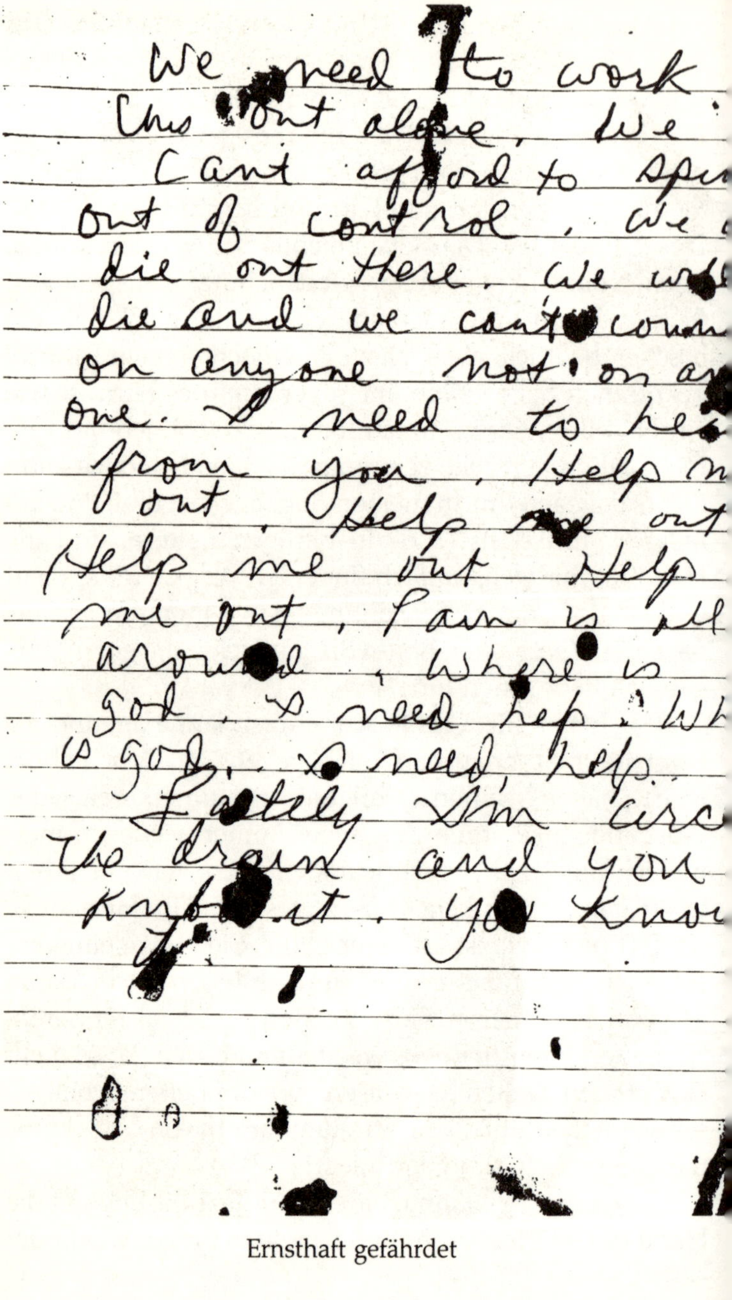
We need to work
this out alone. We
cant afford to spi
out of control. We
die out there. We w
die and we can't coun
on anyone not on a
one. I need to he
from you. Help m
out. Help me out
Help me out Help
me out. Pain is all
around. Where is
god. I need hep. Wh
is god. I need help.
Lately I'm circ
the drain and you
know it. You know
it.

Ernsthaft gefährdet

Sixtinischen Kapelle, wie Gott Adams Finger in der Sixtinischen Kapelle berührt. Tun Sie es bitte, Janna. Ich bin tot. Schenken Sie mir Leben!«

Sie sprang aus ihrem Sessel hoch und tigerte im Zimmer auf und ab. Sie streckte den Finger aus, aber nicht so, wie ich sie gebeten hatte, sondern sie stieß ihn wieder in meine Richtung. »Sie allein können sich Leben geben, Cam. Wenn Sie sie wegsperren, werden Sie es nicht schaffen. Und Sie haben einen Jungen. Selbst wenn Rikki weggehen sollte, sind Sie immer noch Kyles Vater. Er braucht Sie.« Ich bedeckte mein Gesicht mit den Händen. Sie sagte: »Kinder, die einen Elternteil durch Selbstmord verlieren, neigen selber zum Selbstmord. Meinen Sie denn, Kyle will, daß sein Vater stirbt? Meinen Sie das?«

»Nneeiinn!« schluchzte ich.

Janna sagte: »Gut! Dann sehen Sie der Tatsache ins Auge, daß Sie eine multiple Persönlichkeit sind und wie es dazu kam, und fangen an, Ihre Alter egos zu akzeptieren. Sie müssen sie rauslassen, und zwar nicht nur, wenn Sie hier sind. Sie werden sich täglich Zeit nehmen, um sie herauszulassen – auch wenn es dann länger dauert, bis Sie Ihren Doktor haben.«

»Ich bin der letzte Dreck, Janna«, wimmerte ich.

»Ist Per Dreck? Ist Clay Dreck?«

Ich schüttelte den Kopf. »Nein.«

»Ist Mozart Dreck? Dusty? Bart? Anna? Trudi?«

Wieder schüttelte ich den Kopf. »Nein, sie sind kein Dreck. Sie sind gut.«

Janna setzte sich und sagte leise, zum millionsten Mal: »Sie sind alle ein Teil von Ihnen, Cam. Und sie sind gut.« Sie holte tief Luft, atmete aus und beugte sich vor: »Und Sie sind es auch.«

Sie nahm den Pappbecher vom Tisch und hielt ihn mit beiden Händen im Schoß. Die aufgeschäumte Milch hatte sich aufgelöst, der Kakao bildete jetzt dunkelbraune Streifen.

Ich nahm ein Taschentuch und schneuzte mich. *Ein Teil von mir. Ein Teil von mir.* »Sie sind ein Teil von mir«, sagte ich, »und sie sind nicht böse. Sie sind gut.«

Sie nahm einen kleinen Schluck, verzog das Gesicht und stellte den Becher weg.

»Cam, Sie können kein Haufen Dreck sein, wenn Teile von Ihnen gut sind.«

Ich wiederholte ihre Worte: »Ich kann kein Haufen Dreck sein, wenn Teile von mir gut sind. Sie sind Teile von mir. Sie sind gut. Ich bin gut.«

Janna nickte. »Ja. Sie sind gut. Und Sie sind Kyles Vater, und er braucht Sie.«

»Er braucht mich«, flüsterte ich. Langsam beruhigte ich mich. Die Tränen waren versiegt. Ich wischte mir mit dem nassen Ärmel über die Augen. »Und was ist mit Rikki? Ich will sie nicht verlieren.«

»Meinen Sie, es sei hilfreich für sie, wenn Sie Ihre Alter egos wegsperren oder sich in den Arm schneiden oder sich die Hand zertrümmern lassen?«

»Ich habe höllische Angst, sie an den Kerl zu verlieren … Andy. Sie redet mit ihm und geht mit ihm aus –«

Janna unterbrach mich: »Wird das, was Sie tun, Ihnen helfen, sie zu behalten?«

Ich dachte einen Augenblick nach, schüttelte den Kopf. »Nein.«

»Würde es Ihnen helfen, sie zu behalten, wenn Sie stabiler wären?«

»Ja.« Eine Zeitlang schwiegen wir. Die Umluftheizung sprang wieder an.

»Lassen Sie sie raus, Cam«, sagte Janna leise. »Sie brauchen das.«

»Rikki akzeptiert sie nicht.«

»Woher wollen Sie das wissen?«

»Ich merke es. Ich weiß nicht mal mehr, wie ich mit ihr reden soll. Sie sagt, ich sei nicht der Mann, den sie geheiratet habe.«

»Sie sind, wer Sie sind, Cam.«

»Und wer ist das genau, Janna Chase?« fragte ich bitter.

»Ein guter Mensch. Ein Mensch, dessen Verstand anders funktioniert als der der meisten anderen Leute, aber ein guter Mensch. Ein witziger, kreativer, interessanter, intelligenter Mann. Ein liebevoller Vater. Ein liebender Ehemann.« Sie hielt inne. »Ich weiß, daß Ihre Alter egos nicht rauskönnen, wenn Kyle da ist, und ich weiß, daß sie das plagt ... und Sie auch –«

»Sehr«, murmelte ich.

»Ja, sehr«, wiederholte Janna. »Aber Sie können sie tagsüber eine Zeitlang herauslassen – jeden Tag –, vielleicht jeden Morgen eine Stunde.« Sie beugte sich vor, um mir das einzuhämmern. »Und lassen Sie Dusty nicht bloß einkaufen, sondern auch Bücher lesen, vielleicht ein Schaumbad nehmen oder einen Spaziergang machen, lassen Sie sich beim Studium helfen, wenn das jemand möchte.«

»Aber Leif sitzt mir so im Nacken.«

Janna sah mir tief in die Augen. »Ich möchte Leif, wenn er zuhört –«

»Tut er.«

»Er soll sich zügeln, sich eine Pause gönnen. Die Arbeit wird schon erledigt. Leif braucht Zeit draußen, damit er ... einfach ... *sein* kann.« Schauder, schwapp, und Leif war da.

Er schlug die Beine übereinander und sah auf mein tränendurchnäßtes Hemd. »Nun sieh mal an«, sagte er, »wie ich aussehe.«

Janna sagte: »Ich weiß, daß Sie mitgehört haben.«

Leif nickte.

»Leif, Sie sind unglaublich. Ihr Tempo ist verblüffend.«

»Das haben Sie mir schon in der Klinik am Telefon gesagt. Sie waren übrigens Klasse am Telefon.«

»Danke«, sagte Janna und lehnte sich wieder zurück. »Leif, es ist an der Zeit, daß Sie ihm eine Verschnaufpause gönnen und Ihre Kraft darauf verwenden, alle wieder in die Reihe zu bringen. Wenn Sie das tun, kommen die Dinge viel schneller ins Lot ... und Sie haben sogar Zeit zum Ausspannen.«

Leif strich sich übers Kinn. Er zuckte leicht zusammen, als die verletzten Finger das Gesicht berührten, und legte die Hand wieder auf die Armlehne der Couch. »O.K.«, seufzte er. »Ich werde mein Bestes tun.« Er schlug die Beine in umgekehrter Richtung übereinander. »Und was ist mit seiner Frau?«

Janna zuckte die Schultern. »Ich weiß nicht. Aber sie schlägt sich jetzt schon seit langem mit euch Burschen herum, und das ist für sie sicher alles andere als einfach. Sie und Per könnten mit ihr sprechen, wenn Cam es nicht kann. Die Situation erläutern, sagen, daß sich manches verändern wird, daß sich die Dinge bessern.«

Leif nickte. »Macht Sinn, sofern Cam ...«, er deutete mit dem Kinn über seine rechte Schulter, »... mit dem Studium weiterkommt.« Leif sah Janna in die Augen. »Also dann, Doc.« Seine Sehschärfe fing schon an nachzulassen, kehrte aber sofort wieder zurück. »Eines noch«, sagte Leif, »Per sagt, er sei da.«

Mein Körper schauderte, dann war ich zurück. Janna blickte mich ernst an. »Haben Sie gehört? Leif wird Sie nicht mehr so durchs Studium jagen und sich etwas Zeit für sich selber nehmen, *wenn* ... Sie die andern akzeptieren, ihnen jeden Tag eine Stunde geben, in der sie tun

Ave, we are all here even if
we're in the background sometimes.
We're still here. We are always
here. All of us. Try to remember
this. Work on remembering this.
I'll come forward to help you.
Leif will too. We all will.
You'll be all right. We all will.

thank you sir
Good night all. Peace on us

Per bietet mir seine und Leifs Unterstützung an

dürfen, was sie wollen. Und Leif oder Per werden mit Rikki sprechen, wenn Sie meinen, das könnte etwas nützen.«

»Ja«, sagte ich. »Ich glaube, das wäre gut.« Eine Zeitlang saßen wir da und schauten uns in die Augen. »Sie wissen, daß ich um den heißen Brei herumgeschlichen bin«, sagte ich. Janna nickte. Ich schüttelte langsam den Kopf. »Damit ist jetzt Schluß.«

Ich sah zum Fenster hinaus. Draußen fing es an zu nieseln. Ein paar Wassertröpfchen fielen auf die Scheibe, liefen erst einzeln an ihr hinunter, vereinigten sich dann zum Rinnsal, das an der Fensterscheibe nach unten rann. Erst getrennt, dann gemeinsam.

38

Ein Lichtjahr ist eine Meßgröße der Entfernung – einer sehr großen Entfernung. Um sie auszurechnen, muß man die 300 000 Kilometer, die das Licht in einer Sekunde zurücklegt, sechzigmal für die Minute, sechzigmal für die Stunde, vierundzwanzigmal für den Tag und schließlich mit 365 Tagen multiplizieren. Damit hat man die Strecke, die das Licht in einem Jahr zurücklegt. Eine ganze Menge. Von der Milchstraße ist unser armseliger Planet etwa 30 000 Lichtjahre entfernt. Das ist in etwa der Abstand zwischen einem Nudelgericht aus der Packung und selbstgemachten Nudeln.

An diesem klaren Februarabend gab es *kein* Nudelgericht aus der Packung, sondern ich bereitete die Nudeln selber zu: 200 g Weißmehl, drei Eier, ein Schuß Olivenöl, eine Prise Salz und etwas warmes Wasser. Ich verrührte alles mit der Küchenmaschine, legte den goldgelben Teig auf den Tisch, schnitt kleine Stücke mit einem Messer ab und preßte sie durch unsere quietschende, handbetriebene Marcato-Ampia-Tipo-Lusso-Nudelpresse Modell 150.

Die Maschine funktioniert so, daß man einen Teigkloß

mehrfach zwischen zwei Stahlwalzen hindurchführt, deren Abstand sich in sechs Stufen verändern läßt, wobei Stufe 6 das dünnste Blatt ergibt. Bei Stufe 5 hörte ich auf, legte die Teigblätter nacheinander auf ein großes, mehlbestreutes Brett und stach mit einer Thunfischdose, von der Deckel und Boden entfernt waren, kreisförmige Scheiben heraus. Dann belegte ich jede Scheibe mit einem Teelöffel einer köstlichen Mischung, die Rikki aus Ricotta, Parmesan, Ei, Petersilie, Pfeffer und einem Hauch Muskatnuß zubereitet hatte. Ich klappte das Teigrondell zusammen, drückte die Ränder ein und warf die so entstandenen halbmondförmigen Ravioli auf eine ovale, mehlbestäubte Porzellanplatte.

Am Morgen hatte ich den Verband und die Schienen von meiner Hand entfernt. Das brachte mir zwar mehr Bewegungsfreiheit, ich wußte aber, daß die Herstellung der Ravioli nicht ganz schmerzlos vonstatten gehen würde. Trotzdem hatte ich mich erboten, die Mahlzeit zuzubereiten, weil es mich an die alten Zeiten mit Rikki erinnerte, als wir – vor dem ganzen verrückten Zeug – unentwegt zusammen kochten und sie mich noch Giuseppe den Pizzabäcker nannte. Vertrautheit kann sehr tröstlich sein. Das Kochen mit Rikki war vertraut, und ich brauchte an diesem Abend so viel Trost, wie ich kriegen konnte.

Während ich mit den Ravioli beschäftigt war, stand Rikki an der Arbeitsplatte und machte Pesto, aus frischem Basilikum, Knoblauch, Olivenöl, Parmesan, Pinienkernen und einer Prise Salz und Pfeffer. Auf dem Herd wurde in einem großen Topf aus rostfreiem Stahl Wasser mit einem Spritzer Öl und etwas Salz zum Sieden gebracht.

Kyle spielte wie gewöhnlich eine Etage höher in seinem Spielzimmer mit Jack, und zwischendurch hörte ich die beiden immer wieder fröhlich schnattern. Das Geschnatter in meinem Kopf war um einiges weniger fröhlich. Jeder da drin wußte, was mit Janna besprochen worden war, und war sich darüber im klaren, daß ich mich auf ein Gespräch mit Rikki über ein paar unschöne Dinge vorbereitete, sowie, daß manches davon mit ihnen zu tun hatte. In meinem Kopf herrschte also allgemeiner Aufruhr.

Obgleich Rikki und ich etwas taten, was uns beiden Spaß machte, hatten wir seit Beginn der Essensvorbereitung nur wenige Worte gewechselt, und trotz der herrlichen Düfte und der Vorfreude auf den Genuß einer meiner Lieblingsspeisen rumpelte mein Magen wie ein Müllwagen im Morgengrauen. Es war Zeit für eine Aussprache, und ich rechnete fest mit Pers Unterstützung. Ich legte den Löffel weg, schauderte einmal und trat beiseite, um Per herauszulassen. Rikki sah den Personenwechsel nicht, weil sie gerade die Mischung im Mixer begutachtete.

»Ähem«, räusperte sich Per. »Rikki?« sagte er, um sie auf sich aufmerksam zu machen. Sie wandte ihm ihr Gesicht zu. In der kobaltblauen Schürze mit den gelben Mondsicheln über ihrem weißen T-Shirt und der roten Strickweste, die Haare zum Pferdeschwanz zusammengebunden, sah Rikki auffallend schön aus. Sie merkte sofort, daß ein anderer herausgekommen war.

»Bart?«

»Nein«, sagte Per sanft lächelnd. »Per.«

Rikki lächelte zurück. »Hi, Per. Hast du die Ravioli gemacht?«

Per lachte in sich hinein, und mein Magen – mein ganzer Körper – fühlte sich jetzt, da Per draußen war, leichter an. »Nein«, sagte er. »Das war Cam. Sie sehen aber trotzdem gut aus.« Sein bewundernder Blick fiel auf die Nudelpresse. »Toller Apparat.«

»Den haben wir seit ... ich weiß nicht ... schon lange.«

Per schloß die Augen und sog die Düfte tief in die Nase ein. »Mmm, was machst du da? Riecht wunderbar.«

»Pesto«, sagte Rikki, »das schmeckt auch so. Solltest es beim Abendessen probieren.« Sie betrachtete seine geschwollene, gerötete Hand und runzelte die Stirn. »Wie geht's der Hand? Tut sicher weh.«

Per sah sie sich kurz an und blickte dann wieder zu Rikki. »Sieht schlimmer aus, als es ist, Rikki.« Kleine Pause. »Eigentlich«, sagte er, »bin ich froh, daß du die Rede darauf bringst. Ich bin sozusagen hier, um mit dir darüber zu sprechen.«

Rikki lehnte sich gegen die Arbeitsplatte. »Ach ja?«

»Mhm. Wir haben mit Janna gute Arbeit geleistet, teils in der Klinik übers Telefon, vor allem aber gestern mit Switch, Leif und Cam, und seither sind die Dinge viel besser unter Kontrolle. Ich glaube, ich kann sogar mit Bestimmtheit sagen, daß es von nun an keine Verletzungen durch Schnitte oder ...«, er hob die Hand, »so was mehr geben wird.«

Rikki zog die Brauen hoch. »Wirklich? Das wäre wunderbar.« Sie klang weder überzeugt, noch sah sie so aus.

Per sagte: »Ich sehe, du hast Zweifel.«

Ohne ein Wort drehte Rikki das Gas unter dem Topf ab und setzte sich Per gegenüber. Sie stützte die Ellbogen auf den Tisch, verschränkte die Finger, legte das Kinn auf die Daumen und seufzte.

»Ich weiß nicht, Per«, sagte sie. »Wie soll es anders werden?«

Ich fühlte mein Herz schneller schlagen, aber Per blieb ganz ruhig. Er schaute Rikki in die Augen. »Nun ja, zum einen hat sich Switch einverstanden erklärt, dem Körper keine Verletzungen mehr zuzufügen. Er tat es vor allem aus Wut, weil Cam ihn und all die andern drinnen gefangen hielt, während er selbst sich seinem Studium widmete. Jetzt ist alles auf dem Tisch. Alle reden wieder miteinander. Leif ist einverstanden, Cam nicht so durchs Studium zu jagen, und Cam ist einverstanden, jedem aus der Gruppe eine gewisse Zeit draußen zu gönnen.«

Rikki richtete sich erschrocken auf. »Moment mal. Zeit draußen? Und wann?«

»Tagsüber –«

Rikki schlug mit der Hand auf den Tisch. »Aber tagsüber bin ich nicht da! Ich kann tagsüber nicht dasein. Da bin ich in Oakland!«

»Verstehe.«

»Tut mir leid, Per, aber ich glaube nicht, daß du verstehst. Ich mache mir den ganzen Tag lang Sorgen, Tag für Tag mache ich mir bei der Arbeit Sorgen, was passieren könnte. Ob einer Cam etwas antut. Ob Clay oder Wyatt oder Anna herauskommen, während Kyle da ist.« Rikki gestikulierte aufgeregt mit den Händen. »Sogar, ob Cam auch rechtzeitig zur Schule kommt, um ihn abzuholen.«

Kyle rief die Treppe herunter: »Mama, warum streitet ihr?«

Ohne den Blick von Per abzuwenden, rief Rikki zurück: »Wir streiten nicht, Liebling. Wir diskutieren nur.«

Im Hintergrund hörten wir Jack sagen: »Komm schon, Kyle, die Waffen müssen alle hier rein.« Danach hörte man kleine Füße trappeln.

Per fragte ruhig: »Ist Cam jemals nicht rechtzeitig dagewesen … um Kyle von der Schule abzuholen?«

»Was? Äh, na ja … nein«, sagte Rikki. Sie beugte sich vor und sagte laut flüsternd zu Per: »Aber die Schnitte und …«, sie deutete auf die Hand, »der Hammer. Herrgott, schau dir doch bloß deine Hand an.«

Per nickte. »Du hast weiß Gott massenhaft, worüber du dir Sorgen machen mußt, Rikki. Und offen gestanden ärgere ich mich ganz schön, daß es mir nicht gelungen ist, drinnen für mehr Ordnung zu sorgen. Anderen tut es auch leid.« Er blickte kopfschüttelnd auf die Hand. »Die Dinge sind uns eindeutig über den Kopf gewachsen.«

»Das kannst du wohl sagen!« sagte Rikki etwas lauter. Dann beugte sie sich wieder vor und flüsterte, wobei sie mit dem Finger zur Decke zeigte: »Ich muß auch an Kyle denken. Was soll er denken, wenn sich sein Vater unentwegt schneidet? Was passiert, wenn Clay oder sonstwer nach der Schule rauskommt, wenn ich nicht da bin? Davor habe ich einen Riesenschiß, Per.« Rikki lehnte sich wieder zurück und sagte verdrießlich: »Verzeihung.«

Per machte eine abwehrende Handbewegung. »Ist schon gut«, lächelte er. »Ich hab' das Wort schon mal gehört.«

Rikki nahm ein Messer, schnitt ein Stückchen Teig ab und spielte damit. »Ich weiß nicht, aber ich bin es leid, mir unentwegt Sorgen machen zu müssen.«

»Ich nehm's dir nicht übel, Rikki«, sagte Per, »aber du solltest wissen, daß wir uns darauf geeinigt haben, daß jeder morgens eine Stunde lang rausdarf, wenn Kyle in der Schule ist. Auf diese Weise fühlt sich dann keiner eingesperrt, wenn Cam für sein Studium arbeitet. Dann ist die Spannung weg. Wir kommunizieren wieder... und Switch hat keinen Anlaß mehr zu meinen, er müsse um sich schlagen.«

Rikki knetete unentwegt das Teigkügelchen, ließ Per aber nicht aus den Augen. »Nun ja«, sagte sie immer noch ungläubig. »Klingt gut.« Sie sah auf den gelben Teig in ihrer Hand und biß sich auf die Lippe. »Du weißt doch, Per, ich habe nichts gegen sie ... die Alter egos, meine ich. Ich akzeptiere sie.« Drinnen spitzten alle die Ohren. Per sagte nichts. Rikki fuhr fort: »Sie sind jederzeit willkommen, wenn sie mit mir reden möchten.«

Per nickte. »Ich weiß.«

Drinnen ging's drunter und drüber. *Ich fühle mich nicht willkommen. Sie mag mich nicht. Sie haßt mich. Nein, tut sie nicht, Switch. Ich fühle mich in ihrer Nähe nicht wohl. Ich weiß, Dusty. Ja, wo sind wir denn? Schau sie dir doch an: Sie sieht bezaubernd aus. Ach laß das doch, Bart. Was? Sie sieht bezaubernd aus. Weiß ich.*

Dann kam mein interstellarer Shuttle in die Station gefegt wie Wyle E. Coyote, wenn er auf die Klippe zusaust, die Fersen nach unten gedrückt, den Oberkörper zurückgelehnt, mit den Armen rudernd. Nur daß es ganz und gar nicht komisch war. Und paff! war Per weg und ich da. Diesmal bemerkte Rikki den Wechsel.

»Cam?« sagte sie.

»Hi«, sagte ich verlegen.

»Hi. Ich habe gerade mit Per gesprochen.«

»Ich weiß.«

»Er sagte mir, daß jeder morgens eine Zeitlang rauskommen soll. Hört sich an, als wäre es eine gute Idee. Meinst du, es hilft?«

Ich nickte und lächelte hoffnungsfroh. »Ja, Rikki, ich glaub' schon. Keine Schnitte und keine Verletzungen mehr. Ich weiß, das klingt, als wollte ich dir Glasperlen als Diamanten verkaufen, aber ich meine es ernst.«

Rikki legte das Teigkügelchen weg. »Das wäre gut«, sagte sie mit einem schwachen Lächeln. Sie trommelte mit den Fingern auf den Tisch und wollte aufstehen. Ich folgte ihr mit den Augen.

»Rik?«

»Ja?«

»Kannst du noch einen Augenblick dableiben?«

»O.K.«, sagte sie und setzte sich wieder. »Natürlich.«

Plötzlich war mir nicht mehr sehr wohl. »Rik … wegen Andy.«

Sie runzelte die Stirn. »Was ist mit Andy?« fragte sie barsch.

»Hast du –«

»Hast du was? Mit ihm geschlafen? Nein. Das habe ich dir schon gesagt. Wir sind lediglich Freunde, Cam. Er ist einfach jemand, mit dem ich reden kann«, sagte sie ärgerlich.

»Rikki, bitte sei mir nicht böse. Ich möchte dich nur nicht an Andy verlieren ... oder an sonst jemanden. Ich will dich nicht verlieren.« Ich versuchte, sie dazu zu bringen, mir in die Augen zu sehen, vergeblich.

Rikki holte tief Luft und atmete langsam aus. »Cam ... Andy ist bloß ... ein guter Freund.« Sie nahm das Teigkügelchen wieder in die Hand. »Er ist sehr verständnisvoll. Wir gehen gemeinsam essen. Reden. Mein bester Freund ist seit einiger Zeit weg, weißt du. Erinnerst du dich noch an ihn? An Häschen im Weltraum? Wenn du ihn sehen solltest, sag ihm, daß er mir fehlt.« In ihre Augen traten Tränen. Sie wischte sie mit einem Finger weg, sorgsam, um das Make-up nicht zu verschmieren.

Drinnen ging es inzwischen hoch her. »Von jetzt an wird alles anders. Besser. Ruhiger.« Oben hörten wir lautes Lachen und vier Füße, die von einem Zimmer ins andere rannten.

Rikki schluckte schwer: »Es ist so verrückt – nein, warte, tut mir leid – verrückt ist nicht das richtige Wort.«

»Ist es schon.«

»Nein, wirklich, Cam, ich weiß, daß nichts von alldem deine Schuld ist.«

»Ich versuche, es in den Griff zu bekommen. Wir werden es in den Griff bekommen.« Ich langte über den Tisch und legte meine Hand auf ihre. »Ich werde nicht untergehen, Rik.«

Sie sah mich an und blinzelte eine Träne weg. »Das

darfst du auch nicht, Cam. Ich will nicht, daß du untergehst.«

»Triff dich mit Andy, wenn du willst. Schlaf mit ihm, wenn du willst – es zählt nicht. Es ändert nichts. Wirklich. Ihn bloß nicht zu ficken, hilft uns beiden nicht weiter, Rik.«

»Cam …«

Ich drückte ihre Hand. »Ich meine es ernst. Ich habe ein paar riesige Probleme, unglaubliche Probleme. Aber ich liebe dich, Rik. Und ich will, daß du so bist, wie du sein mußt … tust, was du tun mußt. Aber laß uns nicht im Stich, Rik, bitte, laß uns nicht im Stich. Da ist Kyle, und da bist du, und da bin ich. Das ist – alles, was ich habe. Tu, was du tun mußt, aber laß uns nicht im Stich.« Die Mustangs schlugen aus, und ich kämpfte mit aller Macht gegen einen Wechsel an. Es war eindeutig nicht die Zeit dafür.

Rikki schüttelte den Kopf: »Tut mir leid, Cam. Aber diese Freundschaft kann ich im Moment einfach nicht aufgeben.« Sie legte ihre freie Hand auf die Brust. »Sie gehört mir.«

»Ist O.K.«, sagte ich. »Ich meine, es ist nicht O.K., aber es muß O.K. sein.« *Bleib da. Bleib da.* »Rikki, es braucht ja nicht für ewig zu sein«, sagte ich. »Wir müssen die Dinge nur verlangsamen.«

»Also gut«, sagte sie. »Du und deine Kumpane … ihr verlangsamt die Dinge. Glättet sie. Wie ich schon zu Per gesagt habe, bin ich für alle da, solange Kyle nicht in der Nähe ist.«

Ich fühlte einen stechenden Schmerz hinter meinem rechten Auge. Töpfe und Pfannen flogen kreuz und quer in meinem Kopf herum. »Aber sie haben das Gefühl, sie sind nicht gern gesehen«, sagte ich.

Rikki entriß mir ihre Hand. »Das ist *deine* Sache und *ihre*«, sagte sie. »Nicht meine. Ich habe ihnen nie Anlaß gegeben, sich nicht willkommen zu fühlen.« Sie schob den Stuhl zurück und stand abrupt auf. »Dies ist unser Zuhause! Und unser Leben! Ich tue, was ich kann!«

Wieder rief Kyle herunter: »Mama, was ist los?«

Rikki rief zurück: »Kümmere dich um deinen Kram, Mister Langohr. Geh spielen. Daddy und ich unterhalten uns bloß. Nur keine Aufregung.«

»Wann gibt's Essen?«

»In zehn Minuten!«

»O.K.«

»Cam, ich versuche lediglich, mein Leben zu leben. Ein normales Zuhause zu haben und eine normale Frau und eine normale Mutter zu sein. Aber mit alldem zu leben ist einfach unglaublich bizarr.« Sie ging auf und ab. Ich starrte auf den Tisch und hörte zu. »Wir tragen ein Riesengeheimnis mit uns herum. Wir haben nicht mal Freunde, mit denen wir ausgehen oder einfach nur zusammensein können, weil niemand etwas erfahren soll. Und ganz einfache Sachen sind für dich jetzt schwierig – lösen weiß Gott was aus und regen dich zu sehr auf oder machen dir angst oder erscheinen dir surreal. Du kannst nicht mit Kyle ins Kino gehen. Oder auf die Hauptgeschäftsstraße. Ein Campingausflug kommt einer Expedition auf den Mars gleich.«

»Tut mir leid, Rik«, sagte ich, ohne aufzublicken.

Sie blieb stehen und lehnte sich gegen Kyles kleinen Schreibtisch. »Ich wollte immer ein einfaches Leben, Cam, aber mit … alldem … zu leben, das ist alles andere als einfach. Tut mir leid, aber so ist es. Das heißt nicht, daß ich für deine Kumpane nicht da bin, und es heißt nicht, daß ich sie nicht mag, und es heißt nicht, daß sie nicht gern gesehen sind. Ich versuche nur, ein ganz normaler Mensch zu sein.«

»Ich habe dir das eingebrockt. Uns das eingebrockt.«

»Mach dir doch keinen Vorwurf.«

»Na gut.« Die Worte quollen in meinem Mund auf, und alles begann vor meinen Augen zu verschwimmen. Ich schaute auf und versuchte, Rikkis Gesicht deutlich zu sehen. »Warte. Gib mir noch einen Moment. Ich muß das klar kriegen. Dies ist unser Leben. Und unser Zuhause. Und wir sind alle willkommen, richtig?«

Sie sah mich einen Augenblick schweigend an. »Richtig«, sagte sie leise. »Ihr seid alle willkommen.«

»Alle willkommen«, wiederholte ich. Die Wogen glätteten sich ein wenig.

Rikki seufzte, ein Lächeln huschte über ihr Gesicht. Sie beugte sich tief über mich, küßte mich aufs Haar und legte zärtlich einen Arm um meinen Hals: »Also, wie wär's jetzt mit ein paar Ravioli, Giuseppe?«

An diesem Abend machte Kyle beim Essen eine aufsehenerregende Bemerkung. Den Mund voller Ravioli sah er zu mir und fragte: »Dad, hast du eine multiple Persönlichkeitsstörung?«

Hätten wir eine Standuhr gehabt, sie wäre augenblicklich stehengeblieben. Ich schaute zu Rikki. Sie war absolute Herrin über alles, was Kyle erzählt wurde, aber jetzt sah sie mich völlig schockiert an. Kyle kaute und wartete gespannt. Ich schluckte zweimal. »Wie kommst du darauf, kleiner Mann?« sagte ich.

Er zuckte die Achseln. »Weiß nicht.«

Aus Rikkis Augen schossen Pfeile in meine Richtung. Ich machte ein Gesicht, das sagen sollte: »Ehrlich, ich habe keinen Ton gesagt«, und nach einer quälenden Pause antwortete sie Kyle. »Ja. Daddy hat multiple Persönlichkeiten. Eigentlich heißt es dissoziative Identitätsstörung. Das ist –«

»Du brauchst es nicht zu erklären, Mama«, unterbrach sie Kyle. »Wollte nur wissen, ob es das ist, was er hat.«

Damit war die Sache erledigt. Er nahm sich eine weitere Gabel voll Ravioli, als wäre rein gar nichts passiert, und erging sich in der Beschreibung eines Comic-Streifens mit Calvin und Hobbes, den er gelesen hatte, in dem Calvin im Cockpit eines Düsenjägers sitzt und eine Stimme über Funk mitteilt: »Feindliche Jäger, vierzehn Uhr«, worauf Calvin erwidert: »Roger, und was mache ich bis dahin?« Wirklich komisch. Aber mir stand in diesem Moment der Sinn nach allem, nur nicht nach Komik.

Ich stand unter Schock. Mein Sohn hatte mir eben mitgeteilt, er wisse, daß ich eine multiple Persönlichkeit sei. Ich war erleichtert, und gleichzeitig war mir speiübel. Endlich war es raus, wenigstens die Bezeichnung. Aber wenn sogar er wußte, daß ich das hatte, dann war es vielleicht doch wahr. Neiinnn. Niemals! Ich bin bloß schwach und meschugge und übergeschnappt und verrückt. Ich bin ein elendiges Stück Scheiße mit einem Arm voller Narben und einem Hirn, das falsch funktioniert.

Später an diesem Abend schwor ich Rikki bei allen Heiligen, daß ich Kyle gegenüber kein Sterbenswörtchen hatte verlauten lassen, und sie glaubte mir. Er hatte es sich einfach zusammengereimt. Vermutlich hatte er die Bücher und Zeitschriftenartikel gesehen, die überall herumlagen. Wollte wahrscheinlich bloß ein Etikett für das, was mit seinem Papa los war, wenn er »weg« war.

Junge, wie sehr wollten meine Kumpane in dem Augenblick raus und Kyle kennenlernen. Obwohl ich doch gar kein Multipler war, wollten alle raus und meinen Sohn kennenlernen. Aber sie durften nicht. In meinem Kopf sah ich Rikki den erhobenen Zeigefinger schwenken. Kommt nicht in Frage. Im wirklichen Leben sagte sie nur: »Ich will nicht, daß deine Kumpane rauskommen und sich Kyle vorstellen. Er ist dazu noch nicht bereit. Er ist noch zu jung.«

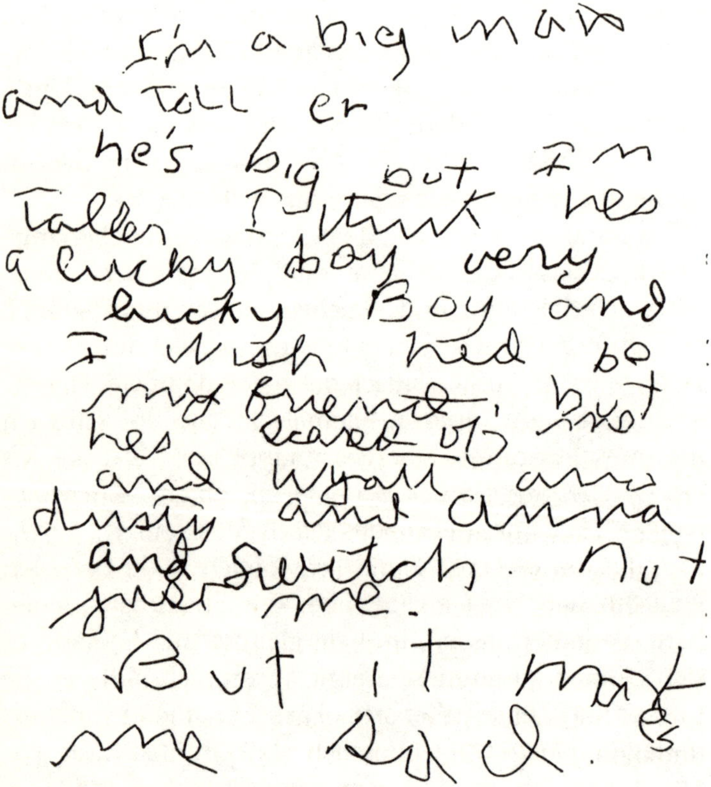

I'm a big man
and Toll er
he's big but I'm
Taller I think hes
a lucky boy very
lucky Boy and
I wish hed be
my friend, but
hes scared of me
and Wyatt and
dusty and anna
and switch not
just me.
But it makes
me sad.

Clay ist traurig, weil er nicht mit Kyle spielen darf

39

In Jamaika nennt man die geschwindigkeitsreduzierenden Straßenschwellen »schlafende Polizisten«. Ich fand das immer ein hübsches Bild – ein Bursche mit rundlichem, lächelndem Gesicht liegt in seiner gestärkten weißen Uniform auf dem Pflaster und hat den Hut ins Gesicht gezogen. Mit fünf Stundenkilometern überfährt man ihn ganz vorsichtig, um ihn nur ja nicht zu wecken. In diesem Frühjahr, Sommer und Herbst überfuhr ich auf der Straße zu einem besseren Leben eine erkleckliche Menge Schwellen. Aber nicht zartfühlend mit fünf Stundenkilometern. Mitnichten. Ich fuchtelte wild mit den Händen und schrie: »Aus dem Weg! Aus dem Weg!«, während ich mit hundertvierzig Sachen über sie hinwegjagte, daß Bolzen und Radkappen flogen, die Cola überschwappte, der Hintern vom Sitz hochhüpfte und der Kopf gegen die Wagendecke knallte. Mach das Arschloch platt! Die schöne weiße Uniform färbt sich blutrot, die Knöpfe springen ab, auf dem fröhlichen Gesicht des Jamaikaners liegt ein Ausdruck des Erstaunens. Nichts weiter als ein paar Schwellen auf Multiple Road, das ist alles. Don't worry, be happy.

Nein, mir wurde nicht mehr in den Arm geschnitten, und niemand zerschmetterte mir mehr die Hand. Leif saß mir nicht mehr so erbarmungslos im Nacken. Wir alle nahmen uns die Zeit, Tagebuch zu führen, und jeden Morgen, sobald Kyle in der Schule war, bekam jeder die Gelegenheit herauszukommen. Wir holten uns sogar aus dem Tierheim einen Golden Retriever mit dem Namen Baylie, mit dem ich täglich gut sechs Kilometer lief und den ich zum Spazierengehen in den Diablo-Park mitnahm. An der Oberfläche sah alles ganz gut aus.

Nun ja, das Laufen und Spazierengehen tat mir tatsächlich gut. Ich war schlank und fit. Und Baylie zu haben war großartig. Ihm war's egal, daß ich spann. Für ihn war ich derjenige, der ihn vor einem Dasein in einem dunklen Loch mit nichts als Abfällen zum Fressen gerettet hatte. Baylie ging's blendend, verglichen mit mir.

Mich rettete keiner. Niemand fütterte mich mit Trauben aus dem Garten. Meine Alter egos durften zwar raus, aber mich machte das nicht glücklich. Es störte mich, hinderte mich an der Arbeit. Was hatten sie hier zu suchen, wo ich doch derjenige war, der sich mühsam den Weg durchs Studium bahnte? Ich fing wieder an, sie wegzudrücken, indem ich mich, die Nüstern gebläht, Kurve um Kurve, Kurs um Kurs, Zentimeter um Zentimeter den steinigen Pfad zum Dr. phil. hinaufquälte. Ich näherte mich dem Gipfel, und das war gut. Aber allmählich machte ich mir Sorgen, was geschehen würde, wenn ich erst oben angelangt war.

Janna wußte, Rikki wußte – und ich wußte auch –, daß ich mich, wenn ich erst Dr. West wäre, kein Fitzchen besser fühlen würde als vorher der Normalbürger West. Citizen West, Citizen Kane, Sugar cane, Sugar Ray Robinson, Robinson Crusoe, Robinson Miso, Miso-Suppe, schwarze Bohnensuppe, schwarze klebrige Suppe, schwarzes klebriges Ich. Ja. In mir drin fühlte ich mich immer noch als stinkender, vermodernder Leichnam, bedeckt mit klebriger Schwärze, wälzte ich mich in fauliger Scham und sengendem Selbsthaß. Ich konnte zwar ein sechsundachtzigseitiges Referat über den Vergleich der Merkmale einer Borderline-Störung mit denen der dissoziativen Identitätsstörung schreiben, wußte aber kaum, welchen Tag, ja Monat wir hatten, hatte vergessen, wo der Wagen stand, wenn Dusty aus dem Gemüseladen kam, brachte es nicht fertig, in den Spiegel zu schauen, aus Angst vor dem, was – oder wer – mir entgegenstarrte.

Rikki, Kyle und ich machten Ausflüge, einmal fuhren wir ins Disneyland, einmal in den Zoo nach San Diego, und jedesmal tat ich mein Bestes, freilich mit wenig Erfolg. Anna und Trudi und Clay und Wyatt und Mozart kamen unentwegt raus, so daß Kyle allmählich nervös wurde und sagte: »Mami, Papa ist schon wieder weg«, oder: »Cam, komm zurück.« Rikki versuchte ihn jedesmal damit zu beruhigen, es liege nur an den vielen Menschen und dem Trubel, stieß mich dabei in die Rippen und zischte mir mit einem stählernen Blick »Cam!« zu, aber das funktionierte nur kurz, und schon hatte ich wieder gewechselt.

Rikki traf sich weiterhin mit Andy, allerdings nicht mehr so häufig, und das war das Wonnegeschenk eines funkelnden Engels. Wir redeten nicht darüber – dazu war das Eis inzwischen zu dünn –, sondern schlitterten nur drüber weg. Na, und was Sex anbelangt – wie Mangos in Maui war's nicht gerade, eher wie Mühlsteine in Minsk. Das war für meine Selbstachtung ebensowenig hilfreich wie die Tatsache, daß Kyle im Videoladen für mich durch die Kasse gehen mußte, weil ich das Geld nicht zusammenkriegte, oder mich eine Verkäuferin und eine ganze Schlange Wartender anstarrten, während Clay zwei Minuten brauchte, um meinen Namen unter einen Scheck zu setzen.

Jede Sitzung bei Janna bestand aus vierzig Minuten Verknittern und zehn Minuten Glattbügeln; entweder war ich viel zu verknittert oder Janna nicht heiß genug. Ich war wie ein Hemd, das einfach nicht glatt werden wollte. Dahinter steckte die Furie.

Ich fing an, beim Laufen mit Baylie gegen Laternenpfähle und Briefkästen zu rennen, als hätte mich ein plötzlicher Windstoß aus dem Gleichgewicht gebracht, aber es war windstill, und Baylie rannte nirgendwo gegen. Hinter dem Steuerrad war meine Hand unstet und mein Fuß bleischwer; Überführungen nahmen mir die Sicht, und Unterführungen verdunkelten meinen Geist. Ich brauchte eine »Bremse«, und zwar dringend.

Wir saßen in River City ernsthaft in der Tinte. Und die Tinte war rot, und das reimt sich auf Tod, und danach regt sich nichts mehr.

Dritter Teil

Die Furie Verdrängung

40

Ich mußte wieder in die Klinik. Nach der jüngsten Erfahrung kam Del Amo nicht mehr in Frage. Wir paßten zusammen wie Katze und Hund. Janna brachte mich im Ross-Institut für Psychologische Traumata am Charter-Krankenhaus in Dallas unter.

Am Abend vor meinem Abflug »zur Arbeit in einer psychiatrischen Klinik in Texas« – Kyle dachte, es handle sich um einen Teil meines Studiums – veranstalteten Rikki, Kyle und ich eine kleine Abschiedsparty. Bei Tony Roma aßen wir Rippchen, und auf dem Rückweg machten wir in einem Eissalon halt. Kyle bekam sein Lieblingseis – einen Spezialbecher mit Gummibärchen auf dem Schalenboden, darauf Schokoladenjoghurteis mit Karamelsoße, schließlich noch Vanillejoghurteis mit Kokosstückchen drauf. Mann, was für Stielaugen ein paar meiner Kumpane da kriegten. Rikki genehmigte sich ein gemischtes Eis mit heißen Kirschen, und ich, Kommandant Cam, bestellte mir eine kleine Portion Vanilleeis.

Man hätte meinen sollen, daß ich am Vorabend meines Gangs in die Klinik, wo die Pforten der Verdrängung eingerannt werden sollten, meinen Alter egos etwas gegönnt hätte, was sie sich wünschten. *Nichts da. Das Zeug ist nichts für dich! Ooch, nun komm schon. Wie bitte? Nein! Der Körper braucht Kraft. Nun sei doch nicht so. Habe ich mir sagen lassen. Tut mir leid. Sei doch nicht so. Danke, Bart. Komm schon, Cam. Wir feiern doch. Laßt mich in Ruhe! Geht Ihr in die Klinik oder ich? Könntest etwas mehr Verständnis zeigen. Ist ja gut, ist ja gut. Herrje. Ich wette, sogar Teddy Roosevelt hat seinen Truppen noch eine Eiswaffel gegönnt, bevor er sie den Hügel von San Juan hochjagte.*

Trotz der Aufregung drinnen hatte ich Spaß mit Rik und Kyle. Wir fuhren heim und spielten Monopoly, dann las ich ein paar Kapitel aus *Huckleberry Finn* vor, während Kyle mit seinen G.I. Joes und dem Rasierschaum in der Wanne saß und Rikki es sich neben mir auf ein paar Kissen gemütlich machte.

Für jemanden, dem ein Spießrutenlauf bevorstand, ging's mir an dem Abend recht gut, und ich genoß die glücklichen Stunden mit meiner Familie. Kyle weinte ein wenig, als ich ihm einen Gutenachtkuß gab – zwei Wochen schienen ihm unendlich lang –, aber als ich sagte, ich brächte ihm vielleicht etwas mit, ging's ihm gleich besser. Wie jedesmal, wenn ich wegfuhr, wollte er unbedingt mit. Süßigkeitenautomaten, Kabelfernsehen, eine große Hotelsuite. Au fein.

Vor dem Einschlafen lagen Rikki und ich noch eine Zeitlang schweigend im Bett und hielten uns an den Händen, das tat gut. In der Nacht hatte ich allerdings einen bösen Traum. Ich war in einer Zahnpastatube gefangen, und ein Riese im gestreiften Pyjama und mit Bürstenhaar wollte sich die Zähne putzen und war gerade dabei, irgendwo auf die Tube zu drücken, aber ich wußte nicht, wo. Ich hing in der luftleeren Tube und hielt mir die Hände über den Kopf in sinnloser Abwehr des knochenzermalmenden Drucks, von dem ich nicht wußte, wann er kommen würde.

Am nächsten Morgen küßte ich meine Familie zum Abschied und bestieg den Achtuhrfünfzehn-Vogel von Tartar Control nach Dallas. Runde zwei Jahre später landeten wir nach einem ereignislosen Flug in Dallas – keine Tube, kein Pfefferminzgeschmack im Schnabel und kein Scheusal, sieht man einmal von der Warze ab, die auf der Dame vom Elite-Fahrdienst prangte, die mich abholte. Die Dame hieß Flo. Sie war mindestens sechzig, und Warze hin oder her – ich war selig, als ich sie am Eingang mit einem Pappschild erblickte, auf dem mein Name stand.

Auf der eine Dreiviertelstunde dauernden Fahrt zum Charter-Krankenhaus bestritt Flo allein die Unterhaltung, während ich mich angestrengt für normal auszugeben suchte. Sie setzte mich ab, und ich mußte dreieinhalb Stunden in der Halle warten, bis man mich endlich zur Kenntnis nahm. Entweder verschenkten sie in der Klinik gerade Geld, oder in Plano waren sämtliche Mondsüchtigen los und warteten auf die Aufnahme im Charter-Krankenhaus. Da mir bislang keiner Geld geschenkt hatte, ging ich davon aus, es waren wohl eher die Mondsüchtigen. Und ich war einer von ihnen.

Schließlich nahm sich ein Psychiatrieassistent, der so um die Zwanzig sein mochte, meiner an, und ich wurde offiziell in die Abteilung für Multiple aufgenommen. Während mich eine Schwester durch diverse Korridore weiß Gott wohin begleitete, zog in meinem Kopf ein winziges Flugzeug seine Kreise und schrieb mit giftgrünen Rauchschwaden etwas an den Himmel. *Verdammt, was habe ich mir bloß dabei gedacht? Wie bin ich bloß in diese Patsche geraten? Was haben wir an diesem Ort zu suchen? Erreichen wir noch den letzten Vogel nach Hause? Um nach*

Hause zu fliegen, ist es noch nicht zu spät. DOCH, IST ES WOHL!!

Im kleinen Gemeinschaftsraum neben dem Schwesternzimmer tummelten sich ungefähr acht Frauen und ein Mann, ein paar sahen fern, die meisten warteten darauf, daß eine Schwester namens Alice sie auf die Raucherveranda hinausbrachte. Alle beäugten mich verstohlen oder unverblümt und hofften, wir würden keine Unruhe in ihre Reihen bringen, niemandem Angst einjagen, kurzum: keinen Aufruhr verursachen.

Ich saß, von allen Seiten begafft, auf einem Stuhl direkt am Schwesternzimmer, während Schwester Lucinda mich untersuchte. Eine große, schmale Frau mit gebleichten Haaren, Nasenring und einem freundlichen Lächeln näherte sich mir linkisch und sagte, sie heiße Leslie. Ich stellte mich ebenfalls vor. Sie schüttelte mir die Hand. »Willkommen, Cam. Die erste Nacht ist schauderhaft. Aber keine Angst – danach wird's schlimmer.« Sie lachte, sagte: »War nur 'n Spaß«, schlug mir auf den Rücken und ging eine rauchen.

Als nächstes kam eine kleine Frau mit kurzgeschorenem Haar und verwittertem Gesicht zu mir und sagte, sie heiße Edie. Auch sie wirkte nervös und platzte gleich damit heraus, sie sei gestern angekommen, sie und ihr Mann hätten ihre Rente kapitalisiert, damit sie hierher kommen konnte, und wenn auch das nichts nütze, liege sie wahrscheinlich binnen kurzem im Leichenschauhaus. Das mit dem Leichenschauhaus war zwar etwas dick aufgetragen, aber ansonsten wirkte Edie irgendwie anheimelnd. Sie erinnerte mich an einen alten Gemischtwarenladen auf dem Lande mit Dellen von einer halben Million Füßen in der Mitte der groben Holzstufen.

Ich war froh, daß Edie bei mir war, denn als Lucinda

meinen Blutdruck gemessen hatte und die Manschette abnahm, verursachte das Geräusch beim Aufreißen des Klettverschlusses ein paar schnelle Personenwechsel; meine Kumpane tauchten auf und wieder ab wie die Enten, auf die man in der Jahrmarktbude schießt. Edie nahm meine Hand in ihre, die sich wie erwartet rauh und ledrig anfühlte, und sah mich mit den traurigsten, verständnisvollsten grünen Augen an, die mir je im Leben begegnet sind. So kriegte ich auf dem Stuhl, um den die Schatten des scheußlichen Riesen, des Fliegers und von Flos Warze herumspukten, während mich ein Raum voll ausgeflippter Leute musterte wie einen billigen Anzug im Kaufhaus, wenigstens etwas Boden unter die Füße. Dafür war ich dankbar.

Nachdem Lucinda meine Temperatur gemessen hatte, rief sie einem Hünen namens Lonnie zu, er solle mich in unser Zimmer bringen. Edie verabschiedete sich und ging eine rauchen, und Lonnie und ich marschierten los. Das Zimmer war genau wie in Del Amo, die Möbel festgeschraubt, der Teppichboden zum Schutz vor Erbrochenem imprägniert. Nix Süßigkeitenautomat oder Fernseher. Kyle wäre sehr unzufrieden gewesen.

Beim Verlassen unseres Zimmers fing der hünenhafte Lonnie an zu pfeifen, was mich an Angel erinnerte, und ich fragte mich, ob wir nicht doch wieder in Del Amo gelandet waren. Ich ging ans Fenster und hob den Vorhang hoch, um nachzusehen, ob der Innenhof da war. Sogar im Dunkel erkannte ich, daß das nicht der Fall war. Vielmehr lag unter dem Fenster eine Wiese mit Holzmasten und einem Gebilde, das aussah wie ein Trapez; in der Ferne konnte man ein paar Apartmenthäuser erkennen. Ich ließ den Vorhang fallen, der zweimal hin und her schwang und dann in Wartestellung zurückkehrte. Nee, in Del Amo waren wir nicht. *Wo sind wir?*

In Texas. Blöder Lonnie, mußtest du denn pfeifen? So gut hörte es sich auch nicht an.

Ich ging zu den Patiententelefonen in der Diele und rief Rikki an. Nach dem zweiten Klingeln hob sie ab.

»Hi, Rik.«

»Cam. Ich habe mir schon Sorgen um dich gemacht.«

»Ich saß vier Stunden in der Halle, bevor sie mich endlich holten.«

»Was du nicht sagst. Aber jetzt bist du drin? Wie sieht's aus?«

»Rik, ich habe schreckliche Angst. Alle haben Angst.«

»Ich weiß. Ich weiß, wie schwer es für dich ist. Aber du schaffst es. Ich möchte, daß du hart arbeitest, während du dort bist. Dort kann man dir helfen.«

Ich fuhr mir mit der Zunge über die trockenen Lippen. »Ich weiß nicht, ob ich das durchhalte.«

»Du kannst es. Du wirst es schaffen.«

Ich hörte aufmerksam zu, lauschte andächtig jeder Silbe. »Stimmt. Ich kann es schaffen. Wir können es schaffen.«

»So ist's recht«, sagte Rikki. »Du bist stark, Cam. Du schaffst alles, wenn du es nur willst.«

»Ich schaffe alles«, wiederholte ich, aber es überzeugte mich nur wenig.

»Ich spüre, daß es dir schlechtgeht.«

»Mhm.«

»Ich geb' dir noch Kyle. Ich liebe dich, Cam.«

»Wirklich? Danke, Rikki. Mach dir keine Sorgen. Ich werde Kyle schon das Richtige sagen.«

»Gut. Ich hole ihn.«

Gleich darauf war Kyle dran und sagte: »Pappaa! Bist du in Texas?«

»Darauf kannst du wetten«, sagte ich. »Wie geht's meinem Sohnemann?«

»Gut.« Dann flüsterte er in den Apparat, als tauschten wir irgendwo auf einem Hafenkai Staatsgeheimnisse aus: »Dad? Hast du schon was für mich?«

Ich mußte heimlich lachen, das Kerlchen war nicht zu schlagen. »Ehrlich gesagt, noch nicht.«

»Bist du in einem Hotel?«

»Mhm.«

»Und, ist es schön?«

»Es geht so.«

»O.K., Dad, ich hab' dich lieb, Tschüß.«

»Tschüß.«

Rikki kam wieder an den Apparat und sagte: »Ich könnte ihn fressen, wenn er so verschwörerisch flüstert.«

»Ich ihn auch«, sagte ich. »Rik, ich muß jetzt auflegen. Mir wird schwindlig.«

»Na gut.«

»Rik?«

»Ja?«

»Danke, daß du ›Ich liebe dich‹ gesagt hast.«

»Natürlich liebe ich dich«, sagte sie. »Versuch heute nacht etwas Schlaf zu finden. Hast du gesehen, daß ich Toby und ein paar Bücher für euch eingepackt habe?«

»Ja, das war lieb von dir.«

»Wir reden morgen wieder, Liebling.«

»O.K. Tschüß«, sagte ich und wartete, bis sie auflegte. Erst danach legte ich auch auf und begab mich direkt ins Schwesternzimmer, um mir eine Ambien-Tablette als Einschlafhilfe zu holen. Eine ernst aussehende junge Schwester mit rotblondem Haar händigte mir das Ticket für den Hinflug zum Pluto aus, dann machte ich mich auf den Weg in mein Zimmer. Unterwegs traf ich auf Edie, Leslie und eine weitere Patientin, die Tina hieß, etwa fünfundzwanzig Jahre alt sein mochte und mit starkem New Yorker Akzent sprach; sie saßen im Flur auf dem Boden und fragten mich, ob ich mich nicht zu ihnen setzen wolle. Ich sagte hallo und hockte mich hin.

Ich hatte vergessen, daß Janna anrufen wollte, und nahm die Pille, die mir bis zum Ausfahren der Landeklappe etwa eine Viertelstunde Zeit ließ. Nach ungefähr zehn Minuten klingelte das Telefon, eine der Patientinnen ging dran und rief meinen Namen. Ich erschrak, stand aber auf und wankte zum Telefon. Die Welt verwandelte sich langsam in Brei.

Die Frau, die meinen Namen gerufen hatte, trug einen pinkfarbenen Morgenmantel und dazu passende Pantoffeln. Sie war etwa in meinem Alter, die schwarzen Haare hatte sie zu einem Pferdeschwanz zusammengebunden. Sie lächelte und sagte mit Piepsstimme: »Hi, ich bin Andy«, so daß ich sofort wußte, daß es sich um ein kindliches Zweit-Ich handelte. Ich brachte ein Lächeln zuwege und nahm den Hörer entgegen. Andy ging weg. Andy. Der Name. Der Bastard will mir meine Rikki wegnehmen. Ich hätte den Kerl mit einem Ziegelstein abreiben können.

Ich legte das Ohr an den Hörer. Er fühlte sich schwammig an. »Hallo?«

»Hi, Cam.« Es war Janna.

Ihre Stimme bohrte ein Loch in meine Umhüllung, und was darunter war, strömte heraus wie Wasser aus einer geborstenen Leitung. »Janna, holen Sie mich hier raus! Ich will hier sofort raus! Wir können zu Hause bei Ihnen arbeiten! Ich hasse die Klinik! Ich kenne niemanden hier. Ich bin in Texas. In Texas wird noch gehängt! Ich will nach Hause!«

»Cam«, sagte Janna mit fester Stimme, »dort, wo Sie sind, weiß man, was zu tun ist, und Sie werden eine gute Therapie bekommen. Ich rede mit Ihrem Therapeuten, sobald Sie einen haben, und ich werde Sie jeden Abend um neun anrufen, dann gehen wir miteinander durch, wie es Ihnen den Tag über ergangen ist. Sie sind am richtigen Ort, Cam. Sie können dort konzentriert arbeiten. Die Klinik hat ein gutes Therapiekonzept.«

»O.K., O.K.«, sagte ich. »Verdammt! Dann bleiben wir eben. Aber wie lange, weiß ich nicht.« Danach wechselte ich mit Clay.

»J-janna?«

»Hi, Clay.«

»W-wo b-bin ich?«

»Du bist in einem Krankenhaus.«

»Bin ich k-krank?«

»Nein, es ist eine andere Art Krankenhaus. Eine Klinik, in der ihr alle mit einem Therapeuten und anderen Leuten, die so sind wir ihr, reden könnt.«

»Oh. Ist Jody auch da?«

»Nein. Du bist in einer anderen Klinik ... in Texas.«

»T-texas?«

»Ja.«

»T-tschüs«, sagte er; wieder wechselten wir.

»Heeiii ... Janna Chase.«

»Hi, Bart.« Die Wirkung des Schlafmittels setzte ein, meine Beine wurden wackelig.

Bart sagte: »He, was zum Kuckuck? Ich fühle mich wie ein Mensch aus Gummi«, tauchte ab, und ich war wieder da.

»Janna, hier ist ... Cam.« Der Boden hielt nicht mehr.

»Wovon hat Bart gesprochen, Cam? Was ist dort los?«

»Ambien.« Meine Lippen fühlten sich an wie der Wulst eines Luftkissenbootes. »I-ich muß jetzt ...« Ich ließ den Hörer fallen und fiel fast vornüber. Eine Schwester oder Patientin konnte mich gerade noch auffangen und schleifte mich ins Bett. Bei der Landung auf Pluto International hörte ich eine Stimme im breiten Südstaatenakzent sagen: »Das Ambien wird Sie jedesmal umhauen.«

41

Während der ersten paar Tage gab ich mir redliche Mühe, mich in den diversen Therapiegruppen zurechtzufinden und etwas aus ihnen zu machen. Die ganze Zeit über saß ich wie auf glühenden Kohlen und wartete auf unseren Therapeuten. Einen Psychiater – einen großgewachsenen Burschen mit einem Gesicht, das aussah wie ein verknittertes Hemd, und einer rauhen Stimme à la Henry Kissinger, aber ohne dessen Akzent – kriegte ich dazu, mir etwas gegen die Angst zu geben. Das Serax, das er mir verschrieb, löste wenigstens eine dünne Schicht meiner Angst auf.

Die meisten Therapiegruppen waren denen in Del Amo sehr ähnlich, ausgenommen zwei. Die eine, »Seilübung« genannt, fand nur zweimal pro Woche statt, damit man zwischendurch Gelegenheit hatte, sich zu erholen. Die Gruppe wurde von einem sanften, grauhaarigen Mann namens Jeff und seiner Assistentin geleitet, einer energischen jungen Frau, die Samantha hieß und uns sagte, wir sollten sie Sam nennen. Als wir uns zum erstenmal in der Seilübungsgruppe trafen, führten Jeff und Sam uns hinaus, ließen uns Bergsteigergurte anlegen und versuchten, einen nach dem anderen dazu zu bringen, einen Telefonmast hochzuklettern – es war der vor meinem Fenster –, während ihm alle übrigen aufmunternde Worte zuriefen.

Beim Klettern hing man an einem Seil, das an einem Gestell eingeklinkt war, welches wie ein riesiger Schaukelrahmen aussah und höher war als der Mast, damit man beim Springen oder Fallen nicht auf den Boden schlug.

Hatte man die Mastspitze erreicht, sofern man es schaffte, mußte man dort ohne jeglichen Halt stehen bleiben, während Jeff und Sam einem massenhaft Fragen stellten, zum Beispiel, wie ernst man es mit der Genesung meine, und einem ordentlich Mut zusprachen. Es sei sehr tapfer gewesen, den weiten Weg in die Klinik nach Texas zu unternehmen, und man habe mit dem Erklimmen dieses Mastes ungeheure Kraft bewiesen. Während der ganzen Zeit bemühte man sich, nicht die Balance zu verlieren und den schwankenden Mast im Gleichgewicht zu halten, sich auch nicht in die Hosen zu machen oder herunterzuspringen, bevor man dazu aufgefordert wurde. Und dann sagten sie, nun solle man brav zu dem etwa drei Meter entfernt hängenden Trapez springen, und es war fast wie im Zirkus, nur daß man kein Artistentrikot anhatte und keine Musik spielte. Verpaßte man das Trapez, dann ließen sie einen einfach ganz langsam am Seil herunter. Erwischte man die Stange aber, dann sollte man daran hängen bleiben, während alle Welt klatschte und großartige Sachen über einen von sich gab. War man dann soweit, ließ man los, und sie seilten einen zur Erde ab.

Auf einen Telegrafenmasten klettern, oben stehen und zu einem Trapez springen, mag einfach klingen, war es aber nicht. Weder für mich noch für sonst jemanden in der Gruppe. Es war nicht nur schwer. Es war fast unmöglich. Für ein paar Leute war es überhaupt unmöglich. Und niemand, der vor mir dran war, erwischte die Trapezstange, obwohl Edie sie immerhin berührte, was angesichts ihrer Körpergröße eindrucksvoll war. Dann war ich an der Reihe.

In mir drin hörte sich das so an: *Was zum Teufel ist hier los? Wo hast du uns da hineingeritten? He, warum tun wir das? Wir sind in der Klinik. Ich weiß auch nicht, warum wir das tun. Himmel auch. Bloß runter hier, aber dalli! Ich habe Angst. Er hat Angst. Jemand muß sich um ihn kümmern. Ich habe auch Angst. Paß auf die Kleine auf, überhaupt auf die Kleinen. Was für 'n Scheiß hast du uns da eingebrockt, Cam? Halt's Maul! Leck mich am Arsch! He, hört auf, euch zu streiten, und paßt lieber auf, was ihr tut. Herrgott, bloß nicht loslassen. Heiliger Strohsack, ich bin tatsächlich oben. Wow, wie das Ding wackelt. Ich will springen. Schneid das Seil durch und spring. Ich will sterben! He, bring einer Switch in den Ruheraum! Sofort! Nicht nach unten schauen. Ach Mist, jetzt hat er nach unten geschaut. Habe dir doch gesagt, du sollst nicht nach unten sehen! Ach ja? Willst du übernehmen? Verdammt, wie ich zittre. Hört doch endlich zu, was der Kerl da unten sagt. Sagt ihm, was er hören will, damit wir hier endlich wegkommen. Schnauze, ich will zuhören. O.K., nun spring schon zu der blöden Stange rüber. Nein warte, noch nicht. Sie haben noch nicht »Springen« gesagt. O.K., O.K., spring! Verpaß sie nicht. Mensch, mir hüpft das Herz aus dem Leib. Gleich sind wir tot. Verdammt, spring! O.K. Jaaahhh! Jesses, er hat den Stab. Wir hängen dran. Bist du sicher? Schau nicht nach unten. Scheiße, jetzt hat er nach unten geschaut. Mich trifft der Schlag. Wow, ist das hoch. Ja, hoch. Wir sind ganz weit oben. Ruhe, der Kerl stellt ihm eine Frage. Hör zu, Cam. Sag ihm, was er hören will. Nein, hör doch erst mal, was er sagt. Wir haben's geschafft. Wir sind mutig. Wir haben's geschafft. Wirklich? Ja. O.K., du kannst jetzt loslassen, sagt er. Was loslassen? Die Stange. Du hängst an der Stange. Was? Schau nach oben. Du hängst an einer Stange. Ich hänge? O Gott, ich hänge. Wie sind wir bloß hier hingekommen? Das weißt du nicht? Nein. Laß einfach los, und sieh zu, was passiert. Ist es jetzt soweit? Müssen wir jetzt sterben? Nein, wir hängen an einem Seil. Was? Schau aufs Seil. Ach, wir sind eingeklinkt? Ja. Das ist gut. Also, laß los. Ich kann nicht. Natürlich kannst du's, laß einfach los. O.K. Jaaahhh!!!*

Nachher stand ich als erster in der Schlange für ein Serax, aber es nützte verdammt wenig. Etwa eine Stunde später saßen Bart und eine gutaussehende Psychiatrieschwester namens Denise, die mit ihrem Südstaatenakzent für Geld hätte auftreten können, auf zwei Stühlen am Ende des Flurs und unterhielten sich. Ich war irgendwo weit draußen, zog wie ein Flugzeug vor der Landung meine Kreise.

Denise hatte ein Klemmbrett mit meinem Krankenblatt auf den Knien. Sie lächelte und fragte: »Also, wie ging's beim Klettern?«

»Kein Problem«, sagte Bart. »Übrigens, wozu sollte das eigentlich gut sein?«

»Wieso?«

»Ich meine, was es sollte? Ihn und die andern den ganzen Scheiß machen zu lassen, klettern und schreien und sich übergeben?«

Ohne eine Sekunde zu zögern, sagte Denise. »Sie sind nicht Cameron, oder?«

»Wo denken Sie hin«, sagte er. »Ich bin Bart.«

»Bart, wissen Sie, wo Sie sind?«

»Texas, stimmt's?«

»Hm. Wissen Sie, wo in Texas?«

»Er ist irgendwo in der Nähe von Dallas in einer psychiatrischen Klinik.«

»Stimmt, aber ich hab' nicht gefragt, wo *er* ist, oder? Ich hab' gefragt, wo *Sie* sind.«

»Was ist das, eine Preisfrage? Gibt's einen Toaster zu gewinnen?«

»Nein«, sagte sie mit ausdruckslosem Gesicht, »klingt mir bloß, als wären Sie nicht recht mit ihm verbunden, wie Sie das gesagt haben, das ist alles.«

Bart grinste hämisch. »Bin ich auch nicht. Er ist der, der spinnt. Ich bin bloß ein Teil des verkorksten Netzes, so wie Per und Dusty und Leif und die andern.« Er machte eine wegwerfende Handbewegung. »Meinen Sie vielleicht, ich wollte hier sein?«

»Nein, das merke ich. Die meisten wollen es nicht.« Denise machte eine Pause. »Ist Ihnen klar, daß Cameron Patient in einer psychiatrischen Klinik ist?«

»Ja«, sagte er ärgerlich. »Das ist mir klar.«

»Dann wissen Sie auch, Bart«, sie zeigte mit ihrem langen Fingernagel auf ihn, »daß Sie ebenfalls Patient in einer psychiatrischen Klinik sind?«

Bart schüttelte den Kopf. »Ich bin nicht Patient in einer psychiatrischen Klinik«, sagte er und machte die Anhaltergeste: »Er ist es.«

»Bart«, ließ Denise nicht locker, »wenn Cameron Patient in dieser Klinik ist, sind Sie es auch. Sie sind auch Patient im Krankenhaus.«

Bart setzte sich senkrecht auf. »Ich habe Ihnen doch gesagt, Denise, ich bin bloß mitgekommen. Ich bin nicht der Patient.«

»Ja, aber doch, Sie sind es trotzdem«, sagte sie und zeigte wieder mit dem Finger auf ihn: »Sie … sind Patient im Charter-Krankenhaus in Plano, Texas, das auf die Behandlung dissoziativer Identitätsstörungen spezialisiert ist.« Bart sank auf seinem Stuhl zusammen, rutschte unruhig hin und her. Eine Minute lang sagten sie beide nichts. Irgend jemand rief über den Sprechfunk nach Dr. Soundso. Dann sagte Denise leise: »Glauben Sie, daß er leidet, Bart?«

»Aber ja«, sagte Bart ernst. »Er leidet. Er ist bloß noch ein Häufchen Elend.«

Denise sah auf das Krankenblatt. »Da steht, er sei vor allem da, um an der Verdrängung zu arbeiten.« Sie blickte wieder Bart an. Nach kurzer Pause sagte sie: »Klingt, als hätten Sie auch ein Verdrängungsproblem.« Bart dachte darüber nach. Dann huschte ein Lächeln über sein Gesicht.

»Wissen Sie was, Denise«, sagte er, »Sie sind ganz schön ausgebufft.«

Sie ignorierte den Köder und drang weiter in ihn: »Bart, wenn's euch besser gehen soll, müßt ihr alle mitmachen. Ich frage Sie jetzt: Meint Cameron, er sei allein da?«

Bart schüttelte den Kopf. »Er weiß, daß wir hier sind … aber ich glaube, er denkt, er tut das alles ganz alleine.« Er sah auf die Glastür neben sich und berührte die große Plexiglasscheibe, die sie bedeckte. »Ich bin also Patient in einer psychiatrischen Klinik, ja?«

Denise nickte. »Ja.«

»Dann bin ich der Leibwächter«, sagte er zu sich selbst und dann zu Denise: »Äh, ich meine, der Aufpasser. Natürlich sind wir alle Patienten in dieser Klinik. Das sollte Per hören.«

»Per?«

»Er gehört zu den wichtigsten Leuten in der Gruppe.« Bart veränderte seine Sitzposition, rieb sich ein paarmal übers Kinn und faltete dann die Hände im Schoß. »Ich will Ihnen mal was sagen, Denise, keiner von uns findet das im geringsten lustig. Wir haben alle Angst. Ich auch. Ich habe mich verkrümelt, habe Cam sitzenlassen.« Er schüttelte wieder den Kopf. »Ein schöner Aufpasser bin ich.«

»Seien Sie nicht so streng mit sich, Bart«, sagte Denise. »Jeder ist durcheinander, wenn er hierherkommt. Ihr macht euch übrigens gut.« Nach einer Pause sagte sie: »Die Video-Therapiegruppe am Donnerstag wird für euch sicher ideal sein.«

Das war die andere Gruppe, die es in Del Amo nicht gab. Mein Flugzeug stieß durch die Wolken, ein Berg raste auf mich zu.

»Da werden die verschiedenen Alter egos auf Video aufgezeichnet, wie bei einem Fernsehinterview. Vielleicht wär's gut, wenn Sie zu denen gehörten, die aufgezeichnet werden, Bart.«

Bart nickte und grinste. »Wollte schon immer zum Film. Bin ein Naturtalent. Also Donnerstag, wie?«

»Hm«, sagte Denise. »Donnerstag. Soll ich mir notieren, daß Ihr alle daran interessiert seid?«

»Aber sicher. Wenn schon, sollten es alle machen, stimmt's? Ich meine, es sind ja nicht grade wenige.«

»Dachte ich mir. Meinen Sie, Cam wird das machen wollen? Vielleicht hört er gerade zu. Ich weiß ja nicht, wer alles dazugehört.«

Bart nickte. »O ja, er hört genau zu.«

Niijjaauu krachch bummm! Maschine abgestürzt! Videoaufzeichnung der Alter egos! Krachch bummm!

»Also gut«, sagte Denise und schlug mit der Hand leicht aufs Krankenblatt. »Ich mache eine Notiz, daß ihr alle mitmachen wollt. Aber in Granit ist es nicht gemeißelt, also braucht ihr nicht zu meinen, ihr hättet euch auf etwas festgelegt, was ihr nicht rückgängig machen könnt. Probiert's halt mal aus. Redet miteinander darüber. Und mit eurem Therapeuten, wenn ihr ihn seht.«

»Wann wird das sein? Wir sind jetzt schon drei Tage hier.«

Denise sah aufs Krankenblatt. »Sieht so aus, als würdet ihr morgen früh Dr. Sawyer vorgestellt. Ihr werdet ihn mögen. Also dann«, sagte sie und stand auf. »Muß jetzt weiter. War gut, mit Ihnen zu reden, Bart.«

Bart sah durch das Plexiglas auf den leeren Hof. Drinnen ächzte ich unter einem Gewirr verbogener Stahlgestänge, an denen die Flammen leckten.

Saaniitäääteeer!!

42

Rikki und Andy saßen nebeneinander an der großen ovalen Sushi-Bar im Isobune, einem japanischen Restaurant an der College Avenue im Stadtteil Rockridge von Oakland. Das ist ein lustiges Lokal, wo die Köche hinter der Theke Sushi zubereiten, auf kleine, rechteckige Teller legen und diese auf Holzbötchen stellen, die aneinandergekettet im Uhrzeigersinn um die Bar herumzuckeln. Die Gäste an der Theke warten, bis etwas vorbeischwimmt, das ihnen gefällt, nehmen es sich vom Boot, und wenn sie satt sind, zählt die Kellnerin für die Rechnung einfach die leeren Tellerchen zusammen.

»Ich habe drei Tage Urlaub in der Strandvilla der Firma gewonnen«, sagte Andy und reinigte sich die Hände mit einem heißen Tuch, das ihnen die Bedienung gereicht hatte, als sie sich setzten. Rikki tat dasselbe.

»Mal was anderes sehen«, sagte sie. »Wann?«

Sie legten die Tücher auf die Theke, die Kellnerin nahm sie sofort weg und füllte ihre Tassen mit grünem Tee. Andy wartete, bis sie weg war. Dann grinste er und sagte: »Nächste Woche. Vom zweiten bis vierten.« Er nahm sich von einem vorbeifahrenden Boot eine Frühlingsrolle und biß hinein. »Mmm«, sagte er kauend, »du könntest doch mal dort hinkommen und mich besuchen. Wäre nett.«

Rikki nahm sich vom nächsten Boot einen Teller mit zwei Stückchen Räucherlachs und Reis und stellte ihn vor sich hin. Sie klemmte ein Stück Lachs zwischen die Eßstäbchen, tunkte es in Sojasoße und Meerrettich und biß hinein. »Mmm«, sagte sie. »Die machen hier wirklich die besten Sushi an der ganzen Ostbucht.«

Andy sah sie an. »Ernsthaft, Rik«, sagte er. »Warum kommst du nicht einen Tag hin?«

Rikki spülte den Bissen mit etwas Tee hinunter. »Ist sonst noch jemand aus deinem Büro da?«

»Nein. Nur ich.«

»Was ist mit Katie?«

»Sie bleibt bei einer Freundin.« Andy nahm seine Tasse und trank einen Schluck. Über den Rand hinweg sagte er zu Rikki: »Vielleicht könnte auch Kyle irgendwo über Nacht bleiben.«

Rikki sah ihm tief in die Augen. »Reden wir vielleicht von dem, was ich denke, wovon wir reden?«

Andy setzte die Tasse ab. »Weiß nicht«, sagte er grinsend. »Was meinst du?«

Einen Augenblick lang sahen sie sich schweigend an. Rings um sie wimmelte es von lärmenden Mittagsgästen, aber in diesem Augenblick waren sie ganz allein. Andys Knie berührte Rikkis, und sie spürte dieselbe kribbelnde Erregung wie vor über einem Jahr im Chevy's.

Rikki legte die Stäbchen weg und griff nach einer Flasche, die neben ihrem kleinen Tellerstapel stand. Sie hielt sie Andy hin. »Sake?«

43

Böse Vorahnungen sind wie rote Ameisen auf einem Körper, der festgeschnallt am Boden liegt und den jemand mit Marmelade bestrichen hat. Es ist unangenehm, und man kann sich weder daran gewöhnen noch etwas dagegen tun. Sosehr man sich anstrengt, an etwas anderes zu denken, beispielsweise daran, unter einer Weide an einem murmelnden Bach zu liegen und einzuschlummern – schon nach wenigen Minuten kommen einem wieder die Ameisen in den Sinn.

Es brauchen übrigens nicht mal böse Vorahnungen zu sein. Bei angenehmen kann es einem genau gleich ergehen. Etwa, wenn man demnächst heiratet oder, besser noch, mit dem Präsidenten zusammentrifft. Wenn man keine Zeit für Vorahnungen hat, sondern ihm rein zufällig im Supermarkt begegnet, kann es einem passieren, daß man ihn nur fragt, ob er weiß, wo der Senf steht. Bleiben einem aber vorher ein oder zwei Tage zum Nachdenken, dann hat man, sind die Ameisen erst mit einem fertig, möglicherweise vollständig vergessen, wie Sprechen geht, und sabbert nur noch aufs nagelneue Hemd.

Na ja, seit Barts Gespräch mit der knackigen Südstaatlerin hatte ich bereits sechs Hemden, zwei Pullis und eine schußsichere Weste vollgesabbert, und als mich Steve Sawyer am nächsten Morgen aus einer Therapiestunde herausholte, dachte ich, ich sei fürs Gespräch mit ihm bereit. Pustekuchen.

Er war etwa so alt wie ich oder ein wenig älter, hatte braunes Haar, feine Gesichtszüge und Augen, die die Kraft und Gelassenheit eines Mammutbaums ausstrahlten. Er trug ein Kamelhaarsakko, ein teures weißes Hemd, exakt gebügelte schwarze Hosen und auf Hochglanz polierte Schuhe. Seine Seidenkrawatte erinnerte mich an van Goghs *Sternennacht.* Er lächelte mir zu und schien, während wir durch den Flur gingen, kaum erwarten zu können, mich kennenzulernen. Wir betraten ein kleines Sprechzimmer mit zwei Stühlen, einem Tisch, auf dem eine Lampe und ein Telefon standen, sowie einem Fernseher samt Videogerät. Steve setzte sich auf den Stuhl neben dem Fernseher. Ich nahm auf dem Stuhl mit den Ameisen Platz und fing an, mit den Zähnen zu knirschen, mit den Füßen zu wippen und mit den Händen nervös die grünen Kunststoffarmlehnen zu bearbeiten.

»Ich habe mich heute früh mit Dr. Chase unterhalten«, sagte er. »Außerdem mit Denise. Sie sehen ziemlich verängstigt aus.«

»Sie wollten sich in meine Lage versetzen, stimmt's? Das tun sie alle.« Ich beugte mich vor, berührte seine Brust und ließ einen Finger über die gelben Sterne gleiten. »Und das«, sagte ich fast hysterisch, »ist eine hübsche Krawatte.« Meine Augen blitzten ihn an, ich lehnte mich zurück und widmete mich wieder den Armlehnen. Schaukelte vor und zurück. »Ich bin nicht verängstigt. Ich bin tot.«

»Sagen Sie mir –« begann Steve.

»Tote können nicht reden«, sagte ich.

»Sie sind nicht tot«, sagte Steve ruhig. »Sie haben Angst.«

»Ich habe keine Angst. Ich habe keine Angst davor –«

»Wovor haben Sie Angst? Sie im Fernseher zu sehen?« fragte er und tippte an den Apparat.

Meine Schaukelbewegung wurde heftiger. »Das ist nur ein gottverdammter Kasten. Ich bin tot.«

»Sie sind quicklebendig«, sagte er energisch, »und können es kaum erwarten, zu sehen, was aus diesem Kasten kommt.«

Ich bewegte den Kopf rhythmisch hin und her und sagte: »Ich kann es sehr wohl –«

»Sie sind zweitausend Kilometer gereist, um zu sehen, was aus dem Kasten kommt.«

Ich schüttelte weiterhin den Kopf und zeigte auf den Fernseher. »Ich will nicht se–«

»Nun sagen Sie mir schon, Cam, was los ist.«

»Wovon zum Teufel re–«

»Sagen Sie's.«

»Sie Mistkerl –«

»Sagen Sie's mir!«

»Was wollen Sie von mir?«

»Sagen Sie's!!«

Ich sprang vom Stuhl, und Steve sprang ebenfalls auf, und eine wildgewordene Maschine wälzte sich durch meine Lenden und meinen Bauch und mein Herz und meine Lungen und durch die Kehle und aus meinem Mund, und ich schrie mit unvorstellbarer Kraft: »ICH ... WILL ... ES ... NICHT ... WIISSSENNN!!!«

Bedrückende Stille erfüllte den Raum, während ich, das Kinn auf der Brust, vor und zurück schwankte. Ich fühlte Steves Blick auf mir ruhen, als er sanft zu mir sagte: »Cam, Sie wissen es doch längst.«

Wieder Schweigen. Vielleicht eine geschlagene Minute lang. Dann sank ich in mich zusammen.

Steve stand da mit offenem Herzen und Sternen auf der Brust und sagte leise: »Was wird passieren, wenn Sie Ihre Alter egos auf Video sehen?«

Mit größter Mühe brachte ich es fertig, den Kopf zu heben und Steve durch einen Tränenschleier anzublinzeln.

»Dann werde ich wissen, daß es wahr ist«, winselte ich.

Steve wartete einen Augenblick, beugte sich dann vor, berührte meine Schulter und sagte: »Ja ... und welche Erleichterung wird das sein.«

Mein ganzer Körper bebte, und ich weinte – um Dusty und Clay und Davy und Anna und Trudi und Switch und Mozart und Wyatt und Bart und Per und Leif und Stroll und all die anderen, die in meinem Kopf gefangen waren. Und ich weinte um Rikkis und Kyles willen. Nicht aber um mich. Nicht um mich.

Am Abend rief ich Rikki an und erzählte ihr, wir machten jetzt wirklich die Videoaufnahmen. Sie klang ein wenig distanziert, aber ich konnte nicht sagen, ob sie geistesabwesend war oder ob es an mir lag. Ich wußte nicht, daß sie eben mit Andy telefoniert hatte. Sie wünschte mir und den anderen Glück und gab den Hörer an Kyle weiter, damit er mir gute Nacht sagen konnte.

Dann kam der Anruf von Janna – diesmal vor der Ambien-Tablette –, und Leif berichtete ihr, Per, Bart und er hätten mit Dr. Sawyer aufgeschrieben, wer an den Videoaufnahmen teilnehmen wolle und in welcher Reihenfolge. Er holte ein zusammengefaltetes gelbes Blatt, von dessen Existenz ich keine Ahnung hatte, aus meiner Tasche und ging mit ihr die Reihenfolge durch. Als erster sollte Clay rauskommen, danach Bart, dann Leif, anschließend Per und schließlich Dusty. Janna fand das gut, rief mich heraus, und wir besprachen die Sache. Wir hatten einen Plan. Endlich einmal schienen wir alle aufs selbe Ziel hinzuarbeiten.

Die meisten Ameisen waren verschwunden, aber jetzt nagte ein Schuldgefühl an mir. Schließlich war ich es, der uns hierhergebracht, die ganzen Probleme verursacht hatte. Ich war der Manager dieser traurigen Herberge, der Übeltäter, der die Tür verriegelt und die ohrenbetäubende Musik aufgedreht hatte, als die Gäste nach mir riefen.

Janna schalt mich etwas, weil ich so redete, und regte an, ich solle mir einen Moment Zeit nehmen und zuhören, was die andern mir zu sagen hätten. Das tat ich, und alle meinten, wir sollten einfach den Morgen abwarten, und alles werde gut werden.

Was nun geschah, war nicht durchweg schlecht. Was nicht etwa heißen soll, es hätte sich nicht schlecht angefühlt. Denn das tat es, und als die Videoaufnahmen tatsächlich stattfanden, rumpelte es in meinem Magen wie in einer Waschmaschine voll alter Arbeitskittel.

Zum Glück brauchten wir nicht zu warten, denn von den Patientinnen, die zur Videositzung gekommen waren, wollte keine aufgenommen werden. Ein freundlicher Bursche namens John saß hinter dem Stativ mit der Videokamera und sah die Liste meiner Alter egos durch, während ich auf dem Stuhl ihm gegenüber unruhig hin und her rutschte. Er sah den Namen Per und fragte, wie er ausgesprochen werde, was Per und ich durchaus schätzten.

Dann setzte John die Kamera in Gang und begann mit dem Interview. Er stellte ein paar Fragen zu meiner Person, wo ich wohnte, über meine Familie, ob ich auch wisse, was jetzt passieren werde, und warum ich die Aufnahme mitmachte. Dann bat er Clay herauszukommen, und augenblicklich war ich weg und Clay da.

Clay meinte, er trete in einem Film oder einer Folge von Lassie auf und war etwas enttäuscht, als John ihm erklärte, der Film sei nur für mich und Clay und all die andern bestimmt. John fragte ihn, wie alt er sei und was er über mich und die andern Alter egos wisse. Dann fragte er Clay, ob er mir irgend etwas Besonderes sagen wolle, worauf Clay mit den Schultern zuckte und sagte: »Sag ihm, d-daß ich nicht will, d-daß Kyle vor m-mir Angst hat, damit ich n-nicht immer w-weg muß, w-wenn er da ist.«

John deutete aufs Objektiv und sagte: »Schau hier rein und sag's ihm selber«, und Clay sah in die Kamera und sagte: »S-sag Kyle, d-daß man s-sich vor m-mir nicht zu f-fürchten braucht. Ich b-bin ein n-netter Kerl. Er b-braucht vor m-mir keine A-angst zu haben.«

Edie war auch da und sagte: »Natürlich braucht man sich vor dir nicht zu fürchten, Clay.«

Debbie wechselte zu Andy über und sagte in dessen Piepsstimme: »Ich mag dich, Clay.«

Clay lächelte und sagte: »Ich dich auch, Andy.« Dann sagte niemand mehr etwas, worauf John meinte, es sei jetzt Zeit für Bart herauszukommen, und Clay sagte »Tschüß«, Schauder, und Bart trat auf.

Bart war ganz er selbst. Locker, witzig und charmant. Er brauchte keine fünfzehn Sekunden, und schon lachten und schnatterten die Mädchen im Raum mit ihm, als säßen sie am Strand in der Sonne und ließen den lieben Gott einen guten Mann sein. John fragte Bart über den Aufenthalt in der Klinik aus, worauf Bart ernst wurde und sagte, er wisse, daß wir alle Patienten im Charter seien und eifrig an der Überwindung der Verdrängung arbeite-

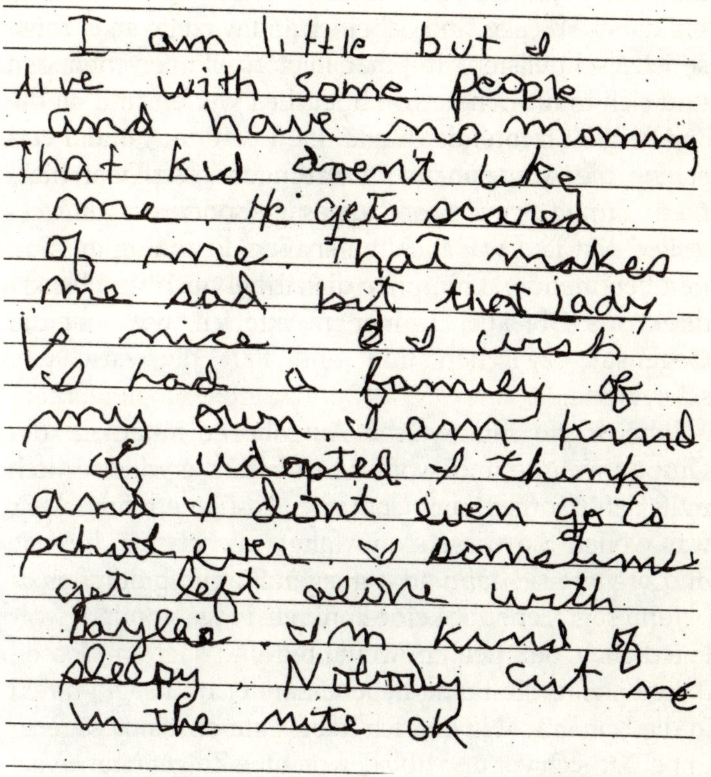
I am little but I
live with some people
and have no mommy
That kid doesn't like
me. He gets scared
of me. That makes
me sad but that lady
is nice. I wish
I had a famiely of
my own. I am kind
of udopted I think
and I dont even go to
school ever. I sometimes
get left alone with
Baylee. I'm kind of
sleepy. Nobody cut me
in the nite ok

Nach der Videoaufnahme läßt sich Clay darüber aus,
daß Kyle vor ihm Angst hat

ten. Als John ihn fragte, ob er mir etwas Besonderes mitzuteilen habe, schaute Bart in die Kamera und sagte: »Gib nicht auf, Cam. Multiplizität ist ein Mannschaftssport. Ich bin dabei. Wir alle sind dabei.« Dann witzelte er, er müsse jetzt schnellstens in einer Telefonzelle verschwinden und sich in die Schale von SuperLeif werfen.

Alle Welt lachte, dann paff! kam Leif raus, und sofort schlug die Atmosphäre im Raum um. Jetzt war nicht mehr *Strand Sonne Spiele* angesagt, sondern *Wie geht's weiter?* Mit Leif war nicht zu spaßen. Er schlug die Beine übereinander, krempelte die Ärmel hoch und blickte direkt ins Objektiv, drinnen merkte ich, wie sehr der Gegensatz zwischen ihm und Bart die Zuschauer schockierte.

John fragte ihn, welche Aufgabe er innerhalb der Gruppe wahrnehme, worauf Leif barsch erwiderte: »Ich muß dafür sorgen, daß Cam alles Nötige erledigt. Also, was wollen Sie wissen?« Er faltete die Hände, hob sie und breitete sie dann aus. »Fragen Sie ruhig drauflos.«

John sagte, er habe keine konkrete Frage, sondern wolle lediglich, daß Leif ein wenig rede.

Leif stellte die Beine nebeneinander und sagte direkt in die Kamera: »Na gut. Ich habe Cam etwas zu sagen.« Er beugte sich vor und hob den rechten Zeigefinger. »Vergiß eines nicht: Ich treibe dich zwar an, aber die Arbeit mußt du machen. Das alles … bist du.« Er lehnte sich wieder zurück, verschränkte die Arme, und seine kräftigen Muskeln spannten sich. Im Zimmer herrschte Schweigen. »Jetzt Per«, sagte er, verzog sich und ließ Per raus.

Per war wie immer – ruhig und gelassen. Mit leiser Stimme sagte er, er vertraue darauf, daß wir unsere kollektiven Probleme gemeinsam bewältigen könnten, zeigte sich aber besorgt, weil einige der Alter egos das Gefühl hätten, sie seien zu Hause nicht gern gesehen, und wollte mich wissen lassen, daß wir für dieses Problem gemeinsam eine Lösung erarbeiten müßten. Eine Patientin fragte ihn, ob Kyle schon irgendwelche Alter egos kennengelernt habe, worauf er sagte, wenn Kyle da sei, dürften sie nicht raus. Das verursachte einen ziemlichen Wirbel, so daß John erst wieder für Ruhe und Ordnung sorgen mußte, bevor wir mit der Aufnahme fortfahren konnten.

Als letzte trat Dusty auf. Sie war schüchtern und nervös und sagte kaum etwas, bis John nachhakte. Daraufhin erzählte sie vom Einkaufen, davon, daß sie einsam sei und seit Robbie keinen Freund mehr habe. Ihre Botschaft an mich lautete, sie wünsche sich ein eigenes Zimmer.

Das war's dann. Die Sache war vorbei. John schaltete die Kamera ab, nahm das Band heraus und gab es mir. Ich stand da und versuchte zu begreifen, was eben passiert war, während John die Kamera einpackte und einige der Patientinnen den Raum verließen.

Edie kam zu mir, klopfte mir auf die Schulter und sagte: »Cam, kein Zweifel, du bist eine multiple Persönlichkeit.«

»Meinst du?« fragte ich zitternd.

Sie lachte laut auf: »Hast du noch Zweifel? Warte nur ab, bis du das Band siehst.«

Dann gesellte sich Debbie zu uns und sagte: »Cam, du bist ganz ohne Zweifel, absolut, ohne jede Frage ein klassischer Multipler. Aber nicht das ist dein Problem. Dein Problem ist, daß sich deine Alter egos nicht willkommen fühlen, und wenn sie sich nicht willkommen fühlen, dann lieber Freund, sitzt du ganz schön fest.« Danach wechselte sie einen Moment zu Andy, der in seiner Kinderstimme sagte: »Jaaa, ganz schön fest.« Debbie kam wieder, zuckte die Achseln und ging mit Edie hinaus.

Von Dusty gezeichnetes Selbstporträt

Sie hat recht. Daran müssen wir unbedingt etwas ändern.

Ich war allein im Zimmer und sah durchs Fenster auf die texanische Wiese hinaus, als mir plötzlich klar wurde: *Ich hab's getan! Die Alter egos auf Video aufgenommen. Verflixt! So schwer war das gar nicht. Moment mal. Scheiße! Jetzt wird's richtig schwer. Wir müssen uns das Ding angucken. Oh, oh.*

Wieder rumpelte es in meinem Magen. Ich raste in mein Zimmer, warf das Band aufs Bett, stürmte ins Bad und würgte sämtliche Arbeitskittel aus der Kehle.

44

Gegen ein Uhr mittags holte mich Steve aus einer Gruppe, und wir gingen ins Sprechzimmer. Ich hielt das Videoband in der Hand. Als er die Tür aufschloß, merkte ich, daß Fernseher und Videogerät bereits eingeschaltet waren.

Wir setzten uns, er sah mich aufmerksam an, breitete die Hände aus und sagte: »Und, wie war's?«

Ich schluckte schwer. »Könnten wir es uns einfach ansehen?« fragte ich und gab ihm das Band. Er prüfte nach, ob es zurückgespult war, steckte es in den Apparat und drückte auf Play. Ich klammerte mich an die Armlehnen, als erwartete ich, daß gleich der ganze Stuhl in die Luft flog; ein Tropfen Schweiß rann an meiner rechten Wange herunter und ließ mich schaudern.

Ein paar Sekunden lang tat sich gar nichts, dann erschien ich auf dem Bildschirm, hager und verängstigt, mit gläsernem Blick, als wäre ich soeben mit einem Bus zusammengestoßen. Ich hörte Johns Stimme, die mir Fragen stellte, und war geschockt, wie starr ich dreinblickte und wie unzusammenhängend und mühsam meine Antworten klangen, als hätte ich *wirklich* einen

Unfall erlitten, bei dem sämtliche Schaltungen in meinem Kopf durcheinandergeraten waren.

Dann sah ich mich auf dem Bildschirm die Augen schließen und meinen Körper schaudern, wie bei Schüttelfrost, und als sich meine Augen wieder öffneten, war Clay da. Ich versuchte, mich aufs Zusehen zu konzentrieren, aber drinnen wurde verzweifelt darum gerungen, wer den Körper zu befehligen hatte. Von irgendwoher drang Steves Stimme zu mir: »Cam, bleiben Sie hier bei mir«, aber es war zu spät. Clay war bereits draußen.

»W-warum schaust d-du dir diesen Film an?« fragte Clay.

»Clay?« sagte Steve.

»J-ja.« Clay sah auf seine Schuhe in Größe 43 hinunter. Er war ganz in sich versunken, sein Nacken verspannt.

Steve sagte: »Das ist das Videoband, das ihr heute früh gemacht habt. Erinnerst du dich daran?«

»J-ja.«

»Der da im Film, das bist du.«

Clay sah von den Schuhen auf und betrachtete einen Moment lang das Bild auf der Mattscheibe. Er hörte auf den Klang seiner Stimme, die mit John redete. »W-was?« sagte er mit halb erstickter Stimme.

Steve stellte das Gerät auf Pause und fragte leise: »Was ist los, Clay?«

»Das da«, wimmerte er und wies mit zittrigen Fingern auf die Mattscheibe.

»Was du im Fernseher siehst?«

Clay fing an zu schluchzen: »J-ja.«

»Warum? Was bekümmert dich an dem, was du da siehst?«

Clay wimmerte. »Ich bin ein k-kleiner Junge, k-kein Erwachsener.«

»Aber du teilst deinen Körper mit Cam«, sagte Steve sanft und reichte ihm ein Taschentuch. »Sogar Dusty und Bart und Per werden genauso aussehen, wenn sie dran sind. Du wirst es sehen. Sie tragen dieselben Kleider und sehen aus wie Cam ... und du.«

»Wie ich?« fragte Clay und trocknete sich die Augen.

»Ja«, sagte Steve und ließ das Band erneut anlaufen.

Clay betrachtete wieder das Video. »D-das da im F-fernsehen, d-das bin ich«, sagte er. »Ich b-bin groß.«

Steve lächelte. »Ja, das bist du, Clay. Und dein Körper ist groß, obwohl du immer noch du ... immer noch ein Kind bist.«

Clay nickte. »Ja«, sagte er. »Im-mmer noch ich. I-ich bin noch ein K-kind.«

»Richtig, Clay«, sagte Steve weiterhin lächelnd. »Du bist immer noch du.«

Clay wischte sich mit dem Ärmel die Nase ab. »O.K.«, sagte er zufrieden. »Tschüß.« Dann war er weg, und ich saß wieder auf dem glühenden Stuhl.

Steve schaltete erneut auf Pause.

»Wer ist draußen?« fragte er.

»Ich«, sagte ich, verzog das Gesicht und rieb mir den steifen Nacken. »Bin wieder da.«

»Sie haben Clay gesehen? Sie wissen, was eben geschehen ist?«

»Ja. Ich hab' ihn gesehen. Und ich weiß, daß er herauskam, um sich selbst zu betrachten.« Ich rieb mir die Schläfen. Der ganze Kopf tat mir weh. »Wie war das für ihn?«

Steve sagte: »Fragen Sie drinnen nach.«

Ich war ein paar Sekunden still, lauschte nach innen. »Er ist in Ordnung«, berichtete ich. »Findet lediglich, daß er komisch aussieht.«

Steve lachte. »Wenn ich mich sehe, geht's mir genauso.« Er fragte, ob wir weitermachen könnten. Ich biß mir auf die Lippe und nickte, dann drückte er wieder auf Play.

Ich betrachtete das Video, fühlte mich wie der Köder an einer Angel, trieb langsam durchs kühle Wasser des Erkennens nach unten. Als der Teil kam, an dem Clay direkt in die Kamera blickte und sagte: »Sag Kyle, daß er sich nicht vor mir zu fürchten braucht. Ich bin ein netter Kerl«, stieß ich auf moosigen Grund und sah nach oben, wo ein Fisch vorbeischwamm und ein Banner hinter sich herzog, auf dem stand: WIE SOLL MAN SICH AKZEPTIEREN, WENN EINEN DIE EIGENE FAMILIE NICHT AKZEPTIERT? Ich versuchte zu schlucken, aber mein Mund war ganz trocken. Seltsam, wenn man in einem See liegt.

Steve wußte, wie wichtig Clays Aussage war, aber dies war nicht der richtige Zeitpunkt, das zu regeln. Jetzt galt es, sich den Bildern auf der Mattscheibe zu stellen. Er hielt das Gerät einen Moment an. »Cam«, sagte er energisch und riß an der Leine. Der Fisch schwamm weg, und ich wurde mit einem Ruck an die Oberfläche befördert. Nun konnte ich schlucken.

Steve ließ weiterlaufen, und heraus kam Bart, der abgesehen von den Kleidern, dem Körper und dem Gesicht völlig anders aussah als Clay. Es war gespenstisch. Noch vor einer Sekunde war Clay draußen gewesen, war verspannt und redete wie ein Kind, und nun war da plötzlich ein völlig lockerer, putzmunterer Bart, der ein Gesicht machte, als hätte er eben einen Sportwagen geschenkt bekommen. Gleichzeitig sahen beide so aus wie ich!

Ich sah fasziniert zu, wie Bart den gesamten Strand unterhielt, die Mädchen und John zum Lachen brachte. Er war ganz und gar nicht der Bursche, der hier bei Steve saß, der, der gerade mit einem Bus zusammengestoßen war. Steve lachte vor sich hin, bis Bart sagte, er wisse, daß wir alle Patienten in einer Klinik seien, und ich solle nicht aufgeben. An dieser Stelle hielt Steve das Gerät wieder an.

»Haben Sie das gehört, Cam?« fragte er erregt. »Was Bart eben sagte? Das bedeutet Zusammenarbeit. Es bedeutet Fortschritt.« Ich ließ seine Worte in mich einsickern. Er hatte recht. Es bedeutete Fortschritt. Einen Augenblick lang fühlte ich mich silbrig, als hätte mich die schöne Fee aus *Pinocchio* mit ihrem Zauberstab berührt. *Pling!*

Dann starrte ich wieder auf Bart, auf das stehengebliebene Bild auf der Mattscheibe. Mein Kopf schwirrte. *Ich bin hier. Da ist Bart. Ich bin hier. Da ist Bart. Fortschritt. Fortschritt. Fortschritt. Das war ich, dann Clay, dann Bart. Schau dir's an. Schau dir's an. Da ist Bart. Muu... muu... multipel. Okay okay okay. Multipel.*

»Weiter, Steve«, sagte ich.

Er drückte auf den Kopf, und aus BahamaBart wurde vor meinen Augen SuperLeif. Irrtum ausgeschlossen. Derselbe Körper, eine andere Person, und hast-du-nicht-gesehen, im selben Moment, in dem Leif auftrat, hatte es den Anschein, als wären Wolken heraufgezogen und krachte ein Donner. Leifs Augen waren wie Blitze, seine Stimme wie ein Säbel, der aus der Scheide fährt. Das war nicht Bart. Und ich war es ebensowenig. Ich saß wie in Trance, während Leif die Ärmel hochkrempelte, die Hände faltete und dann ausbreitete, in die Kamera sprach, seine Armmuskeln sich wie Drahtseile spannten, aus den braunen Augen Entschlossenheit blitzte. *Der Kerl ist unglaublich. Das schiere Energiebündel. Der Kerl ist sein Geld wert.* Ich riß mich vom Bildschirm los und sah Steve an.

»Der Kerl kriegt alles hin«, flüsterte ich.

Steve ließ das Band bis zum Ende von Leifs Auftritt durchlaufen, drückte dann auf Pause. »Ja, Leif kriegt alles hin.« Er beugte sich vor. »Sie haben gehört, was er gesagt hat. Das alles sind Sie.«

»Aber ...«, sagte ich und deutete auf die Mattscheibe, »er ... er ist nicht verrückt.« Mein Mund schwoll an. »Ich bin –«

»Cam«, unterbrach Steve. »Bleiben Sie hier bei mir. Bleiben Sie hier!« Krampfhaft versuchte ich, ihn scharf zu sehen. »So ist es recht, Cam. Hören Sie mir zu. Hören Sie mich? Sie sind nicht verrückt. Wenn Leif nicht verrückt ist, sind auch Sie nicht verrückt. Hören Sie, was ich sage? Sie ... sind ... nicht ... verrückt. Sie sind eine multiple Persönlichkeit.« Er wies auf den Bildschirm. »Und dieses Band ist der Beweis, nach dem Sie gesucht haben.«

Die Worte sickerten ein. Steve drückte auf Play, und ich betrachtete die matte Scheibe. Wieder berührte mich die Fee mit ihrem Zauberstab. *Pling!*

Dann erschien Per, und wieder beobachtete ich einen unglaublichen Wandel. Einfach so, das Donnern hörte auf, und der Himmel war blau. Eine warme Brise massierte meinen Geist, eine friedliche Stimmung erfüllte den Raum. Per schien älter. Älter als Leif oder Bart ... älter als ich. Die Furchen in seinem Gesicht waren tiefer, seine ruhigen Augen leuchteten weise. Per legte die Finger an die Lippen, bevor er redete, und sie sahen graziös und schlank aus. Er konnte ein Vater sein oder ein Berg. Ich wußte es nicht zu sagen.

Ich blinzelte ein paarmal kräftig, ein weiterer Schweißtropfen rann an meiner Wange herunter, so daß ich eine Gänsehaut bekam. *Auch Per ist ein Teil von mir. Pling!*

Dann wechselte Per nach drinnen und Dusty kam raus, und der Unterschied verschlug mir den Atem. An die Stelle des Mannes mittleren Alters war ein junges, schüchternes, mädchenhaftes Wesen getreten. Meine

Hände schwitzten und schmerzten vom krampfhaften Griff um die Armlehnen; ich riß sie los und rieb sie an der Hose ab. Dann faßte ich nach oben in mein Gesicht, tastete mit den Fingern die Oberfläche meiner Haut ab. *Bin das ich? Wer ist ich? Ist auch sie – ich?* Mein Verstand fing an zu schmelzen und zu rotieren, dann stürzten die Wände in sich zusammen. Ich entschwebte in den Himmel wie ein heimwehgeplagter Engel, und Dusty kam raus. Steve beobachtete mich und hielt das Band an, drückte dann wieder auf Play.

»Hallo«, sagte er ruhig.

Dusty rang die Hände und sah zu Boden.

Steve sagte: »Dusty?«

Sie brachte mühsam ein Nicken zustande, dann schwoll die Woge der Emotion an und brach den Damm, und sie zeigte auf den Bildschirm und jammerte: »Das… bin… nicht… ich!« Sie verbarg das Gesicht in den Händen und fing an zu weinen.

Steve sagte leise: »Das bist du, Dusty. Das bist du.«

Sie wimmerte. »Ich hasse Sie dafür, daß Sie mir das zeigen. Ich hasse Sie.« Dann hob sie das Gesicht zur Decke, reckte die Arme und flehte: »Hilf mir! Hilf mir, bitte! Laß mich nicht so aussehen. Bitte! Laß mich nicht so aussehen!« Sie ließ die Arme sinken, kauerte sich in den Stuhl, ließ den Kopf hängen und schluchzte. *Auch sie ist du. Auch sie ist du. Auch sie ist du. Laß nicht los. Laß nicht los.*

»Dusty«, sagte Steve sanft, »du weißt, daß du in Cams Körper gelebt hast. Du bist trotzdem noch du.« Er hielt einen Moment inne und fragte sie dann: »Hast du das Band auch vorher angesehen? Hast du Clay und Bart und Leif und Per gesehen?« Sie nickte schwach. »Sie sahen doch aus wie Cam, nicht wahr?« fuhr er fort. »Und wie du… aber trotzdem anders. Jeder wie er selbst, stimmt's?« Sie nickte wieder. Steve reichte ihr ein Taschentuch. »Dusty, du mußt dich als die akzeptieren, die du bist. Du bist eine von Cams Zweitpersönlichkeiten … und ja richtig, er ist ein Mann, und du bist ein Mädchen, aber du bist nicht anders als vor einer Minute, bevor du das Band sahst. Du bist immer noch du. Und Clay ist Clay. Und jeder ist immer noch der, der er war, bevor ihr alle das Band gesehen habt. Alle ein Teil von Cam.«

Dusty saß still da, das Gesicht in den Händen, bis die Tränen versiegt waren. Steve gab ihr ein weiteres Taschentuch, und sie trocknete sich die Augen. Hinter ihr, in der Stille, horchte ich … und fühlte … und dachte. *Dies bin ich. Dies bin ich. Sie ist ich. Sie alle sind ich.* Dann lehnte sich Dusty auf dem Stuhl zurück und hob den Blick, um Steve anzusehen.

Er lächelte ihr sanft zu: »Alles in Ordnung?«

Sie nickte wieder. »Alles in Ordnung«, sagte sie leise, schloß die Augen, wechselte nach innen, und ich mußte raus, ehe ich recht dazu bereit war.

Mein Gesicht war heiß und naß. Ich nahm mir ein Taschentuch, schneuzte mich und trocknete mir mit den Handrücken das Gesicht.

»Hi«, sagte Steve.

»Hi«, antwortete ich, und meine Stimme klang hohl und fern.

Steve faltete die Hände und sagte: »Was denken Sie jetzt?«

Ich starrte verschwommen auf meine Knie. »Arme Dusty«, sagte ich und schüttelte langsam den Kopf.

Steve nickte. »Es ist für jeden hart. Für Dusty vielleicht noch mehr als für die andern.« Dann wiederholte er: »Was denken Sie jetzt?«

Ich schaute zu ihm auf, und es dauerte eine Minute,

bis ich ihn deutlich sehen konnte. Ich sah ihm in die Augen, sog meine Lungen voll, ließ die Luft langsam wieder heraus und sagte: »Ich glaube, ich habe eine dissoziative Identitätsstörung.«

»Sie *glauben*, Sie haben eine dissoziative Identitätsstörung?«

»Ich weiß, daß ich an dissoziativer Identitätsstörung leide«, sagte ich.

Wir saßen einen Augenblick schweigend da.

»Etwas Schlimmes ist mir zugestoßen«, sagte ich, ohne die Augen von ihm zu wenden.

»Ja«, sagte er. »Das tut mir sehr leid.«

Die Mauern meines Schmerzes erbebten, die uralte Angst und Qual zitterte, wand sich, löste sich von ihren Haken und aus ihren Regalen und zerschmetterte am Boden, und der Boden hob und senkte sich unter ihrer Last, und die Grundfesten wurden erschüttert, und der Beton klaffte weit, und die Erde tat sich auf, und Lava schoß empor und umhüllte das Wrack meines Herzens und meines Verstandes mit seinem glühenden Schmelzfluß. Ich sprang von meinem Stuhl hoch und schrie den gellenden Schrei abgrundtiefer Qual und brach zusammen, und Steve sprang auf und packte mich und hielt mich, und meine Arme hingen schlaff herunter, und mein Kopf lag an seiner Schulter, und die Tränen schossen heraus und ersäuften die brüllende Hitze, und dichte Schwaden unsäglicher Trauer stiegen empor.

Trauer um Dusty und Clay und die andern. Und endlich, endlich auch um mich.

45

Ich konnte es kaum erwarten, Rikki anzurufen, und sah unentwegt auf die Uhr, bis es endlich neun, bei ihr also sieben Uhr abends war und sie und Kyle gegessen hatten. Zu meiner Überraschung war Kyle am Apparat. Es war nicht ungewöhnlich, daß er ans Telefon ging, aber ich hatte mir alles, was ich Rikki sagen wollte, genau zurechtgelegt und wollte es aus reiner Nervosität sofort loswerden, wenn sie abnahm.

»Kleiner Mann?« sagte ich.

»Paappaaa! Hi! Was tust du?«

»Oh, nichts Besonderes«, sagte ich. »Bin grade mit der Arbeit fertig und wollte euch sagen, wie lieb ich euch habe.«

»Ich hab' dich auch lieb, Papa.« Ich hörte ihn rufen: »Papa ist dran, Mom, aber ich muß ihm erst noch was sagen!« Dann flüsterte er: »Dad?«

»Ja.« Ich wußte, was jetzt kommen würde.

»Hast du mir schon etwas gekauft?«

»Nee, noch nicht«, sagte ich. »Tu' ich aber bald.«

»Na gut. Weißt du was?«

»Was?«

»Ich darf übers Wochenende die Ratten mit nach Hause nehmen.«

»Ratten?« fragte ich.

»Ja«, sagte er aufgeregt. »Die aus meiner Klasse. Wir haben zwei. Lucy und Ethel heißen sie. Oh, jetzt muß ich aber aufhören, Mama will mit dir sprechen.«

»O.K., kleiner Mann. Ich hab' dich lieb.«

»Ich dich auch. Tschüß.«

»Ich hörte Rikki zu ihm sagen, er solle sich schon mal in die Wanne legen. Mein Herz raste.

»Hi«, sagte sie noch ein wenig zerstreut.

Ich holte tief Luft. »Hi, Rik. Wir haben sie gemacht und sie uns mit Dr. Sawyer angesehen.«

»Die Videoaufnahmen?«

»Ja.«

»Und?«

»Und da waren sie. Es war unglaublich. Ich meine, du hast sie ja schon oft gesehen, für dich wäre es also –«

»Cam«, unterbrach mich Rik. »Ich weiß, daß es für dich ein harter Brocken war. Und, wie ist es dir ergangen?«

»Rik«, sagte ich mit steigender Erregung, »ich ... bin ... eine ... multiple ... Persönlichkeit.«

Sie seufzte. »Ich weiß, Liebster, ich weiß.« Kurze Pause. »Glaubst du es jetzt?«

Ich kämpfte gegen die Tränen an, wollte nicht weinen. »Ja«, sagte ich. »Ich glaube es. Und sie glauben es auch.«

»Was meinst du damit?«

»Ich meine, auch für sie war es ziemlich hart, sich das Band anzusehen. Vor allem für Dusty.«

»Oh«, sagte sie nachdenklich. »Daran hatte ich gar nicht gedacht.«

»Rik«, sagte ich nervös – es mußte raus. »Rik, wir müssen ein paar Sachen ändern.«

»Ach ja?« sagte sie, ihre Stimme klang leicht gereizt.

»Ja«, ließ ich nicht locker. »Es ist notwendig. Damit ich sie wirklich akzeptiere, müssen sie auch zu Hause akzep–«

Sie hielt die Hand vor Mund und Hörermuschel und schrie unterdrückt: »Sie *werden* zu Hause akzeptiert, Cam!« Dann sagte sie: »Warte einen Moment«, legte den Hörer hin, um die Schlafzimmertür zuzumachen; die Sekunden nagten an meiner Seele. Sie nahm den Hörer auf und wiederholte etwas lauter: »Cam, sie werden zu Hause akzeptiert!«

»Aber sie empfinden es nicht so«, argumentierte ich. »Kyle gerät bei jedem Wechsel in Panik, und das jagt ihnen ein schlechtes Gewissen ein. Du hättest Clay hören sollen – da auf dem Band –, wie schlecht er sich fühlt, weil sich Kyle vor ihm ängstigt. Er will ihn kennenlernen – sie alle wollen ihn kennenlernen, damit sie sich akzeptiert fühlen können –«

»Das hatten wir schon mal, Cam. Kyle … wird … keinen … kennenlernen.« Ihre Worte waren so unerbittlich wie Hammerschläge auf einem Amboß. Sogar durchs Telefon spürte ich ihre Entschlossenheit, die mir unglaubliche Angst einjagte.

»Aber er muß –«

»Das steht nicht zur Diskussion«, fauchte sie. »Ich lasse nicht zu, daß er deine Alter egos kennenlernt. Basta. Er ist noch zu jung! Du hast selber gesehen, welchen Schrecken es ihm einjagt. Er ist noch nicht soweit! Tut mir leid.«

Sie schwieg, und ich schwieg auch, und die zweitausendachthundert Kilometer zwischen uns wurden immer länger, erstreckten sich um die ganze Welt und noch mal und noch mal, und mein Körper fühlte sich kalt an, mein Magen war wie ein Stein, und ich fragte mich einen

Augenblick lang, ob ich für den Rest meines Lebens in der Klinik bleiben könnte.

»Rikki«, sagte ich schwach. »Wir müssen jetzt aufhören.«

»O.K., Cam«, sagte sie. »Adieu.« Und ihr Adieu hatte den Klang einer tödlichen Kugel, die im Zeitlupentempo aus dem Lauf einer Pistole tritt.

Ich legte den Hörer auf, suchte vergeblich Halt an der Wand und sank zu Boden. Mein stierer Blick verfing sich im Wellenmuster der Tapete und tauchte darin ein.

Lucinda kam aus dem Schwesternzimmer, berührte mich leicht an der Schulter und fragte: »Sind Sie in Ordnung, Cam?«

Ich sah zu ihr auf und sagte, während ich ins Wasser watete: »Nein.«

Kyle war zugedeckt, neben ihm auf dem Bett lag Rikki und las ihm eine Kriminalgeschichte für Kinder vor. Sie riß sich zusammen, um nach dem scheußlichen Telefongespräch so normal wie möglich zu klingen.

»Mama?« unterbrach Kyle sie, »stimmt was nicht mit dir und Papa?«

Sie empfand es wie einen Schlag ins Gesicht. Rikki ließ das Buch sinken und überlegte schnell. »Ach weißt du«, sagte sie und versuchte, tröstlich zu klingen, »Papa und ich hatten eine Meinungsverschiedenheit wegen etwas, das ist alles. Ist schon alles in Ordnung.«

»Wegen Andy?« fragte Kyle.

»Wieso sollten wir wegen Andy Meinungsverschiedenheiten haben?« fragte Rikki überrascht.

»Weil du Rendezvous mit ihm hast.«

»Ich habe keine Rendezvous mit Andy«, sagte Rikki. »Hat das Papa zu dir gesagt?«

»Nö«, sagte Kyle und schüttelte den Kopf. »Hab' ich

mir selber ausgedacht. Du gehst mit ihm aus, als wärst du seine Freundin. Du bist aber Papas Freundin ... ich meine, seine Frau.«

»Das denkst du?« sagte Rikki, erstaunt über das, was in Kyles kleinem Kopf vorging. »Du meinst also, ich sei in Andy verliebt?«

»Ja.«

»Bin ich aber nicht, mein Kleiner. Andy ist ein ganz normaler Freund. Bloß weil er ein Mann ist, heißt das noch nicht, daß wir nicht Freunde sein können, oder?«

»Na ja, egal. Wie Papa könnte er sowieso nicht sein. Niemand ist so toll wie Papa.« Er nahm Rikkis Hand. »Mama?«

»Hm?«

»Liebst du Papa?«

»Natürlich liebe ich Papa, mein Süßer. Er ist mein Mann. Er ist mein *bester* Freund.«

»Und mich? Liebst du mich auch?«

»Aaah, du Goldschatz«, gurrte sie. »Du bist doch mein Sohn. Ich liebe dich mehr als alles auf der Welt.« Rikki drückte seine kleine Hand und küßte ihn aufs Haar. Es war noch feucht und roch nach Blütenshampoo.

»Gut«, sagte Kyle. »Mama?«

»Ja?«

»Multiple Persönlichkeiten zu haben ist gar nicht so schlimm.«

Für einen Augenblick verschlug es Rikki die Sprache, während Kyles unschuldige Worte mit den Gespenstern in ihrem Herzen rauften. Dann stützte sie sich auf den Ellbogen auf, wandte sich ihm zu und liebkoste sein samtenes Gesichtchen. Ihre Blicke trafen sich. Sie kämpfte mit den Tränen und sagte leise: »Nein, Kyle. Das ist nicht so schlimm.«

In der kühlen Nacht draußen bellte der Hund eines Nachbarn. Dann war es wieder ganz still.

»Mama«, sagte Kyle, griff nach dem Buch und gab es ihr. »Liest du die Geschichte zu Ende?«

Rikki sah auf ihren kleinen Liebling hinunter und zwickte ihn in den Arm.

»Aber sicher doch«, sagte sie.

46

Beim Aufwachen am nächsten Morgen fühlte ich mich bleiern, in Fetzen schlimmster Unsicherheit und Verzweiflung gehüllt. Akzeptiert und schon wieder verloren. Familie drinnen und Familie draußen. Ich konnte es nicht mal im Tagebuch mit den andern erörtern. Schon begann ich, sie wieder auszuschließen. Ich befand mich in einer Zwickmühle, in die ich mich selbst oder in die Gott mich gebracht hatte. Ich wußte nur eines: Ich hatte mich hoffnungslos verheddert und konnte mich nicht mit eigener Kraft befreien. *Vielleicht kann Steve helfen. Ja, wir werden Steve um Hilfe bitten. Er kann Rikki anrufen und die Sache irgendwie hinkriegen.*

Steve hatte die Tür noch nicht geschlossen, da sprudelte es schon aus mir heraus, mit triefender Nase und flatternden Armen flehte ich ihn an, Rikki anzurufen und die Sache in Ordnung zu bringen.

»Cam«, sagte er ruhig. »Natürlich kann ich sie anrufen, wenn Sie meinen, daß es etwas nützt.«

»Gott sei Dank. Danke, Steve. Danke.«

»Aber –«

»Was aber?« sagte ich, Panik in der Stimme.

»Aber ... Sie müssen mir ein paar Dinge über Rikki erzählen.«

»Ach so, aber ja doch«, sagte ich schwer atmend. »Was müssen Sie wissen?«

»Als erstes muß ich wissen, ob sie akzeptiert, daß Sie eine multiple Persönlichkeit sind? Steht sie zu Ihnen?«

Ich beruhigte mich etwas. »Rikki ist wunderbar«, sagte ich zu ihm. »Sie ist der großartigste Mensch, den ich kenne. Die ganze Zeit über hat sie zu mir gestanden, und sie war immer gut zu meinen Kumpanen.«

»Das ist sehr gut –«

»Ach Mist, Steve.« Verzweiflung packte mich an der Gurgel, und ich fing wieder an zu weinen. »Sie wird uns wegen dem andern, wegen Andy verlassen. Ich habe alles versaut, und sie wird uns verlassen und zu ihm gehen. Sie –«

»Aber Sie sagten doch eben, sie habe die ganze Zeit zu Ihnen gestanden«, unterbrach Steve mich.

»Aber da gibt es den andern, Andy. Er ist ein Freund von ihr. Ich glaube, sie könnte uns seinetwegen verlassen.«

»Sie meinen, Sie beide, Sie und Kyle, oder –«

»Nein!« schrie ich und stieß mir mit dem Daumen gegen die Brust. »Uns! Niemals würde sie Kyle verlassen! Sie ist die beste Mutter, die man sich vorstellen kann!«

»Und weshalb glauben Sie, daß sie Sie wegen Andy verlassen wird?«

Ich schniefte und wischte mir die Nase am Ärmel ab. »Ich weiß nicht. Sie geht mit ihm essen. Sie schwört zwar, sie seien bloß Freunde, aber –«

»Sie glauben ihr nicht?«

Ich wich aus. »Steve, ich will sie nicht verlieren. Wohin sollen wir gehen? Wir können nicht ewig hier bleiben. Was sollen wir tun?«

Steve legte die Hand auf meinen Arm. »Cam«, sagte er fest, »atmen Sie tief durch und hören Sie zu, was ich sage.«

Ich holte ein paarmal tief Luft und wartete, daß Steve anfing zu sprechen. Die Gedanken schwirrten in meinem Kopf herum wie Glühwürmchen unter einer Glasglocke.

»Hören Sie«, sagte Steve, »ich muß Ihnen jetzt was sagen. Ich glaube, Sie haben Rikki gestern abend in eine sehr schwierige Lage gebracht.«

Ich versuchte, die Glühwürmchen in meinem Kopf loszuwerden. »Wie? Wie meinen Sie das?«

»Kyle ist noch nicht ganz neun, richtig?« fragte er.

Ich nickte.

»Cam, Rikki hat recht. Kyle ist wirklich noch zu jung, um das alles verstehen zu können.«

Das überraschte mich. »Wirklich? Aber ich dachte –«

»An das, was Clay und Per auf dem Video sagten«, vollendete er meinen Satz. »Vielleicht hätten wir gestern darüber reden sollen. Es war vermutlich falsch von mir, das zu verschieben.« Er beugte sich vor und blickte mich geradewegs an. »Cam, Sie haben Rikki in eine Situation gebracht, in der sie wählen mußte, ob sie Sie trösten oder Kyle schützen soll.« Er breitete die Hände aus. »Sie tat genau das, was jede liebende Mutter tun würde.« Steve lehnte sich wieder zurück. »Wir müssen versuchen, irgendeine Zwischenlösung zu finden.«

Jetzt leuchteten sämtliche Glühwürmchen. »O Gott, Steve«, flehte ich. »Rufen Sie sie an. Bitte rufen Sie sie an und sehen Sie, ob Sie irgendeine Zwischenlösung finden können. Jetzt sofort. Bitte.«

»O.K. Ist sie jetzt zu Hause?«

»Nein, sie ist im Büro, aber ich hab' die Nummer.«

Steve nahm den Hörer ab und legte ihn wieder auf. »Cam«, sagte er, »ich weiß nicht, was zwischen Rikki und

Andy läuft, und eigentlich geht es mich nichts an. Wenn sie wirklich daran denkt, Sie um seinetwillen zu verlassen, dann kann ich sie nicht daran hindern, und Sie auch nicht. Das einzige, was ich tun kann, ist, mit ihr über Sie und Ihre Kumpane zu reden. Ihr ein paar Sachen zu erklären.« Er nahm wieder den Hörer in die Hand. »Haben Sie die Nummer?«

Ich diktierte sie ihm. Während er die Nummer wählte, kauerte ich auf dem Stahlrohrstuhl, umklammerte die sattsam bekannten giftgrünen Kunststoff-Armlehnen und hoffte von ganzem Herzen, daß Rikki da war und Steve Sawyer mein Schicksal irgendwie wenden konnte.

»Büro von Rikki West«, meldete sich Janine. »Was kann ich für Sie tun?«

Steve nannte seinen Namen und fragte, ob er Rikki sprechen könne. Nach wenigen Sekunden kam sie an den Apparat. Ich war schweißgebadet.

»Dr. Sawyer?« fragte sie besorgt. »Ist alles in Ordnung?«

»Ja«, sagte er. »Alles in Ordnung. Cam ist bei mir und meint, wenn ich selber mit Ihnen spreche, ließen sich vielleicht ein paar Dinge klären.«

»Dr. Sawyer –«

»Nennen Sie mich einfach Steve.«

»Steve«, sagte sie eisig. »Ich stehe hundert Prozent hinter Cam, aber keine Macht der Welt wird mich dazu bringen, einen achtjährigen Jungen in die Lage zu versetzen, daß er versuchen muß, den Zustand seines Vaters vollkommen zu begreifen. Es fällt ja mir schon schwer genug. Tut mir leid, aber was immer Sie sagen, wird meine Meinung nicht ändern. Ich habe mir alle Mühe gegeben, Kyle behutsam die Informationen zu geben, die er braucht und die er verlangt, und zwar ausgehend von dem, was er meinem Gefühl nach in seinem Alter und auf seiner Entwicklungsstufe verstehen kann. Und ich glaube nicht, daß er in der jetzigen Phase seines Lebens mit Clay Monopoly spielen sollte.«

»Rikki«, sagte Steve, »ich bin vollkommen Ihrer Meinung.«

»Wie bitte?«

»Ich bin vollkommen Ihrer Meinung.«

Schweigen in der Leitung. Dann schlug Rikki einen sanfteren Ton an. »Sind Sie das?«

»Ja, das bin ich«, sagte Steve betont. »Ich bin mit Ihnen der Meinung, daß Kyle noch zu jung ist.«

»Dann weiß ich nicht…«, sagte Rikki »Warum rufen Sie mich dann an?«

»Weil Cam gemerkt hat, daß er Sie gestern abend in eine schlimme Lage gebracht hat –«

»Schlimmer geht's nicht.«

»Ja, und das war teilweise mein Fehler.«

»Ihr Fehler?«

»Ja. Sehen Sie, in der Videoaufnahme von den Alter egos sagte Clay dem Sinne nach, er wolle nicht, daß sich Kyle vor ihm ängstigt, und Per erwähnte, seiner Meinung nach solle Cam da etwas unternehmen. Bei der Wiedergabe beschloß ich spontan, darauf in der gestrigen Sitzung nicht einzugehen, sondern mich auf Cams Verdrängung zu konzentrieren. Ich übersah, daß Cam vorschnell zu dem Schluß kommen könnte, Kyle solle seine Alter egos kennenlernen. Glauben Sie mir, Cam macht im Augenblick eine Menge durch –«

»Oh, das weiß ich –«

»Und ich verstehe, warum er das zu Ihnen sagte und warum seine Alter egos wollen, daß Kyle sie kennenlernt und akzeptiert.«

»Ich auch«, sagte Rikki. »Ich verstehe das durchaus. Und irgendwann wird Kyle sie sicher kennenlernen. Aber jetzt ist er noch zu jung dafür. Er erträgt Cams Wechsel so schon nicht, auch ohne die Alter egos zu kennen. Ich glaube, das würde ihn überfordern.«

»Ich bin ebenfalls der Meinung«, sagte Steve. »Wenn ich es richtig sehe, gehen Cams Alter egos jedesmal nach innen, wenn Kyle erschrickt und Cam zurückruft.«

»Stimmt. Das tun sie«, sagte Rikki. »Jedesmal.«

»Wissen Sie eigentlich, Rikki, wie ungewöhnlich das ist?« sagte Steve. »Es bedeutet, daß sie bereit sind, ihren eigenen Wunsch, draußen zu sein, hintanzustellen, um Kyle nicht zu beunruhigen. Das allein zeigt ein Maß an Selbstlosigkeit und an Bereitschaft zur Mitwirkung, die alles weit übersteigt, was ich bislang bei multiplen Persönlichkeiten erlebt habe. Es ist geradezu unglaublich.«

»So habe ich es nie gesehen«, sagte Rikki. »Ich sah nur, wie sehr sich Kyle ängstigte.«

»Natürlich. Das ist ganz klar. Aber Sie sollten auch verstehen und würdigen, wie schwer es Cams Alter egos fallen muß ... welche Belastung es für ihn darstellt, seine Kumpane so enttäuschen zu müssen, und wie sehr es zu der Schwierigkeit beiträgt, die er ohnehin hat, sich selbst zu akzeptieren ... zu akzeptieren, daß er tatsächlich eine multiple Persönlichkeit ist.«

Steve und Rikki schwiegen einen Augenblick. Ich schaukelte vor und zurück, umklammerte mit den Armen die Brust, sehnte mich danach, zu erfahren, was sie dachte. Kalter Schweiß trat mir auf die Stirn, lief mir übers Gesicht, brannte mir in den Augen. Ich blinzelte mit aller Kraft, aber es nutzte nichts. Ich konnte rein gar nichts tun, saß nur da, bewegte den Oberkörper vor und zurück und war dankbar, daß Steve da war und in die Erdhaufen stach, in denen die großen Schlangen lauerten.

Rikki sagte: »Mir kam nie in den Sinn, daß es ihnen schwerfällt, nach innen zu wechseln, wenn Kyle nach

Cam ruft. Cam hat mir nie etwas davon gesagt. Erst in diesem Moment wird mir klar, wie ihn das belasten muß.« Sie machte eine Pause. »Ich gäbe alles darum, wenn es ihm nur irgendwann wieder besser gehen würde.«

»Rikki«, sagte Steve. »Ich glaube, die Chance besteht.«

»Wirklich?«

»Ja, wirklich. Mit Ihrer Hilfe und mit Hilfe seiner Alter egos kann er, glaube ich, im Laufe der Zeit genesen und ein ziemlich normales Leben führen.«

»Das glauben Sie?«

»Ja, das glaube ich.«

Wieder herrschte Stille. »Wissen Sie, Steve«, sagte Rikki mit emotionsgeladener Stimme, »es ist schon lange her, daß mir jemand gesagt hat, mit Cam könne es tatsächlich aufwärtsgehen. Glauben Sie wirklich, daß das möglich ist?«

»Ja, das glaube ich«, sagte Steve erneut. »Und es gibt etwas, womit Sie ihm helfen könnten, wenn Sie dazu bereit wären.«

Mann, was spitzte ich die Ohren.

»Natürlich wäre ich dazu bereit«, sagte Rikki.

»Wie wär's, wenn Sie sich Zeit nähmen für ein Zusammensein mit Cams Alter egos, beispielsweise abends, wenn Kyle schon schläft. Lassen Sie sie im Haus immer mal wieder rauskommen. Vermitteln Sie ihnen das Gefühl, daß sie akzeptiert sind ... nicht, indem Sie es bloß sagen, sondern indem Sie mit ihnen zusammen sind. Als Gegenleistung dafür könnten Sie sie bitten, mit dem Kennenlernen zu warten, bis Kyle etwas älter ist.«

Innerlich war ich in Aufruhr, verhielt mich aber mucksmäuschenstill.

»Was ich Ihnen vorschlagen möchte«, fuhr Steve fort, »ist, daß Sie mit Cams Alter egos reden, vor allem mit

Clay und den anderen Jüngeren, und herausfinden, ob sie dazu bereit wären, gewissermaßen ein Auge auf Kyle zu haben … seine Beschützer zu sein. Und lassen Sie sie wissen, daß Sie ihre Freundin und Beschützerin sind … wenn Kyle im Bett ist oder nicht in der Nähe.«

»Steve, das ist eine ausgezeichnete Idee«, sagte Rikki erregt. »Ich bringe gern Zeit auf für ein Zusammensein mit Cams Kumpanen. Ich würde es jeden Abend tun. Ich würde nachgerade alles tun, wenn ich nur davon ausgehen kann, daß Kyle absolut sicher ist, wenn ich nicht zu Hause bin. Werden die Kumpane damit einverstanden sein?«

»Ich glaube schon.«

»Steve, Sie können sich gar nicht vorstellen, wie sehr mich Ihr Anruf erleichtert hat«, sagte Rikki. »Ich melde Sie zur Heiligsprechung an.«

Steve lachte. Das war ein gutes Zeichen. Ein sehr gutes Zeichen.

Plötzlich bekam die Welt wieder Farbe. Drinnen sagte Clay zu Per, ja, das wolle er gerne tun, er wolle gern Kyles Beschützer sein, und Switch sagte dasselbe, und auch Wyatt, und alle klopften sich an die Brust, als wären sie die Sheriffs in der Gegend. Sogar Dusty sagte, sie würde sich gern mit Rikki unterhalten. Bart hörte ich sagen: »Den Nachtdienst übernehme ich«, und Leif darauf: »Nu bleib mal hübsch auf dem Parkett, Junge«, worauf Bart erwiderte: »Nimm doch nicht alles gleich so ernst, Leif, ich wollte damit überhaupt nichts andeuten.«

Rikki sagte: »Ich danke Ihnen, Steve. Ich danke Ihnen von Herzen.«

Steve lächelte breit: »Nichts zu danken, Rikki. Viel Glück Ihnen. Möchten Sie noch Cam sprechen?«

»Ja, unbedingt«, sagte sie.

»O.K.«, sagte Steve. »Ich geb' ihn Ihnen.« Er nahm

den Hörer vom Ohr und sah mich an. »Rikki möchte mit Ihnen sprechen.«

Adrenalin jagte durch meine Adern, und einen Augenblick fürchtete ich, in Ohnmacht zu fallen. Steve merkte es und sagte, ich solle erst ein paarmal tief durchatmen. Ich gehorchte und wurde etwas ruhiger. Ich streckte die Hand aus, er gab mir den Hörer. Er fühlte sich warm an, wo er ihn gehalten hatte.

»Hallo?« sagte ich vorsichtig.

»Hi, Cam«, sagte Rikki, und ihre Stimme klang so lieb. *Meine Rikki.* »Du hast gehört, was Steve sagte?«

»Ja.«

»Scheint dir das machbar, dir und deinen Kumpanen?«

»Ja, Rikki, das tut es.«

Sie sagte: »Ich verspreche, mit jedem abends zu reden, wenn Kyle im Bett ist.«

»O mein Gott, Rik«, sagte ich mit Tränen in den Augen. »Das wäre wunderbar.«

Sie sagte: »Ich möchte alle da drin wissen lassen, daß ich es furchtbar lieb fände, wenn sie auf Kyle achten und reingehen würden, wenn er da ist, jedenfalls so lange, bis er alt genug ist, ein wenig besser zu verstehen. Und daß ich ihre Freundin bin und mit ihnen rede, wenn er nicht da ist, sogar tagsüber. O.K.?«

Clay drängelte sich an mir vorbei und sagte mit seinem kleinen Stimmchen: »O.K. S-so wie ein Sh-sheriff, ja, Rikki? Auf Kyle a-achtgeben.«

Rikki lachte: »Ja, Clay. Genau wie ein Sheriff.«

Clay trat wieder zurück, und ich kam raus. Einen Moment lang schwiegen wir, während ich alle Kraft zusammennahm, um die große Frage zu stellen. Ich schluckte schwer.

»Rikki«, sagte ich zögernd, »wirst du uns wegen Andy verlassen?«

Verzweifeltes Schweigen. Ich wagte nicht zu atmen. Dann sagte Rikki leise: »Nein, Cam. Das werde ich nicht tun. Ich liebe dich. Euch alle.«

Und plötzlich hörte ich Harfenklänge, und die Sonne kam heraus, und die Hügel waren lebendig, und ich war es auch. Ich konnte wieder atmen. Ich glaubte ihr.

»Rikki?«

»Ja, Cam?«

»Dein Häschen im Weltraum kehrt heim.«

Andy nahm schon beim ersten Klingelzeichen den Hörer ab. »Andy Grumman.«

»Hallo, Andy.«

Er wußte sofort Bescheid. »Du kommst nicht«, sagte er.

Nach kurzer Pause sagte Rikki: »Nein … ich komme nicht.«

Andy seufzte: »Du liebst ihn, nicht wahr«, sagte er traurig.

»Ja, ich liebe ihn«, sagte sie. »Ich habe ihn immer geliebt.«

Beide schwiegen, dann sagte Rikki: »Andy, ich glaube, mit Cam geht es bergauf. Ich glaube tatsächlich, daß er genesen kann.«

»Wirklich?«

»Ja«, sagte sie erregt. »Ich habe mit seinem Therapeuten in der Klinik gesprochen, und er meinte, mit der Zeit könne Cam ein normales Leben führen. Wir könnten ein normales Leben führen.«

»O Rik«, sagte Andy. »Das wäre ja großartig.«

Sie sagten eine Zeitlang nichts; die innige Verbindung zwischen ihnen war geradezu physisch greifbar. Schließlich brach Andy das Schweigen. »Du kannst deine Familie nicht auseinanderbrechen lassen.«

»Nein«, sagte Rikki. »Das könnte ich nicht. Nie. Es ist ohnehin schon zu viel kaputt.«

»Ja«, sagte Andy traurig. »Ich hatte nie eine Chance.«

Rikki antwortete nicht. Sie brauchte nicht zu antworten.

Nach einer Weile sagte Andy: »Na dann … sieht so aus, als sähen wir uns nicht mehr so oft, wie?«

»Aber sicher doch, Andy. Wir sind gute Freunde«, sagte Rikki, wußte aber, daß das nicht viel half.

»Freunde«, wiederholte Andy mit einem Seufzer, der die Segel eines auf Nimmerwiedersehen entgleitenden Schiffes schwellte.

Nach einer Pause sagte Rikki: »Andy?«

»Ja, Rik?«

Rikki machte den Mund auf, brachte aber kein Wort heraus, und in der Stille, die nun folgte, entschwand das Schiff am Horizont.

Andy sagte: »Sag es nicht, Rik. Sag einfach nur adieu.«

Mit einer Träne in der Stimme sagte Rikki. »Adieu, Andy.«

47

Als wir nach Kalifornien zurückkehrten, gab es in unserem angestammten Eissalon immer noch die tollen Eisbecher. Das war auch gut so, denn kurz nach unserer Heimkehr fuhr ich an einem strahlend sonnigen Tag hin und bestellte einen für mich und einige meiner Kumpane. Es gab ein wenig Hin und Her, aber schließlich einigten wir uns auf Puffreis ganz unten, eine Schicht Schokoladenjoghurteis und obenauf Nußstückchen. Ach ja, und dazu ein Dutzend Plastiklöffelchen …

Ich packte das Ganze in eine kleine, knallrote Kühltasche und fuhr in den Diablo-Park. Ich stellte den Wagen ab, nahm die Kühltasche und eine Decke unter den Arm und wanderte die fast zwei Kilometer zum Hügel hinauf. Dort fand ich ein stilles Plätzchen mit Blick auf die Bucht, breitete die Decke aus, stellte die Kühltasche drauf und reihte daneben fein säuberlich die Löffelchen auf. Mit einem dünnen Filzstift schrieb ich die Namen meiner Kumpane auf die Stiele, dann löffelten wir abwechselnd, einer nach dem andern, den Becher leer. Ganz und gar in dieser Welt. Mit Blick auf die Bucht.

ice creme?

Sure

You bet.

What kind - what flavor?

Chocolet

vanila

butter scoch

no boy here we go

Beschlußfassung über die zu bestellenden Eissorten

Als ich nach Hause kam und Rikki von unserem Erlebnis erzählte, weinte sie vor Freude, nahm uns in die Arme und sagte, wir hätten das gut gemacht, und das trieb auch mir die Tränen in die Augen.

Kurze Zeit später bat mich jemand, den ich für meine Dissertation befragt hatte, auf einer Konferenz für Opfer von Kindesmißbrauch einen Vortrag zu halten. Das Thema hieß »Verbundenheit«. Aus einem mir unerfindlichen Grund sagte ich zu, bereute es aber gleich wieder. Jeden Tag bis zur Konferenz fragte ich mich, warum ich mich in diese Bredouille gebracht hatte, wo doch so viel anderes anstand – die Dissertation, die Therapie, Vater sein und Eisbecher verspeisen. Leif sorgte jedoch dafür, daß ich bei der Stange blieb und nicht das große Zittern bekam, und alle Kumpane erklärten sich einverstanden, während der Rede nicht herauszukommen. Also schnitt ich mich, als der Tag schließlich anbrach, nicht mal beim Rasieren.

Rikki kam zu meiner Unterstützung mit, und ich war heilfroh deswegen. Während ich mit fünfundsechzig Sachen in Richtung Oakland trödelte, zog sie mich ein wenig auf und sagte: »Cam, du weißt ja, hier sind hundert erlaubt.«

Die Konferenz fand in einem riesigen, herrlich restaurierten viktorianischen Gebäude statt. Mindestens zweihundert Leute waren da, viele Multiple darunter, außerdem ein paar Therapeuten. Als wir den Saal betraten, dachte ich, anstatt die Rede zu halten, könnte ich genausogut vom Dach eines Hochhauses in eine Schüssel Tapioka springen.

Rikki hielt meine Hand, bis ich aufs Podium gerufen wurde und es zum Weglaufen zu spät war. Ich wandte mich zu ihr um und schaute sie einen Moment lang an, als sähe ich sie zum letzten Mal. Sie drückte meine Hand, grinste breit und sagte: »Liebling, ich bin direkt hinter dir ... wie der Furz eines Joggers.« Ich brachte ein Grinsen zustande, aber dabei tat mir meine angespannte Gesichtsmuskulatur weh. Ich ging mit meinen Notizen in der Hand zum Rednerpult, strengte mich an, auf den Stufen nicht zu stolpern, und begann meine Rede:

Zwei Gründe haben mich veranlaßt, der Bitte nachzukommen, heute zu Ihnen über das Thema Verbundenheit zu sprechen. Erstens war und ist für mich als Mensch mit einer dissoziativen Identitätsstörung die Herstellung innerer Verbundenheit eine immense Herausforderung. Unablässig suche ich danach, ersehne sie mehr als alles auf der Welt. Der zweite Grund war, daß ich Ihnen von der Verbundenheit erzählen wollte, die ich besitze – nämlich die mit meiner Frau Rikki und meinem Sohn Kyle. Sie gibt mir Kraft, erfüllt mich mit Hoffnung und hat mir buchstäblich das Leben gerettet.

Mir scheint, als hätte ich mein ganzes Leben lang lediglich mit einer Zehenspitze auf dem Boden dieser Welt gestanden. Die meiste Zeit fühle ich mich als Fragment eines Menschen, als einer von vielen Glassplittern einer zerbrochenen Vase auf einem Teppich. Ich schaue die anderen Glassplitter an. Manche sehen mir ähnlich, andere nicht, aber allesamt sind wir nichts als Glassplitter auf demselben Teppich. Und ich frage mich: »Sollten wir nicht enger zusammenrücken? Näher beisammen, miteinander verbunden, sähen wir doch viel mehr wie eine Vase aus. Außerdem verringert sich dann die Gefahr, daß man uns zusammenkehrt und in den Abfalleimer wirft.«

Ich habe vierundzwanzig Alter egos. Ich nenne sie

meine Kumpane, obwohl auch Frauen darunter sind. Wir alle leben in diesem Körper. Wir versuchen, miteinander zu kommunizieren, miteinander auszukommen, einander zu helfen, aber manchmal erfordert das unendlich viel Kraft, und es kommt vor, daß einer, der große Schmerzen hat, mutterseelenallein damit fertig werden muß. Wenn wir das zulassen… wenn wir uns nicht aufeinander einlassen, nicht zusammenhalten, dann bekommen wir unausweichlich Probleme. Entweder wird dieser Leib krank oder er wird verletzt, oder ich kann meinen Aufgaben als Ehemann und Vater nicht nachkommen. Wenn meine Kumpane nicht miteinander verbunden sind, dann wird es dunkel und dumpf wie in einer feuchten Höhle in einem furchterregenden Wald. Und ich mag keine Höhlen. Ich mag auch keine Bäume, die mich mit ihren Augen verfolgen, und keine Zweige, aus denen Arme werden, wenn ich grade nicht hinschaue.

Vergangene Nacht träumte ich von mir und meinen Kumpanen. Wir standen barfuß an einem verlassenen Strand im Morgennebel, durch den die sanften gelben und orangefarbenen Strahlen des Sonnenaufgangs drangen. Ein paar von uns hielten sich an der Hand und sahen sich hin und wieder in die Augen, andere blickten nur nach unten auf unsere nackten Füße im Sand.

Wir hörten die Wellen auf den Strand schwappen, rochen die salzige Luft und spürten die Feuchtigkeit auf unseren Gesichtern. Die einen spürten das kalte Ozeanwasser ihre Füße umspülen; andere sahen es kommen und traten schnell einen Schritt zurück, um nicht naß zu werden. Wir wußten, daß wir zusammen am Strand standen, hatten aber keine Ahnung, warum. Die einen befanden sich in der Gegenwart, andere waren sicher, daß sie in der Vergangenheit weilten, wieder andere wähnten sich weit in der Zukunft. Ein paar von uns warteten darauf, daß sich der Nebel lichtete ... andere hielten den Nebel für Zuckerwatte. Das also war mein Traum: fünfundzwanzig Leute verbunden durch Sand, Meer und Zuckerwatte.

Nun kämpfte ich nicht nur darum, mit meinen Kumpanen verbunden zu bleiben, mit den Leuten in diesem Körper. Keineswegs. Auch mit den meisten anderen Menschen fühlte ich mich mein Leben lang nicht verbunden. So weit ich zurückdenken kann, habe ich es vermieden, den Menschen zu tief in die Augen zu schauen, weil ich Angst hatte, wenn sie mich wirklich ansähen ... mir wirklich in die Seele sähen ... würden sie feststellen, daß da gar niemand ist.

Dennoch bin ich verzweifelt darum bemüht, Teil dieser Welt zu sein und mit den Menschen darin irgendwie verbunden. Das ist vermutlich der Grund, warum ich heute hier bin. Ich bin hier in der Hoffnung, daß mir jemand in die Augen blickt und mir sagt, daß er darin jemanden sieht, daß er darin Cameron West sieht. Wenn er darin außerdem noch andere Leute sieht, ist auch das in Ordnung. Ich bin, wer wir sind, und das muß in Ordnung sein, sonst habe ich keine Chance auf ein besseres Leben.

In den vergangenen Jahren bin ich vielen Menschen begegnet, denen wie mir ein paar wahrlich schlimme Dinge zugestoßen sind, als sie jung waren. Und ich weiß, wie zerstörerisch das sein kann, wie weh es tut und wie es alles im Leben erschwert. Kindesmißbrauch ist eine eklige, ölverschmierte Jacke, die man nicht abstreifen kann; also trägt man sie in sämtliche Beziehungen hinein, und jedesmal, wenn man irgendwo anstößt oder jemanden in die Arme nimmt oder saubere Laken auf einem frisch gemachten Bett sieht, weiß man, daß etwas von dem Dreckzeug abgeht und alles versaut. Was es in der Regel auch tut. Das kann man an den fünf Fingern abzählen. Und das ist sehr traurig, weil deswegen eine Menge Beziehungen, die man knüpft, nicht alt werden können. Sie sterben jung, enden früher oder später als Tränenfleck in einem Tagebuch.

Doch irgendwie brachte ich es fertig, zu den Glückspilzen zu gehören, denn die Beziehung zu meiner Frau Rikki ist nicht jung gestorben. Sie besteht seit sechzehn Jahren, und dazu brauchte es viel Vertrauen und Engagement und auch eine Menge Kleenextücher. Ich weiß, wie schwer – und auch verwirrend – es in den letzten Jahren für Rikki war, mit einer ganzen Gruppe von Leuten zu leben, die alle so aussehen wie ich. Man könnte sagen, unser gemeinsames Leben ist wie ein Flickenteppich, und damit es überhaupt funktioniert, muß man die Flicken ganz schön beisammenhalten.

Rikki geriet in einen schrecklichen Krieg zwischen den widerstreitenden Kräften Wille und Schmerz, Hoffnung und Ungewißheit. Und manchmal war der Pulverdampf so dicht, daß wir die wertvolle Verbundenheit zwischen uns fast aus den Augen verloren.

Aber immer war da ein kleiner Junge, der die Schwaden wegblies und für klare Luft sorgte, obwohl er sich dessen nicht bewußt war. Er heißt Kyle und ist neun Jahre alt.

Nun bin ich der Meinung, Eltern zu sein, ist selbst für normale Leute nicht einfach. Für mich ist es eine Quelle unglaublicher Freude und unaussprechlicher Qual. Ich weiß, daß Kyle in seinem Leben Normalität und Kontinuität braucht, damit er vernünftig aufwachsen kann. Und ich bin einer von zweien, die dafür verantwortlich sind, ihm genau das zu geben. Es erscheint mir wie ein grausamer Witz, weil das einzig Normale und Konsequente an mir meine konsequente Anomalie ist.

Von ganzem Herzen wünsche ich Kyle einen normalen Vater. Und ich möchte, daß er sich diesem Papa verbunden fühlt als jemandem, auf den er zählen und zu dem er aufschauen kann. Er soll nicht einen Papa haben, der unentwegt die Personen wechselt und meist überhaupt nicht weiß, was los ist. Und ich selbst sehne mich danach, mich mit ihm verbunden zu fühlen. Er ist mein Sohn. Mein kleiner Mann.

Tag für Tag kämpfe ich also darum, Kyle in die Augen ... und ins Herz ... sehen zu können ... und für ihn derselbe zu sein. Und in diesem Derselbe-Sein, in dieser Wiederholung der alltäglichen Dinge ... ihm vorlesen, sein Mittagessen zubereiten, mit ihm reden ... genau da funktioniert die Beziehung zwischen Kyle und mir. Und diese Verbundenheit ist ein großes Geschenk. Durch sie erfährt Kyle die väterliche Fürsorge, die er braucht, und mir hilft sie, mich mehr als ein Ganzes zu fühlen.

Der wirklich schwere Teil, der Teil, der mich wie die Spiegelung der Sonne auf einer glänzenden Motorhaube in den Augen schmerzt, ist, daß ich bei diesem Tun, diesem alltäglichen Tun, diesem Versuch, ein ganz normaler Vater zu sein, oft von einer winzigen Insel in meinem Innern aus mit Kyle in Verbindung trete. Und Kyle merkt das. Er merkt es.

Kommt ein Alter ego raus oder sickert etwas von einer Unterhaltung zwischen meinen Kumpanen durch, dann sagt Kyle: »Papa? Kannst du mich hören? Komm zurück.« Ich höre seine kleine Stimme zu mir herdriften wie eine Flaschenpost auf meinem Ozean, und dann sage ich zu mir: »Verdammt, ich muß zurück! Ich muß zurück!« Und ich springe auf die Flasche und paddle mit aller Kraft so lange, bis ich den Weg zurück zu der kleinen Person finde, die auf mich angewiesen ist. Schon das bloße Wissen, daß es Kyles Stimme ist, die mich ruft, hilft mir zurückzukommen. Aber zu wissen, daß ich so oft so weit weg bin ... im Grunde nie wirklich da bin – das ist fast mehr, als ich ertragen kann. Ich möchte nicht, daß Kyle groß wird und denkt, sein Vater sei verrückt – sein Vater habe droben in der Dachkammer herumgetobt, anstatt mit ihm auf der Veranda zu spielen.

Wissen Sie, was für mich das Allerschlimmste ist? Nicht der Gedanke, daß mich Kyle für verrückt halten könnte oder Rikki mich nicht mehr liebt oder ich wieder in eine psychiatrische Klinik muß. Nein, das Schlimmste für mich ist eine Furie. Die Furie Verdrängung. Sie hat mich verfolgt, meinen Körper beherrscht und dabei ihre häßliche Melodie gesungen, praktisch in jedem Augenblick meines Lebens, seitdem ich etwa halb so alt war, wie Kyle jetzt ist. Verdrängung von allem, was mir geschah. Verdrängung der Leute, die es mir antaten. Verdrängung, daß ich eine multiple Persönlichkeit bin.

Lange, lange habe ich mir die Ohren zugehalten und laut geschrien, nur um die häßliche Melodie der Furie Verdrängung zu übertönen. Erst vor kurzem habe ich begonnen, zu begreifen, daß es in all den Jahren meine eigene Stimme war, die ihre kreischende Melodie sang.

Zu guter Letzt hat diese Furie von mir abgelassen, was sich seltsam anfühlt, weil ich so gewöhnt war, von ihr verfolgt zu werden. Stückchen um Stückchen akzeptiere und verstehe ich, wer ich bin und wie es dazu kam. Ich schaffe mir selber – wir schaffen uns selber, sollte ich sagen – Verbundenheit.

Ist mein Leben auch nicht einfach, so ist es doch nicht durchweg hart, und in letzter Zeit scheint es sogar etwas leichter zu werden. Sehen Sie mal, noch heute morgen habe ich zu Rikki gesagt, seit Tagen hätte ich keine schlechte Woche mehr gehabt.

Und wissen Sie was? Es stimmt.

Ein Jahr später

EPILOG

Seit jener Rede ist eine Menge passiert. Kyle ist größer geworden – zu groß für Häschen im Weltraum, worüber ich ein wenig traurig bin. Er ist jetzt in der fünften Klasse und fängt an, sich für Mädchen zu interessieren, was ihn jedoch keineswegs hindert, Armeeschlachten zu schlagen, auf die jeder Feldherr stolz wäre.

Inzwischen weiß er von meinen Alter egos, auch daß sie Namen haben, hat allerdings noch nicht mit ihnen gesprochen. Und als ich das letzte Mal, es ist erst wenige Monate her, nach Texas flog, wurde Kyle gesagt, ich begebe mich wegen der Dissoziation in Behandlung. Er nahm es ganz gut auf. Wenn einer meiner Kumpane rauskommt, wird er immer noch nervös, aber nicht mehr so sehr wie früher. Letzte Woche sagte er beiläufig sogar zu mir, wenn ich »weg«gehe und nicht gleich wiederkomme, sei das für ihn O.K. Auch wenn es ihm angst mache – er sei tapfer, weil er wisse, daß ich früher oder später doch wiederkäme. Darauf war er mächtig stolz. Und ich war mächtig stolz auf ihn.

Rikki hat ihren Job aufgegeben, um zu Hause auf uns achtzugeben und mir beim Schreiben dieses Buches zu helfen. Wir unternehmen Spaziergänge, halten uns an der Hand und reden über Leonardo und Lautrec, Huckleberry und Holmes, Beethoven und die Beatles. Mit Dusty bereitet sie Tamales zu, übrigens auch mit Gail, von der in diesem Buch nicht die Rede war, weil sie erst kürzlich zum Vorschein kam. Manchmal liest Rikki abends allen, die zuhören wollen, Geschichten vor. Aber wenn dann das Licht aus ist, gibt es nur sie und mich und Mangos in Maui.

Seitdem ich mir die Furie Verdrängung vom Hals geschafft habe, sind meine beiden Hände frei, um Dinge anzupacken, die für meine Heilung nützlicher sind: anwesend bleiben, Ärger ausdrücken, Traurigkeit wahrnehmen. Zweimal pro Woche gehen meine Kumpane und ich zu Janna, um unsere neuen Fertigkeiten einzuüben. Wir sind Lehrlinge und erlernen das Handwerk des Ganz-Seins. Natürlich braucht das wie das Erlernen jedes Handwerks Zeit und Geduld.

Meine Doktorarbeit habe ich endlich fertig und nenne mich jetzt mit Fug und Recht Doktor der Psychologie, worauf ich sehr stolz bin. Ich empfinde es als meine Aufgabe, anderen Dissoziativen zu helfen, soweit mir das möglich ist.

Fakt ist – und das ist traurig –, daß Menschen mit Dissoziation im Durchschnitt fast sieben Jahre in psychiatrischer Behandlung verbringen, bevor sie zutreffend diagnostiziert werden und die Hilfe erhalten, die sie brauchen. Während dieser Zeit sind viele von ihnen wiederholt Opfer von Fehldiagnosen und falscher Behandlung, einfach weil die Fachärzte die Symptome nicht erkennen. Sollte dieses Buch praktizierenden und künftigen Fachärzten gewisse Einsichten in die dissoziative Identitätsstörung vermitteln, dann hätte ich ein weiteres Ziel erreicht.

Ärzte und alle, die mit Dissoziation in Berührung kommen, müssen die grundsätzlich trügerische Wesensart des Gedächtnisses begreifen, denn das Erinnerungsvermögen – oder sein Fehlen – ist integraler Bestandteil dieses Krankheitsbildes. Unser Gedächtnis ist ein Vorratstopf, der fortlaufend mit den Zutaten vieler Köche gefüllt wird: denen von Eltern, Geschwistern, Verwandten, Nachbarn, Lehrern, Schulkameraden, Fremden, Bekannten, Rundfunk, Fernsehen, Filmen und Büchern. Diese Mischung wird mit einem Löffel umgerührt, dessen Form sich im Laufe der Zeit aufgrund unserer Erfahrungen und Erlebnisse verändert. In diesem unglaublich amorphen neurologischen Brei können unmöglich alle Erinnerungen exakt sein.

Doch so notwendig es ist, daß wir die komplexe und impressionistische Wesensart des Gedächtnisses akzeptieren, so notwendig ist es auch, zu erkennen, daß die Nöte der Menschen, deren anhaltend zudringliches Gedächtnis ihr Wohlbefinden und ihre Funktionstüchtigkeit stört, einen sehr realen Hintergrund haben, egal, wie klar oder nachvollziehbar ihre Erinnerungen sind.

Wir müssen begreifen, daß Menschen, die in ihrer Kindheit mißbraucht wurden, vor allem, wenn dies in Form eines Inzests geschah, fast unweigerlich unter einem Gefühl tiefer Schuld und Scham leiden, das sich nicht einfach dadurch lindern läßt, daß man Erinnerungen ausgräbt oder sich auf den Inhalt traumatischen Materials konzentriert. Sich nur zu erinnern, reicht nicht aus. Ebensowenig läßt sich ein Gefühl des Ganz-Seins und inneren Friedens dadurch erreichen, daß wir anderen die Schuld geben oder jenen verzeihen, von denen wir wissen, daß sie uns Böses angetan haben. Erreicht wird es durch Verständnis, Akzeptanz und die Neu-Erfindung des eigenen Selbst.

Derzeit wird die Gültigkeit der Dissoziations-Diagnose von manchen Leuten noch in Frage gestellt. Fakt ist aber, daß Dissoziation im *Diagnostischen und Statistischen Manual Psychischer Störungen* eine eigene Kategorie bildet, weil ein Teil der Menschheit unter einem ganzen Bündel erkennbarer Symptome leidet, auf die keine andere Diagnose besser paßt.

So traurig es ist: Manche Menschen mußten aufgrund der Behandlung durch unfähige oder nicht hinreichend ausgebildete Therapeuten die Erfahrung machen, daß sich Dissoziations-Symptome auch hervorrufen lassen. Ebenso lassen sich Dissoziations-Symptome simulieren, was ein paar Leute um eines persönlichen Vorteils willen getan haben. Mögen erstere uns als Pfeil dienen, der auf eine Wahrheit verweist, die für alle Therapien gilt, auch für die vom Hausarzt verordneten: Vorschnelle Schlüsse können gefährlich sein.

Was letztere angeht, so sollte man einmal über die Geschichte von dem Jungen nachdenken, der beim Schafehüten »Wolf!« schrie, auch wenn keiner da war; die Leute aus dem Dorf kamen jedesmal angerannt. Als dann wirklich ein Wolf auftauchte und den Jungen zerriß, kam niemand mehr, weil alle meinten, der Junge wolle sie bloß wieder auf den Arm nehmen. Doch anders betrachtet, bedeuteten seine falschen Schreie keineswegs, daß es in Wirklichkeit keine Wölfe gab. Es gab sie schon, und es gibt sie noch immer. Die Fabel hätte viel glücklicher enden können, hätten die Leute nur mehr auf das geachtet, was wirklich geschah. Der Junge schrie um Hilfe.

Es wird immer Leute geben, die sagen, die dissoziative Identitätsstörung existiere gar nicht, und ihre Worte werden Wasser auf die Mühlen derer sein, die sich an endlosen Debatten ergötzen. Für mich hat eine Debatte in der Hauptsache den Sinn, den Fisch, um den es geht, auch an die Angel zu kriegen.

Womit ich zu einem letzten Punkt komme. Erinnern Sie sich noch an die Piraten, von denen Sie als Kind lasen? An den mit der Augenklappe und den mit dem Holzbein und all die andern? Die behaupteten, Tote könnten nicht reden? Nun, da haben sie sich getäuscht.

Tote können reden. Der lebende Beweis dafür bin ich.

DANK

Mein herzlicher Dank gilt allen Verlagsmitarbeitern von Hyperion, die bei der Entstehung dieses Buches mitwirkten, insbesondere Brian DiFiore, Samantha Miller, meiner Lektorin Laurie Abkemeier und Mary Ellen O'Neill, die nach Lauries Weggang mit großer Begeisterung das Lektoratsruder übernahm.

Besonderen Dank schulde ich meiner Agentin Laurie Fox von der Linda Chester Literaturagentur für ihren Weitblick, ihre unverbrüchliche Unterstützung, ihr verlegerisches Können und ihre Freundschaft. Und großen, großen Dank Linda Chester für ihre kluge Führung, ebenso ihren Mitarbeitern und Mitarbeiterinnen, vor allem Joanna Pulcini und Gary Jaffe. Dank auch an Linda Michaels, Teresa Cavanaugh und Anne Tente von Linda Michaels Ltd. Daß ihr alle hinter mir gestanden habt, war ein großes Glück für mich.

Von Herzen dankbar bin ich auch Dr. Lina Riebel und Dr. Frank Utchen für ihre Freundschaft und aufmunternden Worte und fürs Lesen der Fahnen.

Dieses Buch hätte ich nicht schreiben können ohne zwei Frauen, die mir halfen, jene Ereignisse zu beschreiben, die sich während meiner physischen oder emotionalen Abwesenheit zutrugen. So danke ich Janna Chase für ihr Vertrauen, ihr Können und ihre Geduld, auch für Clays Schal und den Sheriffstern für Switch.

Und natürlich meiner geliebten Rikki, die lachte, wenn ich Lustiges schrieb, weinte, wenn es traurig wurde, und mich in ihren Armen hielt, wenn ich kein Wort mehr zuwege brachte. Ich liebe dich wie Eiscreme an einem heißen Augustabend.

Kyle, mein kleiner Mann, du hast dir einen abgenutzten, verbeulten Vater mit ausgeleierten Stoßdämpfern und einem altersschwachen Motor ausgesucht, der mehr Fehlzündungen von sich gibt, als vier Oldtimer von Elmer Fudds zusammen. Das tut mir leid. Aber dein Licht hilft mir leuchten, dein Herz schenkt mir den Frühling, und dein Witz und Lachen sorgen dafür, daß ich nicht in den Graben fahre.

Und schließlich sei allen Gästen in der traurigen Herberge gesagt, daß im Ruheraum immer Trost auf sie wartet.

Hilfreiche Adressen

In den USA gibt es derzeit zwei gemeinnützige Organisationen, die die Erforschung und Behandlung traumabedingter dissoziativer Störungen, die Ausbildung auf dem Gebiet sowie die nationale und internationale Zusammenarbeit von Fachärzten fördern:

The International Society for the Study of Dissociation (ISSD)
60 Revere Drive, Suite 500, Northbrook, Illinois, 60062 USA
Tel.: 001-847-480-0899
Fax: 001-847-480-9282
Website: *www.issd.org*
E-mail: *info@issd.org*

The Sidran Foundation
2328 W. Joppa Road, Suite 15, Lutherville, Maryland, 21093 USA
Tel.: 001-410-825-8888
Fax: 001-410-337-0747
Website: *www.sidran.org*
E-mail: *Sidran@access.digex.net*

Weitere Informationen und Hilfestellung in Deutschland bietet der

Verein Vielfalt e.V.
Postfach 10 06 02
28006 Bremen